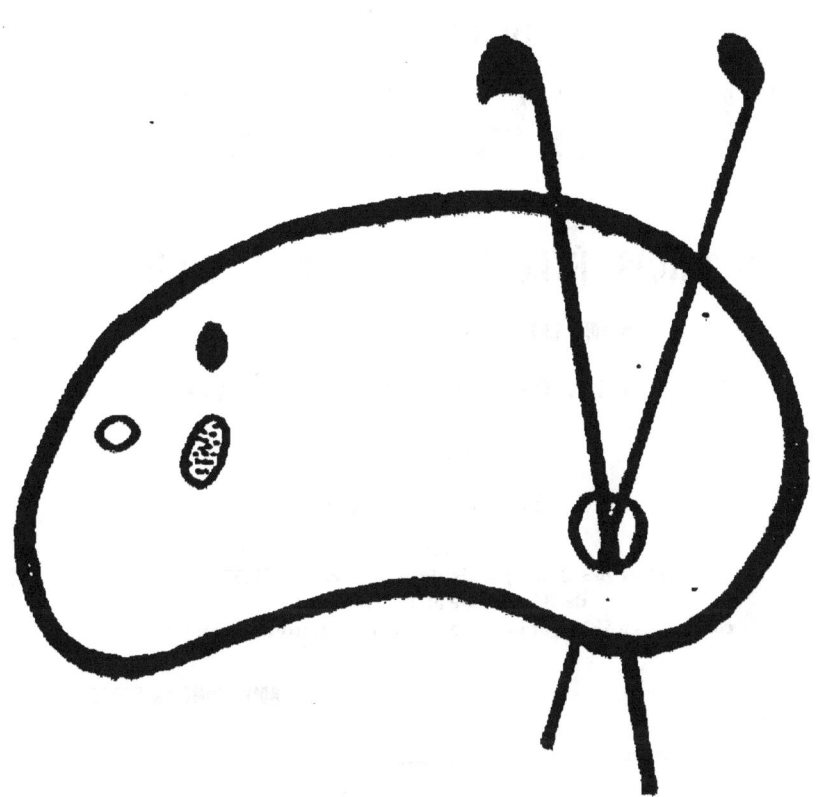

DEBUT D'UNE SERIE DE DOCUMENTS
EN COULEUR

HISTOIRE

DÉMOCRATIQUE ET ANECDOTIQUE

DES PAYS

DE LORRAINE, DE BAR

ET

DES TROIS ÉVÊCHÉS (Metz, Toul, Verdun)

DEPUIS LES TEMPS LES PLUS RECULÉS

JUSQU'A LA RÉVOLUTION FRANÇAISE

PAR

J.-B. RAVOLD

Officier d'Académie
Auteur des *Transportés de la Meurthe* en 1852,
de *République et Monarchie*
couronné, en 1873, par la Ligue nationale de San-Francisco, etc.

LE DROIT PRIME LA FORCE

TOME DEUXIÈME

PARIS
Chez CHARLES BAYLE, libraire-éditeur, rue de l'Abbaye, 16

NANCY
Chez PAUL SORDOILLET, libraire, place Stanislas, 7
SIDOT FRÈRES, libraires, rue Raugraff, 3
HUSSON-LEMOINE, libraire, rue d'Amerval, 6 bis
M. MORAWETZ, rue Saint-Dizier, 67
Et à l'IMPRIMERIE COOPÉRATIVE DE L'EST, rue Saint-Dizier, 54

1889

NANCY — IMPRIMERIE COOPÉRATIVE DE L'EST

LK²
3739

HISTOIRE DÉMOCRATIQUE

DU

PAYS LORRAIN

HISTOIRE

DÉMOCRATIQUE ET ANECDOTIQUE

DES PAYS

DE LORRAINE, DE BAR

ET

DES TROIS ÉVÊCHÉS (Metz, Toul, Verdun)

DEPUIS LES TEMPS LES PLUS RECULÉS

JUSQU'A LA RÉVOLUTION FRANÇAISE

PAR

J.-B. RAVOLD

Officier d'Académie
Auteur des *Transportés de la Meurthe* en 1852,
de *République et Monarchie*
couronné, en 1873, par la Ligue nationale de San-Francisco, etc.

LE DROIT PRIME LA FORCE

TOME DEUXIÈME

PARIS
Chez CHARLES BAYLE, libraire-éditeur, rue de l'Abbaye, 16

NANCY
Chez PAUL SORDOILLET, libraire, place Stanislas, 7
SIDOT FRÈRES, libraires, rue Raugraff, 3
HUSSON-LEMOINE, libraire, rue d'Amerval, 6 bis
Mme MORAWETZ, rue Saint-Dizier, 67
ET A L'IMPRIMERIE COOPÉRATIVE DE L'EST, rue Saint-Dizier, 51

1889

DEUXIÈME PARTIE

LA LORRAINE AUTONOME, DUCALE FÉODALE ET PARLEMENTAIRE

(Suite)

De 1176 à 1205 : Simon II.

Femme : IDE DE MACON.

SOUVERAINS ET PRÉLATS LORRAINS CONTEMPORAINS

| ROI de France. | EMPEREURS d'Allemagne. | COMTES de Bar. | COMTES de Vaudémont. | ÉVÊQUES |||
				de Metz.	de Toul.	de Verdun.
PHILIPPE, dit AUGUSTE.	FRÉDÉRIC Barbe-rousse.	HENRY Ier.	GÉRARD II.	THIERRY de Lorraine.	PIERRE de Brixey.	ARNOUD de Chiny.
	HENRY VI.	THIÉBAUT Ier.	HUGUES II.	BERTRAM.	EUDES de Vaudé-mont.	HENRI de Castres.
	PHILIPPE.					

SOMMAIRE. — Régence repoussée par la noblesse. — Lutte de Simon contre son frère. — Guerre contre les chanoines de Toul. — Guerre au profit de l'évêque de Verdun. — Expédition contre les Messins. — Gands Notre-Dame. — Réglementations diverses. — Abdication en faveur de Ferry. — Retraite à Sturtzelbronn. — Bailliages. — Chevaliers errants. — Troisième croisade. — Croisés lorrains. — Seigneurs, maîtres absolus dans leurs domaines.

Metz. — Constitution de Bertram. — *Toul.* — Suprématie des Évêques. — *Verdun.* — Luttes intestines. — Assassinat de l'évêque Hirgis.

Lettres. — *Sciences.* — *Arts.* — Écoles de Toul. — Gorze. — Traduction des livres saints. — Vaudois. — Progrès dans la classe bourgeoise. — Metz, française de langue et de tendance. — Arts peu cultivés. — Le français, la langue officielle des ducs de Lorraine.

Notes. — Donations de la Régente à Sainte-Marie. — Même don de Henri I, comte de Bar. — Don d'un Lenoncourt à l'abbaye de Beaupré. — Proposition d'expulsion d'Allemands. — Nombreuses excommunications. — Famine de 1186. — Cottereaux. — Serfs avec les révoltés. — Lois du duc Simon. — Amende honorable à Saint-Dié. — Création des bailliages. — Adalberon de Metz, à Antioche. — L'évêque Bertram chassé de Metz. — Chartes de l'empereur Henri VI à Verdun. — Historiens de l'époque. — Lutte des Vaudois. — Leurs doctrines. — Leur supplice.

Le commencement de ce règne offre beaucoup d'analogie avec celui de Thierry Ier. Comme son ancêtre, Simon dut se soustraire à la tutelle que voulait conserver sa mère, et lutter contre un frère ambitieux, impatient de se tailler un état dans l'étendue du duché.

Par le testament de son père, Simon fut contraint de restituer à Pierre de Brixey, évêque de Toul, confesseur du feu duc, une quantité considérable de terres que le défunt n'avait pas prises à l'évêché. (CHEVRIER, t. I, p. 142, d'après Haraucourt) (1).

Bientôt la noblesse lorraine, assemblée dans le château de Gondreville où Simon établit sa résidence, déclara que l'espèce de tutelle que Berthe, veuve de Mathieu Ier, s'était arrogée, devait cesser immédiatement, vu que le duc Simon avait l'âge et les capacités nécessaires pour gouverner ses états (2) (DIGOT, t. I, p. 311); aussi ce prince déclara-t-il

(1) « Pierre Brixey qui fust evesque en la cité de Toul, feut, es temps qu'eust commencement li règne di susdit duc Simon II, grandement attaqué d'avoir agencé et fait li testament di duc son père, que faisait grands dotements et avantaiges au dit Brixey qui avoit entendu à confesse li duc Mathieu ès jour qu'avoit parfait le sien testament... » (HARAUCOURT, p. 13.) — Quand Pierre de Brixey fonda, en 1188, la collégiale de Liverdun, il donna, entre autres choses aux chanoines, la dîme des saumons qu'on prenait dans la Moselle, soit avec des filets, soit au moyen de barrages. (DIGOT, t. I, p. 363.)

(2) Berthe se soumit en frémissant à la décision des seigneurs. Bientôt, pour ressaisir le pouvoir, elle eut recours à l'intervention d'un trouvère nommé Enguerrand, jouissant d'une grande « réputation de sorcier et de sçavoir magique comme estoient reputés les ménestrels et troubadours. » Il se présenta à la cour de Simon qui venoit de perdre son fou, car alors c'étoit l'usage des cours d'en avoir un. Enguerrand plut à la duchesse douairière, et se prêta aux idées hardies de cette femme. Aux approches de Noël, elle feignit d'avoir des révélations, des entretiens « avec un esprit sans tache qui lui annonçoit de grands malheurs. » — La princesse fit confidence de ses révélations sous le secret, mais avec la condition tacite que ce secret seroit divulgué. Les courtisans consultèrent Enguerrand qui ne répondit qu'énigmatiquement, mais demanda, peu de jours après, de se retirer dans une solitude. Or, le soir même que ledit Enguerrand fut hors de la cour, et que son dit départ eut esté en la connoissance de chacun, la duchesse dont la chambre estoit tout proche de l'appartement et lit du duc, son fils, entendit une voix qui dans son premier sommeil la troubla et lui cria : « Tant que li duc Simon sera seul ès gouvernement de ses estats, et n'écoutera les saiges avisements de la Dame, sa mère, toutes choses s'en iront de maulx en pis et bientôt ne seront pierre sur pierre ès pays, et sera le Duché à mercy de maulx, guerroiements, famines et malencontreux sortilèges. » Des femmes furent les témoins de cette scène; mais leur impatience gâta tout. Elles ne purent attendre le jour pour publier leur aventure ; le duc fut réveillé et passa avec frayeur dans l'appartement de sa mère ; on ne l'attendait pas, et encore moins la recherche qu'il fit faire, « et le premier objet qui fut mis à découvert

qu'il succédait à son père par *le choix de la noblesse*. Il est vrai que plus tard, entièrement soumis aux religieux de Beaupré à l'ordre desquels il s'était fait agréger pour avoir part à leurs prières, il reconnut, par un acte authentique, qu'*il tenait ses Etats des prières des gens de bien* (1). (CHEVRIER, t. I, p. 145.)

Son frère cadet, mécontent du partage qui ne lui donnait en propriété que la terre de Bitche, prit les armes et ravagea les terres du duché. Battu à Lay (territoire d'Amance), dans

fut le susdit malavisé fourbe Enguerrand qu'estoit couché par derrière un grand morceau de tapisserie..., qui fut penaud et malcontre ainsi que la dame et assistants ; mais le susdit pauvre prophétiseur paya cher sa faute, car le lendemain fut pendu, et la hart paya le service qu'avoit voulu rendre à l'ambition de la mère de Monseigneur (pp. 54-55).— Pendant sa courte régence, cette duchesse confirma une donation faite à l'abbaye de Sainte-Marie par elle, son mari et leurs trois fils. Cette donation comprend l'alleu de Blanzy avec tous les *serfs* attachés à la culture. L'alleu était abandonné sans aucune réserve et libre de toute charge et servitude, notamment de l'obligation de recevoir et nourrir les chasseurs du prince qui avaient, dit la Charte, l'habitude de loger quelquefois dans ce lieu avec leurs chiens. (I. L., t. II, p. 39.) Plus tard, en 1180, Henri I, comte de Bar, donna à ces mêmes religieux une garantie, contre les exactions que ses officiers, *habitant la partie d'Amance* qui était sa propriété, avaient coutume de commettre à Blanzey, et les autorisa à leur refuser le blé, le vin ou les corvées de labourage que ces officiers exigeaient autrefois. Il leur accorda de plus sa protection pour le domaine (de Blanzey), et leur concéda le droit de faire paitre leurs troupeaux, tant dans les plaines que sur les montagnes, tant dans les champs que dans les forêts, et de prendre le bois mort ; cette concession s'étendait à tout son alleu. En outre, dans le cas où les troupeaux auraient commis quelques dégâts, soit *dans les terres cultivées*, soit dans les prairies, les religieux devaient se borner à réparer le dommage, sans pouvoir être condamnés à aucune amende. (DIGOT, *Église de Blanzey*, pp. 40-41. D. CALMET, t. II, pp. 388-89.)

(1) Sous ce règne, un Lenoncourt, seigneur de Nancy, promit aux moines de Beaupré une somme d'argent pour participer à leurs prières « et estant advenu que ledit seigneur voulut renoncer audit avantage « de leurs prières, lesdits moines s'étant obstinés à vouloir prier, « iceluy seigneur attaqué par eux en jugement, fut contraint de par- « faire l'engagement ; qui fut cause que leur donna certains biens qui devaient former l'avoir à deux des siens fils qu'en furent privés et le duc fut requis de donner consentement (p. 54).

un engagement où périrent presque toutes ses troupes, il négocia et obtint, dit-on, les seigneuries de Vienne, Conche, Neufchâteau et Chatenoy, à condition de disperser une horde de brigands qui, profitant de la division des deux frères, avaient passé la Sarre et ravageaient la Lorraine. Ces brigands étaient les Cottereaux (de *Collerex*, *Colerel*, grand couteau) « larrons sans foi ni loi, sans patrie ni religion (CLOUET) qui, outre leur scélératesse de meurtre et de pillage, scandalisaient les populations par les impiétés qu'ils avaient apprises des Albigeois du Midi (1). »

A la tête de douze cents hommes, Ferry les battit aux environs de Remich (près de Thionville), pendant que Simon, de son côté, faisait pendre à Nancy (1170), un capitaine toulois, chef de voleurs très entreprenant, qui dévalisait les voyageurs et portait préjudice au peu de commerce qui se faisait alors en Lorraine. Bientôt poussé par son ambition démesurée, Ferry quitta la cour de Lorraine (1178), alla chercher des secours au dehors et vint de nouveau ravager les États de son frère. Simon, nouveau Débonnaire, par le traité de Riblemont, donna à l'agresseur plusieurs fiefs, le château de Gerbéviller et tout ce qui lui appartenait depuis Metz jusque Trèves, sauf quelques hommages et certaines redevances. De plus, Ferry fut déclaré héritier présomptif, si son frère venait à mourir sans enfants; les vassaux firent serment de le reconnaître alors comme duc. Loin de se

---

(1) Sous Simon II (HARAUCOURT) beaucoup de seigneurs allemands s'étaient établis en Lorraine et favorisaient des brigands de l'autre côté de la Sarre, qui faisaient de grands ravages dans tous les environs. Tout le monde s'en plaignait « et la noblesse en son *convent*, c'est-à-dire dans son assemblée ordinaire, proposa au duc de chasser de ses États tous les étrangers et de lui prêter main-forte à cet effet. Les étrangers faisant révolte sous le nom de Cotterex, furent grandement défaits en la bataille que feut près de Remine. Le duc leur pardonna, sous condition qu'on n'enverroit plus, sans que fût grieve rixe et désaccord, li gant de Nostre-Dame pour guerroyer à tout venant. »

On voit qu'au XIIᵉ siècle déjà les Lorrains n'étaient pas enthousiastes de leurs frères (*sic*) Allemands.

trouver satisfait, ce fléau du peuple, fit de continuelles incursions sur les domaines des seigneurs voisins. Il ravagea longtemps impunément les terres de l'archevêque de Trèves ; mais bientôt, grâce aux secours que lui fournit le comte de Bar, le métropolitain prit l'offensive et assiégea Ferry et son fils dans le château-fort de Siersberg ou Kirprich, au confluent de la Sarre et de la Nied. Les deux princes furent obligés de se rendre, et n'obtinrent la liberté que contre l'engagement formel de restituer les domaines usurpés.

Un autre frère du duc, Mathieu, comte de Toul, exigea l'intervention de Simon II. Mathieu voulut rentrer dans quelques droits dont avaient joui ses prédécesseurs, entre autres celui de *gîte*. Les *chanoines* de Toul s'y opposèrent et mirent des troupes en campagne ; mais ces milices ne tinrent guère devant celles du duc de Lorraine, venu au secours de son frère. Alors les chanoines firent usage de leurs armes spirituelles. Chaque jour, au son des cloches, ils excommuniaient Mathieu. Le comte les laissait sonner, et pendant trois ans ravagea leurs terres, saccagea leurs villages et ruina leurs sujets (DAULNOY). L'évêque réconcilia enfin les deux partis (1). « Sa médiation intéressée (CHEVRIER) lui

---

(1) Le clergé (DUMONT, *Just. crim.*, t. I, pp. 193-94) usait alors, comme précédemment et dans la suite, de l'excommunication, cet *ultima ratio* de l'impuissance. « Bourgeois, manants, villes, villages, nobles, roturiers, couvent et moines, les ducs eux-mêmes et leurs Etats, rien n'en fut à l'abri. La désuétude tardive de ce châtiment que l'usage a tué, dispense d'expliquer son discrédit. Au nombre des principales excommunications dont le pays eut le scandale on compte dix ducs de Lorraine, quatre évêques de Toul, deux de Verdun, trois couvents, un abbé, un archidiacre, un grand prévôt, cinq villes dont six fois Toul, quatre fois Metz, deux fois Épinal, trois fois Verdun, une fois Sarrebourg, et ce, par leur propre évêque. La Lorraine tout entière le fut elle-même sept fois et le diocèse de Toul deux fois. Les causes de ces fulminations seraient trop longues à déduire ici. Quelquefois méritées, elles avaient trop souvent l'odieux de paraître des vengeances personnelles ; aussi il ne semble pas qu'elles aient jamais procuré à la religion d'autre avantage qu'une hypocrite, dès lors passagère déférence envers ses ministres... »

L'année 1176 est fameuse par la famine qui désola le pays messin. (*Hist. de Metz*, t. II, p. 207.)

procura la permission de rétablir le château de Liverdun dé-démoli par les anciens ducs. »

Simon vit également, en 1181, l'évêque de Verdun, Arnoud de Chiny, implorer son secours contre le seigneur de Sainte-Menehould qui commettait des dégâts sur les terres de son diocèse. Le duc prêta une oreille favorable au prélat et vint assiéger la forteresse ennemie ; mais, l'évêque ayant été tué par une flèche, on abandonna cette entreprise. Les troupes lorraines se joignirent alors à celles du comte de Bar, en guerre pour la possession des comtés de Namur et de Luxembourg. Simon s'entremit, dit-on, et amena la paix. Son équité lui avait acquis une si grande réputation qu'on acceptait son arbitrage dans les questions les plus importantes (1).

L'un des derniers exploits militaires de Simon fut une campagne contre les Messins qui avaient envahi la Lorraine et y exerçaient des ravages. Après quelques insuccès de peu d'importance, le duc leur présenta la bataille dans la plaine de Boulay, et les mit en fuite. Il assiégea ensuite les débris de leurs troupes retranchées dans Freistroff, les y força et ramena à Nancy son armée chargée d'un riche butin.

Cette attaque des Messins (2), nullement justifiée, et les représailles de Simon donnent une idée des mœurs de cette époque demi-barbare. On bataillait à tort et à travers, dans l'unique but d'amasser du butin. Prenait-il, par exemple, fantaisie à des troupes de gens armés de se déclarer *ennemis à tout venant,* ils cueillaient quelques rameaux, et particulièrement des tiges de la plante rougeâtre nommée

---

(1) En 1186 (DUMONT, *Hist. de Commercy*, p. 30) l'hiver fut si rigoureux au mois de mars, que tout fut gelé, ce qui occasionna une famine terrible. C'est en ce temps que l'on voyait des loups-garous, grands outre mesure, trouvant hommes et femmes par les champs, les étranglant, dit Wassebourg.

(2) A cette époque (vers 1180) quatre mille fantassins et cent chevaux bardés de fer, coûtaient par jour, sept cent livres messines et cinquante tonneaux de vin. (BÉGIN, *Metz depuis 18 siècles*, t. III, p. 190.)

Gands-Notre-Dame, et les élevaient en l'air. Cette démonstration singulière, barbare, était une déclaration de guerre, après laquelle ils attaquaient et insultaient indifféremment tous ceux qu'ils rencontraient (1).

Le duc Simon, pour réprimer ces atrocités, ôta le port d'armes à tous ses sujets, hors le cas d'une guerre légitime. Il modéra aussi le luxe de la noblesse (2), mit un frein à la licence de ses troupes, ordonna que les blasphémateurs fussent précipités dans la rivière, peine encore trop douce, écrit Chevrier (en 1758), pour des monstres qui déshonorent l'humanité, et chassa les juifs « pour avoir fait moqueries des saints mystères » (?) (3). On ne traita pas avec moins de rigueurs les baladins qui parcouraient la province, en jouant des *farces* et des *momeries* dont le goût commençait à se répandre en Lorraine.

Quoique réputé d'être l'un des hommes les plus équitables de l'époque, Simon n'en fût pas moins menacé d'interdit par l'archevêque de Trèves, sur une plainte adressée contre lui à Rome par l'abbesse de Remiremont. Mieux que cela, en 1191, Simon paya une indemnité de cent sous d'or aux chanoines de Saint-Dié dont il avait dissipé les biens et brûlé l'église (4). Le fait paraît bizarre, invraisemblable, vu que pendant le cours de son règne il avait comblé presque tous les monastères de dons multipliés.

(1) Dans ces bandes figuraient sans aucun doute les serfs fugitifs, les esprits rebelles au servage, tous les déclassés, les déshérités, les mécontents de l'ordre social existant, avides de se venger sur leurs anciens oppresseurs.

(2) Des lois somptuaires réglaient les habillements, le nombre des fenêtres, de chevaux, chiens, défendaient d'employer l'or ou l'argent sur les armes ou baudriers. (*Coup. de Bournon.*)

(3) « Malheureuse nation, ajoute Chevrier, errante, qui ne subsistant partout que parce que partout elle est proscrite, a l'art de porter avec elle les ressources du commerce et la circulation de l'argent. » (P. 164.)

(4) Les ducs Simon et Mathieu (en 1192 et 1230, Dumont, t. I, p. 265) firent amende honorable devant les reliques de saint Dié, derrière lesquelles se cachaient, sans trop de précautions, les puissants chanoines de cette ville.

Obéissant au fanatisme religieux de l'époque, Simon, qui n'avait pas d'enfants, abdiqua en faveur de son frère, Ferry de Bitche, cet odieux ambitieux dont les agressions avaient fait tant de mal au pays, et se retira à Sturtzelbronn où, pendant deux ans, il vécut dans les exercices de la vie religieuse (1). Ce duc avait employé la fin de son règne à recueillir et à rédiger les ordonnances de ses prédécesseurs ; malheureusement ce code précieux fut brûlé peu après, par quelques ennemis des lois.

Le nouveau cartulaire de l'abbaye où ce prince finit ses jours, en 1207, dans les exercices de dévotion, en parle en ces termes : Le bon duc Simon, surnommé le Simple, quoique pesant de corps, à cause de sa graisse, pensoit aux choses spirituelles ; il quitta volontairement son duché pour vivre entre nous, revêtu de l'habit de l'Ordre, et profès de notre règle ; il y mourut et voulut être enterré auprès des portes de notre Église, en signe d'humilité. (JEAN DE MUSSEY. *La Lorr. anc. et mod.* (1712) p. 231.)

Sous le règne de Simon, on vit en Lorraine quelques chevaliers, semblables aux anciens preux, qui punissaient le crime et vengeaient l'innocence ; malheureusement ils furent entraînés par le courant de l'époque, et allèrent en Orient briser une lance inutile contre les remparts des Infidèles.

On attribue au duc Simon la création des *bailliages*. Il est à doit supposer que ces tribunaux ont pris leur dénomination des baillis qui en étaient les présidents. Ceux-ci furent à l'origine chefs de la justice et de la police, commandants de troupes et arbitres dans leurs provinces. Aussi n'a-t-on vu ces fonctions remplies que par des gentilshommes de l'ancienne chevalerie.

---

(1) Au commencement du règne de Simon II, un prince de la Maison de Lorraine, Philippe de Flandres, fils du comte Thiéry, gouvernait la France avec gloire. Avec la tutelle de Philippe-Auguste, il avait la régence du royaume que sa renommée de sagesse lui avait fait déférer.

Dans le duché de Lorraine, il n'y avait primitivement que les baillis de *Nancy*, de *Voge* et d'*Allemagne*.

TROISIÈME CROISADE. — La Lorraine et le pays messin qui s'étaient levés à la voix de Saint-Bernard, se préparèrent avec le même enthousiasme pour la troisième croisade. Ils fournirent des soldats d'élite à l'empereur Frédéric qui, émule d'Alexandre de Macédoine, alla chercher la mort sur les bords du Cydnus.

L'évêque de Toul, Pierre de Brixey, Henri Ier, comte de Bar, et plusieurs autres seigneurs de marque prirent la croix, en 1189. Les deux premiers moururent dans cette expédition qui, comme les précédentes, dévora inutilement nombre d'autres victimes lorraines (1).

En 1195, Bertram, évêque de Metz, qui avait prêché la croisade dans son diocèse avec un grand succès, donna le camail, le bourdon et la malette à quinze ecclésiastiques, mit le bâton à la main à trente-deux bourgeois, et ceignit l'épée à douze chevaliers messins, au moment de leur départ pour la Palestine. En 1198, Eudes de Vaudémont, évêque de Toul, prit aussi la croix et mourut durant le voyage.

Pendant que ces princes, prélats et bourgeois luttaient en Orient contre les Infidèles, la Lorraine était en proie aux guerres intestines, à la famine et à la peste. La maladie, connue sous le nom de feu de Saint-Antoine désola le pays messin et une partie de la Lorraine (1198), triste fin de ce XIIe siècle si lourd, si désastreux pour nos malheureux ancêtres.

Les seigneurs ecclésiastiques ou laïques jouissaient alors d'une autorité presque sans bornes sur leurs terres, et les

---

(1) *L'Histoire de Metz* (t. II, p. 217), cite à ce sujet le fait curieux suivant : « Aux croisades (1102) Adalberon, archidiacre de Metz, se trouva au siège d'Antioche et y périt singulièrement. Un jour, dit-on, qu'il était à se divertir dans un verger, aux portes de la ville, avec une jeune dame d'une grande naissance et d'une rare beauté, les Turcs firent une sortie, massacrèrent la jeune dame et l'archidiacre, et emportèrent la tête de ce dernier en triomphe. »

lois, qui n'étaient guère que l'expression de leurs caprices, changeaient de domaine à domaine. Pour les causes civiles, il n'y avait pas encore de tribunal fixe. Les évêques, comme nous l'avons déjà dit, tenaient leurs synodes deux fois l'année, à Pâques et en automne. Dans l'intervalle de ces synodes, les officiaux, les archidiacres et les doyens ruraux conduisaient les affaires. Dans la plupart des causes on déférait le serment aux parties. Dans le pays messin on ne reconnaissait d'autres preuves que celles des *coups de main*, duels judiciaires, livrés dans la cour du palais épiscopal ou devant la cour de l'Hôtel-de-Ville, en présence de l'évêque qui condamnait le vaincu à l'amende ou à la mutilation de quelque membre. La noblesse ne connaissait de jugement autre que celui de l'épée.

Cependant les villes libres surent, peu à peu, se soustraire à la juridiction des seigneurs et des évêques, comme nous le verrons plus loin.

LÉGISLATION. — Le duc Simon... « ordonna que tous les perturbateurs de la paix publique fussent punis de la peine du *harnescar*, suivant l'usage de l'Empire, et payassent, en outre, dix pièces d'argent à son receveur. (Le gentilhomme condamné à la hachée, *harnescar*... portait à pied, pendant l'espace de trois lieues, un chien sur ses épaules, l'ecclésiastique un missel, le serf un soc de charrue.) Tout mariage contracté entre *un noble et la fille d'un serf*, et tout échange ou marché fait avec un serf, sans la participation du seigneur, furent déclarés nuls. Aucun gentilhomme ne pouvoit être appelé en justice que par ses pairs.

Après sa victoire sur les Messins, Simon « volut agglober en un seul et même cahier les us et coutumes des siens Etats de Lorhaine ; mais one ne purent être réunies, car gens mal voulans firent empêcher que ne fut fait. (HARAUCOURT.)

TROIS ÉVÊCHÉS. — *Metz*. — La constitution du pays de Metz, longtemps incertaine au milieu de la discorde des bourgeois et de la noblesse, fut enfin régularisée par l'évêque Bertram (1). Ce prélat qui occupa le siège épiscopal de 1180 à 1212 paraît avoir recouvré une grande partie du pouvoir que ses prédécesseurs avaient perdu, en 1120. Bertram rendit annuelles les fonctions de maître-échevin (Maire) qui jusqu'alors étaient à vie, et changea le mode d'élection pour cet emploi qu'il attribua aux suffrages de six personnes, choisies surtout dans le clergé. Cette disposition oligarchique était tempérée par la faculté de désigner indifféremment un noble ou un plébéien ; seule, la condition servile était exclue. Bertram institua également le tribunal des *Treize*, véritables tribuns du peuple, conseillers du maître-échevin, chargés de la police et des intérêts de la République. En 1197, ce prélat publia une autre ordonnance qui semble indiquer l'absence presque complète jusqu'alors d'actes authentiques et par écrit, touchant les ventes, achats, promesses, etc. Il voulut qu'on dressât à l'avenir des actes sur toutes ces conventions, avec obligation de les conserver dans les archives publiques. Chaque paroisse devait avoir la sienne, fermée à deux clefs placées sous la garde de deux notables bourgeois ou prud'hommes, choisis par le peuple et nommés *amans* ou secrétaires de la justice de Metz. Bertram abolit les combats singuliers qui terminaient ordinairement les différends survenus entre particuliers, et rendit ainsi presque indispensable l'instruction populaire, puisqu'il lui donnait l'intérêt pour base.

Ces diverses réglementations firent considérer Bertram (2)

(1) « Le peuple de Metz (*populus metensis*) comprenait alors, à côté du clergé (*clerus metensis*), trois classes de personnes ; les chevaliers (*milites*), les citoyens (*cives*), et les hommes de condition servile (*conditione servili homines*). Les hommes des deux premières classes, les chevaliers et les citoyens, formant avec les clercs la totalité des hommes libres, exclusivement aptes à traiter des affaires publiques (*cleri militum et civium consilii*) étaient seuls admis à occuper la charge de maître échevin. (PROST, *le Patriciat dans la cité de Metz*).

(2) Dans les démêlés de Frédéric Barberousse avec le pape, Bertram, contrairement aux évêques de Toul et de Verdun, se prononça pour le souverain pontife. Il assista au concile de Mouzon, en 1186, concile qui

comme le premier législateur du pays messin. On lui reproche, avec raison, d'avoir cherché à tirer l'autorité des mains de la noblesse et du peuple pour la faire rentrer dans l'administration épiscopale. Ces tentatives, heureusement, n'eurent point de suite ; les Messins résistèrent toujours énergiquement à quiconque voulait envahir, rétrécir le domaine de la liberté.

Toul. — Le dévouement de Pierre de Brixey à Barberousse causa des désordres à Toul. Ceux-ci finissaient à peine, que d'autres contestations, relatives à la princerie de l'Eglise, possédée par un parent du duc de Lorraine, amenèrent l'intervention armée du duc Simon II. Ce prince fit la guerre aux chanoines jusqu'à ce que le pape eût réglé le différend.

Les statuts d'un nouvel évêque, Eudes de Vaudémont, publiés, en 1192, dans un synode général du diocèse de Toul : 1° contre les nobles qui dévalisaient les églises et les monastères ; 2° contre les hérétiques vaudois qu'il ordonna de conduire pieds et mains liés dans les prisons épiscopales ; 3° la croisade contre les Albigeois que Thiébaut, comte de Bar (1), se laissa imposer (1205) pour expier la ruine de la

excommunia l'évêque de Toul et déposa celui de Verdun. Bertram fut privé de ses biens et chassé de Metz par un officier de l'Empereur. Il n'y rentra qu'après la mort du monarque dont il avait méconnu l'autorité. Ce prélat ayant reçu, en 1184, des plaintes de ce que les seigneurs voués de Bouzonville forçaient les sujets de cette abbaye à épouser leurs serfs, réforma cet abus comme contraire au bon ordre et aux lois de l'Église ; celle-ci condamna ces sortes de mariages, à cause du défaut de liberté des contractants, et comme contraires aux intérêts de cette maison qui perdait ses sujets par ces alliances illégitimes au lieu de les multiplier, en s'alliant avec les sujets du duc de Lorraine, ou ceux de l'abbaye de Mouzon et de Rhetel, ainsi qu'il avait été réglé par la bulle de Léon IX (*Hist. de Metz*, t. II, p. 140). Cet évêque (1180) dans un règlement pour les religieux de l'abbaye de Salival fit une défense qui révèle le brigandage régnant alors : c'est de ne point mettre le feu à leurs granges et de ne point tuer leurs domestiques (p. 301).

(1) Ce prince se rendit dans le midi de la France suivi de son fils Henri, du comte Henri de Grandpré et d'une infinité d'autres personnes.

ville et du château de Vic... ; ces différents faits prouvent combien était grand encore l'ascendant de l'Eglise.

Verdun. — Le comté de Verdun, enlevé par l'évêque Adalbéron aux comtes de Bar, se trouvait depuis cette époque gouverné par quatre magistrats pris annuellement dans le corps de la bourgeoisie. La possession du siège épiscopal causait d'affreux troubles (1). L'évêque Albert de Hirgis, l'élu d'un parti, Robert de Grandpré, choisi par un autre et soutenu par trois familles puissantes, firent naître de sanglantes divisions qui durèrent plus de vingt ans (2). Pendant ce temps, la campagne sans culture, le commerce aux abois, la bourgeoisie soulevée, les églises désertes, les magistrats sans autorité, les excès impunis, présentèrent l'i-

(1) Ce fut pendant cette période que l'empereur Henri VI (1195), donna à Verdun une charte dont voici un extrait « ...Pour reconnoître les nombreux et affectionnés services de nos loyaux citoyens de Verdun, les prenons, eux et leurs biens, sous la protection spéciale de Notre Majesté. Déclarons que tous attentats et troubles commis à leur préjudice seront réputés faits et perpétrés contre nous-même, et comme tels, réprimés strictement. Nous ajoutons permission et liberté à toute personne de se domicilier en leur ville et de prendre bourgeoisie chez eux... »

(2) Ainsi, en 1208, les bourgeois appuyés de la maison de Grandpré, déclarèrent la guerre à leur évêque et aux chanoines qui lui étaient attachés ; ils mirent leurs maisons au pillage, et chassèrent de la ville leurs domestiques et tous ceux qui prenaient leur parti. Ils firent convoquer une assemblée générale des bourgeois pour élire des magistrats qu'ils nommèrent les *recteurs* et *gouverneurs* de la ville, et instituèrent des sénateurs pour administrer la justice à la place des officiers de l'évêque qu'on priva de leurs charges. Celles du nouveau tribunal, qu'on appela le sénat de Verdun, furent remplies par des sujets des trois principales familles de cette ville qui prétendirent, dans la suite, avoir droit d'en exclure les autres et de se maintenir dans la propriété de ces charges, excitant souvent des guerres civiles, pour se rendre indépendants de la domination temporelle des évêques. (ROUSSEL., pp. 200-201.) En 1236, l'évêque Raoul de Torote consentit à un traité de paix par lequel il céda aux bourgeois l'administration de son comté, pour la somme de deux mille livres, monnaie forte. Cette somme fut payée par les trois principales familles de la ville, à condition que le peuple choisirait parmi leurs membres ses magistrats à l'exclusion des autres citoyens. (*Ibid.*, pp. 208-209.)

image d'une confusion dont la barbare ignorance du moyen âge peut seule donner l'idée. Un crime ensanglanta cette odieuse querelle. Hirgis, attiré dans une conférence, sous prétexte de conclure la paix, fut assassiné par un officier de son rival. Huit années de trouble suivirent ce forfait. L'élection seule de Jean d'Apremont, en 1216, put mettre fin aux hostilités si peu évangéliques des deux partis.

LETTRES. SCIENCES. — Vers cette époque le goût de l'étude, renfermé jusqu'alors dans les cloîtres, commençait à se répandre partout. Les écoles de Gorze, Saint-Arnould, Saint-Martin et de Saint-Sauveur, celles de Metz, de Toul et de Verdun, fréquentées par de nombreux écoliers et dirigées par des hommes alors célèbres, jetaient un vif éclat. Une ordonnance de l'évêque Eudes de Vaudémont, en 1192, accorda de grands privilèges aux écoles de Toul, alors dirigées par l'archidiacre Ripert. Théodorius qui fut dans la suite évêque, cardinal et légat du Saint-Siège, était à la tête de celle de Gorze et Richerius, abbé, poète et chroniqueur, de celle Saint-Martin. L'histoire a encore conservé le nom de Falco, écolâtre, ou maître des écoles de Saint-Sauveur ; de Gauthier, autre écolâtre célèbre, tiré de Nomeny par le chapitre de Metz, et mis à la tête des classes de la cathédrale. Odoard, chef des philosophes *réalistes*, enseigna publiquement dans l'église de Toul, traînant à sa suite une foule de disciples et d'auditeurs ; malheureusement ces études pédantesques n'étaient que l'art d'obscurcir et de subtiliser. Des historiens (1) et

(1) Parmi les historiens de cette époque on remarque Sigebert de Gemblours, Laurent de Liège, abbé de Saint-Vannes de Verdun, qui écrivit l'histoire de cette ville et de son abbaye, Richer, ou Richerius, abbé de Saint-Martin de Metz, en 1130, auteur d'une vie de Saint-Martin en vers latins, et d'une vie de Saint-Sigebaut, trente-sixième évêque de Metz ; Guillaume de Verdun, l'homme le plus érudit de son temps, au dire de Laurent de Liège, son contemporain ; Gauthier de Mès, auteur d'un ouvrage sur la mappemonde ; et parmi les romanciers et les poètes, Jean Hébert, auteur du roman des sept juges, et Hugues Metellus, chanoine de Saint-Léon de Toul, auteur du célèbre poème

des poëtes, assez nombreux, faisaient de la Lorraine un des pays les plus éclairés de l'Europe, au moins par comparaison.

Les laïcs (les bourgeois), jusqu'alors étrangers aux lettres, commencèrent à se les rendre familières. C'était le fruit de la *liberté* relative dont ils jouissaient alors, à Metz surtout. Bientôt une société de personnes instruites se mit à traduire en français (roman) les livres saints, tels que les Évangiles, les Épîtres de saint Paul, le Psautier, les livres moraux, etc. Ceux-ci devinrent pour les fidèles un objet particulier d'études et même de discussions, car on se réunissait en assemblées secrètes pour conférer et prêcher. L'instruction se répandit vite dans toutes les classes de la société, même parmi les femmes.

Bientôt les prêtres furent méprisés, taxés d'ignorance. L'évêque s'en plaignit au pape Innocent III; mais, loin de blâmer le désir *d'entendre les saintes écritures et d'en tirer des sujets d'exhortation*, le pape écrivit, en 1199, une lettre fort sage au peuple Messin pour l'engager à revenir à ses pasteurs, à leur conserver plus de respect, et à se rappeler, *qu'encore que la science soit très nécessaire aux prêtres,* ceux qui sont leurs supérieurs en mérite doivent honorer en eux le caractère sacerdotal (*Hist. de Metz*, t. II, pp. 309-312) (1). Cependant il ordonna une enquête sur les traducteurs en question, sur leur croyance et leur but. En effet, (BEXON, pp. 31-35), vers la fin du XIIe siècle, il y avait dans le pays (la Lorraine) nombre de Vaudois (2); dans des statuts

de Garin de Loherans et de divers autres écrits dont nous avons reproduit un fragment, dans la première partie de cet ouvrage.

(1) Le concile de Béziers défendit aux laïques de lire les livres de théologie, en quelque langage qu'ils fussent écrits. Trois siècles plus tard seulement, le concile de Trente ordonna de traduire les saints Pères en langue vulgaire.

(2) La traduction en langue romane de la Bible, etc., à Metz, précéda même celle de Pierre Valdo, chef des Albigeois (1180). (RAGON, p. 68.)

Il y avait en effet des Vaudois à Metz. On se borna d'abord à élever autel contre autel, chaire contre chaire. Un jour que l'évêque Bertram

synodaux, l'évêque de Toul, Eudes de Vaudémont, enjoint aux fidèles *pour la rémission de leurs péchés*, de courir sus aux hérétiques. En même temps on condamne une traduction

prêchait il vit deux hérétiques vaudois qui se trouvaient à l'église avec un de leurs docteurs. S'arrêtant tout à coup, le prélat les montre du doigt et s'écrie : « Peuple fidèle, j'aperçois parmi vous deux ministres de satan, les mêmes que j'ai vu condamner à Montpellier comme hérétiques et qu'on a chassés de cette ville. » Ceux-ci, sans se déconcerter répondent à l'apostrophe, insultent l'évêque dans sa propre cathédrale, et attendent pour agir d'une manière plus énergique que la messe soit terminée. Alors ils attroupent la populace, pérorent, en pleine rue, ébranlent leurs auditeurs et triomphent. Le clergé, de son côté, espérant les confondre, ne craint pas d'interpeller hautement ces orateurs acétiques : Quoi ! vous prêchez, disent les prêtres, et vous n'avez pas mandat de le faire : ignorez-vous ce que disait saint Paul : « Comment prêcheront-ils, s'ils ne sont pas envoyés ? Les Vaudois répliquèrent : « Nous venons de la part du Saint-Esprit. » Les Albigeois tinrent bon. Ce ne fut que vers 1211, qu'un religieux de Cîteaux opéra par son éloquence des conversions plus ou moins sincères et complètes. (BÉGIN, *Metz dep. dix huit siècles*, t. III, pp. 149-50-51.)

Or, voici quelle était la doctrine des Cathares, Albigeois, Vaudois, etc. (CLOUET, *Verdun*, t. I, pp. 316-17 et 18.) Ils prétendaient que le monde tel qu'il existe ne peut être l'œuvre d'un seul Dieu, *bon*, et qu'il y a par conséquent un autre principe, producteur du *mal* ; de là ils avaient déduit un système anéantissant toute la hiérarchie et tous les sacrements, et laissant à peine quelques formes illusoires du christianisme (p. 313). Les Cathares prétendaient, entre autres choses, que le Dieu des Juifs, inspirateur de la vieille Bible, était l'être créateur du mal (p. 316).

En 1239, frère Robert, inquisiteur de France et de Champagne, découvrit le mystérieux repaire de Mont-Vimer où se réunissaient les *Cathares*, appelés aussi *Patarins*, *Bulgares*, vulgairement *Bougres*. On arrêta, outre leur chef, qu'ils appelaient l'évêque Moranis, cent quatre-vingt-trois assistants, hommes et femmes. « Ils ne voulurent ni se convertir ni même écouter frère Robert qu'ils traitaient d'apostat, parce qu'il avait été cathare comme eux; et ils furent, en conséquence, condamnés à être « ars et bruslés. » Le 13 mai 1239, au pied des tours de leur château, en présence d'une foule immense (prélats, barons, etc.), les Bougres montèrent sur le bûcher, munis de leurs sacrements de *consolamentum* et d'*appareillamentum*, que leur administra Moranis, en regrettant de ne pouvoir lui-même le recevoir de personne. Ce terrible auto-da-fé anéantit la secte chez nous, mais il ne porta pas bonheur à maître Robert qui, sur la plainte de hauts personnages, fut ensuite destitué et emprisonné (à perpétuité) par le pape Grégoire IX,

de la Bible en langue vulgaire (français) qui se répandait dans le pays et dont le peuple abusoit. Des gens se mêlaient d'expliquer l'Écriture dans des assemblées clandestines. On découvrit des Manichéens dans la ville de Metz : la prudence et la modération du sage Bertram paralysèrent leur prosélytisme.

Ce fut, grâce à la langue romance (française), que les livres purent se propager dans la bourgeoisie. Le clergé s'opposa vivement, mais sans fruit, à cette innovation. Ce fut, surtout à la fin du xiiᵉ siècle, que la lutte devint ardente. En adoptant, vers 1212, le roman dans leurs actes écrits, les Echevins et les Treize assurèrent son triomphe à Metz. La langue populaire devint celle de toutes les classes de la société. Le titre le plus ancien qui nous reste dans cet idiome est de 1182 ; il est relatif aux dîmes d'Amelange. Ceux d'une époque postérieure sont nombreux. On ne renonça cependant pas à l'usage de la langue latine qui se conserva dans les monastères. Quelques statuts en latin qu'on possède remontent au xiiᵉ et au xiiiᵉ siècles.

Notons ici que Metz, soi-disant ville d'Allemagne, fut la première à traduire en français les livres saints et à les écrire dans cette langue. Oui, quoique située sur les frontières de la Germanie, elle n'en a pris, ni les usages, ni l'idiome. Ce fut, de tous temps, une sorte de colonie française placée sur la lisière des possessions de l'empereur d'Allemagne. (BÉGIN. *Lorr.*, t. I, p. 79, Nancy, 1833.) (1)

pour avoir, dans le cours de ses inquisitions, mêlé des innocents aux coupables. (p. 415-416.)

Les Vaudois parurent en Lorraine, vers la fin du xiiᵉ siècle. C'étaient de pauvres et entêtés mécréants, qui vouloient faire rentrer l'Église dans son berceau, et traitaient d'inventions du clergé tout ce qui était ou leur sembloit contraire à la simplicité évangélique. Pour savoir comment on se gouvernoit du temps des apôtres, ils se firent traduire les saintes Écritures, et, sur ce modèle, ils organisèrent une petite église, bien supérieure, disoient-ils, à la grande où règnent toutes sortes de corruptions. Une de ces versions de l'Écriture, en langue vulgaire, se répandit à Metz. On recherchoit la Bible. Dans le Toul is la *Vauderie*, comme on disoit alors, marchoit la tête levée. En 1211, on commença à prêcher fort énergiquement la croisade contre les hérétiques du Midi (p. 318). Après la grande prédication qu'on fit à Metz et à Verdun contre les Albigeois, Thibault, comte de Bar, se mit à la tête des croisés (*Ibid.*).

(1) Une particularité digne de remarque et qui passe inaperçue, c'est

Il n'est pas inutile de faire remarquer ici que la langue allemande ne fut jamais la langue officielle des ducs de Lorraine, et qu'au latin succéda immédiatement, dans les actes, le roman ou français. (LEPAGE et BRIARD, p. 319.)

ARTS. — Ceux-ci étaient fort délaissés. Pour les soutenir, les faire fleurir, l'argent manquait, aux églises aussi bien qu'aux maisons religieuses, ruinées par les croisades. Le monopole des indulgences, exploité dans le siècle précédent en faveur des constructions gigantesques, le fut au XIIe pour entretenir et solder les myriades d'esclaves armés qu'on envoyait mourir en Orient. Les travaux des cathédrales de Metz et de Toul demeurèrent suspendus, comme ceux d'un grand nombre d'autres bâtiments. Le palais et les fortifications nouvelles élevées à Conflans, par Thierry III, évêque de Metz; le chœur de la cathédrale de Verdun, pavé en mosaïque par l'évêque Albert de Hirgis, où il fut représenté en habit pontifical, sont les seuls monuments remarquables dont parle l'histoire du temps.

De 1205 à 1206 : Ferry Ier.

Femme : LUDOMILLE DE POLOGNE

Ce prince ambitieux, qui troubla le règne de son frère Simon, gouverna peu, et mourut la même année et au même

l'usage que firent les peuples des Trois Évêchés, et particulièrement les Messins, de la liberté qu'ils avaient acquise sous la protection de l'empire Allemand. Ils s'empressèrent de multiplier leurs relations avec la France, dont ils préféraient la langue, preuve qu'elle leur était très utile dans le commerce habituel qu'ils entretenaient avec les sujets de cette monarchie ; ils en adoptèrent les mœurs ; ils en prirent les usages autant qu'ils étaient compatibles avec l'esprit de leurs républiques. Les chevaliers messins servaient plus volontiers dans les armées françaises. La prédilection est encore mieux marquée dans nos chroniques : on y trouve peu d'événements de l'histoire d'Allemagne ; au contraire elles sont remplies de détails de tous ceux qui intéressent la France. (*A. L.*, an. 1811, pp. 229-230.)

lieu que son frère aîné, après avoir abdiqué en faveur de son fils.

Ferry est qualifié duc de Lorraine dans plusieurs titres et monuments du pays ; néanmoins son règne se trouve mis en doute par certains de nos historiens.

C'est dans un sceau de ce prince, tiré d'un titre original de l'abbaye de Sturtzelbronn, qu'on distingue pour la première fois des alérions ou aiglons, tels que les ducs de Lorraine en ont porté depuis dans leurs armes. En effet (DIGOT, t. II, p. 8), les cinq premiers ducs de Lorraine n'avaient pas d'armoiries ; au reste, au XIIe siècle, les armoiries n'avaient rien de fixe et d'arrêté ; elles varièrent encore beaucoup pendant le siècle suivant.

De 1206 à 1213 : Ferry II.
Femme : AGNÈS DE BAR

SOUVERAINS ET PRÉLATS LORRAINS CONTEMPORAINS

ROI de France.	EMPEREURS d'Allemagne.	COMTE de Bar.	COMTE de Vaudémont.	ÉVÊQUES		
				de Metz.	de Toul.	de Verdun.
PHILIPPE-AUGUSTE.	OTHON IV. FRÉDÉRIC II	THIÉBAUT Ier	HUGUES III.	BERTRAM.	RIQUIN. RENAUD de Senlis.	ALBERT II.

SOMMAIRE. — Guerre malheureuse avec Thiébaut, comte de Bar. — Expédition en Alsace au profit de l'empereur Frédéric II. — Rosheim. — Entrevue des roi de France et empereur d'Allemagne. — Lois et Règlements.

De graves démêlés existaient, depuis l'an 1202, entre Ferry II et son beau-père, Thiébaut, comte de Bar, qui avait donné en dot à sa fille les villes d'Amance, de Longwy et de Stenay. A l'avènement de Ferry au duché, ces deux princes contractèrent une alliance, par laquelle Thiébaut garantissait à son gendre la possession de la Lorraine ; celui-ci, en échange, devait aider son beau-père dans toutes ses querelles.

Bientôt Thiébaut, mécontent de l'alliance de Ferry avec Bertram, évêque de Metz, rassembla une grosse armée, composée de troupes de France, de Bourgogne et d'Aquitaine, se jeta sur les terres de Metz, ruina la ville de Vic d'où il emmena cent bourgeois qu'il enferma dans des forteresses, détruisit le château de Prény, et fit de grands dégâts dans la Lorraine. Son gendre, par représailles, dans la campagne suivante, désola les terres de l'abbaye de Gorze dont le comte de Bar était le protecteur. Les fermes, les villages furent incendiés, les récoltes détruites, les habitants enlevés, en un mot, on commit mille excès. Surpris et fait prisonnier avec ses deux frères, Ferry dut acheter chèrement leur liberté commune, après une captivité de sept mois. Il céda à son beau-père les châteaux de Longwy, de Stenay et d'Amance, s'obligea à recevoir garnison dans Sierck et Châtenoy, et à payer deux mille marcs d'argent pour les frais de la guerre. Les seigneurs de Lorraine se rendirent *pleiges* (garants) du traité, s'engageant, si le duc manquait à sa parole, *à passer en l'hommage du comte avec tous, hommes et biens.* C'est ainsi que le comte de Bar s'établit au cœur de la Lorraine. Heureusement il partit pour la croisade contre les Albigeois : ce qui permit à Ferry de reprendre quelques avantages.

Loin d'assurer la tranquillité à son peuple, après ces rudes épreuves, Ferry fit une expédition en Alsace (1212) pour soutenir son parent, l'empereur Frédéric II, que les Allemands opposaient à Othon, excommunié par le pape Innocent III. Le duc assiégea et prit Haguenau, et soumit à Frédéric la plus grande partie de l'Alsace. En échange de ces services, il reçut la ville de Rosheim, si fatale à son successeur, et, en outre, la promesse d'une somme de trois mille marcs d'argent. A son retour de cette expédition, Ferry passa par Saint-Dié, et fut touché de l'état de dégradation dans lequel se trouvait cette ville, détruite par un incendie, en 1155, et non encore relevée de ses ruines. Il y envoya cinquante familles pour la repeupler.

Ce fut dans la même année qu'eut lieu à Rigny-la-Salle, près de Vaucouleurs, sous l'hospitalité du duc de Lorraine, la célèbre entrevue de l'empereur Frédéric avec le prince Louis (VIII), au nom de son père, Philippe-Auguste. On y jura une amitié sincère entre les deux souverains, qui se firent peindre avec leur suite dans l'église du village, pendant qu'on donnait des fêtes et des tournois. (RAGON, p. 67.)

Comme ses prédécesseurs, Ferry eut des démêlés avec l'abbaye de Remiremont. Il fit la paix à ce sujet, en 1210, promit de respecter les franchises du monastère et de la bourgeoisie, de laisser à la ville ses murailles, et d'arrêter les travaux qu'il avait entrepris pour élever une forteresse sur la colline qui domine la Moselle.

Après avoir confirmé quelques donations faites aux églises, réglé les devoirs de leurs avoués, accordé divers privilèges, Ferry mourut à Nancy (octobre 1213) et fut enterré à Sturtzelbronn, entre son oncle et son père.

LÉGISLATION. — Sous Ferry II (THIERRIAT) furent faits les règlements suivants :

« Dès l'an 1212, se voyoit en Lorraine, les jugements et justice des *Baillifs*; lesdits Baillifs étoient, comme qui diroit juges des lieux où ils avoient leur résidence, et représentoient, en temps de guerre, le seigneur qu'estoit en fait d'armes ou d'ost, et qui, détenu en guerre, ne pouvoit rendre justice à ses sujets.

Règlement où il fut dit : que celui qui attaqueroit la maison de son voisin, payera trente pièces, mais s'il casse sa porte ou tue son chien, ou blesse son serviteur, il payera quarante pièces.

Ce prince renouvela les règlements contre les advoués ; entre autres on y trouve, qu'en fait de patronage et de tutelle, les advoués n'auront aucuns droits.

Si l'abbé ou son fermier requerre main-forte, tout ce que l'advoué saisira sera remis à l'abbé, qui fixera la rétribution de l'advoué.

Autres lois. — Celui qui dérobera un chien ou un oiseau, le rendra dans trois jours ou payera trente pièces d'argent.

Le voleur de filets les rendra et peschera pendant trois nuits pour le maître, ou payera trente sols.

Gentil-homme qui accusera son Pair d'avoir perdu son bouclier, prouvera ou encourera vergogne.

Sous ce règne (DUMONT) on payait, en certains cas, vingt sous pour un cheval dérobé.

De 1213 à 1220 : Thiébaut Ier.
Femme : GERTRUDE DE DACHSBOURG

SOUVERAINS ET PRÉLATS LORRAINS CONTEMPORAINS

ROI de France.	EMPEREUR d'Allemagne.	COMTE de Bar.	COMTE de Vaudémont.	ÉVÊQUES		
				de Metz.	Toul.	de Verdun.
PHILIPPE-AUGUSTE.	FRÉDÉRIC II.	HENRI II.	HUGUES III. (1)	BERTRAM. ROBERT de Grandpré. CONRAD.	RENAUD de Senlis. GÉRARD de Vaudémont.	ALBERT II (assassiné).

SOMMAIRE. — Gertrude de Dachsbourg. — Rosheim. — Défaite des Lorrains. — Ravages en Alsace. — Défaite du duc, à Bouvines. — Seconde attaque de Rosheim. — Frédéric II assiège Amance. — Thiébaut, prisonnier en Allemagne, souscrit des traités onéreux. — Mariage de la veuve du duc. — Lois et Règlements. — Hôpitaux.

Metz. — Paraiges. — *Toul.* — Histoire scandaleuse de l'évêque Mathieu.

Notes. — Texte de l'hommage pour Foug. — Sac de Nancy. — Usurpations diverses. — Version sur l'empoisonnement du duc. — Discours divers. — Captation faite par des Templiers. — Attributions du comte de Metz. — Mœurs du clergé à cette époque.

(1) Ce prince, en 1216, fit l'hommage au comte de Bar, pour le château de Foug, dans les termes suivants, qui donnent une idée du français de cette époque : « Nos Hugues, cuens de Vaudaimont, faisons savoir à toz, que tenons de l'honorable seigneur, Henry, cuens de Bair, et de ceulx qui après lui seront cuens de Bair, tenons et devons tenir en fief et hommaige-ligement, tot ceu nos avons en notre dit comté de Vaudaimont en hommes, en femmes, en maigniez, en terres, en tréfond, en pié, etc. Ce fut fait l'an ke li milliers corroit par M et CC, et seize on mois de mars. » (BEXON, p. 41.)

Thiébaut épousa en 1206, la fameuse Gertrude de Dachsbourg ou de Dabo qui lui apporta par héritage cet apanage important, deux ans avant qu'il fût proclamé duc. Gertrude vivait mal avec son mari (Digot, t. II, p. 42) auquel, assure naïvement Errard, on avait noué l'aiguillette, et cependant la duchesse « moult aimoit ébats d'amoureux et menée... dont ne se fit faute; aussi Thierriat put-il dire avec beaucoup de raison... Oncques ne parut porter plainte (contre les États disposés à déposer son mari) et assez enclins « à approuver lesdits déportements. »

A la mort de Ferry II (1213), l'empereur Frédéric II, rival d'Othon, excommunié par le pape, s'empara de la terre de Rosheim que le feu duc lui avait engagée l'année précédente. Thiébaut irrité, ne craignit pas de se mettre follement en opposition avec l'un des plus puissants monarques de l'Europe, et de reprendre Rosheim à la tête d'un assez fort corps d'armée. Il divisa ses troupes en deux parties, et envoya en avant un corps d'infanterie, sous le commandement de Lambirin d'Ourches, grand maître de sa maison, avec ordre de demeurer couvert, dans la vallée de la Bruche, et d'attendre l'arrivée du second corps, commandé par le duc lui-même. Ce dernier subit des retards. Lambirin, cédant à l'impatience de ses soldats, marcha sur Rosheim dont il s'empara sans coup férir. Les habitants épouvantés, se réfugièrent dans l'église et le cimetière pour s'y défendre. Les Lorrains, se croyant maîtres de la ville, s'abandonnèrent au pillage et à la boisson, avec un désordre qui fut remarqué par les vaincus. Bientôt, animés par l'un des leurs, ils s'élancent sur les assaillants, accablés de sommeil ou noyés dans la débauche, et en font un horrible massacre. Le petit nombre qui put s'échapper s'enfuit vers les montagnes au moment où le duc les franchissait à la tête de sa cavalerie. Lambirin lui fit connaître la triste vérité. Thiébaut, au lieu de rétrograder comme le commandait la plus vulgaire prudence, porta, au contraire, le fer et le feu dans une grande partie de l'Alsace, sans toutefois pouvoir reprendre Rosheim. L'irritation contre le sauvage agresseur arriva à son comble. L'Empereur, harcelé par son rival Othon, dut différer la vengeance.

Bientôt ce dernier marcha au secours de Jean-sans-Terre, son parent et son ami, pour attaquer Philippe-Auguste avec lequel combattait le comte de Bar. Les historiens ne sont pas d'accord sur le parti que soutint Thiébaut; selon les uns il lutta pour la France; selon les autres, au contraire, il aurait défendu la cause d'Othon IV, venu au secours des phalanges anglaises. Guillaume-le-Breton, poëte contemporain, parle de cette expédition en ces termes : « Le duc fait venir ses Lorrains: ils parlent deux langues (le français et l'allemand); ils s'expriment avec simplicité, mais leur conduite montre de la sagacité et de la prudence. Ils habitent le fertile pays qu'arrose la Moselle, et qui s'étend entre l'Allemagne et la France, quelques milles deçà la Meuse.

Othon, malgré la bravoure de ses troupes fut vaincu à Bouvines (entre Lille et Tournay). Trente mille de ses soldats mordirent la poussière.

Au retour de cette expédition, Thiébaut vint à Metz et conclut avec Conrad, évêque de cette ville, une alliance offensive et défensive dont furent néanmoins exceptés, l'empereur Frédéric, l'archevêque de Trèves et le duc de Bar, tous trois présents à Metz.

En 1216, Thiébaut, voyant l'empereur occupé au delà du Rhin et comptant sur quelques alliances, amassa une troupe de brigands, débris de la bataille de Bouvines, pénétra de nouveau en Alsace, s'empara facilement de Rosheim, dénué de moyens de défense, et fit d'immenses dégâts aux environs. Mais bientôt l'Empereur parut avec une nombreuse armée, décidé à venger la double insulte qu'il avait essuyée. Thiébaut, incapable de tenir campagne, s'enferma dans la ville d'Amance. Frédéric ou son lieutenant l'y assiégea et manda au comte de Bar et à Blanche, comtesse de Champagne, de venir l'y trouver avec leurs troupes. Tous deux arrivèrent coucher à Nancy et y mirent le feu le lendemain, en quittant la ville (1). Thiébaut abandonné par ses alliés, alla se jeter aux genoux de l'Empereur qui le retint prisonnier, et l'emmena en Allemagne, après l'avoir obligé de remettre sous la mouvance de la Champagne (2) plusieurs terres de son duché; de plus il dut s'engager, par serment et par un acte authentique, en date du 12 juin 1218, à unir ses forces à celles de la comtesse de Champagne, pour achever la déroute de l'un de ses anciens alliés. En outre, comme gage de l'exécution de ses engagements, Thiébaut remit, pour cinq ans, entre les mains du duc de Bourgogne, le bourg de Chatenoy, et, de plus, deux autres fiefs entre celles de la comtesse de Champagne (3). L'Empereur, l'archevêque de Trèves et l'évêque de Metz souscrivirent aux clauses du traité.

Devenu libre, Thiébaut, nullement corrigé, chassa de Chatenoy la garnison qu'y avait placé le duc de Bourgogne. L'Empereur irrité de ce manque de bonne foi, et tout aussi déloyal que le duc, attira celui-ci, par ruse et sous prétexte de modifier le traité d'Amance, à Wurtzbourg et le retint

(1) Errard attribue l'incendie aux ordres de Thiébaut, et raconte ainsi ce sinistre:

Thiébaut, enfermé dans Amance par l'empereur Frédéric II, « envoya le capitaine Simon avec quelque cinquante hommes pour brûler Nancy. » (MORY): « Et li capitaine s'acquita par trop bien de sa mission, et ne resta maison que ne feut enflammé dans la ville du dit Nancy dont fut grandement mal à tout chacun. Aucuns blasmoient Monsignor, et n'avoient pas tort, disant que c'estoit à luy folie et malvoiance ; et advint en outre que li capitaine Simon ne put onc rejoindre Amance, mais feut prins a la sortie de Nancy et mis ès prisons. » (p. 5.) « ...A son retour en Lorraine, Thiébaut s'empressa de remettre à bon point son chastel de Nancei, et de relever ce qu'avoit brûlé. (LEPAGE, pp. 214-215.)

(2) Les princes voisins exploitèrent la détresse du duc pour se consolider et s'agrandir à ses dépens. La comtesse de Champagne fortifia le château de Monté-Clair, situé sur les confins de l'évêché de Toul ; Henri, comte de Bar, fit de même pour le château de Foug (près de Toul), malgré les représentations de l'évêque, et rasa celui de Stenay, appartenant au duc de Lorraine.

(3) Le duc se reconnut (NOEL, *Collect.*, t. III, p. 870) vassal de la comtesse pour les villes et châteaux de Neufchâteau, Châtenois, Montfort, Frouard, Gand...

prisonnier (1). L'évêque de Metz, Conrad, obtint enfin la liberté de Thiébaut, au prix de la rançon énorme de douze cents livres dont le prélat se rendit garant (1219).

A peine le duc fut-il en liberté que Frédéric, à ce qu'on

(1) Pendant son absence on tenta de le dépouiller de la souveraineté. Thiriat raconte en ces termes, ces menées que certains historiens mettent en doute. — 1218. Après l'arrestation du duc Thiébaut les seigneurs lorrains, connaissant la haine que ce monarque (l'Empereur) portait au Duc, s'assemblèrent et « devisèrent pour nouvel Duc élire. Fut Messire Philippe de Gerbéviller (oncle du prince) le chef en les susdites assemblées, ès quelles se trouva Hugues, sire de Lunéville, que fut l'un des principaux moteurs de la rebelle, et ce qui plus surprit les bons et affidés serviteurs à Monseigneur, c'est qu'onc la Duchesse ne parut en porter plainte, mais bien approuver les susdits déportements.

Lambyrin d'Ourches, dont la réputation de probité avait plus d'une fois enchaîné les suffrages, fut appelé, malgré Gerbéviller et le sire de Lunéville. D'Ourches harangua l'assemblée, en ces termes : « Adonc, dit-il, m'avés mandé à cestuy assemblée que doit rendre grande et de grand pouvoir la présence de Monsieur l'oncle de Monseigneur notre Duc. La foy et loyauté que devons à notre Sire doit échauffer tous nos couraiges ! A ces fins j'apporte pierreries et bijotteries de ma femme que veux faire vendre et bailler pour parfaire la rançon de Monseignor ; mais si mon esprit ne me faut (trompe) point ne puis douter qu'autre sujet ne vous tienne en ce lieu. O Lorrains ! seriés-vous assez déloyaux et mal féaux pour laisser en l'abandon votre prince Thiébaut? Seriés-vous honnis à toujours mais, et ne pourrois, moi qui vous parle, parfaire tel déshonneur à ma patrie! Si adonc toute espérance de tirer cestuy bon prince de sa détention et captivité est perdue, avons son frère Mathieu qu'est légitime à succéder à la Duché... »

On ne répondit rien ; le seul Hugues, sire de Lunéville, insista, peignant les malheurs qu'allait éprouver la Lorraine si on n'élisait promptement un Duc, assurant que jamais l'Empereur n'oublierait le traité d'Amance et qu'il n'écouterait que sa vengeance.

« Croiés, dit Hugues, Chiers Compagnons, que li Duc Thiébaut est mort, si non quasi comme estoit mort, et ne faut faillir à ly donner un successeur en la Duché. N'ay, comme le Sire Lambyrin, pierreries et bijotteries de femme à vous offrir, mais bien grand cœur, bon bras et cette mienne espée, pour soutien et maintien en la place di Duc, cestuy que choisirés. Le sire Mathieu par trop grande jouvence, ne peut soutenir tel fardeau et peine. Mons de Gerbéviller est grand homme, et de bonne tête et grand sens, et ne pouvons dire que n'aye grand droit à la chose ; mais par trop d'âge ne paraît duire (convenir) en temps si criseux. L'Etat est en chancelance, nous sommes Nobles et avons

rapporte, lui envoya une courtisane à laquelle il s'était livré depuis quelque temps, et qui, le joignant au delà du Rhin, lui versa un breuvage empoisonné (1). Le duc portait la mort dans son sein lorsqu'il rentra dans son pays où il traîna jusqu'en 1220 une vie languissante.

Thiébaut paraît avoir été moins prodigue que ses prédécesseurs envers les maisons religieuses. Cependant il fit une donation considérable à l'église de Saint-Dié, souscrivit un traité avantageux à l'abbaye de Remiremont, ainsi qu'aux habitants du Val-d'Ajol, et accorda, en 1217, aux Templiers établis en Lorraine (2), certains privilèges (droits d'usage

nobiliaux Us et Coutumes en notre Province, et sont moins grans personnaiges qui sont jeunes et que pensont, ainsi que moi, qu'avez toujours chéri d'amitiance, que peuvent être bons chefs de vostre choix ».

Gerbéviller fût très-mécontent de ce discours, et l'Assemblée, prête à se désunir, chancelait, lorsqu'on annonça des lettres de l'évêque de Metz et le retour prochain du duc Thiébaut. « Ce qui causa grande honte et vergogne au susdit harangueur, que conservoit en son âme grand dépit et ressentiment, disent les Mémoires du temps. (THIRIAT.) Constatons ici que cette réunion, preuve de l'existence des États à cette époque, ne comptait ni prélats, ni bourgeois et seulement une minorité de nobles.

(1) Voici le récit d'Errard sur l'intervention de la douce Gretchen de l'époque. En revenant de la prison d'Allemagne... « fûmes à la prime nuictée recors et raccordés par certaine jeunette et agaçante jouvencelle coureuse, comme que voyons en maints lieux, que li roi des Romains avoit voirement appris et mis en nostre pourchas ; et icelle seut si bien faire par belles et agaçantes parolles que plût à Monsignor, (et de faict avoit charmes et gracieusetés que méritoient) et volit icelle souper avec Monsignor qui le volit benoistement, et li feit maintes doucettes caresses, car one ne feut que sache, homme au monde qui feut plus prochain à faire gracieuseté et douceurs à gentille femelle que ne feut mon benoit prince. Advint que la susdite en ses cajoleries et blandities, glessit en son vin poison subtil que but Monsignor et porta langueur que le conduisit à mort ; et icelle susdite femelle ne feut one revue, mais bien disparue au lendemain de ladite couchée » (pp. 6-7).

(2) Comme les autres moines, les Templiers excellaient dans l'art d'arrondir leurs domaines, par n'importe quels moyens. Thierriat raconte à ce sujet le fait suivant :

« ...En ce règne advint que Robert Saulrup, gentilhomme qui

dans les forêts domaniales, la glandée et la paisson pour les communaux, etc.), et prit surtout l'engagement singulier de défrayer le grand maître de l'ordre, quatre hommes et quatre chevaux, quand celui-ci se rendrait en sa cour.

Presque au lendemain du décès de Thiébaut, sa veuve reprit tous les biens de son apanage, pour les porter en mariage au jeune duc de Champagne, le fils de la plus implacable ennemie de feu son mari. Elle épousa ce prince dans l'année même de son veuvage, ce qui alors était un crime. Son jeune mari la répudia au bout de deux ans, et Gertrude passa, quelques mois après, entre les bras de Simon, comte de Linanges. Celui-ci allait s'en séparer à son tour, quand elle mourut, sans enfant, en 1225, laissant ainsi une source de nouvelles guerres entre les divers prétendants au comté de Dabo. Le clergé, paraît-il, vit d'un œil tranquille les infractions aux lois ecclésiastiques de cette volage princesse.

Législation. — Voici les principales lois édictées sous le règne de Thiébaut.

Celui qui prendra par force la main ou le bras d'une femme, payera vingt sols.

Qui, en public, la baisera au visage ou sur les mamelles, sera puni du fouet.

Fille violée malgré elle, fera serment et recevra soixante sols ; si c'est de plein gré, n'aura rien.

Cheval volé, sera payé vingt sols ; chien ou oiseau, trente sols ; filet, dix sols.

avoit à luy certain lieu, près de la cité de Nancy, et avoit grandement fait jeu, ribotterie et paillardise, sentant la sienne vie décliner, et ne voulant entendre à faire certaine restitution de choses qu'avoit pillé à ses voisins, iceluy estant tombé en paralesie de ses membres, tout près de la cité de Ligny, fait appeler à luy religieux du Temple, et ayant esté les susdits religieux interpellés, sçavoir, si par ferventes prières pourroient, en échange d'une somme de dix mille francs, luy conserver jours de vie ; à iceluy cesdits bons religieux promirent ; mais le susdit seigneur mourut incontinent qu'eut signé ledit acte (p. 56). »

Il y aura taxe au prorata : pour dégâts faits dans les vignes, les prés, les moissons, etc.

Les blessures seront payées en argent, suivant l'ancien usage.

L'homme ivre qui aura frappé son voisin, payera cinq sols, s'il y a bosse; dix sols s'il y a sang.

Celui qui sera infidèle à son seigneur, composera de sa vie avec lui.

Hôpitaux. — Léproseries. — Bordes. — Le duc Thiébaut (Noël, VI, p. 75), est le premier duc qui ait établi des hôpitaux. Il en fonda un à Sturtzelbronn, un à Nancy, un troisième à Amance. Ce dernier était doté de terres situées sur le ban d'Agincourt.

Noël ne parle que de la Lorraine ducale. Auparavant déjà il existait dans notre pays des établissements de ce genre. En 1091, on avait fondé, près de l'abbaye de Saint-Léon de Toul, un hôpital spécialement destiné aux pèlerins et aux étrangers. A Verdun, un laïque fort pieux, avait bâti deux hôpitaux pour y recevoir les infirmes et les voyageurs. En 1173, Frédéric de Pluvoise, évêque de Metz, ouvrait près de Sarrebourg un hôpital où les voyageurs devaient être logés pendant une journée.

On créa aussi, à une époque indéterminée, des établissements pour séquestrer les lépreux qui devenaient de plus en plus communs, à mesure que les relations de guerre et de commerce étaient plus fréquentes entre l'Orient et l'Europe occidentale. Au XIIe siècle, les *bourgeois* de Toul fondèrent à Valcourt, à une lieue de la ville, une léproserie devant servir à un prêtre et à douze lépreux. On leur donnait chaque jour du pain, de la viande fraîche et quelqu'argent... D'autres léproseries furent construites, soit au XIIe, soit au XIIIe siècle, dans le faubourg Saint-Mansuy à Toul, à Velaine près de Ligny, à la Madelaine près de Nancy, à Varangéville, à Neufchâteau, à Vaucouleurs, à Saint-Aubin près de Commercy, à Gondrecourt, à Laitre-sous-Amance et ailleurs.

Les cellules dans lesquelles les lépreux étaient confinés portaient, en Lorraine, le nom de *Bordes*, et la réunion de plusieurs cellules celui de *Bordel*. Ce terme a reçu depuis une signification honteuse, bien différente de celle de l'origine.

Les cérémonies accomplies dans la séquestration des malades offraient chez nous, quelques particularités intéressantes. Quand un lépreux avait été déclaré tel, sur l'avis des médecins, le juge ecclésiastique ordonnait de le conduire dans la maladrerie la plus voisine. Au jour fixé pour la cérémonie, le lépreux, couvert d'un voile noir, se rendait, au son de toutes les cloches, devant la porte de l'église paroissiale. Le curé, revêtu de l'aube et de l'étole, aspergeait le malade d'eau bénite et l'introduisait dans une sorte d'enclos au milieu de l'église ; là, se trouvait une table sur laquelle on avait placé une housse, une robe longue, des gants, un baril, une cliquette et une pannetière. Le lépreux entendait la messe et communiait (1) ; puis le prêtre bénissait les objets déposés sur la table, et disait au malade : « Prenez et revêtez, en signe d'humilité, cet habit sans lequel je vous défends de quitter désormais votre maison, au nom du Père, du Fils et Saint-Esprit. Prenez ce baril pour y mettre ce que l'on vous donnera pour boire ; je vous défends expressément de vous désaltérer dans les rivières, ruisseaux, fontaines et puits communs ; de vous y laver, et d'y laver vos *draps*, vos *chemises* et tout ce qui aurait touché votre corps. Prenez cette cliquette, pour vous souvenir qu'il vous est interdit de parler à qui que ce soit, si ce n'est aux personnes attaquées du même mal que vous. En cas de besoin extrême, vous demanderez

---

(1) « La messe est chantée du jour ou autrement, suivant la dévotion du curé, » et ne doit-on point la *chanter des morts* comme aucuns l'ont accoutumé de faire.

...Après la messe, le curé doit avoir une pelle en sa main, et avec icelle pelle, doit prendre de la terre du cimetière, trois fois, et mettre sur la tête du ladre, en disant : Mon amy, c'est signe que vous estes mort quant au monde, et pour ce ayez patience en vous. » (Divers. — *Breviaire de Toul*, 1559).

ce dont vous aurez besoin au son de cette cliquette, en vous tenant loin des gens et au-dessous du vent. Prenez ces gants ; ils vous rappelleront que vous ne pouvez rien toucher, les mains nues, si ce n'est des choses qui vous appartiennent et ne doivent passer entre les mains de personne. Prenez cette pannetière, pour y placer ce qui vous sera donné par les gens de bien, et n'oubliez pas de prier Dieu pour vos bienfaiteurs. »

Le curé remettait une aumône au lépreux, engageait les assistants à en faire autant, et le menait avec la croix et l'eau bénite dans la borde qu'il devait occuper. Il introduisait le lépreux dans sa demeure et en fermait la porte, sur le seuil de laquelle il plantait une croix de bois ; il adressait ensuite un discours aux assistants, leur recommandait de prier pour celui qu'il venait de séparer du monde, leur défendait de l'injurier ou de le maltraiter, en conjurant les parents et amis du lépreux de lui tenir compagnie pendant trente heures, afin d'adoucir les premiers instants de la séquestration. (DIGOT, t. II, pp. 163, 164, 165.) (1)

METZ. — Avec Thiébaut s'éteignit la dignité de *comte de Metz* (2), et l'autorité démocratique des échevins fut ainsi

---

(1) Plus tard, faute de surveillance, les demeures des lépreux devinrent une véritable sentine, un repaire maudit de Dieu et des hommes, souillé par les passions les plus dégoûtantes. En 1502, un jour de jeudi saint, les lépreux des bordes de Saint-Martin, assassinèrent Nicolas le Foulrier, l'un d'entre eux. Cinq furent punis de mort à Foug ; Labigare, Isabelle, sa femme et une nommée Benoîte furent brûlés ; Paxette, femme Gengoult et Jean de Lagny, traités avec plus d'indulgence, furent pendus. (DUMONT, t. I, p. 256.)

(2) Le comte présidait à toutes les affaires de la République ; il nommait un certain nombre de conseillers qui jugeaient, en son nom, les affaires de peu d'importance ; il commandait, en cas de guerre, les troupes du district, et recevait le quart du butin. Lui seul pouvait autoriser les jugements à coups de main. Après le combat il recevait trente-deux florins du vaincu. Il avait le droit de gracier les faux accusateurs. Tout individu convaincu de félonie perdait ses biens et même ses enfants qui devenaient la propriété du comte. Quand un juge condamnait les criminels à avoir la tête et les pieds coupés, le comte

considérablement augmentée. Cependant il ne paraît pas que celle du comte ait été jamais grande dans la cité ; il avait moins un domaine qu'un droit de primauté et d'honneur. La seule circonstance où Thiébaut paraisse l'avoir exercée, est un jugement rendu par lui, le 29 décembre 1214, conjointement avec l'archevêque de Trèves et confirmé par l'Empereur, en faveur du chapitre de la cathédrale, contre des marchands étrangers qui prétendaient aux droits de bourgeoisie.

Ce fut à la mort de Thiébaut qu'on organisa à Metz les *paraiges*, associations de familles auxquelles on confia, en partie, le gouvernement de la République. Il y eut six paraiges. Les membres qui les composaient n'entrèrent d'abord que par députés dans le *grand conseil* de la cité. Dans la suite ils y occupèrent les premiers emplois. Le plus ancien *atour* (terme qui signifiait, lois, ordonnances, traités, accords), où il en est question, date de 1214. Les paraiges ne jouirent pas du pouvoir législatif avant la fin du XIIIe siècle (1).

Conrad, évêque de Metz, acheva le château de Vic, commencé par son prédécesseur, et environna la ville de murailles.

percevait une somme arbitraire sur les biens du coupable ; on lui adjugeait, en outre, quatre florins quand le criminel devait être noyé. Ce magistrat pouvait conclure la paix, ou faire une trêve avec les ennemis de l'Etat, les jours de Saint-Clément, de Saint-Etienne et de Saint-Arnoul, et condamnait à la perte d'un membre celui qui rompait cette paix ; il jouissait du ban à vin pendant la foire, et de plusieurs autres revenus.

(1) Parmi les actes de législation de cette période, Viville (t. I, p. 97), cite un atour de 1213, excluant les prêtres et les religieux des tutelles, des exécutions testamentaires et leur interdisant l'acceptation de tout legs. — A Metz (BÉGIN, *Metz depuis 18 siècles*, t. III, pp. 222-23), chaque vendredi le maître échevin présidait un tribunal correctionnel et criminel à la fois. L'homicide et le rapt d'une femme entraînaient la mort. Les parents et amis devaient se charger de l'exécution. La perte d'un membre était punie de neuf sous d'amende et de l'exil pendant un an ; une plaie, exil et six livres ; une fracture trente sols ; une contusion, dix sous.

Toul. — L'histoire scandaleuse de l'évêque Mathieu, oncle du duc Thiébaut, est le fait saillant de l'époque. Pourvu à l'âge de six ans de deux canonicats, l'un de la cathédrale de Toul, l'autre de la collégiale de Saint-Dié, ce prélat au sortir de l'adolescence, séduisit une religieuse dont il eut une fille, et fut néanmoins élu évêque de Toul, grâce à sa famille et malgré une opposition assez sérieuse.

Une fois installé sur son siège, en 1200, il afficha des mœurs déréglées. Errard dit que ce prélat était le plus « grand paillardeux et violenteur de garces que fust en son temps. » Mathieu dilapida les biens de l'évêché dont il n'était que l'administrateur. Les chanoines, dès 1202, prièrent le pape de le déposséder. L'intervention de ses parents écarta ce premier danger. Accusé bientôt après par le doyen du chapitre d'avoir vendu ou donné vingt-deux domaines, il fit arrêter son dénonciateur qu'on lui amena, placé sur un âne, les deux pieds liés sous le ventre de l'animal. Le malheureux fut jeté dans un cachot, et ne recouvra la liberté que sur les menaces du légat du pape qui suspendit l'évêque de toute fonction ecclésiastique. Le pape, à son tour, le déposa. Mathieu, en 1206, se rendit à Rome, plaida sa cause, mais resta finalement privé de son siège. Il se retira à Saint-Dié, y fit venir sa fille, et, par un abominable inceste, vécut publiquement avec elle. Le duc indigné, fit enlever et jeter en prison cette femme ; quant à Mathieu, il se retira avec quelques aventuriers dans les montagnes où sa fille, rendue à la liberté, vint le rejoindre.

Le siège de Toul, resté vacant pendant trois ans, par égard pour la famille de l'ex-indigne prélat, fut enfin confié à Renaud de Senlis. Celui-ci prit part à la croisade contre les Albigeois. A son retour, il s'allia avec le comte de Bar, contre des *bandes d'aventuriers armés qui désolaient la province*, et garnit de troupes les châteaux de Bouvron et de Liverdun. Le duc Thiébaut prit ombrage de cette alliance et rasa le château de Bouvron. Renaud effrayé se réfugia à

Bar; mais bientôt la médiation de l'évêque de Metz amena un accommodement (1215). Le duc de Lorraine promit de payer au prélat toulois vingt marcs d'argent comme indemnité.

Mathieu, du fond de ses montagnes, avait suivi ces événements, et guettait la venue dans les Vosges de son successeur, pour venger sur lui ses déboires de toute nature. Renaud, en 1217, se rendit à Senones où l'appelait son ministère. « Li poure Evêque, dit Errard, fut par sienne (de Mathieu) ordonnance occis d'un coup d'épieu tout proche certain hameau qu'a nom La Bourgoince. De ce méfait quand fut la voix venue à Monsignor, en fut grandement outrecuidé... » Il « jura que li coupable n'auroit grâce et feit ordonnance à un sien gentilhomme qu'auoit nom Simon de Joinuille et qu'estoit en sienne compaignie ès chasses, tout proche de Rambieller (quand fut appris que li Mathieu estoit en certain lieu prochain qui pourchassoit certaine ménagère d'un moitrier de céant), de ly deffaire de cestuy scandaleux Mathieu, encore que fût sien oncle et prêtre. Mais avenant que li dit Joinuille feit refus d'occir li dit prêtre; ce qu'oiant Monsignor, piqua le sien coursier et, pourtant lance en arrêt, ferri son dit oncle Mathieu de deux grands coups que percèrent de part à autre et lui feit rendre sa *sale âme* en lieu que fut trové. »

L'assassinat eut lieu, près du village de Nompatlize, sur la route de Ramberviller (1). Justice indigne de l'humanité

(1) La fille incestueuse de Mathieu épousa un arbalétrier de Gerbéviller et partit pour l'Allemagne avec son mari.

La vie criminelle de Maherus (Mathieu) (GRAVIER, p. 113), fait connaître les mœurs de ce siècle : débauche d'un côté, superstition de l'autre. Celles du siècle précédent n'étaient pas meilleures : c'est une bulle du pape Eugène III qui nous en fournit la preuve. — Un chanoine de Saint-Dié, croyant toucher à sa dernière heure par excès de débauches, fait vœu de chasteté et de tempérance s'il relevait de cette maladie; mais dès qu'il fut hors de danger, il oublia ce vœu qu'un fâcheux se chargea de lui rappeler. Le chanoine nia qu'il eût fait un vœu si déraisonnable, ou prétendit ne l'avoir fait que dans le délire. Le pape Eugène, près de qui il se pourvut pour être relevé de ce vœu, chargea le doyen et les chanoines de Toul d'informer sur les facultés intellectuelles du malade et de juger de la validité du vœu. On ne trouve pas la décision du collège. (Extrait d'un inventaire des archives de Toul, adressé au père Mabillon à Paris, en décembre 1699.)

(BÉGIN, I, p. 102) que celle qui rend la main d'un prince complice du crime qu'il veut punir !

En 1218, l'évêque Gérard de Vaudémont fit cession à ses chanoines de la moitié du *droit de poignée* ou de *coupel*, qui consistait à prélever la cinquante-deuxième partie de tous les grains qui se vendaient dans l'intérieur de la ville. (Ce droit existait depuis les premières années du xe siècle., (DAULNOY, pp. 97-98.)

De 1220 à 1251 : Mathieu II.

Femme : CATHERINE DE LIMBOURG

SOUVERAINS ET PRÉLATS LORRAINS CONTEMPORAINS

ROIS de France.	EMPEREURS d'Allemagne.	COMTES de Bar.	COMTES de Vaudémont.	ÉVÊQUES		
				de Metz.	de Toul.	de Verdun.
PHILIPPE-AUGUSTE.	FRÉDÉRIC II	HENRI II.	HUGUES III.	CONRADE.	EUDES de Sorcy	JEAN d'Aspremont
LOUIS VIII	CONRAD IV.	THIÉBAUT II.	HENRI II.	JEAN d'Aspremont	GARIN.	RODOLPHE de Torote. GUI le Traignel.
LOUIS IX.				JACQUES de Lorraine.	ROGER de Marcy	GUI de Melotte. JEAN D'AIX.

Le frère de Thiébaut, Mathieu II, que la plupart des historiens ont nommé le Bégnin (NOEL, VI), ou Benin, manière honnête, sans doute, pour désigner un benêt ou un sot, hérita d'une situation difficile. Tout d'abord sa mère revendiqua inutilement la régence (1).

(1) « La deuch Agnes volit dès le temps que li prince, son fils, eut en premier la duché, trancher de la grande dame et maîtresse, disant qu'estoit trop jeune au gouvernement ; mais li duc qu'avoit en vouloir que la dame Agnes feist deport et abandonnement du chastel de Nancy qu'avoit en douaire et li print à autre part, li duc volut et fut forcé à elle qu'obéit. Maître si-je, et le serai-je, disoit-il, à tout maintenant. » (THIERRIAT, pp. 58-59.)

La Lorraine était accablée de dettes et déchirée par les querelles des seigneurs que les malheurs et la captivité de Thiébaut avaient enhardis, et qui avaient formé une sorte de confédération commandée par le comte de Lunéville. Mathieu les défit et rompit cette ligue ; il battit le seigneur de Rodemach, celui de la Haute-Pierre, et, en leur pardonnant, affermit son autorité, plus par la clémence que par ses victoires (1).

Des guerres plus importantes vinrent bientôt occuper l'activité de ce prince. Il s'unit avec le comte de Champagne (2)

(1) Sous Mathieu II un simple gentilhomme (CHEVRIER, pp. 248-49), qui avait un fief, un pont-levis et deux tourelles, se levait seul ou avec des complices contre le duc qui souvent dut traiter d'égal à égal avec eux.

(2) Noël (*Mém.* VI) attribue à l'action de la comtesse de Champagne l'établissement de la liberté dans certaines villes rurales de la Lorraine. Nous avons vu que Thiébaut vaincu avait remis plusieurs villes et terres à cette princesse. Or, « ...c'est le fait de tous les nouveaux gouvernements et des usurpateurs, pour s'attirer la bienveillance du peuple qui doit faire leur véritable force, de lui promettre les plus grands avantages, comme de le rendre plus heureux qu'il ne l'était sous le gouvernement précédent. C'est ce que fit la comtesse de Champagne, en promettant des affranchissements à Nancy, à Neufchâteau et à d'autres lieux (à l'exemple de ce qui se faisait en France, toujours en avance sur notre pays) ; c'est ce que fit aussi le duc de Bourgogne (Charles-le-Téméraire) en prenant Nancy. Et, bien que la puissance de la comtesse de Champagne, de même que celle du duc de Bourgogne n'aient été qu'éphémères en Lorraine, cependant leurs promesses reçurent une certaine exécution que nos ducs ne purent refuser à leur peuple. »

« La comtesse Blanche, en faisant connaître aux Lorrains la fameuse loi de Beaumont (rédigée par son oncle) qui accorde aux hommes la liberté, dut se faire de nombreux partisans ; et ce fait seul, sans le concours de ses armes, devait lui donner une influence extrême sur le pays. Le duc fut donc obligé d'accorder la publication de la loi de Beaumont ; il dit, et, à son exemple, plusieurs seigneurs dirent à leurs serfs : « Nous vous mettons sous la loi de Beaumont. » (C'est ce qui eut lieu pour Neufchâteau, entre autres, comme nous le verrons à la fin de cette note.)

« Jusqu'à l'arrivée de la fameuse comtesse de Champagne, continue Noël, rien n'était changé à l'ancien état politique et social ...Dans les campagnes, autour du manoir seigneurial, habitaient les colons. Plus loin, se trouvaient dans leurs huttes et cabanes les serfs, traités par leurs maîtres laïques ou clercs comme s'ils ne faisaient point partie de

contre le comte de Bar, pour abaisser ce vassal dont la puissance rivalisait avec celle de son suzerain. Cette guerre fut désastreuse des deux côtés. Tandis que les troupes de Mathieu ravageaient le Barrois, Henri II de Bar, entra en Lorraine et brûla soixante-dix villages (1). Le comté de Champagne éprouva des dévastations semblables; le souverain chassé de village en village, y mettait lui-même le feu pour arrêter l'ennemi. Enfin les trois rivaux épuisés conclurent une trêve, en 1230.

Chevrier flétrit avec raison ces agissements barbares. « Les sujets pillés, leurs terres ravagées, leurs maisons brûlées ne faisaient aucune impression sur des Princes que la férocité armait toujours; et l'intérêt de leurs peuples sacrifiés à leur caprice ne pouvait jamais leur rappeler qu'ils étaient des hommes: cruel héroïsme plus blâmable que la lâcheté! » (T. I. p. 238.)

Metz. — La trêve de 1230, dont nous venons de parler,

l'espèce humaine. Cependant il y avait alors de nombreux hôpitaux ; dans tous les fiefs un peu importants on rencontrait une maladrerie, lieu où le seigneur faisait soigner les vassaux indigents ou malades. L'existence de ces établissements était antérieure aux affranchissements. Ils étaient le résultat de l'obligation où se trouvait le seigneur de nourrir et de soigner ses serfs qui étaient en tout bien sa propriété ; comme aussi il y avait dans tous les châteaux-forts un lieu de retraite où, dans les cas de guerre, les serfs se retiraient et déposaient ce qu'ils pouvaient avoir de plus précieux dans leur pécule. Les affranchissements (ultérieurs) n'obligeant plus les seigneurs à soigner leurs hommes comme leur propriété, une grande partie des hôpitaux furent abandonnés ou ruinés. — Comme on le voit la mise à la loi de Beaumont fut une véritable révolution sociale. Neufchâteau fut la première ville de notre pays qui reçut les bienfaits de cette institution. En septembre 1231 (Digot, t. II, pp. 14-15), le duc Mathieu II accorda aux Neufchâtelois le droit d'élire tous les ans, le jour de la Saint-Remy (1ᵉʳ octobre) ou dans la quinzaine suivante, treize magistrats qui prendraient le nom de jurés. Ces treize jurés choisissaient parmi eux un mayeur qui devait les présider et représenter la cité dans ses rapports avec le souverain. Ce tribunal ainsi composé connaissait de toutes les difficultés qui pouvaient s'élever entre tous les habitants de la ville, prononçait, en premier et dernier ressort et jugeait ceux des Neufchâtelois qui commettaient quelque crime ou quelque délit. Le duc avait reconnu (1229) tenir de Thiébaut, comte de Champagne et de sa femme, « le Neufchâteau, la châtellenie et dépendance de cette terre et avait promis de la rendre à leur volonté ; et le comte de Champagne déclara, en 1231, que Neufchâteau était un de ses fiefs et que le duc Mathieu est son homme et son vassal. (Hugo, p. 130.)

(1) Dans ces temps calamiteux, en apprenant une invasion quelconque, le souverain attaqué, au lieu de voler au-devant de l'ennemi pour le repousser et arrêter ainsi ses ravages, s'empressait de courir sur le territoire de l'agresseur pour y faire du butin et ruiner ses sujets.

fut bientôt rompue. Les Messins, commandés par Mathieu-le-Gaillard, maître-échevin, s'étaient révoltés contre Jean d'Aspremont, leur évêque. Emportés soudain par un accès de délire furieux, ils saisirent un de ses officiers lui crevèrent les yeux et chassèrent de Metz, après avoir rasé leurs maisons, quelques bourgeois connus par leur attachement à l'évêque. Le prélat excommunia les mutins et appela à son secours le duc de Lorraine. Celui-ci commença par brûler quelques places, entre autres Pont-à-Mousson, et alla assiéger inutilement la ville de Metz, en 1232. Battu près du château de Frouard par le comte de Bar, allié des Messins, Mathieu se réfugia à Gondreville et demanda la paix (1). Elle fut conclue par l'entremise du comte de Champagne.

Changeant alors de camp, en vrai condottiere (2), le duc joignit ses forces à celles des bourgeois de Metz qui assiégeaient leur évêque dans le château de Saint-Germain, où ce prélat se défendait avec vigueur. En 1233, par l'intermédiaire de Roger, évêque de Toul, Jean traita avec les Messins, et rentra dans la ville où il reçut satisfaction sur ses griefs. Il leva, en 1234, les censures ecclésiastiques prononcées contre ses ouailles.

D'Aspremont eut pour successeur, en 1238, Jacques de Lor-

(1) Dans cette affaire sa cavalerie l'abandonna (THIERRIAT); il jeta son casque et marcha (à l'ennemi) à visage découvert croyant par là ranimer l'ardeur de ses soldats ; « mais par trop grande feut lors leur couardise, et ne fut que le brave Frisson, soudard messin, que, voyant li duc s'ébattant ès milieu de la meslée avec pique et sans armure, jeta son propre corps entre li et les dagues ennemies, dont reçut vingt-deux coups, et li mourut ez pieds de généreux duc criant à tous : N'y faillez, c'est men prince ; ne versez son sang, par la mort de Dié. Frisson fut moult grand peine et déplaisir au duc, qui disoit à tous, combien devoit au brave Frisson qu'avoit sauvé ly. (P. 14-15.) »

(2) Depuis l'établissement de la République, les bourgeois de Metz avaient pris à leur solde des bandes armées, des seigneurs, etc. Moyennant finance, ces guerriers, nobles et roturiers, allaient combattre les ennemis des plébéiens. Tel fut le cas du duc Mathieu, en cette circonstance.

raine (1) qui, craignant de nouveaux troubles, fortifia Vic, Marsal, Sarrebourg, Epinal, Conflans, Albe, Turquestein, Ramberviller dont on flanqua les murailles de vingt-quatre

(1) LA DUPONT. — Ce prélat était fort beau, de mœurs pures et d'un abord très gracieux. Bournon, d'après le récit de son père, raconte que la fille d'un « employé en la justice de Metz » en devint éperduement amoureuse. Pour gagner le cœur de Jacques qui ne se doutait de rien, elle « fut en un certain village et consulta bons sorciers et négromanciens que, audit village, faisoient honnête commerce et vendage de certains filtres d'amour et breuvage pour rendre gens amoureux : difficulté grande étoit pour faire que le bon Jacques print le dit filtre. Advint qu'un qu'estoit serviteur à l'évêque auoit maitresse dont ne pouuoit à son point être aimé, et fut le breuvage mis ez mains dudit qui voulut en premier faire essai et servir pour sa cruelle. Parquoi la dose fut partagée et la femme en vint en extravaguement et grande folie. Jacques qu'estoit un pieux personnage ne voulut boire en temps que ne lui fut d'en haut venue inspiration et admonètement de ne boire tel breuvage ; et fut ainsi la peine et l'argent de la Dupont qu'allèrent par ensemble à *voliot* (veau-l'eau) ; mais n'en fut de même d'elle et de cestuy serviteur de l'évêque, car furent appréhendés au corps tous deux et contre iceux fut prononcée *condamnation à mort*, en tant qu'auoient accointance et commerce avec gens qui faisoient sortilèges et négromances ; et fut Jacques au village, et maints honnêtes et bons gens mis en arrêts, dont aduint que fut connu, que le susdit breuvage n'étoit filtre, et n'étoit autre que bon vin fort et généreux que auoit bouleversé tête de femmelette par grand ivrement et dont ne fut one mauvais effet et ne pouuoit venir. Quant eut la femme cuvé son vin, ne fut tant plus ni moins amoureuse que fut one, et se porta bien ; et la Catherine et cestuy qui lui auoit prêté office ne furent pendus, mais fut mainte et grande risée des juges, de leur foiblesse et ignorance à croire par trop légèrement à sorciers, à magie et négromancie que ne furent... »

— *Sibille de Marsal*. — A propos de ce même évêque Jacques, Errard raconte la curieuse histoire que voici :

« Avoit Monsignor (le duc Ferry II) un sien frère qu'estoit Jacques que feut evesque de Metz qu'estoit prélat voirement bon et sain de jugement, que feut en grande colère pour ce qu'avoit été induit en grande tromperie et souciance par certaine garce qu'avoit nom Sybille et qu'estoit en demeure au lieu qu'est dit Marsal. Avoit la susdite accointance et privauté avec un certain quidam qu'estoit prestre et qui volt que por en tant mieux mete en covert ses susdites amours, la dite garce feit de la saincté, en tant que furent béguinard et béguinette, ainsi que M. Jacques déçus par forfanteries et jactances de la susdite. Icelle disoit avoir privautés avec chérubins et séraphins qui enlevoient

grosses tours, le château de Hambourg-l'Évêque, surnommé la *guérite du monde*, à cause de sa position sur une montagne inaccessible, etc. Grâce à ces précautions, son épiscopat fut paisible.

Toul. — Il n'en fut pas de même de celui de Roger de Marcy, alors évêque de Toul.

A cette époque la plupart des villes épiscopales semblaient conspirer pour secouer le joug des évêques et ne reconnaître que la juridiction immédiate et nominale de l'Empereur. Le mouvement fut si vif et si général, qu'aux diètes de Worms, en 1231, auxquelles le duc Mathieu vint assister, il fut ordonné que les *républiques ou communautés, formées dans les villes, au préjudice des droits des seigneurs*, seraient cassées, avec défense d'en faire aucune à l'avenir ; ainsi la *force* opprimait les moindres mouvements de *liberté*, et Ma-

icelle en dixième ciel et demouroit la dite en pamoisons dévotieuses à ce que disoit, à trois nuicts et jornées, sans que but ne mangeat et avait grandement débat et rixe avec monsignor Lucifer. Parquoy, por voir vérité d'icelle, Monsignor Jacques avint audit Varsal, et joua si bellement la susdite garce que ne feut one en la ville qui ne la crût mieux en saincteté que ne le crût li dit evesque. Or, à certain jour, que la Sibille jooit dispute diaboleuse à huis clos, en tant qu'on crooit qu'avoit grande rixe avec Lucifer, certain beguinard qu'estoit en moins boin voloir d'avoir croiance à iceux miraculeux efforts, osit viser par certaine fente qu'estoit en l'huis de la chambrette, et vit que la Sibille n'avoit garde de jeuner comme disoit, voire même avoit sous sa couchette chose de bon appétit, que mangeoit par bien.

« Quant eu bien vu le susdit, volit que Monsignor Jacques ne feust sans voir, et li feit sçavoir que vint, et quand feut vu par la susdite tendresse, fait foncer l'huis et appréhender la susdite qu'avoua que certain jeune gars, qu'estoit prestre et qu'aimoit bien, avoit souciance de li fornir fruiterie et viandes fraiches et seucculantes que mangeoient par ensemble e n'avoient dispute et déduit d'amour que trouvoit merveilleusement bon. Quant seul tout Monsignor Jacques fait penre la pauvre Sibille, et lui donna chétive demourance en quatre murailles, où n'avait ni chaire, ni bon gars à son point ; dont advint que morit de despit et doléance, sans que li Monsignor Jacques, volit en quoi soit bailler allégeance à la pénitence que feit faire à la Sybille. Que fait venu son sien galant, ne sçavons, en tant que n'avons plus veus ni oys novelles d'iceluy. » (Pp. 7-8.)

thien, de retour d'*Allemagne*, revint sur la liberté que, sur une initiative *française*, il venait d'accorder à Neufchâteau (1).

Quoi qu'il en soit, les bourgeois de Toul, inaugurant contre l'évêque une lutte qui se perpétua pendant trois cents ans, se soulevèrent, en 1213, contre Roger, leur évêque, à l'occasion d'un règlement de police qu'il avait fait au sujet des manufactures de draps. En 1250, ils formèrent avec les Messins une ligue de défense réciproque. Roger ne put les dompter qu'en appelant des secours étrangers. Avec l'aide des comtes de Bar et de Luxembourg, il réduisit les bourgeois rebelles qui avaient bravé les foudres de l'excommunication, les força à capituler (1251), et rentra en maître dans sa ville épiscopale.

VERDUN. — Mêmes troubles, à cette époque, dans l'évêché de Verdun. En 1226, les bourgeois chassent de leur ville leur évêque, Rodolphe de Torote, refusent de reconnaître les officiers de justice qu'il avait établis, et prennent les armes pour défendre leurs franchises. Dans la crainte que l'abbaye de Saint-Paul, située hors de Verdun, serve de retraite à l'ennemi, ils en abattent le clocher, occupent militairement la ville, et font lever des subsides et des tailles sur le clergé, s'inquiétant aussi peu de ses privilèges que les Messins qui, en 1226, avaient, contre tous les usages reçus, soumis les églises et les monastères au droit du *tonneu*. L'évêque assiégea Verdun. Les bourgeois, pressés par la famine, demandent grâce et ouvrent les portes au prélat. Peu après, ils réclament de l'empereur Frédéric II, et en obtiennent des chartes et des privilèges ; mais après les diètes de Worms, l'évêque les fait révoquer. Enfin, en 1234 ou 1236, le prélat, réduit

(1) Dans ces diètes on décida aussi que nul ne serait contraint d'aller aux foires malgré lui ; qu'on n'obligerait personne à quitter les voies anciennes et battues pour en suivre de nouvelles, dans le but de faire payer des droits aux passants ; enfin qu'il serait généralement défendu d'élever des forts ou tout autre édifice sur les terres des église

aux abois par ses dettes, engage la vicomté aux bourgeois au prix de deux mille livres de forts de Champagne. (Le fort de Champagne valait 25 sous tournois.)

Son successeur, Gui de Melote, créature du pape, voulut casser ce marché. Le peuple cria au despotisme et l'évêque à l'irréligion. Les bourgeois prirent les armes, et Melote excommunia la ville. Bientôt, avec l'aide d'alliés, il vint assiéger Verdun. Le peuple se défendit avec intrépidité, répara les brèches faites aux murailles avec les pierres des abbayes voisines qu'il avait ruinées. De part et d'autre on rendit ravages pour ravages, incendies pour incendies ; enfin l'évêque pratiqua un fossé d'enceinte pour réduire la ville par la famine. Les bourgeois firent une sortie au nombre de treize mille ; mais ils tombèrent dans une embuscade et perdirent beaucoup de monde. Saisis de terreur ils demandèrent la paix, offrirent de payer dix mille livres pour la rançon des prisonniers, de supprimer les magistrats qu'ils avaient créés et de se soumettre entièrement à sa juridiction épiscopale. Melote y consentit ; mais bientôt, effrayé de l'hostilité sourde du peuple, il céda le siège de Verdun à Jean d'Aix. Celui-ci, pour avoir la paix, se relâcha de la rigueur de son prédécesseur et abandonna aux habitants l'exercice de la vicomté de Verdun, moyennant deux mille livres de Champagne. Mais, soit dit immédiatement, ce privilège, si chèrement acheté, leur fut retiré par son successeur, Jacques de Troyes, qu'on élut pape, en 1261, sous le nom d'Urbain IV. C'est ce pontife si peu libéral qui institua, en 1264, la fête du Saint-Sacrement.

Nouvelle Croisade. — En 1237, une croisade des principaux seigneurs de Lorraine, procura au pays quelque tranquillité. Les comtes de Bar, de Salm, de Vaudémont, de Linanges, un grand nombre de chanoines et de bourgeois prirent la croix à Rome et se rendirent en Palestine, dans le cours de l'été 1239. Presque tous y périrent ou furent faits prisonniers.

Le seigneur de Réchicourt (1), chargé de fers, traîna longtemps une vie malheureuse chez les infidèles. Le comte de Bar, laissé pour mort au combat de Joppé, fut tué peu après au siège de Gaza (1239). Hugues III, comte de Vaudémont qui s'était trouvé à la même affaire, se défendit avec tant de valeur qu'il parvint à rejoindre l'armée. Il demeura encore quelque temps en Palestine, et revint ensuite dans son pays avec le petit nombre de nobles échappés aux désastres de cette expédition (2).

Les Lorrains prirent également part à l'odieuse croisade contre les Albigeois. Au moment où Simon de Montfort, rebuté par la vigoureuse résistance du château de Termes, allait en lever le siège, un corps de Lorrains vint le faire changer de résolution. Au siège de Lavaur, il fut joint par Thié-

(1) M. Beaupré (*Recherches sur l'imprim. en Lorr.*, p. 391) donne sur ce croisé la version suivante :

« Le R. P. Dom Joseph de l'Isle (Nancy, (in-8), 1745), dit que pour empêcher que Cunon de Réchicourt ne s'évadât, on lui mit sur le col un carcan de fer épais d'environ deux pouces ; on lui exigeait les reins d'une ceinture de même espèce ; à tout cela on ajouta des menottes d'une grosseur et d'une pesanteur au-dessus de tout ce que l'on pourrait imaginer ; ces instruments de cruauté existent encore « (P. 195). — La veille du jour où il devait mourir, continue l'abbé Bexon (p. 59), il adressa sa prière à Saint Nicolas, et, pendant la nuit (5 décembre 1240), se trouva miraculeusement transporté en Lorraine, à la porte de ce saint. Le prieur refusant de lui ouvrir dans la nuit, Réchicourt lui fit dire qu'il était là par miracle, à tel signe, que lui Prieur venait de rêver que les rats mangeaient la courroie de ses souliers. Alors le religieux ouvrit au gentilhomme qui suspendit à l'église les chaînes dont il se trouvait encore chargé. D'autres disent, continue de l'Isle, que les portes s'ouvrirent d'elles-mêmes, et que les fers dont Cunon était lié le quittèrent dès qu'il se fut présenté devant l'autel de Saint-Nicolas, pour le remercier de la grâce qu'il venait de recevoir par son intercession. Quoi qu'il en soit, on ne manqua pas de conserver les chaînes du comte de Réchicourt. On les suspendit dans l'église afin de réveiller la foi des pèlerins. On les voit encore aujourd'hui (1745) attachées à un pilier. Cette délivrance merveilleuse a fait le sujet d'une tragédie (RICHECOURT) qui fut représentée, en 1623, par les pensionnaires des Bénédictins de cette ville (Saint-Nicolas), et elle était célébrée annuellement par une procession solennelle, qui se faisait aux flambeaux dans les rues de Saint-Nicolas la veille de la fête de ce saint. On y portait, en grande pompe, les chaînes dont le sieur de Réchicourt avait été miraculeusement déchargé, et qui se voyaient encore avant la Révolution appendues à un des piliers de l'église. (A. L., t. I, p. 76.)

(2) Un membre de la lignée des Baudoche (bourgeois de Metz) retournant de Jérusalem, en rapporta une larme que Jésus-Christ avait pleuré en Béthanie, à ressusciter « Lazare qui fuct des anges révélée et donnée à Marie Magdeleine et puis à Constantin l'Empereur et puis à ce Baudoche (*Annales manuscrites*, p. 63, année 1164. (VIVILLE, t. I, p. 329, note.)

baut Ier, comte de Bar, contraint à cette expédition par une sentence du pape. Au siège de Moissac une troupe de Lorrains, conduite par Renaud de Senlis, évêque de Toul, vint joindre les croisés. Plusieurs années après, l'évêque de Verdun, Jean d'Aspremont, envoya et entretint pendant un an, dans le Languedoc, un contingent de dix soldats.

Le duc Mathieu qui avait pris la croix, fut relevé de son vœu par le légat du pape Innocent IX, grâce au concours qu'il prêta au pontife, en lutte contre l'empereur Frédéric II. Au concile de Lyon (1245) où ce souverain fut déposé, le duc de Lorraine figurait au nombre des princes qui élurent roi des Romains, Henri, landgrave de Thuringe. Mathieu vengeait ainsi la mémoire de son père sur son persécuteur. Le légat du pape fit prêter au duc le serment de soutenir Henri, sous peine d'excommunication pour sa personne et d'interdit pour ses Etats. Les chroniques assurent que Mathieu porta lui-même les ordres du pape aux princes d'Allemagne, et que pour s'en venger, Conrad, fils de Frédéric II, vint avec une armée menacer les frontières de la Lorraine. Elles ajoutent que les troupes de notre pays, jointes à celles du roi de France, arrêtèrent Conrad entre Trèves et Makeren.

Mathieu consacra les dernières années de sa vie à maintenir, concentrer et arrondir ses domaines, par des achats et des échanges avantageux. Grâce à son mariage avec Catherine de Limbourg, qui eut en dot trois mille livres monnaie de Metz (somme alors très considérable puisqu'elle équivalait presque à la possession du comté de Luxembourg), il put s'assurer d'importantes possessions. C'est ainsi qu'il devint maître de Lunéville, Gerbéviller, Valfroicourt, etc. A chaque nouvelle acquisition, il consacrait sa prise de possession, en y faisant frapper monnaie à son nom ou à son type.

La dernière campagne militaire de ce duc, campagne qu'on conteste avec quelque apparence de raison, aurait eu lieu contre l'évêque de Strasbourg et le comte de Dabo. Mathieu les aurait battus au-dessus de Remiremont, se serait emparé de Saverne, et les aurait obligés à demander la paix.

Législation. — Parmi les lois promulguées par ce prince on remarque les suivantes :

Qui lèvera l'étendart de la rebelle contre son Souverain Seigneur, n'aura grâce et sera déchu de son fief durant sa vie (1).

Si par bonté du Seigneur, après repentance dûment connue, le rebelle rentre en grâce, il fournira douze pleiges qui répondront de sa conduite.

S'il récidive, lui et ses pleiges seront déchus de leurs fiefs.

Entre gentils-hommes, la fille ou la sœur qui se mariera ou fera autres actions contrairement aux vouloirs de son père ou de son frère, sera punie à la volonté du Bailli où sera porté plainte.

Celui qui épousera une fille avant qu'elle ait douze ans, sera puni comme ravisseur, à l'arbitre du père ou du frère.

Femme maltraitée par son mari, portera plainte au juge.

Femme sera réputée maltraitée, si le mari lui refuse de manger à son appétit, ne lui donne habits et souliers convenables à son état et condition, et s'il la fait battre de verges ; ce qu'il pourra cependant, si elle est très jeune, et seulement pour fredaines d'amourettes ou méchancetés, mais avec mesure.

Mathieu, dit d'Haraucourt, « fut moult saige et magnifique Seigneur qu'aima grandement la justice ». Entre autres faits à ce sujet que cite cet auteur, figure celui-ci : — Un commandant avait enlevé son jardin « à certain pauvre citain » qui l'avait loyalement acquis... Le duc en ayant été informé il « feit penre à corps li dit commandant et feit bat-

(1) Dans les duels barbares de cette époque (Henriquez, t. I, p. 106), on vit plus d'une fois le vainqueur, en retirant son épée des entrailles de son rival, se prosterner par terre et offrir à la religion une victime qu'il venait d'immoler à sa fureur...

tre de verges en l'issue de la grande messe, puis chassa de ses États et donna la place dudict père à un sien fils et feict peindre verges et fouets sur li porte que conduit en sale (salle) di jugement, à tel fin que li nouvel commandant n'obliat mais tint à souvenance le méfait de son dict père.»....

C'est vers cette époque qu'en Lorraine, comme déjà précédemment à Metz, on voit les actes publics écrits en français, dans le *Roman Pays*, et en allemand dans la Lorraine allemande. On créa des tabellions (notaires), « qui seront chési des plus idoines, notables et grands personnaiges au dit duchié. » Le droit du scel, est réglé à quatre gros par cent francs (1232) (1).

Ruyr, historien lorrain, parle d'un titre émané du duc Mathieu, en 1250, qui donne privilège et immunités aux mineurs qui travaillaient aux mines, au Val-de-Galilée en Voge et principalement au vallon de la Croix (2).

(1) Avant le règne de Mathieu II, il n'y avait point de tabellions en Lorraine ; les notaires impériaux et ecclésiastiques étaient seuls appelés à recevoir les « créants, contrats et instruments » qui s'y passaient ; ils faisaient sceller ces actes à leurs juridictions, du sceau de leur cours, au grand intérêt et préjudice (?) du prince. Mathieu, par une ordonnance, datée du 27 juin 1232, créa quatre tabellions en sa ville de Nancy et deux dans chacune des prévôtés de ses États ; il leur enjoignit de tenir loyalement et fidèlement bon et exact registre et protocole de tous les contrats qu'ils recevaient et livreraient, et prescrivit qu'à leur décès, lesdits protocoles et registres seraient déposés, à la diligence de ses baillis et procureurs généraux, en présence du plus ancien tabellion, *ès archives pour ce destinées*, par un loyal et exact inventaire de leurs dits protocoles, lequel serait mis entre les mains du plus ancien tabellion de Nancy, pour en bailler lettres et copies aux parties, moyennant salaire.

En 1316, dans un règlement en forme de statuts pour les tabellions, Ferry IV réitéra l'injonction relative à la tenue des registres protocoles. Cet usage ne s'était pas introduit dans le baillage de Bar ; aussitôt qu'ils avaient passé leurs actes, les notaires en délivraient les notes et minutes aux parties sans en avoir tenu aucun registre.

(2. Le Directeur, y est-il dit, rendra tous les mois compte au receveur du Duc. Le forveseur payera tous les quatre jours les mineurs. Le houtmann entrera tous les jours dans la mine, après avoir compté les mineurs, et fermera la barrière, pour qu'aucun n'entre et ne sorte sans permission (J. CAYON).

Certains écrivains constatent qu'alors, la piété mieux comprise, commençait à entrevoir les actes de la véritable charité. Les dons des particuliers, au lieu d'enrichir uniquement les moines, s'appliquaient à la fondation d'hôpitaux. En effet, par une bulle, donnée à Viterbe le 18 mars 1236, le pape Grégoire IX mit l'hôpital de Lunéville sous la protection du Saint-Siège, et le confirma dans tous les biens qui lui appartenaient légitimement.

Sous le règne de Mathieu, divers fléaux s'abattirent sur la Lorraine. En 1258 et 1259, il y eut une grande mortalité dans le bétail. L'année 1258 fut constamment humide ; on ne put sécher les foins ; les grains germèrent sur pied, et les raisins mal mûrs (1) furent gelés fin octobre, et rentrés dans des sacs.

Etat social au XIIIᵉ siècle

(Première moitié)

CLERGÉ (2). — Le clergé arriva à l'apogée de sa puissance morale et matérielle pendant les xiᵉ, xiiᵉ et xiiiᵉ siècles. Il ne

---

(1) La vigne introduite dans les Vosges au xᵉ siècle, occupait les pentes méridionales du pays ; mais là, comme dans la plus grande partie de la Gaule, il fallait suppléer au défaut de maturité complète du raisin par une mixtion de poix (*picea resina*) pour arrêter les progrès acéteux du vin. La vigne ne fut abandonnée dans les Vosges que par l'abus des défrichements. Les monastères faisaient cultiver les vignes par des colons qui n'avaient que cette seule occupation. (GRAVIER, p. 66.)

(2) Pendant les siècles précédents les élections des évêques avaient résidé dans le peuple et dans le clergé. Mais depuis la renonciation de l'empereur Henri V aux investitures des évêchés, presque tous les Chapitres procédaient à l'élection de leurs évêques qui se firent confirmer par les métropolitains. Le peuple n'eut plus part aux élections que par députés ; encore ce reste de pouvoir n'eut-il pas de durée. (BENOIT, p. 17.) Au commencement du xiiiᵉ siècle, le peuple et le clergé de Metz élurent encore Jean d'Aspremont pour leur évêque ; mais Jean de Lorraine le remplaça en 1238 par le suffrage du clergé seul. (B. PICARD, p. 21.) En 1158 le peuple de Verdun perdit son droit d'élection. En 1252, le pape seul nomma l'évêque.

fallut rien moins que l'échec piteux des croisades, l'établissement des communes et l'émancipation plus ou moins sérieuse des serfs appelés à devenir propriétaires, pour battre en brèche les idées, les habitudes du passé. Insensiblement les esprits, chez le peuple, les serfs surtout, se détournèrent de la patrie céleste, leur unique espoir dans le passé, pour s'attacher à cette « vallée de larmes » où ils étaient devenus enfin propriétaires, et jusqu'à un certain point maîtres de disposer de leurs personnes et de leur maigre avoir.

Mais avant cette révolution salutaire, quelle profusion immense, en faveur de l'Eglise, la crainte des peines éternelles ne fit-elle pas éclore au XIIe siècle (1) (THIBAULT, p. 15), en France et dans les Etats voisins? Si par rapport à l'ignorance du clergé séculier, les colonies de Moines (2) qui se répandirent dans la Lorraine et le Barrois, peuvent être comparées à la lumière qui chasse les ténèbres, elles ne doivent l'être, pour le nombre, qu'aux Goths et aux Lombards quands ils vinrent du Nord et de l'Orient fondre dans les Etats du Midy et de l'Occident... « Dans l'espace de moins d'un siècle, l'Eglise eut un dixième des biens de la Lorraine et du Barrois, sans supporter les charges de l'Etat, quoique le nombre des ecclésiastiques n'en fit pas la centième partie... » (THIBAULT.)

On alla plus loin. « Les papes Alexandre III et Célestin III,

(1) Les nobles eux-mêmes avaient préparé cette évolution dans les idées, en faisant travailler les serfs pendant certains jours fériés. Ainsi dans un article du Concile tenu à Trèves, en 1227, on lit ces lignes : « Nous avertissons les nobles et seigneurs des terres, et nous leur enjoignons, sous peine de vengeance divine, de ne point empêcher leurs hommes de célébrer les jours de fête et de ne point les contraindre à labourer ni à faire œuvre servile... »

(2) Les deux abbés saint Bernard et saint Norbert... inspirèrent si efficacement le détachement des biens de la terre par leur éloquence persuasive, que la plupart des souverains, princes et seigneurs de cet âge d'ignorance firent de la Lorraine et du Barrois, jusqu'à l'an 1200, une peuplade de moines et de religieux de divers instituts qui s'*enrichirent bientôt en prêchant la pauvreté évangélique*... (THIBAULT, p. 15.)

imposèrent l'obligation de payer la dîme des usines, des fruits, des légumes, du bétail, et même des abeilles, sous peine d'excommunication. (*Ibid.*, pp. 15 et 16) (1).

Les mobiles qui inspiraient les donateurs en faveur des abbayes, révèlent parfaitement l'esprit de l'époque. A ce titre nous transcrivons les curieuses citations qui suivent.

MONASTÈRES (2). — Voici le début de l'acte de fondation de l'abbaye de BEAUPRÉ (près de Lunéville) :

« Des frères de Morimand qui ont ramené la vie religieuse à sa fleur ancienne, sont venus dans nos pays, comme de saintes abeilles, chercher un lieu pour y déposer leur miel. Et comme ces pauvres volontaires *portaient dans leur corps les stigmates de Jésus crucifié*, le comte Folmar voulut qu'ils rendissent visible à tous les siècles l'âpreté de leur pénitence, et il les a établis dans une vallée sauvage, au-dessous de Hérimenil, sur la rivière de la Meurthe, afin que là, où l'oreille de l'homme n'entendait que les hurlements des bêtes fauves, les oreilles des anges fussent charmées par les psaumes, les hymnes, les cantiques spirituels et les voix de la louange divine... »

(1) Cette peine avait perdu beaucoup de son efficacité au XIII° siècle. En voici une preuve: « En 1253 (D. CALMET, *Hist. de l'abbé de Senones*, p. 159), pour faire expier au comte de Salm ses violences contre l'église de Senones, au milieu des larmes et des gémissements des assistants, on fit mettre sur des épines au milieu de l'église les images du Sauveur et la châsse de saint Siméon, patron de l'abbaye, et pendant cette lugubre cérémonie les religieux chantaient : Nous avons attendu la paix et elle n'est point venue; nous espérions des biens et voici la tribulation; Seigneur nous reconnaissons nos péchés. Dieu d'Israël ne soies pas toujours irrité contre nous... » — Tout cela ne parvint pas à toucher le comte.

(2) On comptait vers 1400, vingt-cinq abbayes d'hommes et huit de femmes. La création des monastères eut pour résultat de rendre productives une grande quantité de terres incultes et arides; les noms donnés à plusieurs de ces établissements comme Beaupré, Belchamp, Clairlieu, Riéval, etc., rappellent les transformations qui s'opérèrent dans les lieux où ils furent fondés, par le travail patient et opiniâtre des premiers religieux... » (LEPAGE.)

Beaupré devint bientôt l'un des monastères les plus opulents de la Lorraine.

Clairlieu. — Les religieux frères (LEPAGE, *A. L.*, t. V)... ayant choisi et obtenu une terre maigre et sèche au val qui est sous Chaligny, commencèrent à y édifier une maisonnette qu'ils appelèrent Ferrières, trop dure et *infructueuse pour cause des cœurs de fer de ceux qui demeuraient autour d'eux.*

... Pour quoi, à cause de la sécheresse et stérilité de ce lieu, et surtout pour *fuir le butin du peuple d'alentour*, ils résolurent de s'en départir... Le noble prince Mathieu, mû de grande compassion, parce qu'ils étaient pauvres d'esprit (?)..., les mit très benignement... en un val fort horrible et épineux de la forêt de Heys... Ainsi fut édifiée, en l'honneur de la glorieuse Vierge Marie, l'abbaye de l'ordre de Citeaux, appelé CLAIRLIEU au lieu d'Amer-Lieu. Auquel lieu se fit voir la puissance de la pauvreté volontaire, car quoique le pieux prince eût donné aux pauvres frères des terres pour leur labourage, des pâturages pour toutes sortes de bétail, et les autres usuaires dont ils pouvaient avoir besoin, néanmoins ils furent durement et longuement tourmentés en labourant, souffrant bien des privations pour leur nourriture et leur habillement... Petit à petit, ceux qui demeuraient dans le voisinage, commencèrent à leur apporter leurs aumônes, comme le duc Mathieu qui..., par son testament, donna à Clairlieu sa vigne de Nancy, son breuil sous Chanteheux, son moulin sur le Madon, leur permit de défricher les terres, et d'étendre leur culture dans la forêt de Heys, aussi loin qu'ils voudraient autour de leur monastère, leur donna du bois à brûler, la paisson pour leurs porcs et le droit de pâture pour leur bétail. (PIERRE DE BRIXEY).

... Les deux successeurs de Mathieu, les comtes de Vaudémont, les évêques de Toul et de Metz, divers seigneurs ecclésiastiques et laïques, de simples particuliers même, vinrent à l'envi déposer leurs offrandes (1) sur l'autel de Clairlieu ; les souverains pontifes s'empressèrent de confirmer ces pieuses donations en y joignant la concession de nombreux privilèges (2).

L'une des causes principales de ces dons multiples furent les richesses sacrées dont se glorifiait l'abbaye. En effet, l'église de Clairlieu possédait *des morceaux du Saint Sépulcre de Jésus-Christ, et de la pierre sur laquelle il reposa sa tête ; du pain qui resta après « la réfection des cinq mille hommes » ; un fragment de la vraie croix, des ossements*

(1) H. Lepage (*Ibid.*), donne l'énumération suivante des richesses acquises par ces *pauvres* moines :

Deux chartes, de 1127 et 1168, de l'évêque de Toul, nous apprennent qu'alors l'abbaye possédait, outre le fond sur lequel elle était bâtie et un territoire assez considérable aux environs, la pêche dans la Moselle par tout le ban de Chaligny, des prairies près de ce village et de Pont-Saint-Vincent, un bien all-dial... à Germiny, les dîmes de cet alleu, des terres et des droits de vaine pâture sur les bans d'Ochey, de Bicqueley, de Maizières l'étang et le moulin près de Nancy, des vignes à Vandœuvre, des champs et des pâturages à Ludres, l'alleu de Lebin, des vignes à Remicourt, à Laxou et en plusieurs autres lieux, etc., etc.

Une bulle du pape, Lucius, de l'an 1183, fait figurer au nombre de ses nouvelles propriétés, les granges (fermes) des Gymées, de Forêt et de Nouveau-Lieu, deux moises à Laxou, la vigne de Ludres, le vivier de Nancy, le moulin de Ville-sur-Madon et une maison au même lieu, des prés à Uxemenis, ban de Laneuveville, une maison à Metz, une autre à Toul avec une vigne, des terres à Tantonville et à Lupcourt (pp. 102, 103, 104).

Entre autres privilèges qu'il accorda aux religieux, ce pape défend d'exiger d'eux la dîme des terres qu'ils cultivent de leurs propres mains ou feront cultiver à leurs frais.

En 1271, Ferry II, duc de Lorraine, leur donne une somme de quarante sous tournois à prendre sur tous les fours banaux de Nancy, en récompense des dommages que lui et ses gens de guerre leur avaient fait souffrir.

En 1284, le comte de Vaudémont, pour un pareil motif, leur donne le four banal de Chaligny.

En 1193, Gauthier de Nancy, en se faisant religieux, donne à l'abbaye trois maisons à Nancy..., deux vignes à Laxou, sa part dans le bois de Soulaures et ce qu'il avait à Remicourt.

En 1316, 1367, 1386, des seigneurs de Pulligny donnent à l'abbaye des rentes en argent (pp. 107, 108).

Nombre d'autres seigneurs, pour être enterrés dans l'abbaye et avoir part aux messes et prières des religieux, font des dons de diverses natures.

(2) Bulle du pape Nicolas IV accordant indulgence plénière d'un an et quarante jours aux fidèles qui visiteront l'église de Clairlieu à certaines fêtes de l'année, et le jour de la dédicace de cette église (original en parchemin, p. 190).

Plus tard vinrent les jours d'épreuves. Ainsi, en 1567, les religieux « craignant la fureur des partis huguenots qui infestaient la Lorraine et singulièrement les environs de Nancy, » se retirèrent dans les bois de Heys, emmenant avec eux leurs troupeaux (p. 110).

d'un grand nombre de saints, de vierges et de confesseurs. Son trésor contenait aussi beaucoup de vases sacrés et d'ornements ecclésiastiques de toute espèce (p. 111).

La Chalade (en Argonne). — « Le seigneur de Vienne-le-Château nommé Hervé, fournit beaucoup à la dépense des bâtiments de cette abbaye, et aussitôt qu'ils furent achevés (vers la fin du XII° siècle), et qu'on eut commencé les exercices réglés, il quitta sa femme, son fils unique, et tous ses biens, pour se retirer à La Chalade, où il se fit traîner, la corde au col comme un criminel, en présence de tout son peuple qui fondait en larmes à la vue de ce spectacle, et où son exemple attira un très grand nombre de personnes de qualité qui vinrent s'y consacrer à Dieu.. » (ROUSSEL, p. 252) (1).

On comprend l'influence que des spectacles pareils devaient donner au clergé sur l'esprit des masses ignorantes et asservies.

Évaux. — En 1132, Thibaut, comte de Champagne et seigneur d'Ornois, donne aux religieux d'Évaux « toutes les seigneuries de l'Ornois, savoir : sa ville de Hervilliers (2), Saint-Joire, Demange, Fouchières et Rosières, en toute justice,

---

(1) Comme contraste à cette entrée lugubre en religion, citons (VIVILLE, t. II, p. 425) la donation originale de Robert de Pont, chanoine de la grande église de Trèves. En 1226, il donna à l'abbaye de Villers, près de Metz, un domaine, deux moulins et quatre maisons qu'il possédait à Trèves, à la condition que les moines cultiveraient la vigne plantée auprès du couvent, qu'ils en boiraient le vin chaque jour de l'année, sans pouvoir jamais en vendre, quelqu'abondante que soit la récolte, afin qu'égayés par le vin, ils fissent l'office joyeusement et chantassent avec plus de ferveur les louanges du Seigneur, et priassent enfin pour la rémission des péchés du fondateur...

(2) Les habitants étaient serfs ; ils avaient été affranchis, il est vrai, en 1538, mais néanmoins ils étaient redevables des corvées suivantes qui se perpétuèrent jusqu'en 1790. Ils devaient trois journées de corvées en temps de moisson. Chaque feu devait cinq sols et deux paires de blé et d'avoine et deux sols par chaque bœuf de trait ; une paire de blé et d'avoine et deux sols par chaque vache de trait. Comme droit de pâture, ils devaient six sols par bête à corne, six sols par chèvre, six sols par porc et un denier et trois sols par bête à laine et un denier ; ce qui produisait un total moyen, pour soixante ménages, de deux mille livres. (Estimation faite au district de Gondrecourt en 1791. (A. L., t. XXII, ann. 82, pp. 129-130).)

c'est-à-dire, haute, moyenne et basse, avec les sujets desdits lieux, de condition *serve*, de *main-morte*, *poursuite* et *formariage*, et le *droit d'assises* qui est tel, que les sujets desdits lieux sont tenus de payer pour chaque cheval, deux sols provenisiens à la Saint-Martin d'hiver ; par chaque vache, un denier, et par chaque menue bête, un denier ; trois bichets de blé et d'avoine par chaque cheval, sous peine de soixante francs d'amende. Ils pourront vendre leurs chevaux, entre la Saint-Remy et la Saint-Martin, sous le congé desdits religieux, auxquels ledit seigneur Thibaut donne encore le droit, en tout temps, de pâture pour leurs bêtes dans toute la prévôté de Gondrecourt (an 1282, p. 107).

En 1298, Simon de Parroye (1), par lettre déposée sur l'autel, donne à perpétuité à la même abbaye tout le droit qu'il avait sur le gagnage de Beauzée, d'autant, ajoute-t-il, « qu'il lui semble que Simon, son père, Berthe, sa mère, et Jean le Champenois, son frère, avaient fait tort audit couvent des amendes qu'on prélevait audit gagnage ; il leur laisse entièrement lesdites amendes, afin que les abbés et religieux prient Dieu pour lui, et pardonnent à ses père et mère les maux qu'ils ont faits en ladite grange de Beauzée. » (*Ibid.* pp. 110-111) (2).

(1) On sait que les familles seigneuriales divisaient leurs rejetons en deux parts, dit V. de Cavry (*Ruines Lorr., Sainte-Marie aux-Bois*, p. 96, l'une qu'elles consacraient au Roi des Cieux, l'autre qu'elles mettaient au service de ceux de la terre. Les grandes maisons du pays ne se contentaient point de donner leur offrande pécuniaire à l'abbaye de Sainte-Marie... ; chacune d'elles devait fournir dans son couvent ou dans tout autre, un fils qu'elle avait, dès le berceau, voué à Dieu... Ainsi les Vendières, les d'Onville, les Prény, les Bouillonville, les Dieulouard ont donné des abbés à Sainte-Marie-aux-Mines...

(2 L'abbé de Senones convoquait ses plaids, rendoit jugement, condamnoit ses sujets à l'amende, selon l'exigence des cas et faisoit lever ces amendes par son échevin, indépendamment du voué. Il créoit et déposoit de plein droit et sans contradiction ses intendants ou receveurs, ses maires, ses agents, ses forestiers, ses échevins et les marguilliers des paroisses de Saint-Maurice, de Saint-Jean, de Plaine et de Vipucelle. (*Doc. sur l'Hist. des Vosges*, Abb. de Senones, par D. CALMET, p. 34.)

SERFS ECCLÉSIASTIQUES. — Le croira-t-on ? ce fut un saint, le pape Léon IX, évêque de Toul, qui fit don de serfs à l'abbaye de femmes de Poussay (1).

« Nous avons confirmé de l'autorité que nous tenons de saint Pierre, dit l'acte de donation, tout ce que nous avons accordé à ce monastère, c'est à savoir ; vingt-deux manses et les *serfs* audit lieu de Poussay, avec le ban et le district que nous y possédons ; la moitié d'une manse de Favières avec les *serfs* et les *serves* (2). (D. CALMET, t. I, p. 4,327.) *Doc. inéd. de l'Hist. des Vosges*, par DUHAMEL, t. I, p. 168)

(1) Pareil don, en 1140, de la part de Cunégonde, femme de Mafride de Rychicourt (Réchicourt) à Saint-Firmin (patron de Flavigny). Cette femme pour le salut de son âme, de celle de son mari et de ses fils, fit abandon de la moitié de l'église d'Essey, d'un quart d'arpent de terre et d'*un serf*. (*Dimidiam ecclesiam de Accio, quartarium unum cum uno servo*). (A. L., t. XXVII, an. 1877.)

En 1248, Varnier, seigneur de Morville-sur-Seille donne, pour Dieu en aumône à Dieu... Thomas le fils de Jakemin de Morville et Isabel « sa fame, » à tenir à tous jours franchement ous et lor her (eux et leurs héritiers) pa vj deniers meseins de cens qu'il et lor heir paieront chacun en (an à la foirre Saint-Arnoul.

De son côté l'abbé s'engagea à « warder et deffandre Thomas et la fille Jacquemin de Morville et Isabel sa feme et lor oirs à toz jors mais vers (envers) mon signor Warnier... Ki donez les at por Deu, en aumône à Deu et à saint Arnoul... En 1265 une femme de Morville se donne elle et ses descendants à la même abbaye. (H. LEPAGE, *Notice sur le village de Morville*, pp. 173-74-75.)

En 1260, Albert, fils de Philippe, seigneur de Florenges prit l'habit de Prémontré. A son entrée il fit présent à cette abbaye d'un fils naturel qu'il avait eu d'une servante et le donna, selon toute apparence, à titre d'esclave, puisqu'aussitôt que cet enfant fut un peu avancé en âge, il le voua aux autels, en offrant pour sa liberté une certaine quantité d'huile de noix qui devait être livrée tous les ans, au commencement de carême pour la nourriture des religieux. (*Hist. de Metz*, t. II, p. 453.)

(2) La richesse mobilière existant alors à peine, les testateurs ne pouvaient offrir que la terre et les produits de la terre, et ils en transmettaient la propriété avec tous les droits qu'elle conférait au moyen âge sur les choses et les personnes le pâturage, la pêche, les chemins, les droits d'usage, dans les bois pour l'abbaye, les granges et enfin les serfs employés à la culture *per totum bannum Lunaris villæ pasturas, piscaturas, vias et usuaria ligna ad ignes abbatiæ et grangiarium*. (Ab. MATHIEU, p. 52.)

On remplirait des volumes en transcrivant les donations de serfs des deux sexes faites aux institutions religieuses, par des clercs aussi bien que par des laïques. Passons à l'autre classe privilégiée, les nobles, les seigneurs.

Les seigneurs féodaux. — Les chevaliers étaient les pairs et non les vassaux des ducs (1). Ceux-ci tentèrent d'acquérir la suprême puissance sur les chevaliers: « de là (Noel, *Mém.* VI, pp. 116 et suiv.) cette longue lutte entre les ducs et la noblesse du pays dont parlent tous les historiens. Gérard d'Alsace eut maille à partir avec eux... ; ses successeurs, Thierry, Simon, Mathieu, Simon II et Ferry, ayant été acceptés par le pays... il n'y eut aucune guerre entre eux et la noblesse lorraine ; aussi trouve-t-on dans les actes diplomatiques de ces règnes, les ducs assistés d'un grand nombre de chevaliers... Remarquons qu'aucun d'eux n'est titulaire de quelque fonction tenant à la maison du duc : ils ont tous conservé leur dignité de pairs du prince... (2) Cet état du

(1) En bonne féodalité et dans les vrais principes, il n'y a d'autre noblesse que la militaire, dont le signe distinctif est de porter l'épée, parce que tout fief doit servir à la guerre. Jamais nos chartes n'appellent les nobles autrement que *milites*, en français chevaliers, le seigneur marchant d'ordinaire à cheval, à la tête de son ban. Dès le milieu du Xe siècle, nous trouvons des *milites episcopi* ou *ecclesiæ Virdunensis*, puis les inféodations se multiplient, les divers *milites* furent qualifiés chacun du nom de son fief, et les vrais nobles, ceux qu'on appelle gentilshommes de nom et d'armes (et non de parchemins, d'anoblissement) doivent dans les divers pays remonter à cette ancienne *Chevalerie* (Clouet, *Verd.*, t. I, p. 407). Constatons que l'homme d'armes, accompagné de deux cavaliers et quelquefois suivi de valets, représentait au moins trois combattants. (*Austrasie*, t. V, p. 31.)

Les plus anciens nobles se distinguaient par le titre de barons... Primitivement tous les barons étaient *pairs*, c'est-à-dire égaux entre eux. Or, comme tous devaient être jugés par leurs pairs, l'assemblée des barons forma la Cour des *Grands Jours*.

(2) Les plus hautes fonctions de la monarchie (Noel, *Mém.* V, p. 255) n'étaient que des fonctions de domesticité près du roi. Ces domestiques avaient eux-mêmes un grand nombre d'esclaves et de seigneuries importantes. Le duc de Luxembourg servait à boire à l'empereur ; le duc de Saxe, comme maréchal, avait soin des écuries ;

gouvernement changea, lorsqu'il plut à Thiébaut de faire une incursion sur les terres d'Alsace, appartenant au roi des Romains (l'empereur Frédéric II). Dans une entreprise (hors du pays) aussi blâmable, aucun chevalier ne voulut seconder le duc... Dès ce moment, la discorde dans l'état apparaît. Sous tous les règnes, depuis Thiébaut I*er* jusqu'à Raoul, on mentionne des luttes entre les ducs et les chevaliers, et spécialement sous Ferry III. Les actes diplomatiques de ces règnes sont souscrits par le duc seul ; ce n'est qu'exceptionnellement qu'on trouve les noms d'un ou de deux chevaliers... »

Thiébaut vaincu, en 1218, comme félon, fut abandonné des chevaliers... Ceux-ci, isolés, n'étant point assez forts pour résister au duc, se liguèrent et convinrent, pour perpétuer leur union, de soumettre tous leurs différends à l'arbitrage de leurs égaux ou de leurs pairs : de là l'origine probable du TRIBUNAL DES ASSISES (comme corps régulièrement constitué). Ils furent assez puissants pour en faire reconnaître

l'électeur de Brandebourg, étant chambellan, donnait à laver ; le comte Palatin mettait les plats sur la table, etc. Les seigneurs faisaient en petit chez eux, ce qui se pratiquait à la cour ; ils avaient leur maître d'hôtel, leurs écuyers, échansons, veneurs, etc. Quand le seigneur était puissant, ses domestiques l'étaient aussi. Mais dans le dernier rang de la hiérarchie, il fallait bien prendre un serf pour remplir ces fonctions près d'eux. Un seigneur pouvait prendre pour domestique qui bon lui semblait, fut-ce même un serf ; le plus grand nombre des écuyers, ceux qui servaient dans les combats, et qui souvent combattaient pour sauver leurs seigneurs, n'étaient que des serfs forts et vigoureux.

Pour augmenter sa puissance, un seigneur créait sous sa domination des vassaux, afin de devenir suzerain et de paraître au combat, entouré d'un plus grand nombre d'hommes, car c'était la quantité de ceux-ci qui faisait la puissance. Ainsi donc, les seigneurs tiraient souvent de la *glèbe* ou de leur *potée*, les hommes dont ils avaient besoin, et cette extraction créait des francs, et faisait, ce qu'on appelle des nobles. Après les avoir ainsi établis ils pouvaient les congédier et les rendre à leur premier état ; mais quand ils étaient morts à leur service et qu'on les avait enterrés honorablement, les descendants jouissaient de la franchise et avaient rang de nobles (pp. 255-256).

l'existence légale au duc. Des événements d'une nature différente contribuèrent et avaient contribué à consolider cet établissement. Plusieurs chevaliers partirent pour la Terre-Sainte et s'engagèrent dans les croisades, abandonnant femmes et enfants. Il était de bon service de confraternité que ceux qui restaient, prissent sous leur protection les biens et la famille du croisé, et, par conséquent, jugeassent toutes les prétentions qu'on pouvait élever contre les absents...

« D'autre part, grâce à l'interdiction des guerres privées, depuis 1256 (Saint-Louis), les simples chevaliers, ne pouvant plus se faire justice par eux-mêmes, durent avoir recours à des arbitres... Ces tribunaux (d'arbitrage), établis d'abord pour certain temps ou certaines circonstances, se constituèrent finalement d'une manière permanente sous le nom d'Assises... » (1)

« Les ducs refusèrent d'abord de reconnaître cette nouvelle juridiction ; ce ne fut qu'à l'article de la mort que, dominé peut-être par la peur, le duc Thiébaut, par un codocile, reconnut ce tribunal, probablement imposé à son père Ferry III..., vaincu par les chevaliers. Leurs successeurs, à leur tour, durent s'incliner. »

On se fait difficilement aujourd'hui une idée de la morgue des tyranneaux du moyen âge décorés des titres de *Hauts Hommes* (maisons de Salm, de Linanges), de GRANDS CHEVAUX DE LORRAINE (maisons d'Haraucourt, de Lenoncourt, du Châtelet, de Ligniville), de PETITS CHEVAUX, etc. (2).

(1) Les assises jugeaient les ducs eux-mêmes comme l'atteste une déclaration entre Ferry et Lenoncourt qui promet de ne point *gager le duc devant les assises*, à moins que lui ou ses officiers ne lui refusent justice...

(2) Voici à ce sujet (H. LEPAGE, *Des grands et petits chevaux de Lorraine*, un arrêt de la chambre des Comptes (*A. L.*, 1876, pp. 190-191) qui semble fixer cette question fort controversée.

1° Que l'ancienne chevalerie de Lorraine était composée ensemble des maisons de gentilshommes de nom et d'armes, soit lorrains ou étrangers, descendant par les femmes de l'une de ces quatre maisons (que nous venons de citer).

2° Et que, comme le dit très justement M. d'Haussonville « les membres de la Chevale-

Le titre suivant qui concerne une modeste seigneurie, en
même temps qu'il fait connaître la situation faite alors au
peuple, donne une idée des prétentions de la noblesse de
l'époque.

1° « Les seigneurs de Parroye sont si grands seigneurs (1),

rie étaient parfaitement égaux entre eux, et la distance entre les grands et les petits
chevaux et le reste de la noblesse une pure affaire de convention, de mode et de fantaisie. »
Ce dernier mot s'applique surtout aux petits chevaux, *d'invention toute récente*, et
dont on pourrait porter le nombre à plusieurs centaines, aussi bien qu'à huit ou douze,
comme on a eu la fantaisie de le faire... » P. Guerrier de Dumast dit que les petits
chevaux datant d'avant mil, sont : Beauvau et Raigecourt ou Rogecourt, puis Choiseul,
Custine, des Armoises, Gourcy, Ludres, Mitry. On peut encore ajouter Bassompierre,
Bourzey, Champagne, Briey, Des Salles, d'Ourches, du Haultoy, Ficquelmont, Gournay,
Haussonville, Hunolstein, Lambertye, La Vaux, Montarby, Nettancourt, Saint-Ignan
(A. L., t. X, pp. 203, 204, 205.) Au noms cités par P. G. de Dumast, il importe d'ajouter
les suivants : Stainville, Ludres, Tornielle originaire d'Italie, Livron, Bourbonne, Lus-
selbourg ou Lutzelbourg, Apremont, Tantonville, Saffre, Offlantz, Helmstatt, Mark-,
Maukon, Mercy, Bannerot, Vrecourt, Tavagny, Boutel, Sieur d'Aubigny, Fontetz,
Sallas-et-Lamezan, Anglure, Salm, Créhange, Ribeaupierre. (MEURBE, A. L., 1873.)
Dom Calmet (v. SAINT-MAURIS, p. 127) a publié une liste de 276 familles reconnues
pour avoir siégé aux assises. — On faisait une distinction entre la *chevalerie native du
duché de Lorraine*, et les *nobles fieffés* dudit duché, leurs pairs. Dans la deuxième
catégorie étaient compris les descendants des filles de la chevalerie, mariées dans des
maisons étrangères, non mésalliées et possédant fief en Lorraine, d'où vient le nom de
pairs fieffés. Écartés d'abord des assises, ils y furent admis plus tard. (*Ibid.*, p. 139.)
Les chevaliers passaient du tribunal des assises à la tête des armées, et mangeaient à
la table du souverain. Il y avait des chevaliers puissants nommés *bannerets* qui conduisaient plusieurs gentilhommes sous leurs bannières. Les autres, sans fortune et libres
de leurs personnes, se nommaient *Bacheliers*.

(1) *Chartes et prérogatives de la terre et seigneurie de Parroye*
(l'abbé MARCHAL, A. L., t. III, p. 67). Copie en papier timbré colla-
tionnée et signée : Simonis, tabellion général, conçue en ces termes :
« L'an mil cent nonante neuf (1199). S'ensuit la hauteur des seigneurs
de Parroye et les droits des bons hommes dudit lieu, qui se *rapportent
chacun an, le jour des plaids annaux* au-dit lieu. »

(Voici la suite de l'acte cité) 4° Les sujets de Parroye sont tous gens rentables à leur
seigneur, savoir : que l'homme doit un sol pour ses bras au terme de Bures (carême)
première rente ; et si un sujet estoit pris ou arrêté en quelque lieu, il faudrait que le
seigneur duquel il est sujet, le fasse répéter. Doit aussi audit terme tout cheval tirant, un
sol, la vache, six deniers, et la menue bête, un denier, les deux brebis pour une beste,
tant au seigneur comme aux pastres.

5° Item, au terme de Saint Remy, doivent pareille rente à leur seigneur, avec aussi le
cheval tirant, dont six bichets de bled et autant d'avoine, mesure de Vic ; le cheval oisif,
six deniers, la vache, six deniers, et la menue beste, un denier.

6° Le laboureur doit trois corvées de charrue : la première aux avoines ; la deuxième
aux sommarts, et la troisième à semer les bleds. Le seigneur alors doit le garder de
torts et de faim, de force et de soif.

7° La femme doit cinq corvées : la première à faucher les bleds, la deuxième à sarcler
les avoines, la troisième à la fourche et faucher les prés, la quatrième à couper les bleds,
et la cinquième à enjaveller les avoines. Elle doit être nourrie et recevoir pour son souper un pain appelé « une cine » ; le jour de corvée, la femme peut porter le diner à son
mary ; enfourner et retirer une fournée de pain ; et porter un enfant avec un berceau sur

qu'ils tiennent le village de Parroye de Dieu et de l'épée, et ne le tiennent ni de roy, ny de prince, le tenant comme franc-alleu et héritage ; le peuvent vendre et dépendre sans prendre congé ny à roy, ni à prince quels ils soient, comme leur propre alleuf et franc héritage.

2° « Lesdits seigneurs sont si grands seigneurs, qu'ils peuvent prendre ou faire prendre un homme au corps à tort et le lâcher à droit ; et peuvent faire créer haute justice, signe patibulaire à trois ou quatre quarts, dans quel canton de finage il leur plaira, sur le leur ; ont droit de notaire et de burrerie quand il leur plait.

3° « Lesdits seigneurs sont si grands seigneurs, qu'ils peuvent faire pendre un homme passant ou séjournant le fardeau au col et non au c..., le mettre en prison audit Parroye en laquelle il leur plait lui ayant fait son procès. (Suivent les prescriptions et formalités à remplir). »

sa teste, un autre sur son bras et un autre en son v... (sein) s'il y est... (en allant à la corvée).

8° Item, tous sujets qui fauchent foins doivent chacun une corvée de faulx à leur seigneur (mais seulement « au mois de fenant ».)

9° Le numéro est relatif aux chevaux oiseifs qu'il faut vendre.

10° Item, les dits sujets doivent pour chacun an, à deux termes, quatre gros du four, au jour de la saint Jean-Baptiste ; chaque conduit deux gros et à Noël autant ; le demi conduit à chaque terme un gros. A la saint Remy chaque conduit doi une poule et aux Bures ou caresme prenant autant ; moyennant ce, peuvent prendre le bois mort et le vieux bois un jour de la semaine. — Suivent divers règlements concernant la justice.

11° Les sujets de Parroye ont cette liberté (peu commune alors) que si leurs seigneurs ou officiers les voulaient molester ou extorsionner, le sujet s'en pourroit aller à Hénamesnil, s'adressant au maire du prince, lui disant : Monsieur le maire, je me fais bourgeois à vous contre mon seigneur et ses officiers, en lui donnant deux sols, et demander audit maire d'envoyer sa plainte à Parroye, à son seigneur ou à ses officiers et leur signifier qu'ils n'aient plus à se mêler dudit sujet ; qu'il s'estoit fait bourgeois de Hénamesnil et tourner une tuille de dessus le toit du dit sujet ; ce fait, il n'oseroit se trouver ou ban et finage du dit Parroye, depuis le soleil couché jusqu'au lendemain après le soleil levé, et s'il y estoit trouvé et arrêté, son bien seroit confisqué au profit de son seigneur ; puis après, s'il y avoit accord avec son seigneur ou ses officiers, il peut envoyer sa plainte auprès du maire du préau de Hénamesnil pour lui signifier qu'il y a accord, et qu'il est son sujet, comme il l'étoit auparavant. (Cet article, sous des formes diverses était en vigueur dans nombre de localités, et principalement dans les Vosges sous le nom de *Contremand*. Les conditions, les stipulations pour le changement de seigneur variaient à l'infini, mais toutes tendaient à détruire le droit de *poursuite*).

12° Les seigneurs et sujets du dit Parroye ont cette hauteur et droit qu'ils peuvent aller et fréquenter les foires et marchés de Lunéville, y vendre et acheter toutes sortes de marchandises, et ne doivent aucun droit es dittes foires et marchés... (Liberté aux sujets de faire moudre leur blé et de pêcher...)

Les seigneurs du dit Parroye ont cette hauteur qu'ils ont foires et marchés audit Parroye, en taxant les places à un chacun de mesme ; et ont droit de pontenage, avec droit de banalité, de pressoir du dit lieu...

L'extension du pouvoir ducal, grâce à l'affranchissement des communes ou leur mise en Assise, put seule, après une lutte presque séculaire, amener certains seigneurs, fièrement retranchés dans leurs manoirs, leurs maisons fortes (1), à se plier aux habitudes des peuples policés.

CHEVALERIE. — TRIBUNAL DES ASSISES. — On appelle *Che-*

---

(1) Les *maisons fortes* (*Austrasie*, t. III, an. 1841, pp. 339-40) consistaient en une tour carrée à quatre étages, dont le rez-de-chaussée n'avait point d'entrée extérieure ; il contenait les caves et les prisons du fief. Le premier étage formait une grande cuisine, élevée de quinze pieds au-dessus du sol ; on y montait du dehors par un escalier en bois que l'on enlevait en cas d'alerte. Les femmes de service se tenaient dans cette cuisine et y couchaient, dans de grandes armoires à placards. Un escalier en spirale, pratiqué dans l'épaisseur des murs, conduisait aux étages supérieurs. Le second était occupé par la *chambre de famille* ; on y voyait un large foyer armorié, et la couche conjugale surmontée d'un ciel de lit, porté sur quatre colonnes en bois élégamment sculpté. Un énorme duvet d'édredon et deux oreillers garnis de pointes à jour, ornaient le fond de cette couche qu'entourait une balustrade massive. Des rideaux placés aux quatre angles de l'appartement couvraient des alcôves destinées aux fils et aux filles de la maison ; de hautes armoires, en noyer poli, une table à manger en bois de chêne, des escabelles à dossier et deux fauteuils couverts en cuir doré, complétaient le mobilier de la *chambre de famille*. Au troisième étage gîtait la salle d'honneur décorée d'armes artistement groupées ; on y trouvait une cheminée assez vaste pour rôtir un bœuf tout entier, et une table assez grande pour servir de champ de bataille à bon nombre de convives affamés. Des réduits, ménagés dans les angles de cette pièce, renfermaient des lits pour les visiteurs à éperons dorés. Le quatrième étage était affecté au gardien du manoir ; de ce *haut lieu* il planait au loin et donnait avis au son du cor, des mouvements qu'il pouvait remarquer dans la plaine. Les maisons fortes étaient placées au centre d'une cour environnée d'un fossé revêtu d'une épaisse muraille crénelée et armée d'un pont-levis ; cette cour contenait dans son enceinte la chapelle, les magasins, les écuries, les logements des domestiques mâles, et les loges où les manants du fief se réfugiaient en temps de guerre ou d'invasion (vers 1248). (Extrait d'un manuscrit.)

A défaut de châteaux ou de maisons fortes on aménageait l'église et la tour pour la défense commune. Citons comme *specimens*, dans les environs de Toul, l'église de Barizey-au-Plain, et celle d'Autreville (Vosges) qui porte encore des traces des luttes passées. (*A. L.*, an. 1883, pp. 155-56.)

ralerie (Vaubourg des Marais (Boulainvillers), 1697, p.59), la noblesse dont les ayeux ont été au voyage de Terre-Sainte avec Godefroy de Bouillon. Il n'y a plus que quatre de ces familles (les grands chevaux), qui subsistent par les mâles.

Plusieurs autres familles qui en descendent par les femmes (1) et qui sont anciennes et considérables, sont aussi censées de l'ancienne chevalerie.

E. Huart, d'après Bermann (1763), place l'institution définitive du tribunal des Assises sous le règne du duc Thierry, et cite à l'appui de son opinion « le jugement rendu en 1093 par les *Principes* à la requête du duc contre le seigneur Joscelin. Thibault II augmenta les attributions de ce corps judiciaire et ordonna par testament (1312) : « Que les jugements des chevaliers seraient tenus et gardés comme ils l'étaient au temps de son seigneur père, voulant, ajoute-t-il, que si ung ou li dui ne puissent mettre leur jugement en la bouche du duc qui sera... » Son successeur essaya vainement de porter atteinte aux privilèges de l'ancienne chevalerie, qui

(1) Pour la conservation de la noblesse (Noel, *Mém.* V, pp. 256-57), il fallait bien qu'elle pût se recruter, car autrefois elle faisait seule la guerre, et après les pertes qu'elle éprouva aux croisades, on prit le parti de légitimer les bâtards pour pouvoir continuer le nom et les armes de leur père. On permit aux femmes de succéder aux fiefs militaires, à la condition d'épouser un chevalier. Après la perte de la bataille de Nicopolis, en 1411, on fit mentir le proverbe: que *la truie n'anoblit pas le cochon*, et il fut permis aux enfants de succéder à la noblesse de leur mère.

L'article 61 des coutumes du bailliage de Bar porte : « Si le père est noble, vivant noblement et la mère roturière, les enfants procréés d'eux seront nobles et suyvront la condition du père ; mais si le père est roturier et la mère noble, les enfants procréés dudit mariage suyvront l'estat et condition de la mère si bon leur semble, en renonçant à la tierce partie des biens de la succession paternelle au profit du seigneur duc ; c'est ce qui faisait dire que dans le duché de Bar le ventre anoblissait. (Lepage, *A. L.*, an. 1870.)

Pendant qu'une femme noble est jointe par mariage avec un roturier, sa noblesse dort ; mais incontinent qu'elle est veuve, elle jouit du droit ès privilège de noblesse. — Cependant, en 1779, à la veille de la Révolution, une fille Brem, dont le père avait été anobli par Léopold en 1725, mariée quatre ans avant cette faveur à un roturier, devenue veuve, ne put, à l'âge de quatre-vingts ans, rentrer dans la faveur accordée à son père ; elle fut déboutée de sa demande par la Chambre des comptes. (B. 11.429 ; pp. 4 et 5. Note.)

sut maintenir une juridiction que Réné d'Anjou reconnut solennellement, par lettres scellées à Nancy, le 31 janvier 1430.

... Indépendamment des droits communs à tous les membres de la noblesse, les gentilshommes de l'ancienne chevalerie jouissaient de plusieurs priviléges particuliers. Il leur était permis de servir à l'étranger sans perdre leur qualité de Lorrains ; ils étaient rachetés et indemnisés par le trésor ducal, quand ils tombaient au pouvoir de l'ennemi ; en cas de crime, ils étaient jugés par les échevins de Nancy, assistés de deux pairs natifs ou liefvés qui surveillaient l'instruction de la procédure et les débats du procès. On ne pouvait, ni saisir les biens des chevaliers, ni exécuter leurs meubles, ni arrêter leurs chevaux pendant la session des assises. « Il était juste, observe un publiciste, que l'avidité ne mit point obstacle à l'accomplissement d'un devoir d'intérêt général. » Ce devoir, le plus beau, le plus honorable de tous..., consistait à juger gratuitement et sans frais, directement ou par appel des tribunaux inférieurs, toutes les contestations qui pouvaient naître entre les sujets du prince ou entre le prince et ses sujets. Les chevaliers prononçaient souverainement et en dernier ressort, sans plaintes ni revision des procès ; cependant on appelait, dans certains cas, des assises d'*Allemagne* et des *Vosges* aux assises de *Nancy* et aux *furs assises des Vosges* (destinées à connaître du possessoir des fiefs, des francs aleuds et des actions personnelles).

Les séances de cette cour suprême se tenaient à Nancy, à Mirecourt et Vaudrevange (près de Sarrelouis), le premier lundi de chaque mois, à une heure après midi (1). Les juges se réunissaient au son d'une cloche dite des assises ; ils se

---

(1) Celles d'Allemagne (Lyonnois) ne se réunissaient que de deux mois à autre. A Nancy, il fallait onze gentilshommes, non compris le Bailly ; sept aux assises des Vosges et sept, tant prélats que gentilshommes en comptant le bailly aux assises d'Allemagne (Art. III et IV du tit. De la qualité des juges, au *Recueil du Style*).

rendaient en corps, armés et éperonnés à l'hôtel du bailli, qui les introduisait dans la salle du duc et les faisait asseoir autour d'une table de marbre, recouverte d'un tapis de velours (1)... « On ne pouvait se défendre d'un profond sentiment de respect à la vue de ce majestueux tribunal composé de quarante à cinquante gentilshommes de haute noblesse, la plupart vieillis dans les combats et couverts de nobles cicatrices... Quand les plaidoiries étaient terminées, le bailli se levait, désignait un échevin, et sortait de la salle avec les assistants. La cour entrait immédiatement en délibération ; souvent elle appelait le plus ancien des avocats du bailliage, pour s'éclairer de ses lumières. Dès qu'une affaire était instruite, l'échevin recueillait les voix et prononçait le jugement que le bailli était chargé de faire exécuter. »

« Malgré la haute position sociale des seigneurs des assises, dit le célèbre Guignet, on les sollicitait tant qu'on voulait, et ils recevaient toujours les parties avec une extrême honnêteté quelque pauvres et misérables qu'elles fussent... » Ajoutons que les membres de ce corps illustre avaient le droit de plaider la cause des *infendus* (2), et qu'ils s'en ac-

(1) Dans l'origine il n'y avait pour tout le duché qu'un seul bailli dont les attributions devaient être considérables. En 1312, Henri de Neufchâtel rend une sentence « en jour d'Assises » pour dommages commis. (LEPAGE et BONNEVAL, p. 98.)

(2) D. CALMET cite l'exemple de Christophe de Bouzey qui, invité par le bailli à laisser la parole aux avocats dont c'était le devoir d'assister les parties, prouva par des exemples que de tous temps la chevalerie avait exercé ce droit « fondé sur la charité envers les pauvres, la bienveillance envers ses amis et la consolation d'être du moins sûr de ne pas perdre son frère par la faute d'autrui. » Admis à plaider, ce gentilhomme s'en tira si bien qu'il obtint un jugement en sa faveur. (SAINT-MAURIS, p. 123.)

Quoique le tribunal des assises fût essentiellement un tribunal de justice, ses fonctions n'étaient point totalement étrangères à la législation. Dans l'intervalle des séances des Etats, il était chargé de veiller et de pourvoir à l'exécution de leurs délibérations. Dans les circonstances urgentes et qui n'en permettaient pas la convocation, il suppléait provisoirement leur vœu. Il accordait en leur nom des subsides que l'évidence du besoin n'aurait pas permis de refuser et dont

quittaient avec tant de zèle que le succès couronnait leurs efforts.

La Lorraine, sous son gouvernement aristocratique, lorsque les ducs étaient en bonne intelligence avec la chevalerie

l'urgence ne souffrait pas de retard. (*Mémoire du Parlement de Nancy*, 1788.)

Les anoblis pouvaient à la quatrième génération devenir gentilshommes, dit Bermann, mais jamais de l'ancienne chevalerie (comme les fieffés).

La noblesse (H. LEPAGE et GERMAIN, *Complém. au nobiliaire lorr.*, pp. 92-93, etc.) a des privilèges généraux ou communs qui regardent les anoblis, les simples gentilshommes et ceux de l'ancienne chevalerie ; d'autres attachés à la qualité de gentilhomme ne concernent que les simples gentilshommes et ceux de l'ancienne chevalerie à l'exclusion des anoblis ; quelques-uns, enfin, particuliers à l'ancienne chevalerie, ne sont accordés qu'à ceux qui composent ce corps, à l'exclusion, et des simples gentilshommes, et des anoblis...

La préséance sur les roturiers est le premier privilège des anoblis. Ils ont droit de porter des armes, d'avoir des armoiries, des sculptures distinguées ; ils sont exempts de *guet*, de *logement des gens de guerre*, de *corvées* et... de *tailles personnelles et mixtes* ; mais pour les *réelles* ils n'ont pas plus de privilèges que les roturiers...

Les nobles peuvent acquérir des biens fiefs, des seigneuries, lors même qu'elles sont titrées, comme les marquisats, les comtés et les baronnies ; ils peuvent posséder des châteaux et des forteresses, tandis que les roturiers sont incapables d'en acquérir, et que s'il leur en vient par succession, ils sont contraints ou de les remettre entre les mains des nobles ou de les voir réunir au domaine (pp. 90-91). On ne peut confisquer les biens des gentilshommes que pour *crime de lèze Majesté, attentat contre les enfants de la couronne*, ou *entreprises contre l'État directement*...

Par donation entre vifs ou par testament, un gentilhomme peut donner et substituer une des maisons anciennes et un quart du bien ancien à l'un de ses enfants ou parents, portant le même nom ou les mêmes armes, et, à leur défaut, à toute autre famille, à la charge d'en prendre et le nom et les armes.

Par cette disposition la coutume fait une grande différence des gentilshommes aux anoblis et roturiers : ceux-ci ne peuvent entre vifs disposer de leurs biens anciens et patrimoniaux au profit de leurs enfants, en avantageant l'un plus que l'autre ; dans les actes à cause de mort, ils doivent observer la même égalité, et la loi qui leur permet de disposer du quart de leur ancien, leur défend de le donner ou de le léguer à l'un de leurs enfants.

Les conventions passées entre gentilshommes sous leur sceau et

(Noel, *Mém.* VI, p. 137) est sortie triomphante des luttes les plus désespérées. Sous l'influence des chevaliers, les ducs n'ont jamais signé un traité honteux ; ils ont pu être vaincus, mais jamais ils n'ont été humiliés. Lorsque la bonne intelligence a été rompue entre le duc et la chevalerie, comme sous Thiébaut Ier et ses successeurs jusqu'à Raoul,

signature font foi en justice, sans même qu'elles soient reconnues (pp. 92-93).

Au moyen âge, tant que la chevalerie demeure à l'état d'institution effective (jusqu'en 1633), la dignité de chevalier était personnelle : mais lorsque cette institution cessa d'exister et que le titre d'*écuyer* fut pris par la noblesse nouvelle (1), celui de chevalier fut relevé comme propriété héréditaire et reversible sur tous les membres, par les familles dont la noblesse était immémoriale (p. 97, note).

Les plus anciennes érections des terres en titres par les souverains de notre pays, ne remontent pas au-delà du XVIe siècle ; nous citerons notamment les baronnies d'Esnes et de Fresnel (1600-1619) ; les comtés de Blainville et de Marchéville (1621-1622), les marquisats de Gerbéviller et d'Haroué (1621 et 1623) ; mais ces érections n'eurent lieu que pour des gentilshommes de l'ancienne chevalerie ; c'est seulement à dater du règne de Léopold que les anoblis eurent le privilège de participer à ces faveurs. (H. Lepage et Germain, p. 105.)

Les lettres et érections de terre portent parfois « le droit de faire précéder son nom de la particule *de* ».

La liste des anoblis à commencer par Hennequin qui le fut en 1359 par le roi de France jusqu'à Du Val Poutrel de Vannoise, porte 1992 noms. Viennent ensuite des écuyers, gentilshommes, chevaliers, barons, vicomtes et marquis, de n° 1,993 jusque 2,385 dont 535 barons, 787 comtes et 4 marquis, un vicomte.

Les vers suivants d'un poète du XVIe siècle, cités par H. Lepage, complètent les détails précédents que, par anticipation de dates nous avons placés ici, afin de condenser le mieux possible les données

(1) Bermann doit se tromper ici. En effet il existe aux archives nationales un acte original de la chevalerie lorraine qui est fort important, soit au point de vue historique, soit à cause de sa merveilleuse conservation. C'est celui du 13 décembre 1425, par lequel la chevalerie atteste que, faute d'héritiers mâles, les filles succèdent à la couronne ducale à l'exclusion de leurs oncles — A l'original sont encore appendus les sceaux et les signatures de quatre-vingts membres de ce corps illustre. Chose étrange ! la qualité de chevalier n'est prise que par huit d'entre eux ; les soixante-seize autres se qualifient écuyers. Parmi ceux-ci je trouve un du Châtelet, un Ligniville, un Haraucourt et un Lenoncourt. (Meaume, *les grands et les petits chevaux*, pp. 32-33.)

— Les titres de baron, comte ou marquis s'obtenaient de trois manières : 1° par des lettres-patentes qui conféraient ces dignités ; 2° par l'érection de leurs terres en baronnies, comtés ou marquisats ; 3° enfin, par l'acquisition, après en avoir obtenu l'autorisation du prince, des seigneuries ayant l'une ou l'autre de ces qualités...

et enfin sous Charles IV, la Lorraine a été vaincue, malheureuse, et les ducs ont signé des traités humiliants (p. 137).

GRANDS JOURS. — Les Grands Jours de Saint-Mihiel ont quelque analogie avec le tribunal des Assises. Leur établissement dans le Barrois remonte à une époque très éloignée. Dans les premiers temps, la Cour des Grands Jours n'était pas permanente... La tenue en était à l'avance publiée et criée dans tout le comté...

On trouve dans nos archives (SERVAIS, t. I, p. 299), des preuves de leur existence en 1339, 1350, 1354, 1355, 1362... Par un extrait des archives de Bar, on voit que les seigneurs appelés à composer cette haute juridiction, étaient, en 1375 : l'abbé de Saint-Mihiel, les seigneurs de Louppy, d'Arren-

---

nécessaires à l'intelligence des faits ultérieurs de notre récit et relatifs à la caste nobiliaire.

> Croyez-vous qu'à la cour chacun ait son vrai nom ?
> Aujourd'hui nos seigneurs affectent le bon ton :
> Tel qui tranche du grand, dont le nom brille,
> Rougit, ou peu s'en faut, du nom de sa famille.
> Si les morts revenaient, ou d'en haut ou d'en bas,
> Les pères et les fils ne se reconnaîtraient pas.
> Le seigneur d'une terre un peu considérable
> En préfère le nom à son nom véritable :
> Ce nom, de père en fils se perpétue à tort,
> Et cinquante ans après, on ne sait d'où l'on sort.

Voici la formule à peu près générale des anciennes lettres d'anoblissement (B. 1686, f° 49 ; 15 février 1579) :

Comme originellement et de *droict naturel*, toutes personnes en général soient libres, franches et non subjectes à aulcune servitude, et suyvant le propre instinct de la nature, s'inclinent à ceste fin et tendent à s'y maintenir et à conserver leur ingénuité, noblesse et liberté innée et à eulx donnée de leur naissance et première origine ; et neaulmoins depuis, par le droict des gens et institutions civilles, ceste franchise ait esté restreincte en la plus grande partie, de sorte qu'aujourd'huy le nombre de ceulx est petit qui ne soient rédigez en ordre inférieur, tenuz en estatz bas, humbles et mécaniques et en subjection de services, impostz, exactions, tailles et relevances serviles et ignobles. Toutefois, l'excellence des princes naturellement s'esjoyt à exalter et auctoriser ceulx qui, par leur vertuz, sçavoir, sagesse et actes prudentz, nobles et vertueulx se sont adonnez à choses louables et longuement conduict et exercitez en icelles; dont, à plus juste titre, ilz ont mérité et méritent de préminer et exceller par dessus les aultres et d'estre libres, francs, exemptz et non subjectz à icelles loix de basse et vile servitude, et, par conséquent sont dignes et capables d'impétrer et d'obtenir les bénéfices et gratifications des dictz princes qui, à ces fins, les leur concèdent et octroient, tant pour la recognoissance et rémunération de leurs vertuz... que pour mouvoir et accroistre les courages d'aultres qui, par telz moiens, pourroient s'efforcer et tendre à mériter de parvenir de condition inférieure à plus hault estat, noble et supérieur, au bien, profict et utilité de toute la République.

tiers, Giraud à Longchamp, M⁰ Nicole de Genicourt, le doyen de Bar, Humbelet de Gondrecourt et M⁰ Pierre Perry, tous trois baillis du duché, un certain nombre d'avocats, et enfin les procureurs des ducs de Bar..., etc. (299, note, voir p. 436.)

BOURGEOIS. — A cette époque le bourgeois n'existait guère que dans les villes de Metz, Toul et Verdun. Nancy était alors peu considérable et les quelques petites villes et bourgs, épars dans le duché de Lorraine, ne présentaient point encore un ensemble de citoyens, pouvant exercer une action publique sérieuse, par leur richesse et leur considération. La fortune mobilière et le commerce se trouvaient concentrés presqu'exclusivement dans les trois villes épiscopales dont l'opulence l'emportait sur celle des castes privilégiées. Ainsi, par exemple, Pont-à-Mousson, bâti en 1240 par Thiébaut II, avait été incendié peu après par Mathieu II et se relevait alors à peine de ses ruines. (Rog., t. I, p. 321.)

Les lignes suivantes que de Sauley et Huguenin (*le siège de Metz, en 1444*) consacrent à cette cité républicaine, peuvent parfaitement s'appliquer, quoique à un degré moindre, à Toul et à Verdun.

....« La noblesse lorraine, à commencer par le duc, ne posséda jamais de grandes villes. Or, l'opulence des bourgeois, marchands et manufacturiers, était, au moyen âge, la source d'argent la plus féconde pour les seigneurs, et il se trouvait que Metz, Toul et Verdun, les trois cités industrielles de la Lorraine, étaient à la fois libres et en état de défense. Les ducs n'avaient pas même sur elles un droit d'impôt ; aussi la noblesse était pauvre dans ses châteaux, et les suzerains n'étalaient pas au milieu d'elle un luxe fort brillant... Les bourgeois de Metz... avaient amassé plus de florins qu'il ne s'en trouvait dans tel château dont les tours se montraient de loin aux regards (pp. 5-6) (1).

(1) L'église, sur nombre de points du pays, possédait également de grandes richesses ; mais elles consistaient en partie en vases et ornements sacrés et se trouvaient forcément immobilisées dans les temples.

...« Ducs et vassaux empruntaient à nos riches marchands des sommes bien inférieures à celles que les autres seigneurs levaient de droit sur les *villes* de leurs domaines; ils engageaient des terres... Souvent la cité, même pour des dettes particulières, était obligée de faire des saisies *en armes*, et souvent aussi, les débiteurs, prenant l'initiative, se tiraient d'embarras en déclarant la guerre.

« Ce fut le moyen qu'employa, en 1324, Ferry, duc de Lorraine, soutenu de Jean de Luxembourg, roi de Bohême, d'Edouard, comte de Bar, marquis du Pont, et de Baudouin, archevêque de Trèves (pp. 7-8).

« Telle nous paraît avoir été la vie guerrière de beaucoup de petits seigneurs lorrains, depuis le sire de Josselin, qui en 1070, recevait douze francs (en or) pour ne plus ravager les terres de Chamouzey, jusqu'au Damoiseau de Commercy, Robert, qui, après avoir pillé toute sa vie, engagea à la fin ses habits aux Lombards de Metz, afin d'obtenir quelqu'argent. De bonne heure nous trouvons des exemples d'emprunts faits par les ducs à la ville de Metz. Après la mort de Thiébaut Ier, en 1220, le duc Mathieu, son fils aîné et son successeur, se charge d'acquitter, pour sa part, les dettes que son père avait contractées envers les Messins. »

On croirait difficilement, dit sur ce même sujet, Bégin (*Metz, depuis 18 siècles*, t. III, p. 226), s'il n'en existait pas des témoignages écrits, l'extrême opulence à laquelle était parvenue la bourgeoisie républicaine de Metz. Le comte de Salm, les ducs lorrains, Thiébaut, Mathieu, Ferry, les comtes et princes de Bar, devaient aux bourgeois de Metz des sommes de 2,500...600 livres, chiffres exorbitants pour l'époque. Un Poinsignon, dit le *Truant*, possédait, en Lorraine, plusieurs fiefs; et telle était la fierté des bourgeois, qu'il refusait l'hommage dû au duc par les coutumes. Ses

---

Cependant les établissements religieux avaient parfois des moments de détresse. Ainsi, en 1237, les meubles et les ornements d'église, les croix, les calices, les chappes.... de Senones étaient demeurés engagés

concitoyens l'appuyaient ; une guerre allait éclater ; deux arbitres qu'on choisit condamnèrent Poinsignon (p. 226).

Cette richesse des bourgeois explique les sommes immenses qu'on put donner aux empereurs ou aux princes dont on redoutait le pouvoir, les dépenses faites pour les troupes (mercenaires) entretenues à la solde de la ville, etc. Malgré les voleurs dont toutes les routes étaient infestées, le commerce était florissant. Une lettre, datée de 1385, apprend que Metz tirait beaucoup de marchandises de Francfort. (*Ibid.* 283.)

On trouve (*Hist. de Metz*, t. II, p. 445), dans l'inventaire des titres de la Lorraine, une quittance de Bartignon Paillas, bourgeois de Metz, donnée, en 1247, à Ferry, duc de Lorraine, par laquelle il reconnaît avoir été payé de tout ce qui lui était dû par ce prince (p. 445).

« C'est cette opulence qui produisit dans cette ville tant d'établissements religieux au temps dont nous parlons : Cordeliers, les grands Carmes, les Trinitaires, les Augustins, les Clarisses, les églises des grands Carmes et de Saint-Vincent, etc. »

SERFS. — Le servage, que les siècles suivants modifièrent profondément ou firent complétement disparaître, existait encore dans toute son étendue, au XIIIᵉ siècle, permettant toujours au seigneur de commander « *le haut et le bas, le plus et le moins* ». En pleine féodalité (NOEL) les serfs étaient la chose de leurs seigneurs ; ils étaient en dehors de l'ordre social, comme les esclaves chez les Romains. Les droits des seigneurs sur leurs serfs étaient sans limites. D'après Sainte-Foix (*Essais sur Paris*)..., le cheval de parade d'un prélat était estimé valoir deux hommes et trois femmes (p. 830, note) ; la mort même ne limitait pas leurs droits ; ils pou-

chez un citain de Metz ; les fermes, les seigneuries se trouvaient toutes engagées ou aliénées ; dans le monastère il n'y avait qu'un seul âne employé pour chercher chaque jour la provision pour la cuisine (D. CALMET, *Histoire de l'Abbaye de Senones*, p. 117.)

vaient satisfaire toute leur lubricité avec fille ou femme : c'était fertiliser sa chose. L'adultère du seigneur était péché véniel.

Clouet (*Verd.*, t. I, pp. 107-108), dans les lignes suivantes, donne une idée exacte de cette odieuse institution :

« Gens de condition servile sont hommes de corps (1), adscrits et comme attachés à la terre du territoire ; ne peuvent aller demeurer ailleurs sans licence et congé du seigneur qui les peut poursuivre et vendiquer comme siens, ni se marier dehors le territoire ni à personne d'autre condition ; autrement le seigneur peut les châtier corporellement et confisquer leurs biens, par droit de *forfuyance* et de *formariage* (2). Sont aussi lesdits hommes de corps de *mainmorte*, auxquels les seigneurs succèdent, s'ils décèdent sans hoirs procréés de leur corps, exclus tous autres parents, tant en meubles, lesquels, quelque part qu'ils soient, suivent la personne, qu'immeubles situés au ban de mainmorte ; car en franc banc les frères et autres parents succèdent. Et est le

(1) « Lorsqu'on imprima, en 1678 et en 1734 la coutume de Sainte-Croix dans le *Verdunois*, on omit dans l'édition le passage cité ici, ainsi conçu dans l'original jadis conservé à l'évêché (de Verdun). (CLOUET.)

(2) Entre seigneurs, la première condition était de se livrer réciproquement les forfuyants qui se réfugiaient dans les villes où ils se cachaient parmi les manants (*a*) dont le séjour était toléré sans que toutefois on les reçut à bourgeoisie. Metz et Verdun étaient suspects de recevoir les forfuyants ; c'était un cas de forfuyance que de prendre les ordres ou même la simple cléricature sans affranchissement préalable accordé par le seigneur. (CLOUET, t. I, pp. 447 à 453.) Le clergé écartait les serfs de la prêtrise. On voulait des hommes libres. Ainsi on lit dans la règle des chanoines de Saint-Thiébaut de Metz, approuvée en 814. — « Je N..., chanoine, fais serment sur les saints évangiles que je suis né en légitime mariage et de *parents libres*. (*Hist. de Metz*, t. II, p. 284.)

(*a*). On désignait sous les noms VILLAINS (du latin *villani*), habitants des *villæ* (villages maisons de campagne), MANANTS (de *manentes*), SERFS (de *servi*) les individus qui avaient leur domicile en la seigneurie, et ROTURIERS (de *roture, rotura*, culture des terres) ceux qui avaient pu sauver ou recouvrer leur liberté, et qui appartenaient presque tous à la classe des cultivateurs à la campagne ou à celles des bourgois et des artisans dans les villes. — Le vilain était désigné aussi sous le nom de poëste (*gens potestatis*), homme de potée. Il pouvait en appeler aux assises (ROGÉVILLE).

seigneur de l'homme de corps, saisi par la Coutume des biens de mainmorte, n'étant qu'ils fussent affranchis de ladite mainmorte par terrage ou autre redevance. »

L'inféodation du serf à la terre était si complète qu'on le vendait avec le domaine. Ainsi, par un titre du mois d'octobre 1231, Roger, évêque de Toul, déclare que Hugues de Haironville, du consentement d'Arnould, son frère, de leurs femmes et enfants, a vendu (1) aux abbé, prieur et religieux d'Evaux ce qu'ils avaient dans l'alleu de Rosières, en *hommes, femmes*, terres, prés, bois, pâturages, rentes, revenus et toutes autres choses quelconques, moyennant la somme de soixante livres de provenisiens de forts. (*Notice de Rosières-aux-Bois*, par de VIDRANGE, *A. L.*, t. III, p. 292.)

Nous avons déjà dit qu'avant l'affranchissement des communes les sujets d'un seigneur pouvaient être « légitimement pris et gagez (D. CALMET, *Hist. de Lorr.*, t. II, p. 453), pour ceux-ci, de manière que ceux qui voyageaient et trafiquaient hors du lieu de leur demeure devaient prendre des précautions pour n'être point arrêtez pour les faits

(1) « La princesse Sophie, petite-fille de Thierry I*er*, comte de Bar, abandonna, en 1022, à l'abbaye de Sainte-Glossinde, quelques cens à Lay-Saint-Christophe, trois serfs nommés Arenfried, Badin et Lampihon, avec les terres que ceux-ci cultivaient, une forêt à Ingwiller et trente livres messines. (DIGOT, *A. L.*, t. III, p. 196)... Le prieuré près de l'église de Laitre, fut toujours peu considérable; en effet, la comtesse Sophie, ne lui avait donné que quatre manses, *un serf, deux serves*, les dîmes grosses et menues du château et du bourg d'Amance, les cens et les dîmes des places vides, des défrichements et des fonds seigneuriaux. (*Ibid.*, p. 197.)

Ces dons et échanges de serfs existèrent bien tard. En effet, voici un titre de l'an 1265, cité par Noël, dans ses *Mémoires* : « Je, Robers de Joinville, sires de Saillie, faz savoir à toz ceulz, qui ses lettres verront et orront, que j'ai donnée en eschange az religious barons et honestes l'abbé et le couvent de seint Michiel de seint Mihier, Meline, ma fame, la fille Pariset, mon home de Bures, heritauble de peire et de meire entièrement, si cum dreiz hoirs puet et doit heriter, et il me ont donnée en contre li devant dit abei et li covent de seint Mihier, une lor fame Rehout, la fille Huguet de Bures, mesme héritauble ausi de peire et de meire. »

ou dettes de leurs seigneurs. Nous en avons un exemple dans les marchands de Neuf-Château qui, en 1324, prirent (à cet effet) une attestation de Simon de Sarrebruche, seigneur de Commercy. Celui-ci déclare que ces marchands ne sont responsables que de leur propre fait, comme étant libres et abonnez avec leur seigneur et n'appartenant pas au roy de France. « C'est de quoy je puis rendre témoignage, ajoute-t-il, comme ayant été autrefois le voué de cette ville, et en sachant parfaitement les usages et les franchises. »

Bégin (*Hist. de Metz, depuis 18 siècles*, t. III, p. 77) dit que « de 1,000 à 1,100, dans les querelles entre châtelains et entre évêques, on opérait des razzias d'esclaves, comme des razzias de troupeaux ; on dépeuplait une contrée au bénéfice d'une autre ; on déplaçait spontanément l'agriculture et l'industrie. Les villes fermées, les grandes abbayes (1) demeu-

(1) Noël (*Catalogue raison.*, 3º vol.) parle de serfs connus sous les noms d'Arrentés ou Ecclésiaux, Forrestaux, Reniaux, Repemlises, Leheleutres, Hommes de Fer. Il y avait de ces derniers en divers lieux dépendant des Dames de Remiremont. Nous ne savons pas bien ce qu'était cette spécialité. Dans certains lieux l'Homme de fer paraît favorisé ; dans d'autres lieux (Diarville il semble plus esclave que les autres serfs, et destiné à remplir les fonctions les plus dégradantes. On distinguait encore les serfs dépendant des droitures, eulogies ; il n'y avait que les églises qui possédassent de semblables serfs ; ils étaient les descendants des hommes libres qui s'étaient faits serfs de l'Église ou plutôt du saint honoré dans telle église. Il y avait des rituels relatifs à cette consécration. On obtenait ainsi les choses célestes et éternelles en échange de sa liberté et de ses biens terrestres. Ces consécrations furent nombreuses au Xe siècle, parce qu'on croyait que la fin du monde arriverait à l'année millénaire. Effectivement l'événement arrivant, il devait être fort avantageux de se trouver sous la protection spéciale d'un saint. Les serfs de cette origine devaient être favorisés et plus spécialement destinés à peupler les couvents. C'était un bonheur pour un serf d'être fait moine ; il s'en est trouvé qui, par leur mérite, sont arrivés à la prélature et aux plus hautes fonctions canoniques. Les serfs de l'Église pouvaient assez facilement devenir religieux, tandis que ceux des seigneurs devaient obtenir une licence pour entrer au couvent. Ainsi le proverbe : *Bienheureux les serfs de la crosse*, provient de ce que ces serfs pouvaient facilement entrer dans l'ordre des clercs et que les prélats, en général, étaient moins

raient seules à l'abri de semblables vicissitudes; encore l'ennemi surprenait-il souvent leurs vassaux épars dans la campagne.

Que de tribulations accablaient ailleurs le pauvre serf, même celui appartenant à des institutions ecclésiastiques! Lisons, à cet effet, le récit suivant, emprunté par Clouet (*Verd.*, t. II, pp. 72-73) à la chronique, dite *Cantatorium*, de l'abbaye de Saint-Hubert (1).

« Il y avait à Chauvency un sous-voué du nom d'Albéric, tellement dur et inhumain que la vache d'un serf ayant avorté de fatigue à la charrue, il fit atteler le pauvre serf à sa place, l'obligeant de labourer ainsi toute la journée avec l'autre vache. L'abbé de Saint-Hubert alla se plaindre à Alon, et tous s'indignèrent de la conduite barbare du sous-voué; mais celui-ci prétendit qu'il n'avait pas excédé son droit; et il fallut que l'intendant ou *villicus* de Saint-Hubert, jurât en justice, et subit l'épreuve de l'eau froide pour confondre Albéric. Ceci arriva l'an 1081. (*Cantatorium*, § 54.)

AFFRANCHISSEMENTS. — LOI DE BEAUMONT. — MISE EN

---

guerriers que les seigneurs. Les prélats avaient pour se défendre des moyens fort redoutés: les anathèmes, les interdits, les excommunications, armes spirituelles qu'on ne peut parer avec une épée. » (Pp. 827 et suiv.)

(1) La justice en général était rigoureuse pour le serf délinquant. Ainsi à Toul, le serf convaincu de vol était confisqué au profit du comte ou de l'évêque. S'il se rachetait, l'évêque avait les deux tiers et le comte l'autre tiers de la somme. Il était rendu à son maître s'il n'appartenait pas à l'église. A Metz, le voleur était livré à un de ses parents les plus proches qui en devenait maître s'il voulait restituer l'objet volé, sinon la justice en disposait en le noyant. (DUMONT.)

Plus tard, à Toul, on ne coupait qu'un bout d'oreille aux voleurs non serfs. En cas de récidive toute l'oreille y passait. En 1535, à Foug, Bastien Corrille de Domgermain n'ayant plus d'oreille à fournir, fut pendu. — A Mirecourt, l'essorillement était encouru par les maraudeurs de jardins quand ils ne pouvaient payer l'amende qui, en 1535, était de 5 sous. (*Id.*, p. 313.)

Le 23 décembre 1480 (*Ann. M. S.*, p. 361) à Metz, une femme olt les oreilles coupées, pourtant qu'elle avoit fait beaucoup de larcins et menée sa fille au bordel. » (VIVILLE, t. I, p. 135, note).

Assise. — Ce lamentable état de choses prit fin, en partie (Noel, *Cat. rais.*, 3ᵉ vol., suppl., p. 623), grâce au faible crépuscule de justice émané du concile de Latran qui donna naissance à la loi de *Beaumont* (1). Celle-ci fut appliquée dans une petite ville de Champagne, en Argonne, située à l'occident de la rivière de la Meuse, entre Stenay et Mousson. Cette loi était la liberté des campagnes comme les communes constituaient celles des cités : en un mot elle créait une commune (le plus souvent rurale) et un lieu de liberté. Guillaume de Champagne, cardinal, archevêque de Reims, auteur de cette loi, en l'an 1180, n'osa pas la mettre en pratique sur les terres de son archevêché, dans la crainte d'en diminuer la valeur. Il l'établit sur un domaine appartenant au comté de Champagne. Dans ce nouveau lieu on recevait tous les fugitifs, excepté les assassins et les voleurs. C'était une colonie d'hommes libres, s'administrant par eux-mêmes, placée au milieu d'un peuple esclave.

Cette loi eut un retentissement immense dans notre pays. Tous les serfs lorrains voulaient déserter pour s'établir dans cette nouvelle commune ; nombre de seigneurs, pour retenir leurs serfs, furent obligés de leur donner une loi, à peu près semblable à celle faite par le cardinal archevêque (2). Le comte de Vaudémont est le premier qui ait accordé presque

---

(1) Beaumont passa (Chevrier, t. I, p. 292), en 1364, à Charles V, roi de France, le même qui anoblit un jour tous les bourgeois, privilège dont ils ont joui jusque sous le règne de Henri III. La loi de Beaumont n'a pu faire de cette ville la localité la plus peuplée de la Champagne.

(2) La loi de Beaumont (A. Joly, *la Commune*, etc., pp. 127-28. A. L., an. 1868), était un mélange hétérogène de prérogatives précieuses, de préoccupations puériles, de dispositions pénales, de concessions réciproques, entassées pêle-mêle, sans intention logique ni but déterminé, mais qui réalisait un progrès immense dans ces temps de violence, d'arbitraire et de barbarie... C'était comme le premier pas vers le régime libéral, à la faveur duquel les peuples allaient passer de l'état de servage à celui de la bourgeoisie. (Réflexions de Chevrier sur Beaumont.)

toutes les stipulations de la loi de Beaumont aux habitants de Conflans, aujourd'hui Pont-Saint-Vincent ; et, en plus, il leur abandonna du sol à cultiver. Le duc de Lorraine et quelques grands seigneurs suivirent cet exemple ; et un assez grand nombre de villages reçurent alors des chartes réglant les droits des habitants .. Toutes ces chartes se trouvaient loin d'être des affranchissements complets, accordant pleine liberté ; dans bien des localités on n'avait point aboli les *forfuyances*, le *formariage* et le *droit de mainmorte*... L'importance des chartes, improprement appelées affranchissements, consistait seulement à rendre les serfs capables des actes civils d'achat, de vente, et de transmission de leurs biens à leurs enfants ; et, en échange de l'obligation, de la part des seigneurs de loger, nourrir, soigner leurs serfs, on céda à ces derniers des terres qu'ils purent cultiver pour leur profit, sous l'obligation de payer la dîme aux seigneurs ; on leur accorda le droit de couper du bois pour construire leurs demeures et se chauffer ; le droit de vaine pâture et l'usage des eaux. « Ils continueront, disent la plupart des chartes, à user des bois et des eaux comme ils en ont joui. » (Noel., *Mém.* V, p. 287.)

A cette époque, et plus tard encore, on dressa, comme nous le verrons plus loin, des chartes, avec des droits plus restreints pour les serfs : c'est ce qu'on appelait *mettre en assises*.

Clouet (*Verd.*, t. I, pp. 437 et suiv.) fait remonter les affranchissements, en Lorraine, à une date bien antérieure à la loi de Beaumont (1). « Ensuite de la charte de Godefroy-le-

(1) L. Benoit (*Etude sur les Institutions communales du Westrich. J. L.*, t. XVI, pp. 187-88) partage l'avis du docte lotharingophile. « Dès 1178, dit-il, Pierre de Brixey, évêque de Toul, avait octroyé à Liverdun une charte d'affranchissement. Celle-ci avait donc précédé la loi de Beaumont qui ne remonte qu'à 1182.

Les populations qui possédaient ces franchises lorsqu'elles furent sanctionnées par les seigneurs, au moment de leur départ pour les croisades et pour attirer de nouveaux sujets, usèrent de tous les

Breux, en 1060, et celle de Conrad III, en 1142, il y avait dans chaque village de *quelque importance* un maïeur et des échevins annuels et électifs, ou, comme dit la loi de Beaumont créés par l'accord de tous, « disposition qui remonte à la législation des Capitulaires sur les échevinats. (*Et totius populi consensu, bonos eligant.*) Cette petite administration prêtait serment au seigneur, levait ses tailles et redevances et rendait justice pour les délits champêtres, journaliers et vulgaires. Les choses graves allaient aux plaids annaux, tenus trois fois l'an par le voué ou le sous-voué, au lieu principal de la seigneurie : les maïeurs et les échevins, bien que serfs (eux-mêmes), l'assistaient en ces plaids, et jugeaient avec lui et les ministraux. Les seigneurs prélats se passaient le plus qu'ils pouvaient du voué, tâchaient de le restreindre strictement à ses trois plaids annaux, et de tout attirer à leur juridiction ministrale (1) ; mais les voués réclamaient, et la charte de 1060 leur donne le droit d'exiger serment qu'on ne leur a soustrait aucune cause du ressort de plaid annal, et que, dans les jugements rendus sans eux, on a réservé leur part d'un tiers dans les amendes. Tout paysan devait venir au plaid pour constater sa présence sur la glèbe, ouïr les ordonnances de son seigneur, ou celles qu'avait pu faire le plaid général du comté (437, 38) (2).

Dans les XIII, XIV et XVe siècles, l'évêché de Toul mit tous ses villages à la loi de Beaumont ; mais le *Chapitre* garda

moyens pour se créer de nouvelles ressources. Mais suivant un auteur contemporain, si beaucoup de serfs jouissaient de chartes ou de pactes colongers, ces conventions ne furent observées scrupuleusement que lorsqu'elles étaient en faveur du maître, mais non lorsqu'elles touchaient aux droits et privilèges des vilains. » (P. 188.)

(1) Les prévôtés établies dans le cours du XIIIe siècle représentent ces justices ministrales que nous venons de voir en concurrence avec les plaids des voués, et que les seigneurs ecclésiastiques préféraient de beaucoup, parce qu'ils en nommaient et destituaient les officiers à volonté. (CLOUET, t. I, p. 439.)

(2) On sait que le duc Mathieu, en 1231, affranchit Neufchâteau qui eut le droit de choisir ses administrateurs.

la mainmorte sur son territoire. Voici un extrait de son grand statut de 1403 :

... « Considéré que nos hommes et femmes de notre terre, de tout temps passé, et de si long que notre église fut fondée, et n'est mémoire du contraire ni du commencement, ont été et sont perpétuellement de serve condition, c'est-à-sçavoir de mainmorte, de formariage, de forfuyance et de poursuite, à nous et à notre église ; et ne sont aucuns d'iceux seigneurs de leurs biens, spécialement héritages, immeubles, ains tant seulement usufruitiers et nous en sommes seigneurs directs et propriétaires (p. 442).

Des affranchissements, avec dispositions plus larges s'étant succédés dans le cours des trois siècles suivants (XVI°, XVII° et XVIII°) il se trouva, en 1789, que de quarante-deux villages dont le *Chapitre* était encore alors seigneur, il *n'en restait plus que six, assez petits, soumis au régime pur et simple de la mainmorte*. (*Ibid.*, p. 446) (1).

Ainsi ce fut la Révolution de 1789 qui balaya les derniers vestiges de l'antique servitude, en arrachant à la domination cléricale les derniers mainmortables.

Dans les chapitres suivants nous verrons l'introduction et

(1) La mainmorte n'avait pas cessé d'être le droit commun excepté là où on pouvait lui opposer des articles précis de dérogation. Le Chapitre, le 15 septembre 1723, promulgua, d'une manière fort solennelle l'ancienne loi... Par fondation et dotation de cette église par les empereurs, rois et princes, il nous a été concédé le tiers du comté de Verdun, composé de quarante-deux villages dont les habitants étaient et sont encore actuellement de serve condition ; cette concession nous a été faite aux droits les plus éminents, entre autres ceux de mainmorte, tant personnelle que réelle, de forfuyance, de formariage et de poursuite ; tous les habitants de nos terres et seigneuries sont sujets auxdits droits, à l'exception seulement de ceux que nous en avons affranchis, moyennant terrage et autres charges et conditions énoncées en leurs chartes...; nous avons été maintenus ès dits droits par plusieurs arrêts et récemment par celui intervenu au parlement de Metz, le 26 juillet dernier (1723) contre... (CLOUET, p. 447) ; suivent les articles de l'ordonnance du Chapitre tendant à mettre en vigueur l'ancienne servitude...

la mise en pratique dans notre pays de certaines dispositions de la loi de Beaumont.

AGRICULTURE. — Au moment où cette loi allait donner une immense extension à l'agriculture (GUÉRARD, p. 5), nos villages, simples métairies sous la domination romaine, et connus la plupart sous les mêmes noms qu'aujourd'hui, étaient déjà une réunion de plusieurs fermes, granges ou manoirs, bâtis autour des églises, et sous la protection des maisons fortes des seigneurs. Il était déjà question de fours, de moulins banaux, et du prélèvement de la dîme au profit de l'Église. Les plus belles cultures étaient faites et dirigées par les religieux ; elles étaient considérables, puisque des titres rappellent des terres données en aussi grande quantité que deux ou trois charrues pouvaient en labourer. Il n'est pas parlé d'autres moissons que celles des blés hivernaux et des marsages ; par conséquent, la rotation des cultures était triennale ; c'était aussi l'agriculture des Romains, remémorée et perpétuée par les religieux. On remarque, dans les titres, que les monastères possédaient de nombreux troupeaux paissant sur des bans étendus, sous la garde de pasteurs dont ils répondaient(1); et aussi des troupeaux de porcs

(1) Dans nombre de chartes il est question de la *vaine pâture*. On entend par là le pâturage sur les terres dépouillées de leurs fruits : terres arables, après la moisson, prés, après la fauchaison, bois taillis, après la coupe. Ordinairement elle était de droit commun, s'exerçait et s'exerce encore, sur toutes les terres du ban, et prend le nom de parcours.

Toute différente était la *grasse pâture* qui permettait et permet encore de consommer une partie de la récolte elle-même : elle est toujours exceptionnelle et doit se fonder sur un titre exprès. Dans une prairie elle permet d'envoyer le bétail avant la fenaison ; dans les forêts, elle consiste dans le droit de faire consommer par les porcs le gland et la faîne, à l'époque de leur dissémination. L'année se trouvait partagée en deux saisons, pour la pâture en forêts : l'hiver, pour les porcs, l'été, pour le gros bétail. On prend soin, dans les règlements forestiers de spécifier que les porcs ne pourront être mêlés pendant la période d'été, aux chevaux et aux vaches, précaution fort sage, pour protéger les jeunes semis. (GUYOT, *les Forêts lorraines*, p. 368.)

errants à la glandée dans d'épaisses forêts d'où les gardiens ne les retiraient que dans la saison de la froidure.

La culture de la vigne, ambitionnée par tous les peuples et dans tous les temps, était établie, au xie siècle, sur des côtes bien exposées dans les quatre bassins de la Meuse, de la Moselle, de la Meurthe et de la Seille; mais cette culture n'était pas fort étendue, car, dans les donations faites aux églises et aux monastères, le donateur désigne la vigne qu'il donne, le mont sur lequel elle est située et le nom de celui qui l'a plantée. Ainsi, en l'an 1065, l'évêque (de Toul) Udon donne à l'église Saint-Gengoul de cette ville, la vigne qu'il a fait récemment planter sur le mont Barrois. Dès l'an 780, on voit qu'Angelram, évêque de Metz, donne à l'abbaye de Gorze le prieuré de Varangéville, et l'on remarque que dans ce lieu et à Dombasle, il y avait de belles vignes. Egalement, en 783, Hildegarde, reine des Français, donne à l'abbaye de Saint-Arnou-les-Metz un vignoble sis à Bouxières-aux-Dames, dans le pays de Scarponne. Il paraît donc évident que la plantation de la vigne dans la Haute-Mosellane date aussi de la domination romaine, et qu'elle y a eu lieu, comme dans la Basse-Moselle, sous l'empereur Probus (1), au iiie siècle. On sait que cet empereur a occupé ses légions à planter la vigne et les arbres fruitiers sur les rives de la Moselle (pp. 5-6).

(1) Selon certains auteurs, Domitien fit arracher, dans les Gaules, les vignes que Probus y fit replanter.

SIXIÈME SECTION

DEUXIÈME PÉRIODE

DEPUIS L'AFFRANCHISSEMENT DES COMMUNES JUSQU'A L'AVÈNEMENT DE LA MAISON D'ANJOU

CHAPITRE VIII

De 1251 à 1303 : Ferry III.

Femme : MARGUERITE DE NAVARRE.

SOUVERAINS ET PRÉLATS LORRAINS CONTEMPORAINS

ROIS de France.	EMPEREURS d'Allemagne.	COMTES de Bar.	COMTES de Vaudémont	ÉVÊQUES de Metz.	de Toul.	de Verdun.
LOUIS IX (saint).	CONRAD IV.	THIÉBAUT II	HENRI Iᵉʳ.	JACQUES de Lorraine.	ROGER.	JACQUES d'Aix.
	GUILLAUME de Hollande.		HENRI II.	PHILIPPE de Florenges.	GILLES de Sorcy	JACQUES de Troyes (pape Urbain IV).
PHILIPPE III le Hardi.	*Interrègne.*	HENRI III.		GUILLAUME de Trainel.		ROBERT de Milan.
			HENRI III.	LAURENT.	JEAN de Lorraine	ULRIC de Sarnay.
PHILIPPE IV le Bel.	RODOLPHE de Habsbourg			JEAN de Flandre.	FONTENOI	GÉRARD de Granson.
	ADOLPHE de Nassau.			BOUCHARD d'Avesnes.	CONRAD	HENRI de Granson.
				GÉRARD de Relanges.	PROBUS.	JACQUES de Revigny.
	ALBERT d'Autriche.				JEAN de Sierck	JEAN de Récicourt.

SOMMAIRE. — Régence conférée par les assises à Catherine de Limbourg. — Accord avec les ducs de Bar et de Luxembourg. — Lutte contre Toul qui achète la protection ducale. — Mariage avec Marguerite de Navarre. — Affranchissement de Neufchâteau. — Affranchissements. — Assises. — Guerre avec l'évêque de Metz et le comte de Bar. — La Lorraine frappée d'interdit par le pape. — Guerres et paix avec Metz et le duc de Bar. — Défaite et emprisonnement de ce dernier par la France. — Traité onéreux. — Hommage pour le *Barrois mouvant* imposé. — Entrevue du roi de France avec l'empereur d'Allemagne. — Querelle entre Philippe-le-Bel et le pape Boniface VIII. — Plombières. — Droit de battre monnaie. — Règlements et lois.

Metz. — Luttes intestines.

Toul. — Etablissement d'un maître-échevin. — Lutte de l'évêque contre les bourgeois et les nobles. — Achat par l'évêque de l'office de Comte. — Guerre de quatre ans. — Qui-qu'en-Grogne. — Bourgeois domptés et révoltés de nouveau.

Verdun. — La vicomté reprise par les bourgeois. — L'évêque Jean de Réchicourt amène la concorde.

Etat social au XIIIe siècle (2e moitié). — LOI DE BEAUMONT. — Divers articles. — Elle est adoptée avec certaines modifications. — Avantages généraux qu'elle procure. — Elle modifie surtout la justice.

Lettres — Sciences. — Arts. - Progrès. — Ecole de Salerne. — Ecoles des monastères et des cathédrales assez florissantes. — Noms de quelques célébrités. — Foires et marchés. — Prescriptions contre le luxe. — Maître d'école imposé. — Construction de divers châteaux et palais. — Juifs.

Notes. — Ferry III en Espagne. — Affranchissements accordés. — Droit d'ost et de chevauchée. — Saint Louis. — Emprisonnement du duc dans la tour de Maxéville. — Prévôts dans le Barrois. — Leurs attributions. — Obligation du vassal de marcher avec son seigneur pour *faire butin* — Messins obligés de se retirer dans leurs parages. — Le pape Urbain IV. — Chevrier et Digot (opinion) sur la loi de Beaumont. — Jugement de Beccaria. — Chartes d'affranchissement de Cons-la-Granville et de Charmes. — Fils naturel voué aux autels — Opérations chirurgicales défendues aux clercs. — Péages. — Déréglement du clergé.

Ferry III n'avait que douze ans à la mort de son père. La noblesse réunie (les Assises sans doute) déféra la régence à Catherine de Limbourg, sa mère, qui gouverna avec fermeté.

Son premier acte fut un accord réciproque avec les comtes de Luxembourg, de Bar et l'évêque de Toul, Roger, de ne donner secours ni retraite à leurs communs vassaux, en aucun cas de rebellion ou de résistance, à ne pas accepter le protectorat des cités de Metz et de Toul érigées en Républiques, ni à emprunter le secours de ces villes pour se faire la guerre l'un à l'autre.

Or, au moment où fut conclue cette alliance, les bourgeois de Toul avec le secours de ceux de Metz luttaient contre les forces des coalisés. Après diverses incursions, Toul fut assiégé et pris, le 17 juin 1252 (CHEVRIER, pp. 261-62); les habitants durent se soumettre et abandonner les Messins.

Le 11 avril précédent, la régente, par une déclaration publique, avait réservé *le quart du butin fait et à faire sur les Toulois*, et défendit à ses sujets de leur prêter secours. Ces divers actes ne l'empêchèrent pas, au mois de septembre 1252, de prendre « à perpétuité sous sa protection et celle de son fils, la ville et les habitants de Toul, s'obligeant de les garder, servir et défendre contre tous hommes, excepté leur évêque, moyennant cent livres toulois par an ; et, pour assurer la réception de cette somme, on assigna pour garantie Nancy et Neufchâteau avec la personne de tous les seigneurs qui relevaient du duc et qu'on appelait *hommes-liges*, tels que les sires de Bayon, Darney, Dombasle, Neuviller, Passavant, Haussonville, Parroye, Vendières, Florenges et Cons-Lagrandville. » (CHEVRIER, t. I, pp. 261-62.)

Constatons ici « qu'on combattait alors (BEXON, p. 56), non pour la gloire, cette passion atroce couverte d'un beau nom, non pour l'équité…, mais pour *le pillage et le butin*. »

Déclaré majeur à quinze ans, Ferry épousa plus tard Marguerite de Navarre, héritière opulente qui lui apporta en dot douze mille livres de Champagne, plus Neufchâteau, Châtenoy, Nancy, Port (Saint-Nicolas), Varangéville, etc. (1) et,

(1) En 1258, au lendemain de sa majorité, Ferry était allé en Espagne. Voici à quel propos : Alphonse X, roi de Castille, avait été élu, en 1257, empereur d'Allemagne par l'archevêque de Trèves et divers princes, pendant que l'archevêque de Cologne et d'autres seigneurs proclamaient césar germain, l'anglais Richard de Cornouailles. Alphonse accepta l'empire ; mais la guerre qu'il soutenait contre les Maures ne lui permit pas de quitter l'Espagne pour aller se mettre en possession de la couronne impériale. Ferry passa dans la Péninsule afin de recevoir, des mains (peu allemandes à coup sûr) d'Alphonse, l'investiture des dignités ou fiefs qu'il tenait de l'empire. Cette investiture se donnait par des bannières ou étendards que le souverain mettait successivement pour chaque fief dans les mains du vassal. Ferry reçut quatre de ces bannières ; la première pour son emploi de grand sénéchal de l'empire : en cette qualité, lorsque l'Empereur marchait en personne, le duc faisait l'avant-garde (en allant et l'arrière-garde au retour ; la deuxième pour la *reprise* ou le règlement des duels des gentilshommes, entre la Meuse et le Rhin ; la troisième, pour l'investiture du comté de Remiremont ; la quatrième, pour la charge de

ce qui valait mieux, l'influence libérale des comtes champenois. Ferry, en habile politique, confirma, élargit l'affranchissement accordé, puis retiré, par certains de ses prédécesseurs à quelques localités, à Neufchâteau surtout. Cette ville reçut son affranchissement définitif, en 1255, aux conditions suivantes :

« Un impôt de six deniers par chaque libre (franc) de valeur des ameublements, au delà des *aisemens* ou ustensiles nécessaires ; un autre impôt de deux tiers moindre sur les fonds de terre, c'est-à-dire deux deniers de chaque libre (livre) de terre ou d'héritage. (La vaisselle d'or et d'argent devait payer suivant l'estimation qui en serait faite.) Le duc se réserva la garde ou tutelle des églises, des chevaliers, des *Juifs*, ainsi que son *ost* et sa *chevauchée* (1), c'est-à-dire le commandement des milices à pied et à cheval (2). Tel ne pourra avoir arbalètre en son hôtel et *flèches jusqu'à cin-*

Marchis ou grand-voyer de l'Empire dans tout le duché de Lorraine, par terre et par eau.

Constatons ici que « originairement les empereurs étaient *advoués* ou *comtes de Remiremont*. Dès l'an 1118, l'abbesse Gisèle représentait à l'empereur Henri V, *que le saint fondateur de son abbaye avait cédé à l'empereur quatorze cents familles de serfs*, afin qu'il la protégeât dans la possession d'un pareil nombre. Le comté de *Romberg* (Remiremont) fut toujours exprimé dans les reprises des ducs de Lorraine ; preuve de la concession que leur en avaient faite les empereurs. » (BÉGIN, t. I, p. 130.)

(1) L'obligation du service militaire est inscrit dans la loi de Beaumont qui, à l'art. 3, porte : « Li bourgeois iront en la chevaulchié le seigneur et tel manière revenront... le mesme jour se il leur plaist. » — Dans l'origine la durée du service était donc limitée à un jour. Plus tard elle fut augmentée, puis on se dispensa de la spécifier. (LEPAGE, *Inst. milit.*, p. 39.)

(2 « Les hommes qui auront soixante ans et plus, ou moins de dix-sept, ne seront pas tenus d'y aller (en guerre) en personne ; mais s'ils ont du bien ils y envoyeront un homme en leur place ; de même aussi les marchands et les changeurs, durant les foires de Champagne, pourront mettre du monde en leur place. On ne pourra prendre en gage ni saisir les chevaux de monture, ni les armes des bourgeois. » Ajoutons que les ducs de Lorraine avaient des arbalétriers dans la

quante qui n'aura pas vaillant vingt livres (1). Le taux des amendes sera le même qu'auparavant ; celui qui aura frappé un homme, paiera cinq sous; si avec armes émoussées, soixante; si avec *dague* ou couteau, il sera traité comme meurtrier ; si quelqu'un défie un autre, et qu'il fasse combattre un champion en champ clos, celui dont le champion sera vaincu paiera cent sous d'amende, et le champion restera à la merci du seigneur...

« La commune de Neufchâteau élira chaque année treize hommes pour gouverner la ville et rendre la justice, et ces treize éliront un d'entre eux pour maire. Ils feront serment de bien et fidèlement gouverner la ville et d'y conserver les droits du duc Ferry... »

Celui-ci s'était d'abord réservé la nomination des jurés. Il y renonça, en octobre 1258. (Voir arrêt du Parlement de Paris du 1ᵉʳ août 1412.) (DIGOT, *Neufchâteau*, p. 79.)

Les diverses clauses de la charte de Neufchâteau furent appliquées, avec plus ou moins de restrictions, aux villes dont nous allons parler.

Vers cette époque, l'usage s'étendit, en Lorraine, d'affranchir les villes et villages ou de les mettre en *assises*, c'est-à-dire de soumettre les habitants à certaines lois et à des servitudes *déterminées*, *fixées*, tandis qu'auparavant ils se trouvaient dans une entière dépendance de leurs seigneurs qui pouvaient exiger et exigeaient des tailles, des services n'ayant d'autre règle que les insatiables caprices de la tyrannie.

plupart de leurs villes (18) et que certaines prérogatives leur étaient accordées dans les lieux de leur résidence. *A. L.*, t. III, p. 328.)

(1) « Il se trouva alors des hommes assez vils pour déclamer contre les franchises, et assez perfides pour les regarder comme le renversement de l'ordre et de la constitution de l'État. Guibert de Nogent, en parlant du discours d'un seigneur, s'exprima en ces termes : « Ils discourent sur ces exécrables communautés, où les serfs se soustraient violemment contre le *droit* et la *justice* à la domination de leurs seigneurs... »

Ferry mit successivement à la loi de Beaumont les villes de Montfort, Chatenoy, Bruyères, Arches, Frouard, Pompey (1), Dampierre, Saint-Nicolas, Nancy, Lunéville, Gerbéviller, Longwy, en même temps qu'il intervenait par les armes dans les querelles de ses voisins. Quelques seigneurs suivirent cet exemple. C'est ainsi que furent affranchis Mirecourt (en 1234) (2), Varennes, en 1243, Châtel, Charmes, en 1270, etc.

METZ (*Evêques de*). — A la mort de Jacques de Lorraine, Philippe de Florenges et Thiébaut de Porcelets se disputèrent le siège épiscopal. Philippe l'emporta, mais son diocèse était envahi et ravagé. Pour tenir tête à ses ennemis il s'allia au comte de Bar, et, pour prix de son secours, lui abandonna le temporel de son évêché. Celui-ci attaqua le duc de Lorraine qui s'était emparé de plusieurs places importantes du diocèse. Dès lors commença une guerre sanglante qui remplit de troubles tout le règne de Ferry III. Le duc l'emporta d'abord et conclut avec ses adversaires une trêve dont il dicta les conditions. L'évêque Philippe de Florenges fut déposé comme coupable de simonie et remplacé par Guillaume du Trainel, nommé directement par le pape. Ferry refusa de le reconnaître (BENOIT-PICARD), lui déclara la guerre et le fit prisonnier. Le pape irrité, jeta sur la Lorraine un interdit qui ne fut levé qu'après l'élargissement du prélat, accordé sur les instances de la noblesse et du peuple. L'évêque, furieux de l'affront qu'il avait reçu, fit faire par ses troupes de grands dégâts en Lorraine. Le comte de Bar, son allié, d'abord vainqueur, est défait, à son tour, et voit

(1) Pour ces divers affranchissements, Ferry jure à Thibaut, comte de Champagne, d'observer les chartes, et reconnaît tenir quelques-uns de ces lieux en foi et hommage.

(2) On lit, dans la charte octroyée à la ville de Mirecourt : — Que tout bourgeois de la cité appelé pour sortir de la ville, afin de « faire quelque capture ou quelque chose semblable » devra, en cas de refus, payer douze deniers, et ne recevra rien pour le premier jour et sera entretenu les jours suivants. (LEPAGE, pp. 13-15.)

ses états ravagés par les Lorrains. Une seconde trêve est conclue, en 1268, sous l'arbitrage du roi de France, Louis IX (1). Alors la guerre change de face. Un nouveau prélat, Laurent, avait succédé à Guillaume du Trainel sur le siège de Metz. Le comte de Bar abandonna l'alliance du nouveau prélat et unit ses troupes à celles de Ferry (2), puis ils

(1) Saint Louis (CHEVRIER, t. I, pp. 303-304), que le Père Daniel appelle avec raison « un des plus singuliers hommes qui aient jamais été », ce roi de France qui, sans aucun motif, quitta sa famille et son royaume pour aller faire la guerre aux Tunisiens, et mourut misérable sur les sables d'Afrique, ne voulut point, par une de ces singularités qui lui étaient propres, que deux petits princes, ses voisins, se combatissent, fit faire la paix...; saint Louis, content d'avoir rétabli la paix dans un petit Etat, alla porter la guerre dans un grand royaume ; on sait les suites de cette sixième et dernière croisade.

Citons ici, comme curiosité historique, la légende qui explique comment saint Louis devint le patron des maîtres perruquiers. Ayant perdu ses cheveux au retour de la croisade (d'Egypte), la reine Blanche, pour préserver du froid la tête de son fils, demanda à chaque seigneur de la cour, une mèche de cheveux de la nuance qui se rapprochait le plus de celle de ses cheveux tombés, et les cousit à un bonnet du roi ; on ne connaissait pas encore les raffinements de l'art. Jules RENAUD, *le Corps des perruquiers de Nancy*. A. L., an. 1874, p. 102.)

(2) On ne sait exactement à quelle époque doit être placée la détention, pendant cinq ans, dans la tour de Maxéville, du duc Ferry, détention traitée, avec plus ou moins de raison, de fable par plusieurs historiens. Quoiqu'il en soit, voici en quels termes d'Haraucourt raconte cet épisode romanesque :

Pour ce que li duc Ferry avoit grandement envie de guerroyer et volut à tout meshuy mettre empeschement ès privilèges que certains de la noblesse des siens Estatz avoyent en prétention, et dont n'usoyent en bons et loyaulx hommes, mais comme leur duisoit (plaisoit) et à leurs intérêts, dont le pauvre peuple moult (beaucoup) eut de souffrance, li ditz gentilz hommes, partirent moult souples et briques, à telles fins que traversassent privilèges et franchises qu'avoit Monsignor donné et gratifié certains lieux, firent complotz, et fut que certain jour, qu'ez passe temps de chasse, par les bois qui sont pardessus li ville qu'a nom Laxou, qu'est tout proche de Nancy, li duc tant resta en plaisir que fut prins par la nuict. Parquoy certain Androin des Ermoises qu'avoit jolie femme à luy, qu'il disoit avoir privauté et douces accointances au bon plaisir di duc qu'estoit moult gentil prince, que doisoit mieulx à femelle qu'estoit convoiteuse èz éblatz d'amour que li vieil et bigloux Adrian... Et fut li duc Ferry prins (dans une embuscade) et appréhendé à corps, en certain destour par gens armez, que convivient son chief, en tant que ne vit goutte, et fut grandement par longues allées et venues proumené, et finablement mis en la tour du chastel de Maxéville, qui est du fief dodit Androuin, et ne sceut li duc en quelles mains estoit, ni siens serviteurs qu'estoit devenu.

Un certain jour qu'avoit grandement fait bise et grosse boulée, fut partie du toict en la susdite tour enlevée et mis en désappoint par li vent, et fut fere que certain qu'on nommoit Petit-Jehan et que n'avoit qu'ung œil, montit sur la dicte couverture et chantoit chansonnement qu'avoit-on faict en complainte, et disoit que li duc estoit allé quérir, en lieu

attaquèrent, de concert, l'évêque de Metz qui les excommunia en vain. Défait dans une sanglante bataille et fait prisonnier, le belliqueux prélat se vit forcé de souscrire un traité onéreux, le 6 août 1271.

Laurent chercha à s'y soustraire, en reprenant les armes. Tour à tour vainqueur et vaincu, il abdiqua, en 1278. Jean de Flandres qui lui succéda, essuya d'abord une défaite à Genivaulx, mais remporta une victoire complète à Moresberg où le duc Ferry perdit une main. Une nouvelle paix fut signée en 1281 (1).

Mais la paix ne pouvait être de longue durée entre le duc et les prélats belliqueux de Metz. « Il fallait (CHEVRIER, t. II, p. 16) que les ecclésiastiques de ces temps déplorables se

qu'on ne sçavoit, place à guerroyer ou fille tant gentille que fust à son poinct, n'en estant que à sa gaise dans ses Estatz. Et fut oy hideusement dit duc qui li pourparla et baillit armes qu'avoit au doigt et li promit grand prix et fit commandement qu'allast trouver sa dame et li baillist.

Qu'ayant fabit li couvreur Jehan, fut li d'une Marguerite bien establie et ne perdit temps. Li sire de Tillon, qu'estoit sien gentilhomme et prins quelques dix cavaliers qu'estoyent gens à main et Loyaulx hommes, et chevauchèrent en grande haste audit Maxéville qui n'est loin de Nancy, et fut li duc Ferry sorti di l'our, que fust rasée à la maintenant et li fief d'Anchian appains et tombé par félonie ; dont advint grand honneur et amitiance au sire de Tillon que demanda qu'à tous jours mais, pour souvenance de ce qu'en premier avoit porté secours à Mensignor, li et sa lignée, tant que seroit en légitime procréation et engendré de son chief, avissent droit et puissance aller, en premier avant tous aultres, exceptant li signor duc, à l'adoration du seigneur Dieu le jour que li bons et loyaux chrestiens festoyent sa mort, ce que fut accordé.

Lyonnois raconte que, sous Léopold, un descendant du sire de Tillon voulut user de ce droit au grand scandale de la cour.

Digot croit que ces faits ne durent pas avoir lieu postérieurement à 1269 ou à 1270.

H. Lepage (A. L., an. 1876, pp. 174-75), dit au sujet de cet emprisonnement : « Comme la loi de Beaumont restreignait beaucoup les priviléges des seigneurs et augmentait au contraire les droits des bourgeois, les nobles lorrains la virent d'un mauvais œil s'introduire dans un grand nombre de villes, de bourgs et de villages. Le duc qui savait combien son autorité gagnerait à l'adoption de cette charte, fit sans doute des efforts pour la répandre le plus possible ; mais il n'usa pas de toute la prudence nécessaire. Il porta aussi de notables atteintes au tribunal des assises. » (De là sortit la conjuration dont nous venons de parler.)

(1 Le duc suivant les usages de la féodalité paya deux mille livres pour la rançon et les autres pertes matérielles de Jean, sire de Choiseul, tombé entre les mains des Messins.

mêlassent de tout, excepté de leur devoir...(1) » Ferry avait pillé quelques villages messins. Bouchard d'Avesnes, successeur de Jean de Flandres, entra en Lorraine pour en tirer vengeance, défit le duc à Saint-Avold et assiégea Preny. Une trêve arrêta momentanément les hostilités ; mais elles furent reprises bientôt avec un nouvel acharnement, et Ferry, après avoir mis en déroute près de Dommartin les Toulois qui s'étaient alliés aux Messins, fut complétement défait à son tour près de Sturtzelbronn par l'évêque Bouchard qui survécut peu à son triomphe (2).

De grands événements se préparaient alors (1291) dans la politique européenne. Trois grandes puissances du premier ordre, la France, l'Allemagne et l'Angleterre se disposaient à en venir aux mains, entraînant dans leur querelle nombre de principautés de l'Europe. Ferry III refusa de se liguer contre la France avec l'empereur d'Allemagne. Le comte de Bar, au contraire, fort de l'appui de l'Empire, après avoir, à diverses reprises, ravagé l'abbaye de Beaulieu, s'allia avec l'Angleterre et l'Allemagne et saccagea la Champagne qui avait été réunie à la France. Une petite armée française enva-

(1) Déjà, en mai 1291, un mandement de Rome avait prescrit aux ecclésiastiques de dénoncer Ferry aux prônes de leurs églises comme ayant aggravé ses torts envers l'abbesse de Remiremont, et de mettre ses Etats en interdit. (A. L., an. 1876.) Les officiers du duc avaient pris aux laboureurs, sujets de l'abbaye, du blé, des bœufs, des porcs et des moutons (Digot, t. II, p. 135), et levé un aide de dix sols monnaie de Toul, sur plusieurs maisons appartenant à l'église de Remiremont.

(2) C'est vers cette époque (1284), que Isabelle, héritière des comtes de Toul, céda à Ferry la ville de Mirecourt qui, à raison de son importance, devint le chef-lieu du bailliage des Vosges. Par contre, en 1292, il vendit au duc de Bar, pour vingt-huit mille livres tournois, la ville, le château et la châtellenie de Longwy, possession difficile à garder à cause de son éloignement et où il avait introduit tout d'abord la loi de Beaumont. Cette ville était une sorte de métropole, de cité souveraine, à laquelle recouraient pour les cas de haute juridiction, les villes jouissant des franchises de la loi de Beaumont. (Bégin.) Ferry eut soin de fortifier nombre de lieux afin de les mettre à l'abri des attaques des adversaires, notamment Saint-Dié, Raon-l'Etape, Frouard, Plombières.

hit le Barrois qu'elle mit à feu et à sang. Le duc de Bar revint défendre ses sujets. Vaincu et fait prisonnier près de Loupi, il fut conduit dans les prisons de Bruges où il demeura quatre ans et ne recouvra sa liberté qu'aux plus onéreuses conditions. Il devait céder les châteaux et châtellenies de Conflans, de Châtillon et de la Marche, et faire hommage-lige au roi pour le reste de son duché, payer dix mille livres d'indemnité, entrer à Noël au service de la France et partir pour Chypre, etc. Ce traité fut signé à Bruges en 1301.

La noblesse du Barrois refusa de le ratifier, et contesta au comte le droit d'aliéner son franc-alleu. Ses protestations furent vaines ; le roi de France se réserva, en outre, le ressort, par appel, des jugements rendus par les baillis du Barrois et du Bassigny. Ce ressort entra plus tard dans les attributions du parlement de Paris, rendu sédentaire vers 1302. Par la suite, les comtes de Bar, demeurés souverains absolus de leurs terres hors de la mouvance (1), y établirent différents sièges de juridiction. Saint-Mihiel eut à la fois une prévôté (2), un bailliage et une cour souveraine, appelée les *Grands Jours*.

(1) Dès lors le Barrois se divisa en *non mouvant*, reconnaissant d'abord les seuls comtes de Bar, puis (depuis la réunion des deux duchés, en 1431) les ducs de Lorraine pour seigneurs-dominants ; et, en *mouvant*, relevant de la couronne de France. Il n'y avait dans le Barrois mouvant qu'un seul bailliage, celui de Bar qui comprenait les prévôtés et offices de Bar, Pierrefitte et Souilly, la mairie de Longeville, la gruerie de Morlay et la principauté de Commercy, souveraineté particulière. (ALIX., *Dénombrement du duché de Lorraine*, en 1594.)

(2) La prévôté exerçait sa juridiction, en première instance, tant sur la bourgeoisie que sur les villageois dépendant de la châtellenie de Saint-Mihiel. Les officiers de la prévôté régissaient et administraient les biens du domaine. Le prévôt était receveur de la recette, son lieutenant, contrôleur ; pour ennoblir la charge de prévôt on y ajoutait la capitainerie d'un château, de sorte que cet emploi se trouvait en même temps de l'ordre civil et de l'ordre militaire. On divisa successivement le surplus du comté de Bar qui était hors de la mouvance, en châtellenies, dans chacune desquelles on établit des prévôtés. Les chefs-lieux de ces châtellenies furent Bouconville, Mandres, La Chaussée, Pont-à-

En 1299 eut lieu, entre Toul et Vaucouleurs, dans une prairie où quatre vallons aboutissaient, la fameuse entrevue de Philippe-le-Bel, roi de France, et d'Albert d'Autriche (1), empereur d'Allemagne. Le duc Ferry, en qualité de Marchis, conduisit l'empereur à travers ses états jusqu'au lieu de la conférence où le roi de France renonça à ses prétentions sur la Lorraine et sur l'Alsace et l'empereur à ses droits sur le royaume d'Arles. Pour séparer leurs empires, ces deux princes plantèrent dans la Meuse des bornes d'airain moins durables, dit un historien, que celles posées par la bonne foi.

Peu après, en 1302, éclata la fameuse querelle entre Boniface VIII et Philippe-le-Bel. Le roi fit brûler publiquement à Paris la bulle *ausculata fili*, et le 10 avril, Ferry appuya de sa parole la délibération des barons, des seigneurs et des prélats qui promirent au roi de France d'exposer leurs biens et leurs personnes, plutôt que de souffrir davantage les empiétements du pape. — On sait que le pontife succomba victime de son orgueil autant que de la violence de ses ennemis.

Presque en même temps que Boniface, mourut le comte de Bar, Henri III, qui avait battu les infidèles et soumis l'île de Chypre. Il revenait dans ses États, quand la mort le surprit à Naples. Ferry III ne lui survécut guère. Il mourut en 1303, à l'âge de 90 ans, léguant à son fils, Thiébaut II, la couronne, et, plusieurs donations considérables à ses autres enfants, ainsi qu'aux hôpitaux, aux maisons religieuses et aux églises du pays.

Ferry fut aussi libéral que le permettait l'époque de ténè-

Mousson, Foug, Ruppes, Conflans, Norroy-le-Sec, Briey, Sanci, Etain, Longuyon, Arrancy, Longwy, Dun, Stenay et Jamet. Le bailliage créé à Saint-Mihiel jugeait, en appel, pour toutes les prévôtés désignées ci-dessus ; et la cour des Grands Jours des appels interjetés du bailli de Saint-Mihiel et de son lieutenant.

(1) Albert d'Autriche, empereur d'Allemagne, voulant s'appuyer sur l'alliance de la France et de la Lorraine, reconnut au duc et à ses

bres et de barbarie dans laquelle il vécut (1). Sous son règne on évoqua quelques-uns des Droits de l'Homme, et le duc les fit appliquer généreusement. Les troubles qui ont constamment agité son règne, ne l'empêchèrent pas de veiller à la sûreté des voies publiques et des échanges des commerçants, aussi bien qu'à l'application des mesures législatives nouvellement adoptées. Il fit bâtir à Plunières (Plombières) un château dont il confia la garde à son second fils, pour la sûreté des personnes qui y allaient prendre les eaux. Déjà, en 1295, il s'était associé avec des seigneurs alsaciens pour la création de Gérardmer qui, depuis le xie siècle était un simple rendez-vous de chasse des ducs de Lorraine (2). On lui doit aussi un grand nombre de constructions importantes, exécutées presque toutes pour le bien-être de l'Eglise. Ferry voulait, à la fin de son règne, effacer jusqu'aux dernières traces du mal qu'il avait fait au commencement (3).

Législation. — Outre les diverses clauses de la loi de Beaumont, édictées par Ferry III, on a de ce prince d'autres actes législatifs.

Par règlement (1276) fut défendu aux tabellions de faire

successeurs le droit de battre monnaie, ce qui donna cours dans l'empire aux espèces de Lorraine. On n'y frappait alors que des pièces d'argent sur lesquelles était empreinte une épée. La matière se tirait du pays, et, dès le xe siècle, il y avait, dit-on, trente mines ouvertes dans les montagnes depuis les sources de la Moselle jusqu'à celles de la Sarre. Longtemps les ducs de Lorraine ne frappèrent que des monnaies d'argent. On n'en vit aucune de cuivre avant le règne du grand duc Charles. (Béaux, t. I, p. 148.)

(1) Ainsi dans les chartes d'affranchissement mêmes, ce duc, conformément aux habitudes de l'époque se réserva la faculté de punir d'une amende de douze deniers l'individu qui refuserait de prendre les armes et de le suivre lorsqu'il se mettrait en campagne pour *faire du butin* (c'est-à-dire pour piller, *pro præda facienda*. (Digot, t. II, p. 112.)

(2) Gérardmer était alors loin des prétentions affichées depuis par ce dicton populaire « si ce n'to d'Giromé, enco un peu d'Nancy, quo c'que c'sero d'lè Lorraine ». (Sans Gérardmer et un peu Nancy que serait-il de la Lorraine ?)

(3) Dans son testament Ferry III fit un legs pour l'érection d'un

aucun acte après le soleil couché ; — d'apposer leur scel ou signature qu'après avoir lu et relu l'acte ; — regarderont comme simples les obligations au-dessous de dix livres et ne tireront aucun droit d'icelles.

Autres règlements. — On ne pourra décliner la justice du lieu. Celui qui fera plaie et sang, paiera soixante sols, si c'est avec armes émoulues, et trente sols si c'est avec un bâton.

Qui enlèvera fille ou veuve, sans la volonté de ses parents, payera vingt sols et sera mis hors l'église trois dimanches consécutifs.

Femme qui appellera sa voisine *pute, prouvera qu'elle l'est, ou portera la pierre le dimanche à la procession en pure chemise.*

Le tavernier pourra prendre gaige pour sûreté de son payement, mais il appellera le Maire.

Qui battera le Maire du lieu payera cent sols, savoir quatre livres moins deux sols à Monseigneur, vingt sols au battu, douze deniers, en outre, au mayeur et douze deniers aux jurés.

1289. — Gentil-homme qui accusera gentil-homme d'avoir fui dans la mêlée, prouvera par six témoins et sous leur serment, ou payera soixante sols.

Fils qui, par folie ou mauvais conseil, refusera à son père un cheval ou des armes pour aller en guerre légitime, sera

---

monastère en réparation du tort que lui-même, ses parents, son fils Mathieu, auraient pu causer involontairement à autrui et des dommages qu'il avait commis avec ses soldats, en *foulant les blés et les récoltes des laboureurs.* (Ibid., p 135.)

Déjà auparavant, en 1291, pour le salut de son âme et de celles de ses prédécesseurs, il avait donné à l'abbaye de Belchamp, en aumône perpétuelle, vingt sous toullois à prendre annuellement sur la taille de Blainville. (J. L., an. 1867, p. 258.) En 1297 il avait légué aux Hospitaliers et aux Templiers tous ses chevaux, palefrois et sommiers. (LEPAGE.)

condamné à perdre telle part de son héritage qu'il plaira au seigneur duc de lui ôter.

Celui qui prononcera blasphème ou jurera le nom de Dieu, sera condamné à avoir le fer chaud au front. — *Furent*, dit Thiriat, *rentans et maugréans le seigneur Dieu et sa benoite mère, certains qu'eurent en punition de leurs blasphèmes, la langue en leur bouche transpercée d'un fer ardent* (1).

Sous le même duc on défendit les brigues et les menées pour avoir les offices et dignités ecclésiastiques, de les vendre et de procurer par argent des bénéfices aux enfants.

TROIS ÉVÊCHÉS. — *Metz*. — Les bourgeois de cette ville furent plus ou moins engagés dans la longue lutte que soutinrent contre Ferry III les divers évêques qui occupèrent le siège de Metz pendant un demi-siècle. Quant à leur gouvernement particulier il y eut presque constamment une lutte intérieure, soit contre une magistrature inexpérimentée et souvent despote, soit contre des chefs spirituels ardents à ressaisir les prérogatives qu'ils avaient perdues. On marchait sous les bannières de différentes familles, divisées entre elles, formant en quelque sorte plusieurs États dans une même République (2). Il en était à peu près de même pour les habitants de Toul et de Verdun.

(1) On était beaucoup moins sévère pour les polygames, alors encore assez nombreux, parmi les grands, cela va sans dire. Ainsi Digot, t. II, pp. 143-144, dans certains lieux le polygame n'était condamné qu'à reprendre sa dernière femme, après avoir été porteur d'autant de quenouilles qu'il avait eu de femmes, exposé à la risée et aux insultes du peuple. Un concile provincial, tenu à Trèves, en 1238, et auquel assistait Roger de Marcey, évêque de Toul, soumet à la pénitence publique les individus convaincus d'adultère, et régla qu'ils seraient ensuite revêtus du costume de mendiant et porteraient une cruche sur l'épaule et un bâton à la main (Digot, t. II, pp. 143-144.)

(2) Suivant un atour (ordonnance) chaque citoyen, dans une émotion populaire, devait se retirer sans armes devant l'hôtel de son paraige. Les paraiges étaient six familles patriciennes entre lesquelles se concentraient les premières charges. Si un paraige avait osé appeler

Toul. — L'évêque Gilles de Sorcy, obligé de céder aux instances de la bourgeoisie, établit un maître-échevin et dix justiciers chargés de rendre la justice en son nom ; mais bientôt le nouveau tribun populaire, alarmé des mesures coercitives prises par le prélat, et surtout de l'érection d'une citadelle destinée à dominer la ville, souleva la bourgeoisie, rasa la forteresse et pilla l'évêché. Gilles s'enfuit à Nancy et revint accompagné de Ferry III et du comte de Bar ressaisir les armes à la main, l'autorité qu'il avait perdue. D'autres motifs de contestation surgirent. Ainsi, par un ancien usage, tombé en désuétude, les Toulois étaient obligés de défrayer la maison de leur évêque pendant le mois des *rersaines* (avril) ; Gilles de Sorcy réclama les arrérages. De son côté, le peuple prétendit que l'évêque avait à payer le droit de joyeux avènement. Trois arbitres nommés décidèrent que les bourgeois verseraient pour la dépense du prélat seize livres, monnaie de Toul, et qu'à l'avenir l'évêque, le jour de son ordination, livrera't pour la milice et les pauvres quarante mesures de vin, huit cents livres de pain et un bœuf bouilli avec des panais.

l'appui d'étrangers, tels qu'archevêques, évêques ducs ou comtes, le paraige entier était condamné à un bannissement de cent jours et à une amende de cent francs. (Etienne, p. 67.)

En 1304 les Treize publièrent une défense aux cordeliers, aux religieuses de Sainte-Claire, aux pécheresses, aux repenties, aux Dames de Clairvaux, aux grandes Pucelles en la vigne Saint-Marcel, aux Dames de Belenanges, aux Dames de Freistroff, aux nonnains de Saint-Pierre et de Sainte-Glossinde, aux Prêcheurs, aux Augustins, aux Carmes, aux seigneurs de Sainte-Croix devant Metz, aux seigneurs de Justemont, de la Trinité, de Viller, de Gorze, de Saint-Clément, de Saint-Arnou, de Saint-Symphorien, de Saint-Vincent, de Saint-Martin, d'hériter de leurs parents dès qu'ils auraient demeuré un an et jour dans lesdits monastères. De plus ils firent défense à toutes sortes de personnes d'y entrer, hors les père et mère, frères et sœurs, beaux-frères et belles-sœurs et les tuteurs, sous peine de cent sols. Ils firent encore quelques autres ordonnances qui paraissent n'avoir eu pour but que de contenir les chanoines et religieux dans la bienséance de leur état. (D. Calmet, t. II, p. 481-82.)

Pendant qu'il défendait péniblement son autorité contre les bourgeois, Gilles de Sorcy l'étendait d'un autre côté aux dépens des nobles. Les gentilshommes du diocèse de Toul avaient obtenu du pape Innocent IV un privilège qui les mettait à l'abri des censures que l'évêque diocésain pourrait porter contre eux, par suite de la trop grande facilité des prélats à abuser de l'excommunication. Forts de cette espèce de droit, les nobles envahirent impunément les biens de l'Eglise. Sur les plaintes de Gilles de Sorcy, le pape Alexandre révoqua, en 1255, leur privilège, et les réduisit au droit commun.

Ce même évêque réunit à sa crosse, en 1260, l'office des comtes de Toul que lui vendit Ferry III. Il y avait environ trois cent trente ans que Saint-Gauzelin avait établi cette dignité pour rendre la justice au nom de l'évêque, commander ses troupes en temps de guerre, administrer ses domaines et régler la police de la ville. Plus tard la puissance des comtes, devenue héréditaire, presque indépendante, contrebalançait l'autorité épiscopale et servait souvent de refuge à la faiblesse opprimée.

A la mort de Gilles de Sorcy (1271), deux compétiteurs se disputèrent son siège, Jean de Lorraine et Gauthier de Banfremont. Le premier fut élu. Son rival, dépité, s'empara des forteresses de Liverdun, Brixey et Maizières. Ferry III le battit et reprit les trois places. Bientôt Jean de Lorraine mourut, et le pape nomma d'autorité un étranger, Conrad Probus. Le nouveau prélat s'allia au duc de Lorraine et au comte de Bar pour exiger des magistrats toulois une punition exemplaire des habitants qui, pendant la vacance du siège, avaient pillé le trésor des chartes et démoli le palais épiscopal. Le peuple indigné se révolta de nouveau et appela à son secours les bourgeois de Metz et de Verdun. La guerre dura quatre ans. On éleva en face du palais de l'évêque une tour fort haute appelée la *Gloriette* ou *Qui-qu'en-Grogne*. C'est pendant cette guerre que se produisit l'événement qui donna lieu à la légende de la Vierge aux pieds d'argent (1). Enfin les Toulois vaincus, durent accepter la paix à de dures conditions. Il fut stipulé (GUILLAUME, t. II, p. 76) entre autres choses, « que le jour où les chanoines rentreraient dans la ville de Toul, tous les bourgeois viendraient au-devant d'eux jusqu'à Saint-Georges, nu-pieds, la tête découverte, leur demanderaient pardon à genoux, les mains jointes, et promettraient avec serment de ne jamais faire violence à l'église de Toul. » On comprend qu'une pareille humiliation, imposée par les représentants de l'ami du mendiant Lazare, dut déposer un violent ferment de haine contre ces orgueilleux chanoines.

Conrad s'empressa (1286) de mettre, pour trois ans, sa personne, ses gens, sa terre de l'évêché de Toul et tous ses biens, sous la garde et protection du duc de Lorraine. Son successeur, Jean de Sierck (1296) fut forcé de prendre les

(1) En 1284 la vierge opéra en faveur des bourgeois un miracle dont voici un récit abrégé, d'après d'anciennes chroniques. « Tandis que Thomas, princier de l'église de Verdun, venait surprendre la ville de Toul, une femme pieuse, nommée Elwide, assistait aux matines que les chanoines chantaient à minuit, et priant à genoux devant la statue pour son mari et sa fille qu'elle venait de perdre, fut avertie d'une manière surnaturelle que les ennemis allaient entrer dans la ville. D'un autre côté un avertissement semblable avait été donné à un nommé Rambert, avec l'assurance qu'en preuve de la vérité, la statue avancerait son pied droit. La chronique ajoute que la statue exécuta, en effet, ce mouvement, en présence de plusieurs bourgeois faisant la patrouille qui avaient été avertis, et s'étaient empressés de se rendre à l'église. Après ce témoignage qui leur parut sans réplique, les dits bourgeois convoquèrent bien vite les ouvriers de tous les métiers, et surtout les bouchers qui étaient les plus proches du lieu désigné. Ainsi l'ennemi qui croyait surprendre fut surpris lui-même ; le nombre des tués dans l'intérieur fut de cinquante-neuf ; près des fossés des murs on trouva cinquante-deux cadavres, à savoir quarante-cinq tués et sept noyés. — Nous devons ajouter que ni le père Benoît ni D. Calmet ne mentionnent cette légende merveilleuse (démocratique) tout en rapportant le fait historique. — Ce fut depuis lors que cette vierge eut le pied chaussé d'un sabot d'argent, et, pour cette raison, fut appelée Notre-Dame du (ou au) pied d'argent. (THIERRY, t. II, p. 43, note.)

armes contre ses sujets rebelles. Enfin, en 1304, la bourgeoisie messine, touloise et verdunoise conclut un traité secret, se souleva simultanément contre ses évêques et les chassa de leurs sièges.

Il fallait, d'une part, que la morgue des prélats fut intolérable, et, d'autre part, que l'amour de la liberté exerçât un empire irrésistible, pour déterminer les bourgeois des trois villes épiscopales à recourir sans cesse aux armes afin de secouer le joug des oints du Seigneur.

Verdun. — Si Jacques de Troyes (1), connu depuis sous le nom de pape Urbain IV (1256), réussit à enlever la vicomté des mains des bourgeois, ceux-ci parvinrent à reconquérir cette prérogative dans leur lutte énergique, sanglante et coûteuse contre ses successeurs dont le quatrième mourut à Florence, en 1296. Un nouveau prélat, Jean de Réchicourt termina en peu d'années, par sa douceur et sa prudence, ces déplorables querelles, aussi contraires à la dignité de l'Église qu'aux principes d'humanité et de justice.

Vers 1300 l'aristocratie s'organisa en lignages et la démocratie en métiers. Le premier métier date de Robert de Milan, en 1267... En 1333, il y avait déjà longtemps que les corporations formaient un pouvoir de grand poids dans la Commune (Clouet, t. II, p. 93). En 1010 l'évêque Neuville donna aux Augustins ce qu'on appelle la *Besace*, c'est-à-dire le droit de quêter. (*Id.*, p. 87.)

Loi de Beaumont. — Les ducs de Lorraine, les comtes de Bar et de Luxembourg introduisirent dans le cours du xiiie siècle, avec des modifications plus ou moins grandes, cette loi dans presque tous les lieux relevant de leur autorité

---

(1) Jacques de Troyes était le fils d'un cordonnier. Dans ces temps il y avait de véritables magnificences en cordonnerie. Les riches du monde aimaient les belles chaussures en cuir de Cordoue ou Cordouan, d'où est venu le mot cordonnier. L'ancien nom était *sueur, sutor* ; on en portait de toutes les couleurs, en brocart d'or et d'argent, souliers à la poulaine. (Clouet, t. I, p. 459.)

directe (1). Tous les seigneurs ne l'adoptèrent pas. Ceux qui ne voulurent pas en accepter la teneur y firent des modifications selon leur bon plaisir. De là vinrent ces nombreuses coutumes locales dont la variété et l'incertitude embarrassèrent singulièrement le cours de la justice jusqu'à ce que le duc Charles III les eût fait réunir, fondre et publier sous le titre de *Coutumes de Lorraine*. (SAINT-MAURIS, p. 136.) Au reste, en voici les articles les plus généralement adoptés, et les impositions qu'on exigeait des habitants.

Chaque maison payera 12 deniers par an ; une fauchée de pré (20 ares 44 centiares) 4 deniers. — Les champs cultivés fourniront 2 gerbes sur 12 ; les champs nouvellement défrichés 2 gerbes sur 14. Au four banal l'on donnait un pain sur 24 ; au moulin banal 1 septier sur 20.

Chacun était admis à se purger par serment du payement de ces droits. On permettait l'usage illimité des eaux et forêts (2) ; néanmoins le transport du bois hors du pays était puni d'une amende de dix sous.

Les maires (3) et jurés, chargés de la perception des droits et revenus étaient nommés annuellement.

(1) Il ne faudrait pas prendre au pied de la lettre cette prétendue mise à la loi de Beaumont, en ce sens que cette loi aurait été appliquée purement et simplement aux villes ainsi affranchies. Promettre beaucoup, accorder peu, éluder surtout, autant que possible les innovations introduites par des concessions purement matérielles, sujettes à redevances, aboutir en un mot à une transaction : telle est, du moins par la comparaison des lettres de promesse avec les titres définitifs, l'interprétation à laquelle on est naturellement conduit. (A. JOLY, *La Commune de Lunéville*, pp. 128-29.)

(2) Quelques seigneurs accordèrent le droit de chasser et de pêcher. Ainsi les habitants de Saint-Dié avaient obtenu ce dernier droit dans la Meurthe et ses affluents, les mercredi, vendredi et samedi de chaque semaine, et en général tous les jours maigres, et de prendre autant de poisson qu'il leur en fallait pour leur consommation et celle de leur famille, pour en offrir à six de leurs voisins et pour acheter un pain et une chopine de vin ; et, de plus, tout individu dont la femme était en « gésine » (couches) pouvait également pêcher tant qu'elle n'était pas rétablie. (DIGOT, t. II, p. 148.)

(3) Les mairies n'étaient pas toutes organisées de la même façon.

En cas de vente d'héritage, le vendeur payait un denier, l'acquéreur autant ; le maire en avait un, le juré l'autre.

Le bourgeois qui excitait des plaintes fondées en justice payait 3 sous d'amende ; deux au seigneur ; 6 deniers au maire et 6 deniers au plaignant.

Les injures se prouvaient par le témoignage de deux (et non d'un) bourgeois ; en cas de preuves, l'offenseur payait 5 sous d'amende ; 4 sous 6 deniers au seigneur et 6 deniers au maire.

Batteries (coups) sans armes 45 sous ; au seigneur 38 sous, au maire 1 sou, aux jurés 1 sou, au battu 5 sous.

Dans le plus grand nombre de localités, le maire avait avec lui des échevins ; dans d'autres c'étaient des jurés, comme à Beaumont, à Pont-à-Mousson, le Val-de-Lièvre, Sainte-Croix, Sainte-Marie. Leur nombre variait presqu'arbitrairement ; dans l'office de Saint-Nabor ils étaient vingt-quatre ; mais, en général, dans les petits villages, ils se réduisaient à deux. Dans les villes importantes, telles que Metz, Nancy, Verdun, le maire prenait le titre de Maître-Échevin. Ces mairies avaient différentes manières de procéder, en ce qui concerne la justice criminelle. Dans quelques localités le maire jugeait tout seul, comme à Thiaucourt, à Ochey, à Loupt. A Maidières, près de Pont-à-Mousson, le maire, dit *maire de la centaine*, jugeait seul les habitants de son village, ainsi que ceux de Montauville, Morey, le Hm et les bans de Saint-Pierre, et Saint-Remy. Dans d'autres on adjoignait à la mairie tout entière, c'est-à-dire, composée du maire et de ses échevins ou ses jurés, un certain nombre de bourgeois. A Beaumont, à Pont-à-Mousson, ils étaient quarante ; à Toul dix, appelés les dix justiciers. (DUMONT, pp. 21-22.)

Digot, résume en ces termes les diverses stipulations de la loi de Beaumont (t. II, pp. 116-117). Le prince se réserve expressément le droit de faire prendre les armes aux bourgeois quand la nécessité l'exige. Les amendes étaient divisées en deux portions : la première pour le seigneur, la seconde pour la caisse municipale. L'administration de la commune était confiée à un *mayeur* et à plusieurs *jurés* choisis par les bourgeois. Ces magistrats, responsables des revenus seigneuriaux, n'étaient en charge que pour un an ; ils étaient rééligibles à la condition d'obtenir l'unanimité des suffrages. Le mayeur et les jurés rendaient la justice aux habitants et cumulaient ainsi les fonctions administratives et judiciaires. Il n'était pas permis de décliner leur juridiction. Les plaids avaient lieu trois fois par an. Les jugements des jurés ne pouvaient être attaqués que par appel interjeté immédiatement. Le *fol appel* était puni d'une amende de cent sous.

Si avec armes et sans que l'on s'en fût servi, 60 sous.

Si avec plaies et sang, 100 sous ; le blessé en recevait 20 et les frais de pansement (1).

En cas de perte de membre ou de mort, l'assassin à la discrétion du seigneur.

Anticipation d'héritages 20 sous ; la prescription après l'an et le jour de possession.

En cas de vol, l'objet volé était restitué en nature et le voleur expulsé, si le volé l'exigeait.

Les bourgeois vont à la *chevauchée* du seigneur, de manière à rentrer le même jour chez eux, s'il leur plaît.

Le maire, les jurés (ce mot est ici pour échevins) et quarante bourgeois discrets composent le tribunal de justice.

La tenue des plaids trois fois par an.

Telles sont les principales dispositions de cette loi trop vantée que Ferry III donna pour modèle aux quatre monastères des Vosges (Senones, Etival, Moyenmoutier et Saint-Dié). (GRAVIER, pp. 139, 40, 41.)

Les articles de la charte de Neufchâteau que nous avons citée plus haut, les clauses du pacte octroyé par les seigneurs de Parroye, sont des indications significatives sur la variété des conditions imposées aux diverses localités *affranchies*

---

(1) La loi de Beaumont, toute généreuse qu'elle était pour le temps où elle fut donnée, n'en conservait pas moins le vice de son origine : la répression des délits par des peines pécuniaires. Ainsi les crimes des citoyens, dit à ce sujet Beccaria, étaient le patrimoine du prince ; les attentats contre la sûreté publique étaient une partie du luxe des riches, et le souverain et le magistrat, destinés à la protéger, avaient intérêt à la voir insulter. Le juge était plutôt l'avocat du fisc qu'un examinateur impartial de la vérité.

Ajoutons que la banalité était imposée sur les produits de toutes espèces ; que le jugement de Dieu (DUMONT, t. I, p. 10) se trouve tout entier dans la loi de Beaumont, par l'épreuve de l'eau et le combat. L'épreuve est admise en deux circonstances : 1° lorsque l'accusateur d'incendie, de vol ou de meurtre donne des pleiges à l'appui de son accusation ; 2° lorsque l'accusé de larcin ne peut se justifier par le serment de deux compurgents. Dans ces deux cas le jugement d'eau avait lieu par l'épreuve de l'eau bouillante. La loi de Beaumont nous

ou mises en *assises* (1). On exigeait surtout des *corvées* pour les grands travaux de la campagne (fenaison, moisson, vendange) et sur les chemins d'exploitation rurale ; des redevances pour les bêtes de labour, etc.

Les affranchissements produisirent (LEPAGE, *Hist. des*

place bien en arrière du mouvement de la civilisation de la France où déjà les compurgateurs et les épreuves étaient abolis. De Bar, dans ses Mémoires, dit que certains articles de la loi de Beaumont « respiraient la barbarie qui régnait dans ces siècles cruels, puisqu'ils fixaient les amendes qu'on payait pour des coups de couteau ; ceux qui faisoient sang ne payaient que quinze sols. » (CHEVRIER, p. 267.)

(1) La mise en assise était un diminutif de l'affranchissement. — Malgré la loi nouvelle on ne discontinua pas de donner des *serfs* à l'Église. Ainsi nous trouvons (*Docum. de l'Hist. des Vosges*, t. VII, pp. 27-28) un acte de décembre 1272, par lequel quatre seigneurs donnent chacun un serf au couvent de Clairefontaine « pour la rémission de l'âme de dame Agnès, leur mère, comtesse de Toul ».

Voici quelques citations qui compléteront nos indications sur la loi de Beaumont :

La charte de Charmes porte « ...un chascun *hommes* de Charmes peut conduire à Charmes estranges hommes jusqu'à tant qu'on l'y aura contredit... » On attirait ainsi dans les villes et domaines une population étrangère. C'était l'application de l'article de la loi de Beaumont que Chevrier cite en ces termes : « Si un nouveau bourgeois se présente (à Beaumont), il donnera en entrant un denier au mayeur et un aux jurés et recevra *terres et mesure* du mayeur » (T. I, p. 233.)

Dans la charte d'affranchissement de Charmes, en 1279 (Jules RENAUD), le seigneur Ferry se réserve « le droit de punir d'une amende de douze deniers celui qui refuserait de prendre les armes et de le suivre lorsqu'il se mettrait en campagne *pour faire proie*, ou pour faire *semblant* » (semblable chose) ; cette clause est un trait caractéristique de l'époque ; quelques seigneurs en possession de forteresses féodales, vivaient comme de véritables chefs de brigands et les marchands qui fréquentaient les foires et marchés n'étaient pas toujours sûrs de rentrer chez eux. Comme la loi de Beaumont, la charte de Charmes renfermait certaines dispositions pénales : celui qui sera trouvé dans le jardin d'autrui aura l'oreille coupée ou payera cinq sous d'amende (*Charmes-sur-Moselle*, p. 19) ; c'était une copie de la charte accordée, en 1231, aux habitants de Mirecourt par Ferry V, comte de Toul. (Voir D. CALMET, *Notice sur la Lorr.*, art. Mirecourt, t. I, pp. 887-888.)

La charte d'affranchissement de Pont-à-Mousson par Thiébaut II, comte de Bar, est de l'année 1261. Elle laissait en dehors de ses faveurs les hommes de la *centaine*. Celle-ci (DUMONT, t. II, p. 217) comprenait les habitants venus depuis la constitution de la cité en commune. Ils n'avaient ainsi pu se faire admettre dans les mêmes franchises et droits que leurs concitoyens qui, peu généreux, les abandonnaient à leur misérable condition de serfs. Ils vivaient donc à part, subissaient l'obligation ignominieuse de fournir les échelles, de les porter au gibet, d'y aider de leurs personnes. Impossible à eux et à leurs enfants de se marier aux bourgeois, d'acquérir leur sympathie ; traités de porteurs d'échelles, ils n'avaient de relation avec les privilégiés que par des disputes poussées jusqu'au meurtre. Et cependant ils venaient du duché de Lorraine ; ils étaient sujets du prince ; aussi René II finit par écouter leurs doléances et les mit, en 1497, sous les mêmes lois que les bourgeois superbes ; mais la fusion véritable ne put s'établir qu'à la longue (p. 166).

A Étain (A. L., an. 1878, pp. 78-89) les libertés n'étaient pas égales pour tous les habitants. Il y avait deux classes de bourgeois : les *hauts* et les *petits*. Le droit de haute

Vosges, p. 27) d'incontestables avantages (1). Les serfs devenus propriétaires des terres friches ou des objets de peu de valeur (NOEL), travaillèrent à améliorer le sol désormais leur

bourgeoisie, concentré dans 40 familles, donnait la faveur de partager tous les honneurs et bénéfices. Les petits bourgeois, artisans en partie, n'étaient attachés à la commune que par la protection qu'elle leur donnait, en échange de laquelle ils concouraient à sa défense, en cas d'attaque.

Voici le texte de la charte d'affranchissement de Cons devant Lagrandville. « ...Je Jehan, chevalier, à la pétition et prière des dits mes hommes du dit Cons, les ayant affranchy... par tout où que ce soit, peut être, et pour toujours maix, et les mets à la loy de Belmont, eulx et leurs femmes et enfans et touttes leurs lignées après eulx venants et descendants et veut que ils en usent franchements selon franc bourgeois — Et Je Jehan me délaisse et oste mes mains de touttes servitudes de morte-mains, c'est à sçavoir de formariage, de *croudes* (corvées) et d'assise et encore de touttes aultres *vilaines servitudes* en quoy les devart dit mes hommes estoient envers moy liez et tenus pour tout faire et pour tout prenr... » (Suivent les stipulations pour les redevances à payer par les bourgeois).

Thiébault, comte de Bar, confirma l'acte, en l'an de grâce N. S. J.-C. par mil deux cent quarante et cinq. (A. L., pp. 39-40.)

(1) Les habitants des villages où se trouvaient les châteaux fortifiés étaient astreints au *droit de garde*, en échange du privilège, en cas de guerre ou d'alerte, de se réfugier dans les châteaux et maisons fortes. Ils devaient tenir garnison dans les manoirs, fournir certaines choses à la défense et même se charger de l'entretien des constructions.

Constatons, en passant, que certaines servitudes étaient plus gênantes que réellement onéreuses. Telle était l'obligation des habitants de Laxou de battre l'eau des étangs environnant Nancy, la première nuit des noces des ducs, et celle des habitants de Monthureux pour faire taire les grenouilles, lorsque l'abbé de Luxeil logeait dans ce village dont il était alors le seigneur. Les paysans chantaient en forme de refrain :

Pà, pà, reinottes, pà   Paix, paix, grenouilles, paix !
Voici l'abbé de Luxeu   Voici l'abbé de Luxeuil que Dieu garde !
Que Dieu gà.
                                 (D. CALMET, *Notice*, t. I, col. 905).

Dans l'extrait suivant des cens et redevances dues à l'abbesse de Remiremont par les habitants de Girancourt se trouve une servitude semblable à celle de Laxou et de Monthureux. (*Arch. des Vosg. Fonds de Remiremont*. LIASSE. *Quartiers de Girancourt*.) ...Claude Malbrun, marguillier et les enfants de Joannès Malbrun tiennent un mezel audit Girancourt, lieu dit à l'Assault, Claude Collin de Ribeauviller dessous d'une part et plusieurs pointes de maix dessus d'autre, lequel est exempt d'une poule qu'il devoit ci-devant parce qu'ils doient fournir la poudre pour exécuter les sorciers et sorcières qu'on exécute audit Girancourt.

Les héritiers de Florentin Marcat sont exemptés d'une poulle qu'ils devoient sur un mezzel à Lassault, parce qu'ils sont tenus et obligés lorsque Madame de Remiremont seroit logée audit Giraumont au mois de may, aller trois fois *battre en l'eau* avec un baston pendant que les *rennes brachent* (que les grenouilles coassent) et dire en ceste sorte :

propriété personnelle: l'agriculture se développa ; les villages s'accrurent et l'on vit, sinon cesser entièrement, du moins diminuer ces luttes de seigneurs traînant continuellement à leur suite des masses vagabondes, échappées de diverses servitudes et qui, ne possédant rien, vivaient de vol et de pillage.

Les affranchissements ne furent pas seulement favorables au peuple, mais les seigneurs eux-mêmes y trouvèrent un avantage réel. Les serfs, une fois libres, n'étaient plus à la charge de leurs maîtres pour leur nourriture et leur entretien ; les terres incultes jusqu'alors, devinrent fertiles ; l'administration de la colonie fut simplifiée ; le seigneur n'avait plus affaire qu'aux mayeurs, échevins, nommés par la colonie devenue corporation affranchie. Le prince, en octroyant des affranchissements aux habitants de ses domaines... perdait une portion de ses droits ; mais il acquérait de nouveaux sujets dans les serfs affranchis par les seigneurs, et des auxiliaires contre ces seigneurs dans les communes qu'il avait instituées. Aussi voit-on la féodalité lutter contre les tendances plus politiques que libérales du souverain, et ne pas craindre, pour se venger, de conspirer contre lui. Les règnes de Ferry III et de Thiébaut Ier nous en offrent l'exemple.

Aussi toutes les villes, tous les villages de Lorraine ne furent pas appelés à jouir du bienfait des affranchissements. Le prince ne les étendait pas à toutes les terres de son domaine, et les seigneurs, tant ecclésiastiques que laïques, ne

« Paix, de par Dieu et de par Madame de Remiremont qui dort. »
(T. II, p. 275.)

Quand le duc de Lorraine se rendait au château de Prény, les habitants de Pagny, village situé au pied de la montagne, étaient tenus de « proseigner gelines » c'est-à-dire, de tuer les poules nécessaires à la table du prince et de faire garde une fois dans la forteresse.

Citons encore le maire de Bruyères qui devait apporter au prévôt du chapitre de Remiremont un coq blanc, dix poules et cinquante œufs.
— (Voir plus loin, droits féodaux.)

es octroyèrent qu'avec une certaine parcimonie. Au reste ils cédaient à l'entraînement et à la force. C'est après avoir vainement « essayé par menées sourdes et brigues de traverser priviléges et franchises qu'avait Monseigneur donné et gratifié certains lieux qu'ils conspirèrent contre sa personne. » (*Mém.* de L. d'HARAUCOURT. — BEAUPRÉ, *Prison de Ferry III*, p. 130.) On a donné sous le nom de loi de Beaumont des stipulations différentes et moins libérales (NOEL). Ainsi à Saint-Baussant on remarque la restriction suivante : « Et demouront en ladite ville, les mesures telles comme elles estoient avant que cette franchise fût faite. (LEPAGE, *Comm. de la Meurthe.*) (1)

En agriculture (GUÉRARD, p. 22), depuis cette époque, les paroisses et les seigneurs ont commencé le système de l'entière communauté pour la dépaissance des troupeaux ; la coutume du vain pâturage sur toutes les propriétés après les récoltes, suites des cultures ouvertes et divisées, s'est établie, comme aussi celle du parcours entre différents lieux limitrophes, dépendant de la même seigneurie.

Ce point de l'établissement des communaux, très obscur dans les annales des Français est très clair dans les monuments du pays de Lorraine.

LETTRES. — SCIENCES. — ARTS. — PROGRÈS. — L'activité des esprits à cette époque se tournait presque exclusivement, non vers les spéculations intellectuelles et artistiques, mais vers

---

(1) C'est vers cette époque (DUMONT, t. I, pp. 11 et 12) que la justice, éparpillée en diverses mains à des degrés différents, reçut une dénomination proportionnée à l'étendue de sa puissance. On la divisa en *haute, moyenne* et *basse*. La première, selon la définition du temps était celle qui donnait la puissance de coercition, réprimande des délinquants par la mort, mutilation des membres, fouet, bannissement, marque, pilori, échelles, et autres peines semblables. La seconde était celle qui, tout en donnant le droit de coercition, n'emportait ni mutilation de membre, ni bannissement, ni amende au delà de soixante sous. La troisième était la simple police, ne pouvant s'immiscer dans la répression, au delà des amendes de 10 sous.

la conquête des franchises politiques et sociales surtout. Signalons cependant une innovation heureuse.

Un Italien apporta en Lorraine le livre de Jean de Milan, connu sous le nom d'*Ecole de Salerne*. On s'empressa d'en tirer des copies avec l'espoir de pouvoir se guérir soi-même. Les médecins alarmés protestèrent. L'Ecole de Salerne fut défendue et l'Italien chassé (1).

Les écoles des monastères et des cathédrales, quoique bien déchues, enseignaient, indépendamment des langues anciennes et des belles-lettres, le droit canonique et le droit coutumier devenu très difficile, en raison des nombreuses franchises dévolues à certaines villes, à chaque monastère, à chaque fief considérable.

Parmi les écrivains, on cite Jean Hebers, auteur de la petite chronique de St-Vincent, qui finit en 1279, Thierry de Vaucouleurs, auteur de la vie du pape Urbain, quelques évêques de Metz, Toul, Verdun, etc.

L'industrie et le commerce commencèrent à renaître. Des foires et des marchés se tenaient à Metz, Longwy, Denœuvre, etc. Les marchands de la Lorraine faisaient des échanges avec les provinces rhénanes, la Franche-Comté, la Champagne ; mais on voit, par le tarif du *grand tonneu* de Metz et par plusieurs autres pièces, que les Lorrains étaient encore, sous bien des rapports, tributaires des peuples voisins. Ceux-

(1) En 1100 le concile de Tours défendit aux ecclésiastiques toute opération sanglante, et, dès lors, la chirurgie fut abandonnée aux laïques, presque tous illettrés dans ce siècle de barbarie ; les prêtres conservèrent néanmoins encore cette portion de l'art chirurgical qui s'abstient de l'effusion du sang. (*A. L.*, t. VIII, p. 64.) Les médecins lorrains, esclaves des préjugés populaires et tremblant devant la loi qui prononçait des supplices contre les opérations anatomiques pratiquées en Italie et ailleurs, se bornèrent à mettre à profit les découvertes de leurs contemporains dans d'autres pays (*Ibid.*, pp. 81-82). Quant à la peste (au XVIe siècle), ils la considéraient comme une punition de Dieu. Pour rassurer les esprits quatre auteurs conseillèrent des jeûnes, des prières publiques, de grandes processions, rassemblements qui devaient favoriser la contagion. (*Ibid.*, 93.)

ci, à leur tour, recevaient les produits des salines de Rosières, achetées par Ferry III à la maison de Lenoncourt, et de celles de Vic, Moyenvic et Marsal, possédées par les évêques de Metz.

Le luxe renaissait avec le commerce. On le réprima par des ordonnances spéciales. Ainsi le concile provincial tenu à Trèves, le 21 septembre 1232, défendit aux clercs bénéficiers toute espèce de trafic, aux prêtres de porter des boucles ou fermails d'argent et des courroies argentées ou des glands à leur tunique ; de fréquenter les cabarets à moins qu'ils ne soient en voyage. Il prescrivit, en outre, aux curés ou vicaires ayant huit marcs d'argent de revenu, de pourvoir à l'entretien d'un écolâtre ou d'un maître d'école lettré ; ordonna de priver les usuriers de la sépulture ecclésiastique ; de soumettre les adultères à la pénitence publique, de porter une cruche sur leurs épaules et un bâton à la main, etc. Un autre statut enleva aux moines l'usage des chapeaux, frocs, capuces ou manteaux de couleur, leur défendit de sortir aux heures indues, d'introduire dans leur cloître aucune femme, *à moins qu'elle ne soit de telle qualité qu'on ne puisse honnêtement l'empêcher*, etc. (1).

(1) Toutes ces prescriptions sont des témoignages irrécusables du déréglement de certains membres du clergé. On vit des prélats et des abbés, tels que Baudouin de Senones, voyager avec des femmes publiques et les introduire dans leurs appartements. Ce Baudouin (GRAVIER, p. 131, note) faisait une dépense de table très somptueuse ; il avait réglé ainsi le service du dîner : on donnait à laver, et, pendant cette opération, d'habiles servants dressent les tables. L'abbé s'assied et indique la place des convives ; puis arrivent les salières, couteaux et cuillers (il n'était pas question de fourchettes), le pain et le vin, ensuite les viandes ; les causeries particulières animent ce premier service. Les ménétriers baladins, bouffons et jongleurs font leur entrée pour *rebaudir* la compagnie ; ils sont suivis des servants pour renouveler vin et viande ; puis on apporte le fruit. — Le dîner fini on enlève nappes et reliefs, on abat les tables puis on donne à laver ; on rend grâces à Dieu, à M. l'Abbé, et chacun se retire. Au souper, grandes lumières, des viandes plus délicates et de facile digestion ; ce repas était le plus long, parce que, disait l'Abbé, il y a péril à manger de nuit, hâtivement, pour se coucher. — Il est à regretter que l'on soit

La construction de divers châteaux et palais, entre autres ceux de Hombourg-l'Évêque, de Plombières, de Salm, de Condé et de plusieurs belles églises ornées de vitres peintes, de sculptures et de peintures, annonce qu'au XIIIe siècle les arts suivaient l'extension de l'industrie.

Celle-ci était peu développée. Cependant au XIIe siècle déjà (DIGOT, p. 150), le fer était exploité avec succès dans divers lieux, notamment à Framont, près de Senones. On peut admettre que les forges lorraines fournissaient plus de fer que l'on n'en pouvait consommer dans le duché, et qu'une partie des produits de ces forges était exportée dans les états voisins. Or, à cette époque, tout le commerce se trouvait, pour ainsi dire, concentré dans les mains des juifs qui étaient devenus, par l'étendue de leurs relations, les courtiers de l'Europe. On peut donc supposer que c'est par leur entremise que l'exportation s'opérait.

JUIFS. — Ce peuple, répandu partout, sans être fixé nulle part (GRAVIER, pp. 144-45), avait attiré l'attention des souverains ; chacun à l'envi lui offrait des concessions. Les juifs étaient le correctif *nécessaire* de la proscription du prêt à intérêt sous le nom odieux d'*usure* dans l'acception théologique, et cette proscription était un obstacle invincible aux progrès de l'industrie, sous des gouvernements ecclésiastiques ou dirigés par des théologiens (1).

Cependant le mouvement imprimé à la population depuis les croisades, avait agrandi les idées, fait naître de nouveaux besoins, et chacun s'agitait entre la doctrine qui *défend* et la nécessité qui *commande*. Déjà les *Lombards*, marchands italiens, s'étaient établis en Lorraine où ils exerçaient, par privilège, le commerce, l'échange et l'*usure* ; mais leur petit

privé de détails sur le menu de ces repas, où l'eau ne figurait que pour les ablutions. — Ces détails nous font entrevoir la vie intime des privilégiés de l'époque.

(1) On sait qu'au XIIIe siècle, le concile du Latran et ceux de Narbonne et de Béziers avaient exigé que ces malheureux portassent sur leurs vêtements un signe distinctif.

nombre était loin de répondre à toutes les exigences, et ils ne résidaient d'ailleurs que dans les villes principales pour se livrer aux grandes spéculations.

Leur utilité bien reconnue détermina le duc Ferry à recourir aux juifs, dont les opérations moins ambitieuses s'étendaient jusqu'aux dernières classes de la société ; les villes d'Alsace en avaient presque toutes et elles étaient florissantes. Les autres nations n'étaient alors composées que de seigneurs et d'esclaves ; les premiers méprisaient le commerce et n'étaient propres qu'à la chasse et à la guerre ; les autres n'avaient ni la faculté de s'y livrer, ni le désir de travailler pour des seigneurs qui ne leur laissaient rien. Les juifs devenaient serfs, à la vérité, dès qu'ils adoptaient un pays, mais sans être attachés à la glèbe, et avec toute la liberté qu'exigeait leur profession. Ce n'est qu'à prix d'argent qu'ils obtenaient cette liberté relative.

Le duc appela plusieurs familles juives à Saint-Dié et les logea dans le quartier que lui avait cédé le chapitre, entre le pont de l'intérieur et la porte du beffroi. Les familles s'y multiplièrent en peu d'années et se répandirent dans toutes les Vosges.

(1) Les *lombards* (BILISTEIN, p. 206) sont des lieux établis par l'autorité du gouvernement, sous la police des magistrats, pour recevoir le dépôt de bijoux, argenterie, effets et marchandises, en donnant à peu près la valeur courante, moyennant un intérêt pour l'année, pour le mois, pour la semaine.

A Pont-à-Mousson la taxe imposée aux Lombards, en raison des priviléges et franchises que l'autorité ducale leur avait accordés, s'élevait à cent petits florins de Florence par an. La coutume exigea aussi qu'ils donnassent à leur installation cent petits florins. En outre ils durent payer dans le cours des quinze années de leur bail, deux autres impositions dont la dernière s'élevait à deux cents francs. (SERVAIS, p. 257.)

De 1303 à 1312 : Thiébaut II.

Femme : ISABELLE DE RUMIGNY.

SOUVERAINS ET PRÉLATS LORRAINS CONTEMPORAINS

ROI de France.	EMPEREURS d'Allemagne.	COMTE de Bar.	COMTE de Vaudémont.	ÉVÊQUES de Metz.	ÉVÊQUES de Toul.	ÉVÊQUES de Verdun.
PHILIPPE IV le Bel.	ALBERT d'Autriche. HENRY de Luxembourg.	ÉDOUARD Iᵉʳ	HENRY III.	JEAN de Sierck. GUI de Pernes. OTHON de Granson. EUDES de Colonnes.	GÉRARD de Relanges.	JEAN de Réchicourt. THOMAS de Blâmont. NICOLAS de Neuville.

SOMMAIRE. — Vasselage envers la France pour Neufchâteau. — Cruelle répression exercée sur les bourgeois. — Le duc combat pour la France. — Lutte contre le duc de Vaudémont. — Loi salique applicable en Lorraine. — Guerre avec l'évêque de Metz. — Suppression des Templiers. — Tailles payables en argent. — Lois promulguées sous ce règne. — Précautions des Messins contre les captations du clergé. — L'évêque de Metz bat les bourgeois de Toul. — L'évêque de Verdun permet aux bourgeois d'élire certains fonctionnaires.

Notes. — Thiébaut, simple prétendant, se place sous le protectorat de la France. — Neufchâteau le qualifie (à tort) de faux monnayeur — Procès du duc contre Neufchâteau perdu par lui devant le Parlement. — Trait curieux concernant Thiébaut.

Vrai chevalier du moyen âge, batailleur, étourdi, absolutiste, Thiébaut, après avoir été investi du vivant de son père du gouvernement de la ville de Neufchâteau, de la prévôté de Châtenoy et du château de Monfort, s'était empressé de les mettre sous la protection de la France avec l'engagement de lui en faire hommage. Cette servitude nouvelle (HUGO, *Orig. et généal. de la Mais. de Lorr.*, pp. 121-25); « qu'il avoit imposée à la souveraineté de la Lorraine avant qu'il fût en possession du trône, lui devint insupportable à son avènement. Il sentit, dans la rébellion de ses sujets, combien il avoit eu tort de se révolter contre la dépendance qu'il devoit à son père. Les bourgeois de Neufchâteau enhardis par l'azyle que la France leur offroit dans toutes les occasions, et dans les plaintes qu'ils formoient contre leur seigneur, méprisèrent bientôt son autorité (1) ; l'insulte succéda au mépris. Thiébaut, aussi peu accoutumé à l'une qu'aux autres (?) fit jeter en prison, Viriat, Humblet, le Petit et les principaux chefs de la sédition. Les habitants implorèrent aussitôt la protection de Louis de France, roy de Navarre. Il les reçut favorablement et fit instruire la procédure au criminel. Thiébaut prévint le jugement par sa mort (2).

Avant son avènement au trône ducal, Thiébaut avait combattu successivement, dans les rangs allemands d'abord, dans ceux de la France ensuite. Il fut même fait prisonnier par les Flamands à la bataille de Courtray et dut payer pour obtenir sa liberté six mille livres de petits tournois. Pour réaliser cette somme, sa femme, Elisabeth de Rumigny, engagea ses bijoux et fit le voyage de Flandre d'où elle ramena son époux. En 1303 il fit hommage à Philippe-le-Bel pour les terres qu'il possédait dans le comté de Champagne,

(1) Avant d'être élu duc (*Coupures de Bournon*), Thiébaut se plaça sous la protection du roy « pour son fief de Neufchastel et autres villes qu'estoient à luy en apaneige, de quoy fut le seigneur duc en grande colère et offense, et que fut tel méfait la source bien grande de maux qu'endura le pauvre peuple de Neufchastel (p. 60). ...Gens de Neufchasteau qu'avoient eu conseil maints chevaliers des plus grands, portèrent plainte et accusation envers Monseigneur, disant qu'avoit mis force cuivre en ses monnoies, et qu'argent de luy n'estoit que faux, par quoy lui donnoient en leurs discours, le renom qu'estoit mal loyal et faux monnoyeur. De ce monseigneur le duc fut outrecuidé, détestant la malice des susdits accusateurs, dont vint en son âme grande haine et désir de vengeance, à l'encontre d'iceux (p. 62).

Cette accusation (Mony d'Elvanges) est erronée ; les monnaies qui nous restent de ce duc sont en bon argent et très au-dessus du titre de la plupart de celles qu'on trouve en France dans les mêmes années. (Digot, t. II, p. 195.)

(2) L'instance fut reprise contre son fils, en sorte que le 17 de juin de l'année 1312, Frideric (Ferry IV) comparut au tribunal du roy de Navarre et la cause fut plaidée. Les bourgeois la gagnèrent...; cependant les coupables furent déchargés de toute satisfaction et de dédommagement à leur égard (pp. 124-25).

réuni à la couronne de France, en 1283. L'évêque de Verdun fit avec le même roi un traité où l'on convint que la ville de Verdun et le Verdunois serviraient à la France de barrière, et que l'évêque et ses gens la défendraient de toutes leurs forces contre tous, excepté le pape et l'empereur d'Allemagne.

Bientôt les seigneurs auxquels on avait enlevé quelques privilèges se révoltèrent et parurent en armes de tous côtés. Thiébaut les mit en déroute près de Lunéville et punit, les uns par l'exil, les autres par la destruction de leurs châteaux, tous par la réduction de leurs privilèges. Il ordonna que les jugements des Assises seraient à l'avenir soumis à la ratification du souverain. (DIGOT, t. II, p. 125.)

Avide de combats, Thiébaut alla joindre l'armée du roi de France, Philippe-le-Bel, et se distingua à la bataille de Mons-en-Puelle (1). L'année suivante (1305) il assistait au couronnement du pape Clément V à Avignon, lorsqu'un vieux mur, s'écroulant tout-à-coup, lui cassa le bras et la cuisse.

Le duc était à peine guéri de ses blessures (1306) qu'il eut à repousser les hostilités du comte de Vaudémont qui, à la tête de 600 hommes, ravagea les environs de Nancy, brûla les villages de Laxou, Vandœuvre, Maxéville et Champigneulles. Par représailles, pour une attaque dont on ne connaît pas les motifs, le duc, au lieu *de secourir ses sujets maltraités, se jeta dans le comté de Vaudémont.* païs *frais* (CHEVRIER), alors la ressource de la Lorraine, et le dévasta entièrement (t. II, p. 81); mais il fut battu deux fois et blessé au dernier combat, à Pulligny. Le mariage de la sœur du duc avec l'agresseur, le comte Henri de Vaudémont, scella la paix.

Peu après, les Etats (la noblesse) s'assemblèrent à Colom-

(1) On cite au sujet de cette bataille le trait suivant qui peint l'homme. Ayant vu un soldat qui, après s'être arraché de la mêlée, tuait ses ennemis avec leurs propres armes, Thiébaut courut l'embrasser et lui donna l'agrafe de rubis qui attachait son armure. (BEXON, p. 75.)

bey pour résoudre la question du droit de succession au duché de Lorraine. Les seigneurs attestèrent devant le duc la coutume immémoriale, fondement du droit du fils aîné et de ses enfants, à l'exclusion des lignes collatérales (1).

En 1307, Remiremont fut ceint de murailles et les abbesses du couvent se virent décorées du titre de princesses de l'Empire.

Thiébaut, en 1308, eut à soutenir une guerre contre l'évêque de Metz, uni aux comtes de Salm et de Bar. Voici les motifs de cette agression inique.

Clément V et Philippe-le-Bel avaient formé, dans une entrevue à Lyon, le projet d'une croisade. Le pape adressa des lettres au duc de Lorraine pour lever sur les églises du pays une décime destinée aux chevaliers de Saint-Jean-de-Jérusalem qui assiégeaient l'île de Rhodes. Renaut, évêque de Metz, mécontent de n'avoir pas reçu la commission du pape, attaqua le duc de Lorraine, ruina le château de Wermerange, assiégea, prit et pilla Lunéville et alla investir le château de Frouard.

Thiébaut accourut au secours de la place « dans les premiers jours de novembre, vint (se poster) près du lieu dit *Champ de Saint-Martin*, fit mettre pied à terre à sa cavalerie et s'empara d'un monticule garni de pierres. Telles furent les armes avec lesquelles les Lorrains combattirent ; les ennemis (plus nombreux), accablés par une grêle de cailloux et de grosses pierres, furent mis en déroute ; la cavalerie remonta à cheval et fit prisonniers les comtes de Bar et de Salm. (CHEVRIER, t. II, pp. 67-68.) Dans leur fuite un grand

---

(1) Ce furent, en effet (CHEVRIER), à l'exception de l'évêque de Toul, seuls les comtes et seigneurs de Toul, de Montbéliard, de Salm, de Bayon, de Pulenoy, de Remonville, d'Amance, de Germiny, en tout vingt gentilshommes qui furent présents. L'affirmation de Chevrier est combattue par divers écrivains qui voient, dans la réunion de Colombey, une session ordinaire des États où les nobles seuls et les prélats avaient alors droit de siéger.

nombre d'ennemis se noyèrent dans la Moselle. L'évêque de Metz démoralisé, demanda la paix.

Pendant les négociations, Thiébaut II, impatient d'aller joindre le nouvel empereur d'Allemagne, Henri VII de Luxembourg, nomma pour régent de Lorraine, Jacques de Germini, archidiacre des Vosges, assisté de cinq autres gentilshommes. Après avoir aidé Henri VII, à comprimer une révolte du comte de Wurtemberg, le duc partit avec ce prince en Italie. Il tomba malade à Milan, et revint en Lorraine (1311) pour y signer l'arrêt de mort ou plutôt d'expulsion des Templiers dont la perte avait été résolue au concile général de Vienne (1). Quelques-uns de ces malheureux furent, dit-on, exécutés en Lorraine, bien que l'inquisiteur eût déclaré n'avoir rien trouvé contre eux ; on épargna les autres, mais ils perdirent toutes les terres qu'ils possédaient à Verdun, à Lunéville (au quartier de Viller), à Longuyon, Libdo, Robécourt, Doncourt, Pierrevillers, Cattenom, Richemond, etc. Ce dernier village, entièrement détruit alors, ne fut jamais relevé. L'histoire accuse (BÉGIN, t. I, p. 178) Thiébaut et son successeur de s'être emparés de ces richesses ; si le fait est vrai, comment le laver de l'attentat qui souille sa mémoire ? Une partie de l'avoir des victimes passa aux autres ordres religieux issus des Croisades (aux Hospitaliers) ; le reste fut confisqué au profit des princes.

Thiébaut, dans son testament, ordonna à ses sujets de

---

(1) La commanderie de Bellieuvre (Vosges) (GRAVIER, p. 158), où quelques proscrits étaient réfugiés, fut livrée de nuit au pillage (1313) ; le peuple, docile aux ordres du souverain pontife dont la milice (les moines) couvrait tout le pays, se porta aux derniers excès ; tous les Templiers furent égorgés et leur maison fut rasée. Les seigneurs ecclésiastiques et séculiers partagèrent leurs dépouilles, et le peuple n'eut, pour sa part, que l'infâmie du crime ; il s'en est vengé en attachant aux ruines de Bellieuvre le souvenir de ce massacre et des barbares qui le provoquèrent.

Les Templiers (Paul FERRY) furent supprimés à Metz, aussi bien qu'au reste de l'Allemagne, en 1311, ou tost après. (*Hist. de Metz*, t. III, p. 244, note.)

payer désormais leurs tailles en argent coursable dans le duché de Lorraine ; il restitua aux assises les anciennes attributions, et prescrivit « que l'héritage d'autrui qu'il avoit enclos en son parc de Nancy et d'Einville seroit rendu. » (GUÉRARD.) Enfin il chargea ses exécuteurs testamentaires de choisir un homme courageux, auquel on donnerait quatre cent livres de petits tournois, pour « faire le service d'outre-mer en sa place et en celle du duc Ferry. »

Comme ses prédécesseurs il fit des legs en faveur de presque toutes les églises et monastères de ses Etats. (CHEVRIER.)

LÉGISLATION. — Sous le règne de Thiébaut on promulgua les lois suivantes :

1303. — Gentilhomme, sous quelque prétexte ce puisse être n'armera sans l'agrément du duc... Furent les gentils-hommes lorrains grandement esbahis et courroucez, quand virent telle ordonnance qui desfendoit à tous chacuns nobles, ayant chastelet ou fief, d'armer ost et faire ordre de guerroyer, sous quelque prétexte et titre que ce soit, sans que le duc l'ait permis. La susdite ordonnance fut ensuivie d'autre et fut dit que les jugemens des sieurs qu'estoient de la chevalerie ne seroient ni tenus ni gardez, si doresnavant, ils n'estoient munis du scel et vouloir du duc, ce que furent faicts en l'an 1303. (THIERRIAT.)

Aucun seigneur en Lorraine ne donnera champ de duel sans le duc.

Ne pourra chastier à mort aulcun des siens vassaux ou le punir de bannissement sans que le prince en ait été instruit. Texte : Ne sien vassal à sa volonté périr de mort ne chassier à toujours mais de son fief, sans que li jugement fut dit par la bouche du duc qu'il sera.

Le gentilhomme qui sera accusé d'avoir ourdi quelque trame contre son prince, traitera avec lui du rachapt de sa vie, si le prince le permet, sinon payera six mille livres de petits tournois et perdra son fief.

Le roi de France Philippe-le-Bel, étant à Nancy (1305) où

furent joustes, coursiers et luiteurs avec grand nombre de ménestrels, fêtes, jeux, ornements et simulacres de guerre, dont fut le roy en grande joye et satisfaction (Tu.) conseilla au duc (qui adopta et exécuta son avis) de publier des règlemens sur les abus des couvens dont on entroit ou sortoit à sa guise, sans que les parens eussent aucune sûreté pour leurs arrangemens de familles.

La loi limitait les droits « des moines et monéales » disoit également que toute femme qui auroit pris le voile, quoi qu'elle n'eust point faict de vœux, en le quittant se marieroit, perdroit tous ses biens et seroit punie à la volonté du Prince.

Que toute fille de gentilhomme qui refuseroit en quel temps et quel âge que ce puisse être, le mari que son père ou son frère lui présenteroit perdroit un tiers de la dot qu'elle auroit pu espérer.

1306. — Sur ce que furent faites maintes et maintes plaintes que filles de gentilshommes épousoient *ignobles*, ce qu'avoient déjà fait certaines veuves enclaines à paillardise. Fut ledit duc prié de porter règlement, et fut à ce sujet dit : que fille ou veuve de gentilhomme qui épousera ignoble perdera privilège, rang et noblesse; que si sont deux filles de nobles qui héritent de leur père, mère ou autre, et qu'une d'icelles ait pris, par mariage, mari qui soit roturier et ignoble, fiefs si aulcuns sont, seront à celle qui aura homme de son rang en légitime mariage.

Cette législation qui concerne les seules castes aristocratiques atteste l'extension qu'avait prise le pouvoir ducal.

« Thiébaut fit le premier une ordonnance pour les délits ruraux qu'il défendit, sous peine de cinq gros par bête échappée, de six gros fait à garde ou de nuit, indépendamment de la confiscation et des dommages-intérêts dans les deux derniers cas. » (DUMONT.)

TROIS ÉVÊCHÉS. — La lutte entre les prélats et les bourgeois a pour objet principal à cette époque, à Metz surtout, de limiter l'extension de l'accaparement par le clergé des biens de mainmorte.

Metz. — En 1304 le gouvernement de Metz déclara les religieux inhabiles à succéder, et défendit aux familles tout legs en leur faveur. En 1308, il réduisit à dix le nombre des moines mendiants dans chaque couvent. En 1322, il défendit aux citoyens d'établir, sur leurs biens, aucune redevance en blé ou en vin au profit d'aucun établissement ecclésiastique, sous peine de vingt livres d'amende, même contre le notaire qui aurait rédigé le contrat. — Déjà, en 1213, les prêtres et les religieux avaient été exclus des tutelles, des exécutions testamentaires et du droit de recevoir aucun legs. (VIVILLE, t. I, pp. 90-91-96.)

Toul. — *Verdun.* — Vers 1306 la bourgeoisie messine, touloise et verdunoise se ligua contre ses chefs ecclésiastiques, et réclama de nouveau les franchises qui lui étaient contestées. Une lutte ne tarda pas à éclater.

Othon de Granson, évêque de Metz, soutenu par le duc de Lorraine, battit les Toulois en deux rencontres et les condamna à cent livres d'amende. — En 1310, les bourgeois, craignant que le prélat ne rentrât dans le droit des anciens comtes de Toul, offrirent au duc Thiébaut de se soumettre à son autorité plutôt que de subir le *joug odieux* des évêques (1).

Nicolas de Neuville, évêque de Verdun, ami de la paix, transigea avec les bourgeois, leur permit de nommer le tiers des officiers de justice, de conférer les offices d'échevins du palais, se dépouillant ainsi d'une partie de son autorité seigneuriale. Les habitants de Verdun en exigèrent bientôt davantage et eurent recours au roi de France (2). Celui-ci

(1) L'empereur d'Allemagne, Henri V, donna le gouvernement de Toul à Thiébaut II, par lettres patentes expédiées de Haguenau, le deux des ides de septembre 1310. (Benoît PICARD, pp. 141-142.)

(2) Par un traité conclu le 8 décembre 1310, les bourgeois devaient payer au roi dix sols, les médiocres cinq, et les moindres un sol et demi par an. (D. CALMET, t. II, p. 500.)

leur accorda un protecteur, résidant dans leur ville, véritable tribun du peuple, armé du droit d'opposer un *veto* aux prétentions épiscopales. Les chanoines résistèrent ; quant à l'évêque, en butte à la haine de son clergé ainsi qu'aux violences populaires, il abdiqua à l'exemple, en pareil cas, de nombreux confrères mitrés.

De 1312 à 1328 : Ferry IV.

Femme : Isabelle d'Autriche.

SOUVERAINS ET PRÉLATS LORRAINS CONTEMPORAINS

ROIS de France.	EMPEREURS d'Allemagne.	COMTE de Bar.	COMTE de Vaudémont	ÉVÊQUES		
				de Metz.	de Toul.	de Verdun.
Philippe-le-Bel.	Henri de Luxembourg	Édouard Ier	Henri III.	Gérard de Relanges.	Eudes de Colonnes.	Nicolas de Neuville.
Louis X le Hutin.				Renaud de Bar.	Jean d'Arzillières.	Henri d'Apremont.
Philippe V le Long.	Louis de Bavière.			Henri Dauphin.		
Charles IV le Bel.					Amédée de Genève.	
Philippe de Valois.				Louis de Poitiers.		

Sommaire. — Victoire sur les comtes de Dabo et de Réchicourt. — Famine affreuse pendant trois années. — Guerre lamentable au sujet de la succession à l'empire d'Allemagne. — Persécutions contre les Juifs et les Lépreux. — Ferry, vaincu en Allemagne, est fait prisonnier. — Le roi de France obtient sa liberté.
Metz. — Guerre inique contre cette ville. — *Toul, id.* — Ferry blessé à Cassel pour la France. — *Verdun.* L'évêque rachète la vicomté cédée autrefois aux bourgeois. — *Lois promulguées.* — Bel édit pour protéger l'agriculture. — Affranchissements dans les campagnes. — Droit de pâturage et de prise de bois réglé.

Notes. — Misères en 1315, 1316 et 1317. — Mortalité énorme. — Damoiseaux de Commercy. — Israélites (suite de leur histoire). — Guerre contre Metz — Ravages épouvantables. — Armées peu nombreuses. — Mutilation de l'abbé de Saint-Epvre. — Excommunication.

« Ferry IV, surnommé *le lutteur* à cause de sa science et de sa force dans les différents exercices corporels », eut à se défendre, dès le début de son règne, contre les comtes de

Dabo et de Réchicourt qu'il battit à Hermelange, entre Hesse et Lorquin. Il profita de sa victoire pour porter de nouvelles atteintes aux droits de la noblesse. Sa politique fut suivie avec persévérance et habileté par tous les ducs, prédécesseurs de René d'Anjou ; ce dernier dut acheter, au prix d'une partie de son autorité, l'appui de la chevalerie contre les prétentions d'Antoine de Vaudémont. (DIGOT, t. II, p. 208.)

Après cette victoire, et grâce à l'intervention du roi de France, Louis-le-Hutin, le nouveau duc rendit à la liberté Edouard, comte de Bar, le vaincu de Frouard. Celui-ci dut payer pour sa rançon et celle des seigneurs de sa suite, quatre-vingt mille livres tournois, abandonner, en outre, à Ferry la mouvance du comté de Vaudémont avec plusieurs terres, plus la possession temporaire des châteaux et châtellenies de la Mothe, Gondrecourt, la Marche, Conflans, et Châtillon, à titre de nantissement pour la rançon due.

Peu après (1314), des secousses volcaniques, d'affreuses inondations, suite de pluies excessives et d'éruptions diverses d'eaux souterraines, perdirent les récoltes, entraînèrent les animaux et les habitations dans un commun naufrage et furent le prélude d'une série de maux incalculables. Pendant trois années, une famine affreuse, accompagnée de maladies étranges et pestilentielles dévora la Lorraine ainsi que les provinces voisines (1). Le tiers des habitants périt. On vit

(1) En cette année et aussi l'année devant (Philippe GÉRARD) furent les grandes pluyes par toutte France, lesquelles continuèrent par l'espace de deux ans (1315 et 1316) ; pour laquelle chose fut si grand chier temps que, à celle cause, y eult grand peuple et grand bestial qui moururent... — « En 1314, dit le doyen de Saint-Thiébaut, fut la grande mortalité des gens. En 1315, fut grand chier temps du bleif (blé), que la quarte coustoit dix-huit sols. Ce chier temps deux ans duroit. (Alors un florin d'or ne valloit que 12 ou 13 sous.) » Guillima assure que l'épidémie enleva treize milles âmes à Strasbourg, treize mille six cents à Colmar, quatorze mille à Bâle et ainsi dans la même proportion le long du Rhin. La vallée Mosellanne n'éprouva pas de moindres désastres ; le souvenir en devint si cruel que pendant plusieurs siècles, pour désigner une famine extrême, une mortalité sans exemple, on rap-

des malheureux sans pain, sans aliments, dévorer les glands, les racines, les débris d'animaux. Il y en eut même qui détachèrent les cadavres desséchés au gibet pour s'en repaître; d'autres firent la chasse à leurs semblables comme à des bêtes fauves ; des mères dénaturées ou délirantes ont enfoncé le poignard dans le sein de leurs enfants; des enfants... Mais la plume se refuse à tracer de telles images. Le souvenir de ces calamités effraya longtemps les peuples ; ils firent un triste proverbe de l'an de grande famine et pestilence. (L'abbé BEXON.)

La disette avait mis fin à la guerre ; elle se ranima avec l'abondance. Frédéric d'Autriche prétendit à la succession de l'empereur Henri VII (1318), mais Louis de Bavière l'emporta. Le duc de Lorraine embrassa le parti de Frédéric dont il avait épousé la sœur Isabelle. Le comte de Bar et le damoiseau de Commercy (1), au contraire, soutenaient Louis. Les émissaires des deux partis excitèrent la division dans les villes. La noblesse, la bourgeoisie, en désaccord, se firent impunément la guerre qui dura deux ans et fut pour la Lorraine une source de calamités.

pelait les années 1314-1315 (p. 284). Après une année fertile, au point que le blé descendit de 18 sous la quarte à 4 sous, on vit revenir, en 1318, la mortalité et la famine avec intensité. « Et valloit encore la quairte de bleif XVI solz, et la quairte de vin XIV qui estoit grand chier temps. » (BÉGIN, *Metz, depuis 18 siècles*, p. 289). « Constatons ici qu'anciennement le prix du pain était toujours le même, mais le poids variait suivant la valeur du bled, ainsi qu'il est prouvé par différentes inscriptions mises sur des édifices et dans lesquelles le prix et la grosseur du pain sont indiqués (p. 381, note).

(1) Vers l'an 1300, commença la série des *Sires de Commercy*. Cette ville, connue dès le x⋅ siècle, était un fief de l'évêché de Metz. Elle eut ses seigneurs particuliers qui, en 1389, prirent le titre de *Damoiseau*. En 1444, ce domaine fut acheté pour 42,000 florins d'or par le fils de René Ier. L'étymologie du mot Damoiseau qui est *domicellus*, diminutif de *dominus*, signifie proprement *petit seigneur*. On le donnait aux fils des rois ou aux jeunes gentilshommes qui n'avaient pas encore le titre de chevalier, dignité recherchée, pour laquelle il fallait avoir fait ses preuves.

Cinquante gentilshommes du pays se liguent contre les bourgeois de Toul, partisans de Frédéric. On brûle les villages ; on ravage les campagnes : partout règne la désolation. De nouveaux gentilshommes prennent les armes. Les Messins, de leur côté, marchent au secours des Toulois. La guerre devient presque générale. Enfin les gentilshommes, battus à Dieulouard et à Gondreville, sont contraints à demander la paix qu'ils avaient d'abord refusée.

C'est vers cette époque (1329) que le peuple ignorant et fanatique accusa les juifs (1) et les lépreux d'avoir empoi-

(1) Les Israélites, sous l'ancien régime, ont été presque constamment les victimes du fanatisme catholique. Sous le gouvernement féodal (l'abbé GRÉGOIRE, t. II, chap. I, pp. 7-8), les Juifs payaient des capitations énormes ; lorsque l'un d'eux voulait se faire chrétien, à lui permis ; mais il devait indemniser son seigneur ; c'était une âme dérobée à l'enfer, mais un corps à rembourser au monde. Tel était l'esprit fiscal qui régnait alors, qu'une conversion était regardée comme une banqueroute et que le paradis même n'avait pas droit d'asile.. Peu nombreux en Lorraine, ils avaient leur siège principal à Metz où ils possédaient une synagogue, la plus ancienne de France. Au XIIe siècle (BÉGIN, *Metz, depuis 18 siècles*, t. III, p. 141), une position sociale uniforme est octroyée à la nation juive, surtout en France et en Allemagne. Sous le nom de *juiveries*, des quartiers se bâtissent et s'organisent... à des conditions qu'on leur fait payer très cher. Ces quartiers, étroits et resserrés, situés hors des portes de chaque grande ville, fermés certains jours et certaines heures du jour, présentent une infinité de petites maisons, élancées, bâties la plupart en bois, groupées irrégulièrement autour d'une synagogue. Telles, on voyait encore, à la fin du siècle dernier, les juiveries de Paris, Metz, Lyon, Avignon, Mayence, Francfort, Ratisbonne, etc. A Metz, la juiverie portait le nom latin de *Judeorum vicus* que le moyen âge a traduit par Juifrue d'où est venu le nom de *Jurue*. Chaque nuit on barrait le haut et le bas de la rue avec des chaînes. Les malheureux étaient prisonniers, à la merci des fanatiques. Ils avaient des juges particuliers, une police à eux, mais ils ressortaient des tribunaux ordinaires dans les causes qui intéressaient les chrétiens. Dans les domaines particuliers, les Israélites étaient attachés aux immeubles eux-mêmes ; on les aliénait, on les changeait, on les hypothéquait ; leur domicile était fixe comme celui des animaux livrés à la culture. Israël se trouvait heureux, à ces conditions épouvantables, d'échapper au poignard du fanatisme. (*Ibid*, pp. 141-142.) A Metz, comme ailleurs, au reste, les Juifs portaient un costume bien distinctif. Ils avaient le bonnet pointu, blanc ou jaune, espèce de chapeau de

sonné les sources, sous prétexte qu'ils avaient été gagnés par les rois de Tunis et de Grenade qui, par là, voulaient empêcher une croisade contre l'Orient, comme le bruit en

forme tyrolienne à larges bords, une blouse bleue, serrée à la taille, et par dessus, un manteau vert; des bottines jaunes complétaient l'accoutrement. (*Metz, docum. hist.*, LORRETTE.)

A Nancy et dans les environs, les Juifs, vers 1350, étaient assez nombreux pour avoir établi, près du village de Laxou, un cimetière dans un terrain qui appartenait à la commanderie de Saint-Jean-le-Vieil-Aître, et qui leur fut cédé, en 1280, par frère Guillaume, prieur de France; cession confirmée la même année par le duc Ferry III. Ce prince et son père, Mathieu II, avaient reçu dans la ville de Saint-Dié « une brigade de Juifs vagabonds, mais riches en commerces, à l'exemple de plusieurs autres villes qui *se trouvaient bien* d'avoir fait *le semblable.* » On leur céda un terrain vide dans la rue Princière, depuis la halle jusqu'à la grande porte pour y élever des maisons et on leur assigna un cimetière à proximité de la ville; mais un crime horrible (?) commis par l'un d'eux et un sacrilège dont quelques autres se rendirent coupables, excitèrent une telle indignation qu'ils furent chassés peu de temps après leur établissement. (DIGOT, t. II, p. 144.)

On exploitait ces malheureux d'une manière inique. « Chaque Juif qui entrait dans Metz payait trente-trois deniers, tandis qu'un cheval n'était taxé qu'à quatre deniers. » (VIVILLE, I, p. 82, note.) « Au XIV° siècle (*Hist. de Metz*, t. II, p. 502), c'était un usage que tout Juif qui entrait dans Metz payât trente deniers… »

Vers le commencement du XIII° siècle, Philippe-Auguste ayant expulsé les Juifs du territoire français, après avoir eu grand soin de les dépouiller de leur or et de leur argent, et de charger leurs débiteurs de l'obligation de payer les dettes contractées envers eux, les Juifs durent quitter leur demeure de Jurue qui devint la propriété d'une des puissantes familles messines. Dès le XIII° siècle, on trouve le paraige de Jurue.

Louis-le-Hutin permit aux Israélites de rentrer en France pour treize ans; mais on leur imposa, comme marque distinctive, une espèce de rouelle de couleur tranchée, une espèce de cocarde, en un mot. Metz vit alors les Juifs rentrer dans son sein. Ajoutons que, dans un recueil, connu sous le nom de Hagahât Mordechaï Kiddouchin, n° 661, un rabbin, consulté sur cette question : le duc de Lorraine exige que les Juifs qui demeurent dans ses États fassent revenir tous ceux qui ont quitté la Lorraine pour aller s'établir dans les domaines d'autres seigneurs moins importants que lui, sous peine d'expulsion de tous, le rabbi répondit affirmativement à ses coréligionnaires. Ce qui prouve que le duc Ferry III, croit-on, vers 1270-1280, voyait une source de revenus dans la présence des Israélites. (*A. L.*, an. 1875, pp. 167-168.)

courait. Il se trouva des juges qui osèrent condamner ces infortunés. On les brûla vifs et l'on s'empara de leurs richesses, seule cause sans doute de cette hécatombe inique (1).

Emporté par l'esprit de famille, comme, au reste, cela se faisait dans presque toutes les guerres du moyen âge, Ferry conduisit (1322) en Bavière, au secours de son beau-frère Frédéric d'Autriche, un corps considérable de noblesse. Battus dans les plaines de Buchwise, entre Muhldorff et Ottingen, les deux parents tombèrent entre les mains de Louis de Bavière. Ferry n'obtint sa liberté que grâce à la médiation du roi de France et sous la promesse d'une neutralité absolue dans l'avenir.

Comme on le voit, les rapports entre les ducs de Lorraine et les rois de France devinrent de plus en plus étroits et intimes. Les villes épiscopales imitèrent cet exemple. Loin de se rapprocher de l'Allemagne, le pays lorrain s'en éloignait, lui tournait le dos, pour aller vers son centre d'attraction naturel, la France.

Ferry fit des donations de quarante et de cent sols à toutes les abbayes et prieurés du pays. (BÉGIN, p. 30.)

Il eut un fils naturel Aubert, dit le Bâtard de Lorraine.

LÉGISLATION. — Sous Ferry IV on édicta les lois suivantes : .

Peine de fouet contre les faux monnoyeurs. — Celui qui volera dans la chambre ou l'hôtel du duc, payera au double la chose ou sera estraint de verges et corgies, au dire et volonté du Mayeur, s'il n'a pu faire payement et rançon.

(1) On accusa alors (D. CALMET, t. II, p. 485) les lépreux d'avoir jeté, sur le conseil des Juifs (sic), du poison dans plusieurs puits et plusieurs personnes en moururent. Il y avait alors bon nombre de Juifs à Metz, comme il y en a encore aujourd'hui. Il est croyable (sic) qu'ils engagèrent les Lépreux des environs dans leur complot, puisque la chronique de Metz met en cette année le supplice des lépreux. Ils furent brûlés vifs, aussi bien que les Juifs, leurs complices... « En 1330 (?), disent les *Chroniques de Metz*, furent ars certains bigots, au nombre de sept, qui jetoient dans les puits des venins et sorceries pour empoisonner les eaux. » (DIGOT, t. II, p. 147.)

Celui qui insultera une femme à l'hôtel du duc, payera trois fois l'amende qu'il auroit payée partout ailleurs.

Les tabellions ne pourront faire inventaire, sans être accompagnés du maire et du juré du lieu.

Ils ne stipuleront nuitamment aucun contrat, excepté les testaments et les contrats qui demandent célérité.

Autre loi d'après Thirial. — Attendu que les sieurs de la chevalerie et nobles qu'avoient fiefs étoient en us et coutume d'appréhender au corps et nourir en leurs prisons, les susdits serfs et cultivateurs, sans qu'aucun pût en entendre chose quelconque, ce dont li pauvre peuple étoit en grandes clameurs et requérantes. Il fut dit et ordonné : — Ne devront, pour engageure ni butin, ni engin qui sont d'usage en labeur, ni être appréhendé au corps pour leur débit (dettes) et forcé en payement que ce soit, voir que ce soit pour mien ou pour autre aucun serf qui feroit en métier de faire labeur en terres, et voir ez vignes.

Belle reproduction de l'édit de Louis X, le Hutin, qui, à l'article XI défend, sous quelque prétexte que ce soit, et sous peine du quadruple, de troubler les laboureurs dans leurs travaux, de s'emparer de leurs biens, de leurs personnes, des instruments de culture, des bœufs, etc.; c'est ainsi que le pouvoir central, de plus en plus puissant, protégea l'agriculture, cette base fondamentale de la prospérité des États et des particuliers. C'était le fruit nécessaire de l'affranchissement ; les vertus sociales commençaient à germer avec la liberté ; la sûreté publique ne devait pas tarder à s'établir.

Trois Évêchés. — *Metz.* — A peine libre, Ferry, à l'instigation de l'évêque de cette ville (1), entra dans une ligue

(1) L'évêque Henri reprochait aux Messins d'avoir créé vingt-six prud'hommes, qui empêchaient les Treize d'exercer la justice ; de s'être attribué la moitié des amendes qui appartenaient toutes à l'évêque ; d'avoir ordonné que les cens acquis par les ecclésiastiques le seraient à perpétuité ; de s'être emparés d'églises dépendantes de l'évêché ; d'em-

formée contre la République messine, entre le comte de Bar, l'archevêque de Trèves, Jean, roi de Bohème et duc de Luxembourg. « Les confédérés vouloient, dit une chronique, prendre et subjuguer la cité de Més, en abattre les murailles, la butiner et mettre en subjection, et en demeurer seigneurs et maistres eulx quatre (1324). »

Les Messins informés de cette redoutable coalition, cherchèrent, mais en vain, à en détacher leur évêque, par le don de quinze mille livres, comme *défenseur et sire du pays.* Renfermés et assiégés dans leur ville, ils se défendirent courageusement avec sept cents « soldairs » à cheval (1), re-

pêcher que les héritages non acceptés dans l'année passassent entre les mains de l'évêque ; d'obliger les prêtres à administrer les sacrements aux usuriers, à plaider devant eux en matière ecclésiastique, etc. ; d'avoir banni des prêtres ; d'être entrés dans les fiefs de l'évêque ; de défendre aux ecclésiastiques d'acquérir des biens à Metz ou aux environs ; de contester à l'évêque le droit d'hériter des prêtres morts sans testament, etc.

Quant aux princes confédérés, ils n'alléguaient guère que des prétextes spécieux pour déguiser l'alarme que leur causait la puissance toujours croissante de la République messine. Ils lui reprochaient d'avoir acquis, dans leurs terres, des fiefs et arrière-fiefs sans leur autorisation et demandaient qu'on abolît les amans, qu'on ne pût arrêter pour dettes aucun de leurs sujets, etc.

(1) Huguenin *Chron. de la Ville de Metz*, 1848, p. 43) raconte ainsi les ravages des coalisés :

« Quant le roy de Bohème et le comte de Verdun eurent envoyé leurs defliances et incontinent par leurs gens, firent boutter le feu ez villaiges du pays et terres de Mets ; ils se vinrent logier à Mancourt... Et, pour récompense du boing logier qu'ils y prindrent et réception que les pouvres gens leur firent, ils brullerent et mirent en feu et flammes tous les manoirs dudit villaige.

« De Mancourt se portont et vindrent logier ces deux seigneurs à Malleroy et leurs gens se espandirent en villaiges à l'entour, et mirent le feu partout ; et estoit grosse pitié pour les pouvres gens qui n'avoient cause de leur fellonnie et maulvois voulloir : de quoy après aulcuns d'eulx en recouprent leurs loyers (1324).

« Le samedi ensuivant, ledit roi de Bohème, l'archevesque de Trèves et ledit comte de Bar eurent nouvelles que le duc de Lhoraine venoit et navoit avec luy au moins dix banières en sa bande, ils vindrent par le Salnois (vallée de la Seille), brûlant, pillant les villaiges où ils passoient et faisoient œuvre inhumaine, et, à *leurs œuvres, Sarazins*,

poussèrent les confédérés et allèrent à leur tour assiéger Sampigny, place forte à deux lieues de Saint-Mihiel. Dans cette défense de Metz, le sire de Bitche qui, avec son armée était au service de la cité, « fist ouvrir la porte de Rengemont avecque serpentine et canon qu'il avoit, dit la chronique, vindrent où étoit l'ennemi et tirant plusieurs copt d'artillerie et en tuont beaucoup ; de quoy le roy de Bohême véant ainsi cez genz tuez et murdriz, en fut si fort marris qu'il fit corner la retraicte (1).

La trahison de leur maître-échevin qui passa à l'ennemi avec une partie des troupes sous ses ordres, n'abattit pas le courage des Messins. Retirés derrière leurs murs, ils repoussèrent toutes les attaques de coalisés qui brûlèrent le faubourg Saint-Julien et dévastèrent tout le pays. La vigoureuse résistance des Messins décima leur armée, et la paix fut signée sous la médiation d'Amédée de Genève, évêque de Toul (1325). Metz dut payer quinze mille livres bons petits tournois vieux... Dans cette guerre... « les poures gens, par le pays, se trouvèrent moult esbahis. Laissèrent tout, bestes et bien, fors les enfans, sans prendre rien, car tous les grains

Turks ou Juifs (pauvres juifs) (?), *ne sceussent pire faire...* » (p. 44).
Partout ils boutterent le feu (PHILIPPE DE VIGNEULLES) ; partout où ils trouvoient ces pauvres gens des villaiges, ils frappoient dessus, les tuant et meurtrissant inhumainement comme bestes, et brulloient tout et n'y laissant maison entière.
(1) Selon Viville (p.97), les Messins firent usage de l'artillerie, en 1323; les Français, en 1339 ; les Maures d'Espagne, en 1343 ; les Vénitiens, en 1380 ; les Anglais, à Crécy, en 1347. Citons, comme particularité étrange le règlement qui, en mai 1306, fixa le prix des joyaux que l'on pouvait donner aux femmes que l'on vouloit épouser. (*Hist. de Metz, Preuves*, t. III, p. 279.)
Complétons cette peinture des usages de l'époque par le fait suivant, raconté par Digot (t. II, pp. 388-389). En 1318, Albert de Thélod arrêta Willaume, abbé de Saint-Epvre, contre lequel il nourrissait une haine profonde et lui coupa le nez, une main et un pied. Willaume mourut au bout de peu de jours. Le meurtrier parvint à éviter un châtiment, en cédant à l'abbaye une rente de quinze livres destinée à la fondation d'une chapelle dont les abbés de Saint-Epvre eurent la collation.

furent ars ès granges, et perdues toutes les vendanges..., » etc.

Toul. — L'évêque de Toul, Amédée de Genève, refusa de payer à Ferry, les cent livres de pension annuelle promises par l'un de ses prédécesseurs. Le duc, aidé par la bourgeoisie, pénètre dans Toul à la tête de quarante cavaliers (1) bien armés, entre dans la cathédrale suivi de tous les magistrats, jure sur les livres saints de ne point attenter aux franchises de la cité et accorde ensuite aux citoyens, moyennant finance, le protectorat repoussé par leur évêque. Celui-ci fulmina menaces et censures, mit la cathédrale en interdit et courut implorer le secours de Philippe de Valois, déclaré gardien de son église. Le comte de Bar joignit ses forces à celles de Ferry. Après des courses désastreuses sur les terres des deux partis, les deux princes lorrains envoyèrent des excuses au roi de France qui leur pardonna. Ils se joignirent ensuite à lui pour faire la guerre aux Flamands révoltés. Ferry trouva la mort et Édouard fut blessé à la bataille de Cassel (1329). Selon Saint-Mauris (t. I, p. 190, note), Ferry, de son propre mouvement avait fait ratifier son testament par Louis X. Dans cet acte (HUGO) il avait

---

(1) Ce petit nombre de guerriers enregimentés ne doit pas paraître étrange. A cette époque, les ducs, de même que les évêques et autres seigneurs féodaux n'avaient, en dehors de quelques serviteurs et vassaux, que les milices de leurs domaines. (*A. L.*, 2ᵉ an., p. 146, note.) On complétait la petite armée par des *morte payes*, soldats engagés moyennant une rétribution pour garder les portes et les murailles des places fortes. A Metz, on leur donnait le nom de *soldoyeurs*. Les ducs de Lorraine n'avaient pas d'armée permanente, et, en temps de guerre, ils prenaient à leur service de ces compagnies d'aventuriers dont le métier était de se louer au plus offrant. On voit, par exemple, dans les comptes de 1551-1552, des mentions de dépenses faites pour enrôler des soudards (*soldats*) lansquenets et des piétons allemands. Les troupes régulières, si l'on peut se servir de cette expression, ne se composaient que des archers de la garde, des compagnies de retenue de l'artillerie et de la compagnie du prévôt des maréchaux, laquelle faisait à peu près les fonctions de la gendarmerie actuelle...

soigneusement pourvu son fils naturel, Aubert, marié à Alison d'Haraucourt. (*Ibid*, p. 133.)(1)

Verdun. — L'évêque, Henri d'Apremont, acheta aux bourgeois la vicomté qu'ils possédaient depuis soixante-sept ans, et le revendit, à condition qu'ils emploieraient les revenus à la réparation des murailles de la ville, et qu'un prud'homme, choisi par eux et agréé par l'évêque, pourrait seul être revêtu de cette dignité. Le comte, Edouard de Bar, protégeait l'évêque contre la bourgeoisie ; celle-ci, de son côté, se mettait, moyennant huit cents livres de pension annuelle, sous la garde de Louis-le-Hutin.

Comme on le voit, partout, à Toul, à Metz et à Verdun, les potentats extorquaient aux bourgeois, de mille manières, l'argent que l'industrie et le commerce faisaient affluer dans ces trois cités libres et républicaines.

AFFRANCHISSEMENTS. — Au temps de Ferry IV on trouve, dans les titres, des actes d'affranchissements faits par les vassaux du duché de Lorraine et les comtes de Bar. Les seigneurs soumettaient les localités les plus importantes de leur obéissance à *certaines assises*, lois et redevances particulières. Ainsi, en 1323, Edouard, comte de Bar, affranchit les habitants de Stenay. L'année suivante, Simon, comte de Sarrebrück, affranchit ses sujets de Commercy, du consentement de Mahaut d'Apremont, sa femme, et de Jean, leur fils. On n'exigeait d'eux, au lieu *du plus ou du moins, du haut et du bas*, que quatre sols par conduit (maison) et un chapon par an.

Commerce.— Industrie. — Dans ce siècle, comme dans les précédents, la fabrication du sel continuait à occuper une

(1) Ce bâtard, devenu plus tard un personnage, attaque, en 1345, Philippe de Bayon, supérieur de l'abbaye de Saint-Dié. Celui-ci fulmina contre lui et ses adhérents l'excommunication. Il défendit d'administrer dans toute sa juridiction d'autres sacrements que ceux de Pénitence et de Baptême ; il interdit la célébration des messes et ordonna qu'aux heures auxquelles on avait coutume de la dire, les curés à la face de leurs troupeaux renouvelassent l'excommunication. (HUGO, p. 139.)

foule d'ouvriers. Il y avait des salines à Vic, Moyenvic, Marsal, Salonne, Dieuze, Rozières, Albe, Morhange, Amelécourt et ailleurs. Le fer était exploité avec succès dans divers lieux, notamment à Framont, près de Senones.

Verdun entretenait des relations commerciales assez étendues ; aussi lorsque les évêques se brouillaient avec les bourgeois, ils se hâtaient de bloquer la ville. L'interruption des communications obligeait les Verdunois à venir à composition. Neufchâteau faisait un trafic considérable surtout avec la Champagne. Philippe et Charles-le-Bel prirent les négociants sous leur protection spéciale. Sarrebourg était fort commerçant. Un assez grand nombre de marchands étrangers venaient habiter momentanément Metz. Cependant les négociants étaient encore parfois exposés à être volés et pillés. C'est ainsi qu'en 1251, Mathieu II prit l'engagement de faire restituer au chevalier Houard de la Feuillée ce qu'il avait volé à des marchands étrangers, passant en Lorraine, pour se rendre aux foires de la Champagne, savoir : huit marcs d'argent, quinze cents esquirelles (peaux d'écureuils), cinq pièces de toile de cinquante aunes chacune, quarante aunes de drap gris d'Allemagne et un cheval. (DIGOT, t. II, p. 155.)

Agriculture. — A cette époque, comme précédemment, les vassaux usaient en commun avec leurs sujets des pâturages et des bois des lieux soumis à leur domination. Dans ces sortes de domaines, comme dans ceux des ducs, cette coutume a été l'origine de nos communaux de paroisse. Dans un accord de 1314 on remarque que Henri, sire de Blâmont, règle et délimite avec l'abbé de Haute-Seille et le comte de Salm, des droits de pâturage et de glandée communs entre lui et ses hommes ou sujets.

De 1328 à 1346 : Raoul.

Femmes : ALIÉNOR DE BAR. — MARIE DE BLOIS.

SOUVERAINS ET PRÉLATS LORRAINS CONTEMPORAINS

ROI de France.	EMPEREUR d'Allemagne.	COMTES de Bar.	COMTES de Vaudémont	ÉVÊQUES		
				de Metz.	de Toul.	de Verdun.
PHILIPPE VI.	LOUIS de Bavière.	EDOUARD Ier	HENRY III.	LOUIS de Poitiers.	JEAN d'Arzillières.	NICOLAS de Neuville.
		HENRI IV.	HENRY IV.			
		EDOUARD II		ADÉMARE de Monteil.	THOMAS de Bourlemont.	HENRY d'Apremont.

SOMMAIRE. — Isabelle d'Autriche, régente, par l'assentiment des États (Assises). — Guerre contre Bar - Toul contraint à payer cent livres annuellement. — Nouvelle guerre contre le duc de Bar. La Dame de Vendières. Raoul en Espagne et en Bretagne. - Sa mort à Crécy. — Son testament. Son épitaphe à Beaupré. Fondation de la Collégiale Saint-Georges. — Création des corporations de marchands. — Confréries. Jean de Maron.
Lois et Règlements promulgués sous ce règne.
Trois-Évechés.- *Metz.* Révolte des bourgeois contre l'évêque. — Il rentre à Metz le jour des Palmes (Rameaux).— *Toul.* Trois révoltes des bourgeois contre leurs évêques. — *Verdun.* — Insurrection provoquée par les brutalités d'un clerc. — Excommunication. — La ville de Verdun prise et domptée. — Nouveaux mouvements en 1336. — Trois compétiteurs se disputent le droit d'exploiter le peuple.

Notes. — La Vendière à Saulrupt. — Prise de son château. — Trois lettres d'Alix à Raoul. — Alix circonvient les ouvriers de Mirecourt. — L'évêque de Metz protège des brigands. — Amelincourt. — Dons de Raoul à la Collégiale. — Formalités de la prise de possession du duché. — Prérogatives de Saint-Georges. — Don d'un mainmortable. — L'umbillique. — Confrérie. — Sa signification. — Roi des Merciers. — Femmes brûlées à Metz. — Gruyer. — Ouvriers en bois.

« A la mort de Ferry IV (HARAUCOURT, pp. 18-19), la tutelle n'ayant pas été fixée par testament du duc, furent convoqués au château de Saulrupt, gentilshommes, chevaliers et escuyers, par li sires : Mathieu, sire de Teintru, Hue, sire de Revigny ; li sires du Chastelet, Bafremont et Vadémont, et feut la mainbornie (régence, tutelle) acquise et baillée, comme estoit d'ancienneté us et costume, à puissante dame et haulte princesse Isabelle que feut assurée de conseils et bons avisements que pouvoient ly par fournir reverendissime Évêque Thomas Borlemont de Toul, qu'estoit à l'assistance et que signa ainsi que firent autres présents. »

Marie s'engagea (NOEL) à garder... « toutes les franchises et toutes les libertés de la duchié, des nobles, des religions, des églises, de toutes bourgeoisies et communes... »

Les premières années de ce règne furent paisibles, et par cela même heureuses. Raoul épousa, en 1329, Aliénor de Bar qui mourut sans enfants, et, en 1334, Marie de Blois, nièce du roi de France.

Le refus d'hommage de Henri IV, comte de Bar, à Raoul, et de Raoul à l'archevêque de Trèves, pour quelques fiefs de la Lorraine et du Rhin, amena une guerre acharnée pendant laquelle les rives de la Moselle et de la Meuse ne présentaient que des scènes de désolation. La paix était à peine conclue que Raoul contraignit les Toulois à le reconnaître pour gouverneur et à lui payer une pension de *cent livres,* par suite de *traités* faits avec son père et son aïeul.

A la demande de Thomas de Bourlemont qui désirait s'en faire un rempart contre la Lorraine, le comte de Bar avait relevé la forteresse de Liverdun ruinée par la régente. Raoul protesta, et obtint le retrait de la garnison. Le retour des soldats dans la forteresse fit éclater la guerre. Raoul (CHEVRIER, t. II, pp. 124-25, etc.), fondit avec quelques mille hommes sur tous les villages et petits châteaux qui environnaient Pont-à-Mousson. Tout devint la proie du soldat excepté la Dame de Vendières qui fut celle du duc (1). Après avoir sou-

(1) Lisons la suite de cet acte dans Thierriat : « La dame main bourge avoit requis et voulu que le chastel de Liverdun qu'apportoit gène et grand dommaige à ceux qu'estoient de Lorraine, fût rasé et déconfit : ce fut fait ainsi sansdire gare à qui que ce soit. Le Borlemont (Thomas, évêque de Toul) ne put endurer chose pareille, et fit traité et pacte avec ceux de Bar, et fut par accord ledit Live dun mis en mouvance ès mains du comte, et fut le chastel, ainsi qu'avoient iceux réglé et promis, parfait et refait, et ne manqua chose quelconque. Furent engins de guerre mis en tel point, que fut grand dépit à Mgr Raoul, et ne put s'en tenir qu'il n'en tira vengeance. Pour ce, fut envoyé en la ville de Toul, certain brave et loyal serviteur, qu'on nom-

tenu une espèce de siège dans son château, elle demanda à parler au commandant, et ainsi naquit une liaison qui dura assez longtemps. « Le viol qui suivoit ordinairement ces exécutions militaires n'eut point lieu à Vendières. La Dame du lieu paya pour son peuple. » (1)

moit le capitaine Brunet, et avait en sa suite quarante qu'estoient de son choix. Fut par l'évêque Borlemont averti et promis qu'il seroit couru sus en son bien et revenu si n'estoit le chastel dudit Liverdun remis à Monseigneur. De ce fait, qui fut bien esbahi, ce fut le Borlemont, car n'avoit encore reçu telle menace, et *de ce ne s'étoient encore avisés nos seigneurs ducs*, encor que ce fût meilleur moyen que fut d'amener ledit Borlemont, et tous austres qu'avoient, ainsi qu'avoit malins vouloirs de porter troubles et dommaiges en la duché. » (Pp. 63-64.)

(1) Raoul (CHEVRIER) avait alors dix-huit ans et Mme de Vendières quarante. Thiriat assure qu'elle était belle et qu'elle écrivit « mieux du monde, ce que vérez par bonnes et blandicieuses lettres de sa main ». Raoul n'osa l'amener à Nancy et la logea au château de Saulrupt... « Le duc partageoit son temps entre la piété et l'amour, l'une l'engageant à des fondations, et l'autre le menoit au château de Saulrupt dont sa Dame étoit moult courroucée, » dit Thierriat. (CHEVRIER, p. 129.)

Le récit d'Haraucourt de cette intrigue amoureuse offre une image saisissante des mœurs et du langage du temps, et mérite, à ce double titre, une digression :

Avoit le millième de l'an 1331 quand feut prins et ferri lidit chastel de Vendières, que feut défendu bravement et loyeusement par gentille et belle dame qu'en estoit Dame et avoit nom Alix de Champé, viduité (veuve) et relicte du sieur Vendières. Et feut li duc Raoul moult amoureusement abeuris de la dite dame, et avoit bien raison, car ne feut onc en nos pays tant belle et qu'est tant gentil corsage et sçavoir, en tant qu'est passé en prouverbe et dicton ez pays, quand voulons dire bien, disons que femme est belle à point d'Alix et qu'a esprit et sçavoir d'Alix. Falloit qu'en eust grandement, en tant que supplanta la femme de monsignor Raoul, que n'en manquoit onc et fust moult gentille et désireuse ez doux ébats et plaisirs d'amour, qu'aymoit par trop, mais onc néant (n'ayant) doulcereuses paroles qu'avoit Alix. La Dame du duc (THIERRIAT), en ayant avis, ne povit tenir en place et estoit moult en courroux, car estoit icelle jeunette et de bon apoint pour mari; mais fallu qu'elle s'en consolât, car n'en fut aultrement.

Après avoir dit que... le chastel... qui n'est loin de Nancey fut baillé à icelle où elle fut grandement accoutrée, traitée et visitée par monsignor qu'en eut moult plaisir, l'auteur ajoute que Raoul lui écrivoit et en recevoit des lettres tous les jours. Haraucourt en avoit vu plusieurs dont il avoit trois, les autres étant entre les mains du sire de Tillon, son ami, qui les lui avoit données. Au sujet de ces lettres il dit : « que femmes qu'en ont doulces accointances d'amoureux et que veulent bien dire et bien faire, onc ne feront mieux qu'apprendre en mémoire et souvenance ce qu'écrivoit Alix à son bel ami, ainsi qu'on va voir.

Première. — Mon bien aimé seignor, seré tousjours vostre; ains, si n'avois votre doulce accointance, de qu'eux (quel) prix seroit le jour qui me luit, que me seroit la nuict qu'amene doulceur et plaisir à doulce jouvencelle. Soiés mien ; vos doulces amours me sont plus que richesses et accoustremens. Accoustremens ne sont plaisirs ; plaisirs sont en doulces paroles et doux baisers qu'ai donné et qu'ai reçu de mon doux ami. Le mien

Le comte de Bar usa de représailles. En peu de temps la Lorraine et le Barrois furent en feu. Les bourgs, les villages, les campagnes se virent dévastés dans les deux pays et devinrent déserts. Philippe de Valois fit consentir une trêve en 1337. (CHARTON, *Anciennes guerres en Lorr.*, p. 87.)

Il fallait aux princes de cette époque presque barbare des combats périlleux et des aventures étranges; quand leur propre pays était en repos ils allaient les chercher au loin. Ainsi Edouard V, comte de Bar, parti de ses Etats avec une foule de nobles chevaliers pour délivrer Athènes prise par

fidel serviteur que vous porte ceste, m'est témoin qu'ai baisé à tant et baisé benoiste et gracieuse escriture que m'avis faite, et vous attends à la couchée di soleil, et le mien cœur en bondit d'aise dont ne doutés. Ne doute du vostre.

Autre. Ne versés pleurs, mon bel ami, larmes de vous sont trop poignantes. Le bel accoustrement que vostre femme a mis en souciance et que veut avoir, baillé li. Ne or, ne pierreris n'ont en pouvoir de faire mon cœur; m'aimés en blanche chemisette, et me suffit. Se quarante années, n'ont en moy osté que fleurettes de jouvance, ne les envie, ne les regrette; mon cœur n'est vieux, gentil corsage n'est décrépit et duit à mon ami. N'ai de désireux vouloirs que d'aimer vous, et tant que serés (serai) vostre doulce amie, ne sera peinée, ne pleurs pour mi.

Autre. — Not petit Aubert, mon doulx ami, et la Janeton, ont fait, sur le déjeuné, rencontre de vot femme, qu'a caressé et baillé bijotteries et seuereries à Aubert, et a ploré vot femme, en devisant; devoit estre mien. Et a fait question et demandé à Janeton, et dit, à souventes fois : C'est donc tant belle, ta dame, que soit mieux a point que ne suis ? Janeton n'a répliqué aultre que disant : Alix est tant bonne, elle est tant bonne que ne sauriez croire. A ce, vot femme, a ploré en plus. Adonc ne pouvons cacher ce qu'est fait, et ne croiés que me pardonne. Dame qu'est jeune et qu'a désir de benoiste caresse, a cœur grevé et ne pardonne à doulce amie de son seigneur. (Pp. 20-21.)

Le dénouement de ce drame d'amour est raconté en ces termes par Thierriat :

Le duc Raoul, beau-frère de Charles de Blois, était vivement pressé par celui-ci et le roi de France pour leur porter secours. Raoul auroit bien voulu rester en Lorraine ; mais madame sa femme le prioit fortement et pressoit qu'il partit, non tant peut estre aux fins que secourut son frère, mais que fist rage et despit à la Vendière. Icelle Vendière ploroit et faisoit plorer son petit Aubert...; ce qui tenoit le duc en grand arroux et fut contraint de faire sourdement travailler à ce qui estoit nécessaire pour le susdit voyage.

Raoul mit en œuvre des ouvriers de Mirecourt très-habiles ; Alison n'eut cesse que ne vinst en la cité dudit Mirecourt un sien serviteur qui fit par belles promesses, par bénins discours ainsi que par moult d'argent et sommes d'or accoustrèrent et firent que lesdits mon ouvriers et ouvreurs que travailloient ez harnois et équipement de guerre furent en grand retard, de quoi les miens ont esté témoins. Mais fut force au duc de partir et ne fut delay en plus, car maints messagers s'estoient venus de France dont fut grosse douleur et cuisant désespoir à la Vendière qui, en despit, print le voile en religion au département du duc, et disoit tousjours qu'elle ne verrait plus ni li ni elle ; ce qu'advint, car moururent tous deux à peu de temps.

Raoul dut rejoindre l'armée du roi de France sans emporter avec lui les armures commandées aux habiles ouvriers de Mirecourt, et qui l'auraient peut-être empêché d'être tué, le 26 août 1346, à la bataille de Crécy. (*A. L.*, an. 1877, pp. 53-54.)

les Turcs, périt dans l'île de Chypre où l'avaient jeté des vents contraires.

Quant au duc Raoul, il courut en Espagne au secours d'Alphonse de Castille attaqué par les Maures, remplit la Péninsule du bruit de ses exploits et détermina le succès de la fameuse bataille de Gibraltar où deux cent mille Maures furent mis en déroute (1340). De là il vole en Bretagne où il rencontre le comte de Vaudémont qui, comme lui, guerroye contre Montfort au profit de Blois, assiège Nantes et prend Chantoceau. On assure même que Raoul fut au nombre de deux cents chevaliers français contre lesquels luttèrent autant de bretons qui furent défaits et tués.

Des actes d'hostilité de l'évêque de Metz (1) et du comte de Bar qui dévastent les environs de Nancy (Digot) rappellent le duc dans ses États. Raoul défait les agresseurs, et, malgré les bravades du prélat qui le défie personnellement, il le force deux fois à lui demander la paix (2).

Après quelques années de tranquillité, Raoul, emporté par son humeur belliqueuse, répondit à l'appel du roi de France, son ami, alla se ranger sous les drapeaux de Philippe de Valois contre le roi d'Angleterre, et, comme son père à Cassel, fut tué au désastre de Crécy où les Anglais triomphèrent grâce à l'artillerie dont l'usage était nouveau.

(1) Thierriat explique ainsi l'hostilité de l'évêque de Metz :
... « Adhémar de Monteil, évêque de Metz, avait pris en amitié les sires de Belrouart qui ravageoient la Lorraine et « qu'estoient grands voleurs si fut jamais, et mirent à mal mercanteurs et forains dont vinrent plaintes au duc et projet de faire représailles. » (P. 65.)

(2) Une des principales causes de l'irritation de l'évêque contre Raoul venait de ce que la duchesse régente avait fait bâtir, près d'Amelincourt, dans un lieu important par les salines qu'on y découvrit, un château nommé aujourd'hui Château-Salins. Adhémar, jaloux, éleva, non loin de là, la forteresse de Beaurepaire.

Le roi de Bohême, nommé arbitre après la cessation des hostilités, ordonna qu'au lieu de Remberviller et Moyen, cédés au duc de Lorraine, Adhémar laisserait à Raoul, en toute *hauteur*, Turquestein et tout ce qu'il possédait dans le territoire de Metz (25 juin 1345). (Hugo, p. 138.)

Les comtes de Salm, de Vaudémont, et une foule de seigneurs lorrains périrent à côté de leur duc dans cette néfaste journée (1346).

Raoul avait fait des prodiges de valeur. L'historien de sa vie le compare à Judas Machabée, et prétend que si les autres guerriers eussent agi comme lui, les Anglais n'auraient pas tenu devant eux, *non plus que la perdrix devant l'oiseau de proie.* — Ce duc était généreux et *large donneur*, et surtout vaillant et brave, un *autre Roland* au dire des chroniqueurs.

Dans le testament qu'il fit la veille de la bataille (CHEVRIER, t. II, p. 134) (1), « il est question de chevaux, de nonnes, de prêtres et de bâtards, mais aucunement de l'infortunée Mme de Vendières. » Il légua au fils de cette maîtresse aimante et dévouée soixante livres de forts, jusqu'à ce qu'il fût en possession de quelque bénéfice. (HUGO, p. 141.)

En 1339 Raoul fonda dans son palais de Nancy un chapitre qui prit le nom du guerrier saint Georges.

Le souverain en fut le premier chanoine et Mathieu de Lenoncourt le premier prévôt (2). Raoul, en même temps

(1) On lisait sur son tombeau, à l'abbaye de Beaupré :

    A Crécy bien se défendist :
    Toutes les batailles fendist ;
    Si mourut, n'en soit reprouché,
    Trouvé fust le plus approuché
    Des Angloys. . Ci en gist le corps,
    Dieu lui soit miséricors!

(2) Au mois de juin 1345, Raoul assigna à l'église Saint-Georges au prévôt et au chapitre pour prix de cent neuf livrées de terre à tournois, le bois Franoul près de Xarmaménil, le bois Franouzel, sis au ban de Gerbéviller, le bois de Banaul, ban de Lunéville, etc. (*A. L.*, t, I, p. 163.)

Le duc assigna également au prévôt de Saint-Georges, vingt livrées de terre à petits tournois à prendre sur le passage des halles à Nancy, « et veut qu'on ne puisse ajourner, ni appeler, ni juger le prévôt par un *homme de potée* mais par un homme noble, en la manière que l'on appelle et ajourne les anciens nobles de son duché. (*Ibid.*, p. 259.)

Le duc Raoul, les papes, les évêques de Toul accordèrent à la collégiale force prérogatives. A partir de la seconde moitié du XVIe siècle, les évêques de Toul cherchèrent à révoquer les concessions faites autrefois. Ainsi le dimanche 2 octobre 1611, tandis que le duc Henri et toute

qu'il en donne l'exemple, veut que tous ses successeurs se rendent à Saint-Georges à leur entrée publique à Nancy, qu'ils jurent de maintenir les privilèges de cette église, et

sa cour assistaient à l'office de la collégiale, l'évêque, M. des Porcelets de Maillane, monta jusqu'au chœur, et saisissant par son surplis, le prévôt du chapitre, Jean de Mousson « tâcha de le déplacer de son siège ». Le prévôt résista, en disant qu'il était à sa place et que là ni ailleurs n'avait rien à lui commander, « n'étant point son juridicable. » Néanmoins, sur l'invitation du duc qui voulait éviter le scandale, Jean de Mousson, par déférence pour le prince, quitta le chœur, mais sans vouloir y reprendre sa place. Le conseil du duc interrogé donna tort à l'évêque. (Ibid., 255-56.)

... Outre des biens et revenus considérables dans divers villages, Raoul donna à l'écolâtre, un homme mainmortable de Laneuveville, lequel sera obligé de servir toute sa vie ledit écolâtre, lequel sera remplacé par son ainé, et à défaut d'hoirs mâles, le seigneur du Neuveville sera obligé d'en fournir un autre pour servir comme ci-dessus est dit. (Ibid., 266...) L'écolâtre, outre d'autres privilèges exorbitants, avait le droit d'inspection des boutiques de libraires afin de s'assurer s ceux-ci ne mettaient pas en vente des ouvrages contraires aux mœurs et à la religion catholique, apostolique et romaine (p. 266).

Une contestation au sujet d'une relique fit écrire au prévôt de Saint-Georges (vers 1696 ou 1699) une note dans laquelle il est dit : — « L'évêque de Toul me fit signifier de ne plus exposer une relique très révérée chez nous depuis trois ou quatre siècles, qui est une partie de l'*umbillique* de Notre-Seigneur, ou pour mieux s'expliquer une partie du boyau sacré par lequel Jésus-Christ recevait sa nourriture des entrailles de la sainte Vierge, pendant le temps qu'elle a eu l'honneur de le porter. Cette relique est enfermée dans un cercle d'or, lequel est soudé sur une figure du petit Jésus aussi d'or pur à l'endroit de l'umbillique ; cette figure est attachée dans une pierre d'un grand prix, faite en forme de cadre, et le tout dans une chapelle d'argent fort artistement faite, de la hauteur de deux pieds.

Cette relique a toujours été grandement révérée en notre église de Saint-Georges, tant par les princes que par le peuple, une fois l'année qu'elle est exposée, savoir à la messe de minuit... L'autre partie du dit umbillique, autrement la sainte *Boude*, est à Notre-Dame de Populo à Rome, et quand on la reconnait dans certains temps de l'année, on dit que pareille partie est à Saint-Georges de Nancy, où elle est parvenue par don d'un empereur de l'auguste maison d'Autriche (pp. 275-76).

Entre autres reliques, la plus importante et la plus précieuse de toutes était la cuisse, ou comme on l'appelait le cuisseau de Monsieur Saint-Georges, dont le roi René avait enrichi la collégiale. (Ibid., p. 276.)

Constatons ici, en passant, qu'à Metz le premier janvier, jour de la

que le cheval sur lequel ils seront montés appartienne aux chanoines. Cet usage s'est conservé depuis cette époque jusqu'au règne de Stanislas. Le serment devait être prêté également par les baillis et échevins de Nancy. Raoul permettait aux évêques de Toul de mettre les biens du duc en interdit si le serment n'était point respecté. (NOEL, *Mém.* VI, p. 121.) (1)

LÉGISLATION. — Sous ce règne on promulga les lois et règlements suivants :

Règlement contre les incendiaires : leurs biens seront confisqués, et eux mis à mort, leurs corps privés de sépulture.

Celui qui fera magie, sortilège, billet de sort, pronostic

Circoncision, on exposait sur le maître-autel de la cathédrale le *prépuce de Notre-Seigneur*. Cette relique était portée à la procession des Rogations par deux marguilliers suivis de six archers de la maréchaussée. On la plaçait religieusement sur les autels des églises où se faisaient les stations, sans en excepter celles des chanoinesses et des religieuses. Le lundi des Rogations le maître-échevin et un échevin de la ville la prenaient sur leurs épaules, au bas de la Vieille-Boucherie et la portaient jusqu'aux Petits-Carmes. (*Cérémonial de l'église cathédrale de Metz*, imprimé en 1694; VIVILLE, t. I, p. 201.)

Noël *Coll. lorr.*, t. LI, 1re édit., p. 75; *Hist. de la relique de saint Sigisbert*, par LEPAGE; dit que le chapitre de Saint-Georges était très riche en reliques. « On voyait une côte de saint Laurent (qui fut brûlé), du précieux lait de la sainte Vierge, le cordon umbilical de Notre-Seigneur... » L'auteur déplore vivement que la rage révolutionnaire de la destruction (p. 19) nous en ait laissé si peu de chose ; mais il devrait au moins reconnaître que cette rage n'était pas le partage exclusif des révolutionnaires, puisque plus des trois quarts de ce trésor de reliques de Saint-Georges fut détruit, volé ou détourné bien avant la Révolution.

(1) Des extraits du cartulaire (recueil d'actes transcrits en volumes) *Liber omnium* nous font connaître les formalités de la prise de possession du duché. Ainsi, il y avait une cérémonie en avant des portes de la ville de Nancy ; le duc y prêtait un premier serment, de respecter les droits acquis, soit par le clergé, soit par la noblesse, soit par le peuple, bourgeois ou manants ; des notaires en dressaient procès verbal ; puis on ouvrait les portes et il entrait triomphalement en ville à cheval et sous un dais. Le cortège arrivait au portail de Saint-Georges, et là, sur le parvis, les États représentés par le bailli de Nancy prêtaient serment au duc ; après, on entrait et les serments étaient réitérés sur l'Évangile. (NOEL, *Mém.* VI, pp. 136-136; *Coll. lorr.*, t. III, pp. 928-929.)

d'oiseau ou se vanteroit d'avoir chevauché la nuit avec Diane ou telle autre vieille qui se dit magicienne, sera banni et payera dix livres tournois.

Celui qui fera usure, comme en prêtant sur gages, qui voudront plus du double de la chose prêtée, perdra son dû et recevra *trois coups de la verge du sergent à l'issue de la grande Messe.*

Celui qui se dira médecin ou chirurgien, sera examiné par gens experts et aura billet du Prince ou sera chassé sous peine de la *harl* (potence).

Défense aux gouverneurs des salines (1) d'abattre aucun bois sans le gruier (2).

(1) A l'origine la propriété des puits salés se transmettait librement ; il n'y avait guère de maison seigneuriale laïque, ou ecclésiastique qui n'eut à Dieuze, à Salonne, à Moyenvic, soit un droit d'usage, soit la possession d'une poêle ou usine destinée à *cuire* le sel ; peu à peu cette nature de biens se concentra dans les mains de personnes puissantes. Les ducs, par acquisitions successives, finirent par devenir seuls maîtres des sources exploitées. A partir du XVIe siècle, les salines furent considérées en droit comme bien régaliens, et la vente des produits forma, au profit de l'État, un monopole très lucratif. Mais la fabrication du sel entrainait une dépense énorme de combustible ; il fallait 25 chars de fagots pour produire un muids de sel ; or, à la fin du XVIe siècle les salines ducales donnaient tous les ans 45,000 muids à la consommation nationale ou étrangère.

(2) Dès le XIVe siècle on voit apparaître pour les forêts un officier spécial, le gruyer (de l'allemand *grün*, vert, couleur de son habit), dont l'origine est sans doute antérieure, et qui, à partir de cette époque, s'occupe exclusivement des forêts. (GUYOT, *Forêts lorr.*) Les produits ligneux jusqu'alors étaient de peu de valeur et se consommaient généralement sur place. La plus large part était prélevée par les usagers, tant en bois de chauffage qu'en bois de construction. Ce que laissaient les usagers était consommé directement par le propriétaire ou destiné par lui aux exploitations industrielles : bois de fagotage pour les salines, bois de chauffage et de service pour les mines. Au XVIe siècle, parmi les métiers forestiers figurent : les *rouyers* ou charrons, les menuisiers, tonneliers et cuveliers, les sabotiers, tous compris sous la dénomination d'ouvriers *travaillant sur le bloc* ; puis viennent les paysans qui ne fabriquent que pour leur exploitation des rateaux, manches de faulx et menus ustensiles ; enfin toute la série des métiers qui consomment le charbon (à défaut de houille) doit être classée à part : maréchaux,

Les rapports, procès-verbaux des délits forestiers, se feront dans les vingt-quatre heures, et passé ce temps ne vaudront.

Homme causant dégâts dans les bois de Monseigneur ou autre payera dix livres.

Bête qui fera dégâts en mangeant jeune bois, sera punie et payera quarante sols.

Troupeau de commune pris, sera taxé à six sols.

serruriers, taillandiers et arquebusiers. Tous ces exploitants paient le plus souvent une somme fixe, quelques *gros* par année ; parfois cependant, ils sont taxés proportionnellement à la valeur des produits, à la charrée d'*exendres* ou au cent de rateaux. Le total des redevances ne montait jamais bien haut et restait toujours de beaucoup inférieur aux paissons et aux ventes proprement dites.

L'homme de métier ne devait vendre les ouvrages provenant des bois amoisonnés que dans l'étendue de la seigneurie ; pour les écouler au dehors il devait au moins payer un supplément de taxes. (*Ibid.*, p. 57.)

Les amoisonnements, même dans leur période la plus florissante, n'ont eu pour objet que le bois mort, c'est-à-dire, en adoptant le sens le plus large de ce mot, les arbres de peu de valeur. Pour les gros arbres, faute de moyen de communication on les scia sur place. Les comptes des domaines montrent les scieries en pleine activité vers la fin du xv° siècle.

Au moyen âge, les paysans estimaient peut-être davantage les produits non ligneux de la forêt que les arbres eux-mêmes. Le miel d'abord, si nécessaire autrefois avant l'introduction du sucre, se récoltait presque uniquement dans les bois ; la propriété des essaims ou *gettons*, le partage du brixien ou miel vierge, donnent lieu à des stipulations très fréquentes ; on attribue le plus souvent moitié au seigneur et moitié à l'inventeur (trouveur) ; pour peu que l'extraction soit difficile, on n'hésite pas à abattre le chêne ou le hêtre, afin de capturer les *mouchettes*, la cire et le miel (p. 158).

Baluze a publié une formule ou une espèce d'exorcisme pour rappeler dans la ruche l'essaim qui prenait son vol. (DOM CALMET, notice ; t. I, col. 107 et 629.)

Dans quelques villages, on s'abstenait avec grand soin de proférer auprès des ruches aucun blasphème, jurement ou propos grossier, sans quoi les abeilles ne manqueraient pas de s'enfuir ; pareil malheur devait arriver si le propriétaire ne vivait pas en bonne intelligence avec sa femme. (DIGOT, t. II, p. 152.)

L'élève des porcs n'était possible que dans les forêts feuillues où dominent le chêne et le hêtre. Dans les sapinières, on n'introduisait que le gros bétail, les bêtes rouges, qui pénétraient dans les massifs les plus reculés. (GUYOT, p. 161.)

Bois taillis ne seront regardés être en deffense qu'après dix ans.

Seront réservés par chaque coupe trente chênes.

Au mois de février 1345 il fut ordonné que qui coupera le grain ou le foin de son voisin rendra le double et payera soixante sols.

Qui frappera l'envoyé du Prince ou le maltraitera, en quoi ce puisse être, payera vingt sols de petits tournois.

Qui troublera le Maire ou le Juré faisant acte de justice, sera mis en prison pendant vingt-quatre heures, au pain et à l'eau.....

Trois-Évêchés. — *Metz.* — Renaud, évêque de Metz (1) confirma en 1319 aux baillis, échevins et communautés de cette ville, le droit de faire cuire les eaux salées de leurs puits, afin d'en tirer le sel pour leur usage, mais à condition de n'en distribuer à aucun étranger. On voit par ce fait combien le joug des évêques était alors pesant ; aussi les Messins ne tardèrent-ils pas à se révolter, et Renaud dut quitter la ville. Il mit sur pied des troupes pour châtier ses ouailles. Après diverses péripéties la paix fut faite. Renaud avait juré de ne rentrer à Metz qu'en nombreuse escorte, c'est-à-dire à la tête d'une armée. Pour ne pas violer (la lettre non l'esprit) sa parole, le prélat, le jour des Rameaux, fit son entrée à la tête de la procession de toute la ville où l'on comptait, dit-on, plus de soixante mille personnes.

Pendant que ses belliqueux évêques allaient guerroyer au dehors, la ville de Metz était tranquille sous ses magistrats populaires. Ceux-ci publient, le 23 novembre 1338, un atour pour arracher les vignes de mauvaise espèce, et un autre défendant d'amener à Metz des vins étrangers. (*Hist. de Metz,*

---

(1) « Renaud fut le premier évêque de Metz, qui, quoyque pourvu sans l'autorisation du Saint-Siège, intitula tous ses actes d'évêque *par la grâce de Dieu et du Saint-Siège apostolique,* tant le respect pour la puissance ultramontaine avait enchaîné les esprits. » (B. Picard, p. 22.)

t. IV, pp. 82-86.) En 1355, nouvel atour fixant le salaire des vignerons. (*Ibid.*, 159.)

Toul. — Les bourgeois avaient obtenu le droit d'élire le maître-échevin, mais l'exercice de la justice restait attribué à l'évêque. Ce fut la source de nouvelles discordes. Les Toulois irrités prennent les armes et chassent le clergé que le duc Raoul vient rétablir les armes à la main. Expulsés une seconde fois, les chanoines se réfugient auprès du damoiseau de Commercy qui prend Toul par surprise et pille la ville. Après sa retraite, les bourgeois mettent en interdit le chapitre qui, ne trouvant plus de quoi manger, arme ses serfs, pauvre milice, dont les citains ont facilement raison. Le clergé, expulsé une troisième fois, ne rentre que sous la médiation du roi de France (1).

(1) En 1300, le roi de France prend sous sa garde la ville de Toul, et le 14 juillet 1315 la ville de Verdun, moyennant cinq cents livres de petits tournois. Le roi n'entend pas, par ce traité, acquérir ou prétendre juridiction quelconque sur la cité (de Toul), les citains, bourgeois ou habitants, ni déroger en rien à leurs libertés, franchises, lois, coutumes; mais il veut, au contraire, qu'elles subsistent sans aucune diminution. (DAULNOY, p. 135.)

En 1329, les bourgeois supplièrent Philippe-le-Bel de les prendre sous sa garde. Ils promirent au roi douze petits tournois par chacun feu et de le servir sur les frontières de la Champagne pendant deux jours à leurs dépens. Ils accusèrent dans cette lettre plus de deux mille bourgeois dans Toul. (*Ibid.*, p. 139, note.)—Voici des extraits d'un règlement de police fait, vers 1340, par l'évêque de Toul. (THIÉRY, t. I, p. 270.)

« Quiconque frappera hommes ou femmes payera 20 sous d'amende si c'est du pied, et 10 sous si c'est du poing ou de la main et videra la ville pendant un mois. Qui tirera couteau, épée ou bâton de défense sur autrui par ire, payera trente sous et videra la ville trois mois et donnera trente sous à l'offensé s'il le requiert. Qui fera plaie ouverte ou commettra un meurtre où il y aura danger de mort payera cinquante sous et autant au navré avec les coutanges de la plaie, et videra la ville un an et un jour. Quiconque courra sur un homme ou une femme et l'occira sera banni 60 ans et un jour de l'évêché de Toul. Qui fera violence à une femme, si elle est honnête et de bon renom, vierge, mariée ou veuve, et ceux qui l'aideront à ce faire, seront bannis un an et un jour...; la femme violée, honnête et de bon renom aura pour son injure le tiers de tous les biens du malfaiteur et non le surplus ; quiconque ira de nuit sans clarté, depuis que la dernière cloche sera sonnée, paiera cinq sous

Verdun. — Les querelles entre l'évêque et les bourgeois recommencèrent à propos d'une femme qu'un clerc frappa de coups tellement violents que la malheureuse en mourut. Les officiers de l'évêque saisissent le coupable et lui font son procès ; mais il obtient du pape rémission de la peine imposée et sort de prison. Les bourgeois, invoquant d'anciens statuts, demandent qu'il soit banni pour soixante ans. Sur le refus de l'évêque, ils prennent les armes, chassent de la ville les officiers de la justice épiscopale, et plusieurs des chanoines, des nobles et des bourgeois qui paraissent soutenir son parti, pillent leurs maisons et établissent de nouveaux officiers. Le prélat essaye d'abord de les ramener par les monitions canoniques, les censures, l'excommunication, l'interdit et la cessation de l'office divin. Ces remèdes sont inutiles ; alors il a recours à la force. Il prie le comte de Bar de lui prêter ses troupes, appelle ses vassaux, fait amener ses sujets propres, rassemble ainsi une armée et vient mettre le siège devant Verdun, après avoir ravagé la campagne.

Intimidés, les bourgeois capitulèrent et rendirent à l'évêque son ancienne juridiction ; mais leur antipathie, non moins étrange que celle des Messins et des Toulois contre le clergé, dans ce siècle de foi ardente, éclata régulièrement de temps en temps.

En 1336, Philippe de Floranges, seigneur de Dussey, qui n'avait pas fait sa paix en même temps que l'évêque, continuait à ravager les terres des bourgeois, et tua même un de ses ennemis égaré hors de la ville. Les Verdunois, irrités, prirent, pillèrent et mirent le feu au château de l'ennemi. A leur retour, ils tombèrent dans une embuscade que leur tendirent le comte de Bar l'évêque et les nobles coalisés de nouveau. Accablés par le nombre, ils prirent la fuite après

et autant ceux qui tireront vin aux buveurs, ainsi que chacun d'iceux buveurs. Qui sera trouvé en aucuns blés, vignes, prés ou jardins, faisant dommage, paiera cinq sous et rendra le dommage fait… »

avoir perdu beaucoup de monde. Le vieux ressentiment s'en accrut. L'évêque résolut alors de se mettre sous la protection du roi de France qui lui accorda des lettres de sauvegarde, et envoya un héraut d'armes dans la ville pour signifier à la fois, et aux bourgeois et aux chanoines, qu'il fallait y arborer les bannières de France. Les chanoines se plaignirent vivement d'une mesure si contraire aux droits des villes impériales indépendantes et voulurent se joindre aux bourgeois mutinés. Ceux-ci, peu de temps après, se mirent sous la garde du roi de Bohême, malgré les démarches de Philippe de Valois pour empêcher cette résolution. Il fut convenu que le roi de Bohême toucherait la moitié des amendes, et percevrait dix-huit deniers sur chaque feu de la ville et des faubourgs. Henri IV, comte de Bar, qui se considérait comme principal gardien de Verdun, réclama et obtint la moitié de ces avantages par un traité passé à Ascez (Essey) en Voivre, à la prière du roi et de la reine de France, le *vendredy d'après la Saint-Nicholas d'yver* 1337. Les bourgeois, pour conserver leur liberté, s'adressaient tour à tour à la France et à l'Allemagne, avec l'arrière-pensée de rester indépendants de l'une et de l'autre, moyennant finances, cela va sans dire (1).

CORPORATIONS. Les merciers ou marchands de Nancy, de Saint-Nicolas et de Rosières établirent (1340) à la collégiale de Saint-Georges une confrérie « en l'honneur et remembrance » de saint Georges. Depuis l'affranchissement des communes, l'industrie et le commerce, aussi bien que l'agriculture, s'étaient développés considérablement. A cette époque Nancy, devenue une localité assez importante, avait déjà, au mois de mai, la foire qui existe encore aujourd'hui, et qui amenait dans la capitale beaucoup de marchands étrangers. Saint-Nicolas, doté d'un port sur la Meurthe et où

(1) Vers 1337 (CLOUET, t. III, p. 308) tous les villages, pour se protéger, prirent successivement les gardes ducales, chacune suivant son voisinage, les payant tantôt en deniers, tantôt en avoine ou denrées diverses, parmi lesquelles nous remarquons souvent la cire.

la relique de son patron attirait une grande affluence de pèlerins, était le centre d'un commerce considérable ; Rosières jouissait d'une certaine importance, grâce aux salines qui existaient depuis longtemps ; Mirecourt, chef-lieu du bailliage des Vosges, comptait 352 feux, soit un peu plus de deux mille habitants.

Outre cette confrérie (1) ou « roïaulté », comme on l'appelait, les charpentiers, maçons, tailleurs de pierres, recouvreurs, ardoisiers, charrons et, en général, tous les ouvriers maniant la hache et le marteau, avaient, du consentement du duc Raoul (1er avril 1341), érigé dans le cloître de Saint-Georges une confrérie en l'honneur de Dieu et de Monsieur saint Georges. On leur avait permis, le jour de la fête de ce saint, d'élire un d'entre eux pour être roi et maître de la confrérie desdits métiers, « lequel auroit toute franchise, liberté et puissance, comme les maîtres des boulengiers, meseliers et corvisiers de Nancy. (*A. L.*, an. 1877, p. 248.) Antérieurement à cette corporation, il existait déjà à Nancy une confrérie de boulangers et de cordonniers jouissant de certaines franchises. (LEPAGE.)

Aucune personne ne pouvait entrer dans le corps des merciers sans avoir payé préalablement soixante sous forts et donné une certaine quantité de cire pour la collégiale. Le trésorier de cette église prélevait aussi la moitié des amendes

---

(1) Le mot *confrérie* signifie l'agrégation des individus exerçant le même genre d'industrie, reconnaissant le même saint pour patron, obéissant à des statuts rédigés par eux-mêmes pour régler l'exercice de leur profession. L'élément religieux a une certaine part dans ces statuts, mais n'en forme pas les dispositions essentielles. (LEPAGE).

Selon cet auteur, les corporations remontent beaucoup plus haut. « Dès le commencement du ve siècle, il y avait, dans les grandes villes de la Gaule, une classe asez nombreuse d'artisans libres et constitués en corporation, en corps de métiers représentés par quelques-uns de leurs membres. La plupart de ces corporations remontent... au monde romain. Emportées par l'invasion des barbares, elles reparurent sous Charlemagne. Aux xiiie et xive siècles, les métiers de Metz étaient

auxquelles les compagnons merciers pouvaient être condamnés.

Jean de Maron fut le premier roi (1) de la confrérie des merciers ; quatre marchands élus de Nancy et de Saint-Nicolas l'aidaient à terminer les affaires sur des règlements fort simples, mais suffisants.

Le duc, en 1340, leur donna force de loi. Tel est le berceau

organisés en corporations distinctes dont chacune avait un chef particulier. Les associations ouvrières de la Lorraine étaient appelées *hans*, mot celtique qui signifie habitation. On y trouvait des *apprentis*, des *compagnons* et des *maîtres*. L'âge auquel devait commencer l'apprentissage et sa durée n'étaient pas toujours déterminés, tandis que le nombre d'apprentis se trouvait rigoureusement fixé. Ceux-ci, en dehors des stipulations du contrat avec le maître, payaient un droit de réception en argent et une certaine quantité de cire pour le luminaire de la chapelle du patron de la confrérie. Au sortir de l'apprentissage l'élève passait compagnon et recevait un salaire pour son travail. Il pouvait aller chercher de l'occupation au dehors. A Lunéville et peut-être ailleurs, il existait une espèce d'association de compagnons bourreliers. « Lorsque, dit la Charte, il arrivera un compagnon étranger, il sera envoyé à l'auberge de la maîtrise où sera le poêle de l'assemblée ; son arrivée sera à l'instant notifiée au père de la maîtrise qui s'informera des maîtres qui auront besoin de compagnon. » Le compagnon qui voulait passer maître prenait le titre d'aspirant. . Après avoir produit les différents certificats exigés de lui, il était tenu de faire un chef-d'œuvre, c'est-à-dire d'exécuter une ou plusieurs pièces qui prouvassent qu'il était apte au métier qu'il voulait exercer. Dans quelques cas, il était obligé de subir un examen oral qui fit ressortir ses connaissances théoriques. Les bâtards et les non catholiques ne pouvaient être reçus maîtres. De plus, il fallait payer le droit de han, souvent fort élevé, parfois un banquet de bienvenue ou plusieurs livres de cire pour le luminaire.

(1) La nomination de ce roi était faite par le duc sur la présentation du candidat par les quatre officiers du chapitre, c'est-à-dire le chantre, l'écolâtre, le trésorier et l'aumônier, et quatre bourgeois de Nancy payant taille.

En prenant possession de sa charge, l'élu était tenu de payer vingt sous tournois, et, le jeudi saint, une livre de dragées, lorsqu'on lavait les pieds des chanoines. Dès le jour de son élection, lui et sa femme devenaient, pour toute leur vie, francs de tailles « de ranson, de cherrois faire, de waiter (faire le guet) et nawaiter, de alleir en ost et chivachie (servir d'ost et de chevauchée) et de tous aultres commandemens et de toutes aultres choses. » (*Ibid.*, pp. 246-247.)

de notre justice consulaire, tribunal qui, pendant plus de quatre cents ans, a décidé, sans frais, sagement et promptement les matières de son ressort.

INSTRUCTION. — A cette époque, il devait exister quelques écoles tenues par les laïques. En effet, Raoul, lors de la fondation du chapitre Saint-Georges, imposa aux chanoines l'obligation de dire, tous les samedis, une messe haute en faveur des étudiants.

En 1344, le duc donna les écoles à un chapelain nommé Thirion. « Les enfants, y est-il dit (dans l'acte de concession) aideront à faire le service de la chapelle. » Le duc se réserve, pour lui et ses successeurs, le patronage de cette école après la mort du chapelain.

Au testament du duc Jean, il est aussi parlé des écoles qui toutes finirent par tomber entre les mains des clercs. (NOEL, VI, note, pp. 130-131.)

De 1346 à 1390. — Jean Ier.

Femme : SOPHIE DE VIRTEMBERG.

SOUVERAINS ET PRÉLATS LORRAINS CONTEMPORAINS

ROIS de France.	EMPEREURS d'Allemagne.	COMTE de Bar.	COMTES de Vaudémont.	ÉVÊQUES		
				de Metz.	de Toul.	de Verdun.
PHILIPPE de Valois.	LOUIS de Bavière.	ROBERT Ier	ANSELIN de Joinville.	LOUIS de Poitiers.	JEAN d'Arzillières.	HENRI IV d'Apremont.
JEAN II	CHARLES IV		HENRI V.	ADHÉMAR de Monthil.	THOMAS de Bourlemont.	OTHON de Poitiers.
CHARLES V	WENCESLAS			JEAN de Vienne.	BERTRAND de la Tour-d'Auvergne.	HUGUES de Bar.
CHARLES VI				THIERRY de Boppart.	PIERRE de Barrière.	JEAN de Bourbon.
				PIERRE de Luxembourg.	JEAN de Neufchâtel.	JEAN de Dampierre
					JEAN de Neufchâtel.	GUY de Roye
					SEVIN de Florence.	LIÉBAUT de Cusances.

SOMMAIRE. — Tutelle de Marie de Blois, puis du comte de Wurtemberg. — La chevalerie consolide ses droits. — Peste noire. — Flagellants. — Yolande régente de Bar. —

Jean à la bataille de Poitiers. — L'empereur Charles IV à Metz. — Troubles en Lorraine — Révolte des paysans à Thionville et à Metz. — Insurrections à Pont-à-Mousson. — Jean fait prisonnier à Auray (Bretagne). — Il guerroye en Lithuanie, puis en Champagne. — Ravages en Lorraine par le comte de Vaudémont. — Bataille de Saint-Blin. — Routiers. — L'archiprêtre en Lorraine, puis en Alsace. — Jean bat les Routiers près de Saint-Nicolas et à Thionville. - Guerre du duc de Bar contre Metz. — Jean est fait prisonnier. — Guerre des Lorrains contre les Messins. — Joie de Marsal. — Bretons à la solde des Messins. — Cruels ravages. — Guerre interminable. — Paix. — Départ des Routiers. — Danse de Saint-Guy. — Retour des Routiers qui rançonnent l'évêque et les bourgeois de Metz. — Ordre de chevalerie institué. — Vaudois exécutés. — Cruelle et inique persécution contre Neufchâteau. — Jean combat à Rosbach. — Premiers anoblissements. — Préservation des forêts.

Lois promulguées.

TROIS ÉVÊCHÉS. — *Metz.* — Lutte des bourgeois contre l'évêque. — Lettre de celui-ci au pape. — Thierry de Boppart vend l'absolution aux Treize excommuniés. — Grand Schisme. — Pierre de Luxembourg. — Guerre inique faite par de Saint-Pol. — Après une première paix, il recommence les hostilités et est battu.

Toul. — Démêlés des bourgeois avec les évêques Jean de Heu et Jean de Neufchâtel.

Verdun. — L'évêque et les nobles font abolir par le pape les franchises autrefois accordées. — Pierre de Bar ravage le Verdunois. — L'évêque traite avec les bourgeois qui récupèrent quelques libertés.

Industrie. — Luxe. — Luxe des jeunes nobles, des clercs. — Réglementations. — Proscription de certaines superstitions. — Les villes, centres de l'industrie de luxe. — Horloge à Bar. - Metz, entrepôt d'un grand commerce. — Lombards. — Clergé. — Celui-ci conserve son empire. — Testament de Robert de Bar. — Inquisiteurs en Lorraine.

Peuple. — On étend les affranchissements pour encourager la population. — Comté de Vaudémont dépeuplé. — Avilissement des immeubles dans le Barrois.

Arts. — Sciences. — Traduction de la Bible. — Écoles assez florissantes en Lorraine. — Professeurs payés en volumes. — Écrivains et savants lorrains. — Pierre Perrat, architecte.

Agriculture. — Réglementation pour les vignes à Metz.

Notes. — Serment des Ducs en qualité de voués des Chapitres vosgiens. — Texte du serment aux États. — Flagellants à Metz. — Misère dans le Barrois, causée par les compétitions princières. — Trois régentes en Lorraine. — Bijoux engagés par elles aux Lombards. — Yolande de Flandres. — Aide sur la prévôté de Gondrecourt. — L'empereur Charles IV à Metz. — (Cérémonies bizarres). - (Conjuration révélée). — Dons offerts par Metz aux divers empereurs. — Luxe des jeunes nobles. — Lombards. — Prières. — Impositions diverses. — Peste. — Victoire de Saint-Blin. — Nobles au service de la République messine. — Refus de paiement aux villes libres des sommes empruntées par divers princes. — Aide pour le rachat du duc de Bar. — Feu éteint avec du vin. — Serfs renvoyés à la glèbe. — Turlupins. — Nobles ravageant des villages en payement des sommes dues. — Dons iniques envers Neufchâteau. — Juifs expulsés de Metz. — Fière réponse du duc Jean au roi de France. — Anoblissements contre écus. — Les Messins contre les Darnoises. — Sarrebourg amnistié moyennant finances. — Pierre de Luxembourg. — Corps de métiers abolis à Metz et à Verdun. — Jalousie entre bourgeois et seigneurs de Toul. — Prétentions mobilières des bourgeois. — Charte de l'empereur Charles IV. — Serment imposé aux évêques de Toul. — Mouches à miel dans le Barrois. — Don du duché à son fils, par le duc de Bar.   Stipulations étranges pour un mariage projeté entre deux enfants des familles ducales. — Ventes annoncées à l'église. — Esprit public des XIV°, XV° XVI°, XVII° et XVIII° siècles. — Appauvrissement général dans le Barrois. — Lettre curieuse de l'évêque Adhémar pour l'achèvement de la cathédrale de Metz. — Serment d'un maire à un bourgeois de Metz. — Récolte des vins dans le Barrois.

Jean Ier était mineur lorsqu'il succéda à son père. La tutelle fut déférée à sa mère, Marie de Blois, jusqu'au mariage de celle-ci avec le comte de Linanges (1354). Alors, suivant les prescriptions du testament de Raoul, l'administration passa, en partie, entre les mains du comte de Wurtemberg, représenté par Brocard de Fénétrange qui prit le titre de lieutenant général du duché. Quant à Linanges, il fut nommé par la noblesse gouverneur de Lorraine. Wurtemberg dut prêter le serment (1) de respecter les privilèges de tous et chacun, savoir : les gentilshommes, les clercs et le commun.

Pendant les seize années de la minorité du duc Jean, la chevalerie eut tout le temps de consolider ses droits et son indépendance. Comme pendant la minorité de Raoul, la défense des guerres dites privées ne fut aucunement observée sous la nouvelle régence. (NOEL.)

Marie de Blois acquit cependant une certaine popularité par le succès de ses démarches à la cour de France, en faveur des bourgeois de Neufchâteau, Frouard, Montfort et Châtenoy qu'on forçait à contribuer aux charges du royaume.

Les commencements de la régence virent éclater les ravages de la terrible peste noire, au sujet de laquelle un auteur écrivait :

> En mil trois cent quarante-neuf
> De cent ne demeuroit que neuf.
>
> (COURTÉPÉE, t. Ier, p. 175) (2).

(1) En voici le texte : « Nous avons promis et promettons..., nous avons juré et jurons... que toutes les franchises et toutes les libertés de ladite duchié, des nobles, des religions, des églises, de toutes bourgeoisies et communes, nous advouons, varderons fermement, bonnement, loyalement, en tous points. (ROGÉVILLE, t. I, p. 29.)

C'est le plus ancien document où le duc garantit les bourgeois, communes et gens d'église. Auparavant, on ne parlait que des chevaliers. (NOEL, *Mém.* VI, pp. 122-123.)

Les ducs, en leur qualité de voués ou défenseurs des chapitres de Saint-Dié et de Remiremont étaient aussi obligés, lorsqu'ils allaient dans ces villes, de prêter serment, de protéger ces chapitres. (NOEL, *Coll. lorr.*; t. III, pp. 928-929.)

(2) En l'an de grâce N.-S., MCCCXLIX, par tout le monde générale.

Les ravages du fléau chez nous furent terribles (1). On lit à ce sujet dans les *Chroniques de la ville de Metz* (pp. 89-90) :

« En ceste dite année meyme, avec la mortalité de la peste qui estoit lors, rengnoit encor une aultre malaidie plus dangereuse, provenant avec crachait de sang et si contagieuse que non seulement par communication de l'un à l'autre, mais de regarder l'ung à l'autre estoient surprins de la dite maladie, de laquelle nulz n'échappoient, en sorte, comme les historiens ont escript, que la troisième partie des hommes et femmes de l'Europe moïrurent. »

La peste noire fit naître la secte des flagellants. D'abord en Allemagne, puis dans les Pays-Bas, s'éleva une sorte de frénésie de pénitence que se donnaient sur les places publiques, en procession et en cérémonie, de grandes bandes qui allaient de ville en ville. Chacun portait un fouet à nœuds garni de petites croix de fer fort piquantes, pour en fustiger les épaules nues de celui qui marchait devant lui. Ces extravagances se pratiquaient en vertu d'une lettre de rémission de tous les péchés apportée, disait-on, par les anges, pour ceux qui feraient pendant trente-trois jours et demi ces

ment, une maladie qu'on clame épidémie couroit dont bien la tierce du monde mourut. (*Chron.*, liv. I, p. 11, chap. V.) L'auteur continue et cite ce fait caractéristique : Le mercredy, après feste de Saint-Adreu, audit an (1349), à cause de la mortalité qui fort rengnoit à Mets et d'iceulx battans dont à cause de la froidure des flagellants), lors estant audit Mets, plusieurs moïroient, et les portoit-on solempnellement à visaige descouvert, faisant de grosses querimonies, les prestres volloient être fort paiés et ne rien quicter ou plus tôt laisser les corps sans les ensepvelir, qui est contraire aux sept œuvres de la miséricorde que eulx meymes disent que les gens lais sont tenus faire et n'en volloient rien faire sans argent. Ainsi en eulx estoit accompli le dit de Jhesucrist sur sur les scribes et pharisiens, *dicunt et non faciunt*, et aussy le peuple avoit d'iceux morts grant frayeur, avec la guerre qui estoit (p. 90).

(1) Il accablait nombre de localités. « L'an du seigneur, 1349, moururent de la peste Dom Otto Jean, prieur du monastère de Lixheim, et Dom Otto Nositus de la même maison. » (OLRY, *Topog. de la montagne de Sion*, p. 109.)

étranges processions. Une de ces processions traversa Metz et Verdun, en novembre 1349. (Clouet, t. III, p. 209.)

La peste n'avait pas encore cessé ses ravages quand éclata une guerre sanglante. Adhémar, évêque de Metz, voulut profiter de la minorité de Jean pour revenir sur les concessions que lui avait arrachées Raoul. Vauthier, son frère, assiégea Château-Salins; mais il fut pris par la garnison dans une sortie, pendant que les comtes de Salm, de Lunéville, de Rodemach, alliés à Marie de Blois, entrèrent dans le pays messin qu'ils ravagèrent. Battus à leur tour par l'évêque, qui pille, saccage, démantèle Château-Salins, Amelincourt, Ethonville, Saint-Evre, ils reprennent enfin l'avantage et s'avancent jusqu'aux portes de Metz dont ils forment le siège. Les Messins, non seulement repoussent leur attaque, mais vont à leur tour saccager, incendier Frouard, Rosières-aux-Salines, Einville, et, chargés de butin, portent leurs ravages jusqu'à Nancy dont ils brûlent les faubourgs. Un combat indécis livré à Mousson, où (D. Calmet) cent quarante lorrains furent tués, plusieurs blessés, tandis que les Messins et leur allié le comte de Blâmont ne perdirent qu'un seul homme, fut le dernier acte de cette guerre dévastatrice, terminée en 1352, sous la médiation du roi de France, Jean II.

Le comté de Bar (1) se trouvait aussi livré pendant la même époque à une minorité orageuse. Henri, comte de Bar, avait laissé en mourant la couronne à son fils Robert encore

(1) Les monuments historiques de cette époque (1353) nous dépeignent sous les couleurs les plus sombres les résultats de la division qui régnait alors dans la famille du comte de Bar. L'envahissement du pays par des corps de troupes formés en grande partie de gens d'armes étrangers, avides et mal payés ; la surprise, le pillage, la destruction de nombre de villes, forteresses ou villages ; des personnes sacrifiées à la vengeance ou à la fureur des deux partis ; des maisons livrées aux flammes : tels sont les faits que les deux prétendantes se reprochaient réciproquement dans les plaintes qu'elles adressèrent au roi (de France), et l'affligeant tableau qui se déroula, au mois de juin 1353, sous les yeux du Parlement de Paris (Servais, p. 15.)

en bas âge. Sa mère Yolande de Flandres (1) et son aïeule Jeanne de Bar, se disputèrent la régence à main armée, et, après que Yolande a brûlé les lieux qui lui opposent quelque résistance, après nombre de combats sans gloire, les rivales finissent par se partager le comté.

Les deux régentes de Lorraine et de Bar (2), Marie de Blois

(1) Yolande de Flandres, princesse fière et courageuse mais vindicative (J.-J. Cartier), était douée d'une activité prodigieuse et d'une rare énergie, une maîtresse femme, flamande, fille d'une bretonne, nourrie en la cour de la royne de France, sa parente. On s'explique son habileté à marier son fils avec la fille du roi Jean, et sa hardiesse dans ses démêlés avec le roi. (Servais, t. II, p. 228.)

Dans ses démêlés avec Hugues de Bar, d'abord chef de son conseil, puis évêque de Verdun, elle fit arrêter et jeter dans une fosse profonde et pleine d'eau où ils furent noyés, deux chanoines que le prélat lui avait envoyés en ambassade. (De Maillet, p. 69.)

(2) On vit à cette époque, dans notre pays, trois princesses régentes, toutes trois habiles à gouverner, alliant une fierté mâle à ce courage d'exécution capable de grandes choses. Marie et Yolande contractèrent une alliance étroite. Ce ne fut pas le seul point de ressemblance de ces deux femmes illustres. Toutes deux, dans un pressant besoin d'argent, mirent en gage divers objets précieux.

« L'Histoire de l'abbaye de Saint-Symphorien de Metz (Benoit-Picard, pp. 349-50) nous apprend que la duchesse (Marie) emprunta de Simon II, qui en était abbé, une somme très considérable, lui ayant donné par la sûreté de cette somme une couronne d'or à neuf branches semée de perles et d'émeraudes, une chasuble, l'étole, la bannière et les dalmatiques, deux plats d'argent, un instrument à donner la paix, un encensoir, une croix avec son piédestal, deux ornements d'autel et un chapeau ou couronne d'or, chargé de perles et de diverses autres pierres précieuses. Tous ces bijoux furent vendus, la duchesse ayant été dans l'impuissance de les retirer... »

« ...Yolande de Flandres (Clouet, t. III, p. 311) assista aux pérégrinations que firent de Lombard et Lombard, ses beaux chapeaux à perles et sa superbe « couronne d'or à seize florons de perles, huit grandes et huit petites, dont on fait, dit le texte, cercle quand on veut. » Ces augustes bijoux étaient, en 1359, en gage à Metz, où le doyen de Saint-Max, de Bar, alla les racheter, le 6 août ; mais, soit nouvelle détresse, soit que le Lombard de Strasbourg fût moins usurier que celui de Metz, on les réengagea à la table strasbourgeoise, presque sur le champ avec de la vaisselle plate. En 1363, pour un prêt de 2,400 florins, les joyaux allèrent à Perrin-Brise-Pexel, de Verdun ; et ils y retournèrent encore, le 16 octobre 1365 ; enfin, en 1370, ils prirent la route de Bruges, lors

et Yolande, par un traité, nommèrent conjointement quatre juges pour terminer définitivement toutes les affaires entre elles et leurs sujets. Elles s'obligèrent par serment à exécuter tout ce qui serait ordonné par ces arbitres qui s'assemblaient, chaque année, deux fois à Nancy et deux fois à Pont-à-Mousson.

La Lorraine n'était pas encore entièrement pacifiée que Jean alla, dit-on, faire ses premières armes en France. Il se trouvait (?) à la bataille de Poitiers où il fut blessé et pris par les Anglais. Le comte de Vaudémont partagea sa captivité qui ne finit qu'au traité de Bretigny (1360). Jean dut payer trente mille francs pour sa rançon. (B. Picard, p. 351.)

Cette double affirmation est fortement contestée par quelques historiens qui la traitent de fable, vu que Jean n'aurait été âgé que de dix ans.

Quoiqu'il en soit, ces quatre années de captivité réelle ou imaginaire du duc furent remplies chez nous par des troubles et des désastres. Tandis que l'empereur Charles IV venait à Metz (1) tenir cour plénière, rendre des ordonnances sur la

---

des emprunts pour la rançon du duc Robert (fait prisonnier par les Messins). Le Lombard de Verdun revit encore, en 1388, de forts beaux atours d'Yolande qui furent dérobés. La justice verdunoise les fit rendre, après avoir arrêté les larrons .. (Pp. 311-12).

Le peuple dut payer pour le retrait de ces bijoux engagés. Ainsi, le 16 juin 1387, on répartit sur la prévôté de Gondrecourt, un aide de 500 florins que les habitants avaient octroyé pour racheter les joyaux du seigneur de Coucy qui avaient été mis en gage entre les mains des lombards de Metz. D'autres prévôtés encore durent contribuer... pour racheter des juiels le sire de Coussey. (Servais, t. II, p. 125.)

Vindicative à l'excès, Yolande de Flandres se rendit maîtresse de son fils par force, et, vers le même temps, se livra à de semblables violences contre le sire de Pierrefort qu'elle fit arrêter près du château de Vincennes, aux portes de Paris. Charles V, roi de France, indigné, l'invita à relâcher son prisonnier. Elle refusa. Outré de cette désobéissance, le monarque fit arrêter la duchesse à son tour avec trois femmes et quatre compagnons. Yolande s'évada, fut reprise, et paya ses torts par une captivité de sept années, et par un acte de soumission, passé le 5 décembre 1377. (Servais, *Annal. Hist. du Barrois.*)

(1) Charles IV, après avoir publié à Nuremberg la célèbre bulle d'or

paix publique, et ériger en DUCHÉ le *comté* de Bar (1354), la discorde régnait partout dans notre pays. Le clergé et la bourgeoisie de Metz, Toul et Verdun continuaient leurs in-

qui fut pendant cinq siècles et demi la loi fondamentale de l'Empire germanique, vint à Thionville, puis à Metz où il tint cour plenière au milieu de Champ-à-Seille, le 25 décembre 1356, pour ajouter divers articles à la bulle précitée. Entre autres cérémonies bizarres, pour ne pas dire grotesques, qui eurent lieu devant toute la noblesse et la prélature d'Allemagne, de Lorraine et même le dauphin de France, il faut citer un repas public où ce potentat se fit servir par sept électeurs *à cheval*, et la part qu'il prit à un office célébré à la cathédrale. Ce fait, presque unique dans les annales, est relaté, en ces termes, par les chroniques :.

« En 1356, le jour de Noël fut le dimanche, et fut l'empereur à matines en la grande église ci avec luy le cardinal, les archevesques et évesques, tous revestus, les pallions en la teste, et grant quantité de princes, ducs et comtes et aultres seigneurs. L'empereur estoit vestu comme empereur, la haulte couronne d'or en la teste, et chanta la septiesme leçon de matines, *l'épée nue en la main*... »

Cet empereur donna, pendant son séjour à Metz, un exemple de probité chevaleresque, rare chez les souverains.

Quelque temps avant son arrivée, on avait noyé des bouchers qui avaient conspiré contre la République messine. Leurs parents, irrités, offrirent à Charles IV de lui livrer la ville. L'empereur, pour mettre sa conscience en repos se confessa au *boin cardinal de Piergort* qui l'obligea à révéler cette trahison à qui de droit. Le monarque hésitait dans la crainte d'exposer la vie des conspirateurs. Le cardinal ajouta qu'il valait mieux que sept ou huit personnes périssent, pour l'exemple général, que de voir une noble cité perdue, un empereur parjure et déshonoré.— Ajoutons qu'à chaque visite impériale les bourgeois et administrateurs messins prenaient secrètement toutes les précautions possibles pour éviter un coup de main, une surprise militaire quelconque.

Après le départ de l'empereur on noya et on pendit les conspirateurs. La ville offrit au monarque trente queues de vin d'Alsace, trente bœufs, cinquante porcs et mille quartes d'avoine. L'impératrice reçut en vaisselle d'or et d'argent, une valeur de cinq cents livres. Ces dons se renouvelaient fréquemment, tant aux souverains, qu'aux visiteurs de marque, et devinrent par là fort onéreux pour le trésor public. Ainsi l'empereur Wenceslas ayant terminé, vers la fin de 1384, un différend entre les Luxembourgeois et les Messins on lui offrit trois cents florins, et six cents à Olry de Fénétrange, valant, dit l'auteur de la chronique de Saint-Thiébaut, onze sous pièce.

Dès l'arrivée de Wenceslas à Metz on lui fit présent d'une coupe en vermeil, pleine de florins d'or, au coin de Metz, et de quelque vais-

terminables querelles, les deux parties des trois villes libres formant, dans chaque camp, une ligue commune cimentée par un double traité. La guerre se ralluma entre le duc de Bar, l'évêque de Metz, le duc de Luxembourg et la régente Marie de Blois, guerre que termina, après deux ans de carnage, le traité de Metz, en 1357.

Pendant les hostilités, « comme il arrivoit souvent que les pauvres gens du pays, signamment les gens des champs et vignerons estoient assaillis, pillés, battus, rançonnés ou prins prisonniers, on leur défendit, sous peine de vingt sous d'amende, d'aller travailler dans les vignes sans être armés d'un dard, d'une pique ou d'une arbalète avec un carquois. » (Beaupré.)

L'année précédente on avait profité d'une trêve pour tenir à Nancy une assemblée générale des Etats. On y fit plusieurs règlements d'administration et de finances et l'on bannit du pays les Lombards (1) et les Italiens, changeurs, banquiers

selle d'argent. On donna cent francs à son chancelier pour avoir scellé un diplôme expédié en sa faveur (de Metz) et quarante-six florins aux gens de sa maison.

Par ce diplôme Wenceslas confirme les anciennes libertés et franchises dont jouissaient les habitants de Metz. Il leur promet, parole de Roi, de ne jamais les molester à l'occasion de ces mêmes franchises et libertés, et s'engage à les en faire jouir à perpétuité, ainsi qu'ils en ont joui sous les règnes de Charles IV, son père, et de ses prédécesseurs. » (*Hist. de Metz*, t. II, p. 596.)

Ces dons aux souverains et aux seigneurs particuliers étaient fréquents et fort onéreux au peuple de tous les États. Ainsi en 1356, le duc de Bar et sa mère (Yolande) firent un voyage à Toul. « Les habitants de la châtellenie de Foug leur offrirent cinq bœufs, douze moutons, six muids et douze setiers de vin qui furent acceptés. Les bourgeois de Toul donnèrent trois bœufs gras et un porc. (*Comptes de Henrion, prévôt de Foug.*) On pressurait le peuple sous toutes les formes possibles. Ainsi vers 1354 « Guillaume de Lamothe, chapelain du comté de Bar, fut envoyé à Gondrecourt pour demander *aux bonnes gens* de la prévôté qu'ils voulussent aider ce prince de *pourveances de bestes*. Les habitants consentirent à donner 22 moutons qu'ils firent conduire à Clermont. » (Servais, t. I, pp. 33-34.)

(1) Il existait alors dans nombre de villes et de villages du pays des maisons de commerce et de banque, tenues par des négociants étran-

ou usuriers. Avec leurs biens qui furent confisqués, on répara les places ruinées par les ennemis, et on couvrit les emprunts faits pour la guerre aux églises et aux monastères de la région.

Cependant les campagnes asservies et pressurées par les seigneurs aspiraient à la liberté. Des idées de révolte germaient dans les esprits. Dans un petit village, près de Thionville, quelques paysans réunis pour s'entretenir de la misère publique et de la fastueuse prodigalité des jeunes seigneurs (1), s'échauffent, jurent une guerre à mort aux tyrans, s'emparent de leurs instruments de labour, appellent à leur aide les villageois du voisinage, ravagent les terres, pillent les châteaux, tuent les gentilshommes qu'ils rencontrent, et marchent au nombre de douze mille sur Metz dont ils enfoncent les portes. L'évêque se retranche au milieu du Champ-à-Seille, et, sûr du succès, fait refermer la ville où ces *Jacques Bonshommes* (c'était leur nom de guerre) furent impitoyablement massacrés. Ainsi, à part quelques autres petits soulèvements, finirent dans nos contrées les troubles de la *Jacquerie.*

gers qu'on désignait sous le nom de Lombards, parce qu'ils étaient, pour la plupart, originaires de la Lombardie. Ils jouissaient d'exemptions de tailles et de services, mais ces charges étaient remplacées par une *censive* qu'ils payaient annuellement au seigneur du lieu de leur résidence. (SERVAIS, p. 10.)

(1) Henriquez (*Abrégé Chron. de l'hist. de Lorr.*, t. I, p. 158), dit à ce sujet: « ...Luxe excessif parmi la noblesse de Lorraine et celle du pays messin qui eut des suites funestes. Les jeunes seigneurs portaient des habillements de soie, de damas ou de satin cramoisi, sur lequel ils faisaient broder des devises en l'honneur des personnes qu'ils aimaient... Ce qui servait à couvrir leurs têtes était toile d'or garnie de perles et ornée de plumes d'oiseaux de différentes couleurs. Ils portaient des colliers et des bracelets enrichis de diamants et de rubis. Après avoir passé la journée à se parer et à se montrer dans les places publiques, ils employaient la nuit au jeu et en débauches. Pour fournir à de si folles dépenses ils ne trouvaient point d'autres moyens que de rançonner les paysans de leurs terres qu'ils maltraitaient encore quand ils osaient se plaindre. Ces malheureux réduits au désespoir se révoltèrent enfin contre leurs tyrans et en tuèrent un grand nombre... »

En effet, en 1358, il y eut à Pont-à-Mousson, des mouvements insurrectionnels vite réprimés et suivis de condamnations à mort et au bannissement. Un boucher, nommé Houillon fut écorché et eut la tête tranchée ; les autres sont pendus. En tête de la liste des bannis figure le bailli Ancillon, Comtesse, sa sœur Pierresson, Collot et l'ancien prévôt Collat. En outre, les bourgeois durent souscrire mille florins pour frais de guerre. (Servais, t. I, p. 86.) Le mouvement recommença en 1369 (1).

En 1360, après la paix inaugurée par le traité de Bretigny, le Barrois et la Lorraine eurent à repousser le brigandage de seize mille soldats licenciés. C'était la première attaque des Bretons que nous retrouverons plus loin. Adhémar, évêque de Metz, contribua à la victoire et mourut peu après, laissant engagés, par ses folles guerres, les plus beaux domaines du diocèse.

Jean Ier, de retour dans ses États, épousa Sophie de Wurtemberg. Chevrier s'amuse du récit de D. Calmet, annonçant qu'à cette occasion, il y avait *bonne chère*, des *violons* et des *fontaines de vin*. Le jour même des noces, le duc assembla solennellement autour de lui quarante des principaux seigneurs de Lorraine et de Bar, jura lui-même et leur fit jurer une paix universelle *jusqu'au lendemain de Pasques communiant en l'an mil sept cent soixante-trois*.

L'ardeur belliqueuse de Jean Ier manquant d'aliment pendant cette paix, ce duc alla chercher au loin des périls et des combats. Il passa en Bretagne et lutta à côté de Duguesclin à la bataille d'Auray où il fut fait prisonnier avec ce grand

(1) La rareté des vivres, si grande en 1359, s'accrut encore, en 1360 et en 1368. Des accidents de température détruisirent la récolte dans quantité de vignobles (Foug, Trondes, etc.) Il n'y eut rien à *treuiller* (pressurer). A Metz les denrées de première nécessité se vendaient à des prix excessifs. Le froment y valait onze sous messins et trois deniers la quarte ; l'avoine six sous trois deniers, le vin quinze deniers. La culture des champs avait été abandonnée dans nombre de localités à raison de l'occupation du pays par les Anglais. (Servais, t. I, p. 107.)

capitaine. A peine remis en liberté il courut, au lieu du roi de France, Jean II (le Bon?), son parrain, offrir ses services aux chevaliers teutoniques menacés par Olger, duc de Lithuanie, et remporte près de Thorn, une victoire complète. De Lithuanie, Jean revint guerroyer en Champagne avec le comte de Vaudémont, au profit du Dauphin.

Pendant ces courses aventureuses du duc, son pays était désolé par les incursions et les ravages des Bretons, bandits anglais, normands, gascons, picards, etc., « touttes maulvaises gens sans foy, sans loy, lesquels ne prisoient leur vie une angevine. » Ces routiers (1) avaient pour chef Arnould de Cervolle, dit l'Archiprêtre, noble périgourdin, odieux personnage qui épousa une noble demoiselle et fit souche de hauts et puissants seigneurs.

Appelé dans notre pays par Eudes de Grancey, désireux de l'avoir pour auxiliaire contre le duc Robert de Bar, l'Archiprêtre ravagea la Lorraine et surtout le Barrois (2). Après de longues dévastations, le duc de Bar, pour l'éloigner, lui paya vingt mille florins d'or. Presqu'en même temps, l'évê-

(1) Les officiers, armés de cuirasses, portaient des habits longs et riches, et avaient la tête couverte d'une coëffe pointue ou d'un chapeau de fer ; les soldats au contraire, couverts de haillons, allaient nu-pieds. (GRAVIER, p. 174.)

(2) Dans ce pays les revenus du domaine furent insuffisants pour faire face à tous les besoins. On créa un impôt appelé *prières*, mot qui était synonyme de celui d'aide. — En 1356 on leva des prières pour la *délivrance du duc*, arrêté un instant et relâché sans condition sur les frontières de Flandres. (SERVAIS, t. I, pp. 49 et 153.) — La détresse était universelle. Les maisons les plus opulentes (*Ibid*., p. 53) manquaient du nécessaire. Pour comble de misère une maladie épidémique vint à éclater. L'*Histoire de Toul* par B. PICARD nous apprend que la peste régna dans cette ville avec tant de violence qu'il y périt le quart de la population. On fermait la cité aux campagnards misérables pour écarter la contagion. L'épidémie gagna, en août, la prévôté de Pont-à-Mousson. »

A l'occasion de la paix (1361) on se livra en réjouissance à des divertissements. A cet effet, on fit, le 15 mai, sur les villages de la sénéchaussée de Lamothe une levée d'argent pour payer *les graisses qui furent envoyées au Pont pour la feste de M. le duc.* (SERVAIS, p. 115.)

que de Toul, pour récupérer le château de Brixey, occupé par des bandits, leur versa douze cents florins d'or.

Vers 1364 (D. CALMET, t. II, p. 554) Henri V, comte de Vaudémont (on ne sait à propos de quoi), commença à ravager les terres de la Lorraine. Jean s'allia avec le duc de Bar, les évêques de Toul et de Verdun et les bourgeois de Metz, puis, ensemble, ils portèrent la guerre dans le comté de Vaudémont où ils mirent tout à feu et à sang. Henri V prit à sa solde l'Archiprêtre avec lequel il traita d'égal à égal et qui, de son côté, le qualifiait de « très cher et très amé frère. » (LEPAGE.) Vaudémont l'amena avec ses bandes en Lorraine où ils commirent une infinité de désordres et se saisirent même de quelques forts destinés à renfermer leurs butins. Enfin on en vint aux mains près de Saint-Blin. Les Lorrains, pour la première fois, se servirent de canons. (LEPAGE.) Vaudémont fut battu. « On lui tua dix mille hommes et on prit quatre cents prisonniers (1). Vaincu, mais non réduit, Henri refusait la paix avec opiniâtreté. Grâce au roi de France et à l'empereur Charles IV, elle fut cependant conclue, vers l'an 1365. »

Tous ces maux accumulés à la fois, ces combats sans avantage de part ni d'autre, avaient réduit la Lorraine à un état d'épuisement et de misère extrêmes. La peste qui sur-

(1) H. Lepage (A. L., an. 1866, p. 207) attribue, au contraire, la victoire au comte Henri V. « Pris en service par le comte de Vaudémont contre les ducs de Lorraine et de Bar, l'Archiprêtre les vainquit et les força à implorer la paix. Le duc de Lorraine dut payer trente et celui de Bar, vingt mille florins. Robert ordonna, le 22 septembre 1363 « la levée d'un aide extraordinaire destiné à fournir « la rançon » qu'il devait au comte de Vaudémont et à l'Archiprêtre. L'aide fut levée dans les prévôtés de Stenay, Marville, Longwy et Longuyon. »

On a contesté (LEPAGE) la victoire au combat de Saint-Blin au profit du comte de Vaudémont et des routiers. D. Calmet, constate lui-même la défaite des ducs de Lorraine et de Bar, sur les frontières de la Champagne.

« Le comte de Vaudémont (Hist. de Lorr., t. I, col. ccvi, liste généalog. des comtes de Vaud., édit. 1728) remporta la victoire et fit mille ravages dans les terres de ses ennemis... »

vint, acheva de désoler le pays. Déjà auparavant « le peuple pour se mettre à couvert de la fureur des Bretons, s'était retiré dans les bois et les montagnes où il périt un grand nombre de ces pauvres gens. » (*Hist. de Toul*, 1707, p. 108.)

En 1365 (CLOUET, *Verd.*, t. III, pp. 318-19), soixante mille routiers » sans les valets et poursuivants, furent conduits par l'Archiprêtre et Pierre de Bar (sire de Pierrefort) par Metz où on offrit dix-huit mille florins aux chefs pour qu'ils menassent ailleurs « leurs maudits chiens enragés. » L'évêque de Metz, Thierry de Boppart, étant à Vic, donna de beaux coursiers aux chefs qui dirent de lui que « c'étoit un des biaulx prélats qu'ils eussent oncques veus » (1).

Ces bandes se dirigèrent vers l'Alsace qu'elles ravagèrent. Battues par l'Empereur, elles refluèrent vers La Lorraine qu'elles parcoururent pendant près d'un an. Jean les accabla, une première fois entre Laneuveville et Saint-Nicolas, et, peu après, en défit trois mille près de Thionville. Dispersées un instant, ces bandes ne tardèrent pas à se reformer. A la suite de ses deux succès Jean fit avec le roi Charles V et le comte de Bar, pour deux ans, une alliance que confirma le traité de Vaucouleurs (1367).

Cette louable pacification n'empêcha pas les Messins, les Barisiens, le sire de Pierrefort et plusieurs autres seigneurs de se faire une guerre opiniâtre. Des châteaux pris et repris, des champs ravagés, des brigands pendus et décapités, des princes, des chevaliers jetés dans les fers : tels furent les résultats de cette lutte insensée. Dans les plaines de Ligny, le duc de Bar tombe avec soixante gentilshommes au pouvoir des Messins (2) qui assiègent ensuite les tours de Gon-

(1) L'effroi que causaient les grandes compagnies (Bretons) qui s'alliaient tantôt avec un seigneur tantôt avec un autre, était tel dans certains villages, en février et mars 1365, que la culture des terres y fut abandonnée. On n'osait même, par moment, sortir des villes closes, pour s'engager sur les routes. (SERVAIS, p. 165.)

(2) Metz, comme nous l'avons déjà vu, prenait depuis longtemps à sa solde des seigneurs qui, moyennant finance, combattaient pour elle.

drecourt et de Mussey et le château de Belleville dont ils s'emparent (1368).

Après une trêve, la guerre s'allume de nouveau entre les Messins et les Lorrains. Ceux-ci surprennent la ville de Marsal, le jour de Saint-Vincent 1369 ; mais, dès le lendemain l'évêque Thierry de Boppart les oblige d'en sortir. La *joie de Marsal* devint dès lors une expression proverbiale pour signifier une joie promptement évanouie.

Le duc de Bar, en acceptant de payer aux Messins une rançon de soixante mille florins d'or pour lesquels le duc Jean se rendit caution, recouvra la liberté (1). Furieux, et

On possède (BÉGIN) plusieurs quittances de deux mille florins d'or touchés par des gentilshommes qui avaient servi la république avec huit ou dix de leurs gens (pp. 353-54).

Ainsi, en 1346, Metz prit à sa solde un chevalier qui devait marcher avec vingt gens d'armes équipés, moyennant 1005 écus d'or, une fois payés ; 25 sols de Metz pour chaque chevalier et 20 pour chaque écuyer, par semaine (p. 330).

— Dans la guerre de 1350, Metz avait à sa solde les sires de Forbach, de Wolmerange, de Serrières, de Raville, de Monclerc, de Condé, de Ludes, de Létricourt, de Mulneheim, de Rembeaupierre et quantités d'autres. Elle paya, à l'un 1,200 écus, à l'autre 1,000, à celui-ci 500, 400, 300, selon le nombre des écuyers, gentilshommes ou vassaux qu'ils s'obligeaient à fournir, sans préjudice de l'entretien et des appointements journaliers, montant ordinairement à 30 sous par semaine pour un chevalier et 25 sous pour un écuyer. (*Ibid*. pp. 338-339.)

— Les autres belligérants agissaient de même. Ainsi (SERVAIS), en 1358, un gentilhomme guerroyant pour le comte de Bar, en obtint 60 florins d'or, à titre d'indemnité pour un coursier noir qu'il avait perdu, le 26 octobre (p. 69).

— Au nombre des gens d'armes qu'en 1385, Robert de Bar opposa aux Allemands figure Habborzat de Heylimer qui s'engagea à le servir « en armes et chevaux » moyennant 50 francs d'or, payables en deux années. Une des conditions acceptées par le duc, lui imposait l'obligation de racheter le gentilhomme dans le cas où il tomberait entre les mains de l'ennemi, et celle de l'indemniser des pertes qu'il pourrait faire pendant la guerre. (SERVAIS, t. II, p. 98.)

(1) Marie de France, sa femme, fit faire des levées d'argent sur les contribuables du duché (1369) pour *la rédemption du corps du duc*. La châtellenie de Bourmont y fut comprise pour 616 livres, 7 sols, 11 deniers. Le clergé de la châtellenie en paya une partie. (*Ibid.*, p. 209.)

sous prétexte qu'on avait doublé le chiffre exigé pour son rachat, il ravagea deux fois les terres des Messins sans que les bourgeois, occupés à combattre d'autres ennemis, pussent exercer des représailles (1370) (1).

L'année suivante, le sire de Pierrefort uni au duc de Lorraine, portèrent ensemble le fer et la flamme sur les rives de la Moselle. Les Messins, réduits à l'extrémité, appelèrent à leur secours trois chefs d'aventuriers qui coururent presque toute la Lorraine, y commirent mille cruautés, ruinèrent Neufchâteau, Rosières, presque toutes les villes du Saunois et rentrèrent dans Metz chargés de butin. Le duc de Lorraine les suivit et assiégea inutilement la ville pendant trois mois. A la fin, il envoya aux Messins un héraut portant un gantelet de fer ensanglanté pour les défier au combat. Ils s'y refu-

Il existe encore aux archives départementales de l'ancienne Chambre des Comptes de Lille (carton B, n° 922) une lettre du roi Charles V au pape Urbain V, par lesquelles il le prie d'autoriser la levée de deniers sur les églises des diocèses de Cambrai, de Liège et du pays de Flandre pour la rançon de son très-aimé frère, le duc de Bar. Cette levée fut autorisée par le pontife de Rome. (SUYTTERE, p. 42.)

Après le traité de Bretigny et à la suite de l'invasion des Anglais dans le Barrois, on dut lever les prières avec accompagnement de gens d'armes (pp. 102 ou 109).

Mentionnons ici un fait fort rare dans les annales historiques. — Au printemps de 1370, en avril, croit-on, le feu prit au château de Bar, et, pour l'éteindre, on employa, faute d'eau, le vin qui se trouvait dans les caves. Il ne fallut pas moins de 62 muids ou 25 queues (50 pièces de 180 litres) pour arrêter le progrès des flammes. La position du château où l'on ne pouvait se procurer de l'eau, qu'en la tirant d'un puits excessivement profond explique la nécessité où l'on se trouva de recourir à un moyen si peu usité de soustraire un édifice aux ravages du feu. (SERVAIS, p. 218.)

(1) Sous l'épiscopat de Philippe de Ville, Robert, duc de Bar, fit un emprunt de 2,500 florins aux chanoines de Toul. Ce prince n'ayant pas voulu rendre cette somme, sous prétexte qu'ils étaient redevables d'une pareille somme pour des droits de garde, les chanoines l'excommunièrent solennellement. Benoit VIII confirma la censure et jeta un interdit sur le Barrois, interdit qui ne fut levé qu'après que ce prince eût rendu les 2,500 florins et 3,000 autres pour les dommages qu'il avait causés sur les terres du chapitre durant l'interdit. (BENOIT, pp. 510-511.)

sèrent. La querelle fut vidée par deux champions qui « s'es_sayèrent par trois coups de glaive, trois coups de dague et trois coups de hache, sans succomber ni l'un ni l'autre. Après cette joûte, on fit une trêve, et les troupes lorraines se retirèrent au commencement de novembre.

Quant aux bandits, ils redoublaient leurs ravages. Treize cents Bretons venaient encore de désoler les rives de la Moselle, depuis Metz jusqu'à Neufchâteau ; l'odieux sire de Pierrefort reprenait ses anciennes hostilités, quand Metz et la Lorraine, victimes de ces calamités, cessèrent de s'attaquer ; malheureusement, le duc de Bar revint à la charge. Pendant deux années, le pillage, les incendies, les violences de toute espèce désolèrent les malheureuses campagnes. Ainsi, un jour, les Barisiens vinrent surprendre les dames de Metz qui dansaient en plein champ, non loin des murs de la ville. Les Messins avertis, poursuivirent ces brigands, en tuèrent plusieurs, ramenèrent en ville les autres la corde au cou et leur firent restituer les pierreries, les écharpes et les couronnes enlevées aux dames. On trancha la tête à cinq et on en pendit dix-neuf. (*Hist. de Metz*, t. II, p. 272.) Sous le coup de l'indignation, les citains investirent Sampigny et Solgne, s'emparèrent de ce dernier château dont ils exterminèrent sans pitié les défenseurs.

Enfin, on se lassa de ces dévastations sans fruit, sans gloire. Déjà, au mois de février 1372 les princes lorrains et barisiens, les évêques des villes libres françaises avaient conclu, à Pont-à-Mousson, un traité d'alliance pour six années ; peu après, les Messins et Pierre de Bar y accédèrent. Par ce traité ils s'engageaient à défendre et à protéger de toute leur puissance les églises, les personnes consacrées à Dieu, le marchands et les passants, dans toute l'étendue des terres de leur obéissance ; d'empêcher les incendies, les vols et autres violences qu'on pourrait exercer dans leurs états ; de punir ceux qui commettraient de tels désordres, et de laisser libre passage, par terre et par eau, à tous leurs sujets respectifs, en payant les droits accoutumés et établis depuis trente ans. (*Hist. de Metz*, t. II, p. 575.) Alors les aventuriers durent quitter le pays. Malheureusement les traités jurés sur l'honneur et sur l'Evangile étaient enfreints presqu'aussitôt que conclus ; cependant ce dernier eut une durée assez longue.

C'est pendant cette trêve qu'une maladie nerveuse, épidémique, frappa les vallées de la Moselle et du Rhin. C'était une danse convulsive, nommée danse de Saint-Jean, de Saint-Guy ou de Saint-Witte (1374). Le prêtre à l'autel, le juge sur son siège se sentaient agités de cette manie (1). Lorsqu'on se rencontrait dans les rues, la contagion agissait : un danseur en entraînait plusieurs autres. On chercha à ce mal des esprits des remèdes du même genre. Un pèlerinage réussit beaucoup ; un moyen physique fut celui-ci : fouler les malades aux pieds dans le temps que l'épuisement les avait jetés sur la terre ou leur serrer fortement le ventre vers le nombril. (BEXON, p. 95.)

A Metz, quinze cents personnes furent atteintes de cette affection. Les gens instruits ne se méprenaient pas sur sa nature et la guérissaient par le massage ; d'autres, qui l'attribuaient au démon, employaient les exorcismes. Plusieurs

(1) Une chronique de Metz en fait la description dans les bouts rimés suivants :

<pre>
C'était une pitié admirable
Et merveille très-pitoyable :
Car tous les plus reconfortés
Estoient fort espouvantés.

Fut en dormant, fut en veillant
Fut sur povre (pauvre), ou sur vaillant (riche)
Où que la fortune tombait
Tantôt danser les convenoit.

Le prestre en faisant son office,
Le seigneur séant en justice
Le laboureur en sa labeur
Sur qui tombait la douleur.

Et dansaient neuf ou dix jours
Sans avoir repos ny séjour
Ou plus ou moins à l'adventure
Comme est le mal aux créatures.

. . . .
</pre>

femmes, perdant toute pudeur, se prostituaient publiquement ; d'autres se laissèrent corrompre et tombèrent dans d'autres excès. (*Hist. de Metz*, t. II, pp. 567-68.)

A peine était-on revenu de la terreur causée par cette étrange aberration mentale qu'un corps d'aventuriers comptant quatre mille lances, faisant douze ou quinze mille hommes, conduits par Enguerrand de Coucy et appelés, dit-on, par le duc de Lorraine, se présenta aux portes de Metz. Les routiers menaçaient de saccager le pays si on ne leur donnait de l'or et des vivres. Les magistrats municipaux intimidés leur comptèrent trente-quatre mille francs, à condition qu'ils respecteraient le territoire de la République qui avait alors trois lieues de rayon. L'évêque, Tierry de Boppart, à son tour, dut verser seize mille francs pour en délivrer le domaine épiscopal. Cette somme, considérable pour l'époque, acheva de ruiner ses finances ; aussi le prélat fut-il obligé d'engager une partie des villes et des villages de son diocèse (1), de vendre au gouvernement municipal son droit de battre monnaie, pour soutenir une guerre de trois années contre les ducs de Lorraine et de Bar, guerre que Jean lui avait déclarée à propos des salines de Salonne et d'Amelincourt. Thierry eut d'abord quelques avantages et remporta une victoire près de Briey ; mais, après une série de succès et de ravages où, dans un seul jour, on saccagea complète-

---

(1) Quelques villages étaient presque déserts. Beaucoup de cultivateurs n'ayant plus rien « à traire à forteresse » quand retentissait le cri d'alarme, se réfugiaient dans les villes où on les recevait à bourgeoisie. Le chapitre demandait que ses hommes retournassent à la glèbe, une fois le péril passé. Les communes refusaient de les rendre : on fit intervenir l'empereur qui annula ces bourgeoisies illégales, en remontant à dix ans. (CLOUET, t. III, p. 351.) Ajoutons que, vers cette époque, on en avait fini avec les communes populaires ; partout s'organisaient aristocratiquement, dans les cités d'Empire, les notables citains, prenant pour eux, comme privilège, ce que les anciennes chartes avaient dit en termes généraux des *cives et burgenses*... C'était, en général, une noblesse de cloche, c'est-à-dire, de beffroi municipal qui s'affirmait. (*Ibid.*, p. 362.)

ment cinquante villages messins, il fut obligé de recevoir les conditions de paix des deux princes confédérés.

La Lorraine une fois pacifiée, Jean se rendit en Bourgogne pour guerroyer contre les Anglais ; pendant ce temps, des aventuriers anglais ou Grands-Bretons pénétrèrent jusque dans nos contrées et firent sauter le château de Commercy.

Au milieu de ces troubles, le duc Jean institua un ordre de chevalerie aux *blanches manches* dont les monuments sont effacés, et fit traduire en langue vulgaire (roman, français) la Bible, afin d'opposer cette version aux Vaudois qui s'étaient répandus en Lorraine. Ce prince en sacrifia plusieurs à l'esprit de son siècle en les faisant périr par le feu (1). Sans craindre le mécontentement de la noblesse, il opéra le retrait d'une quantité de terres domaniales engagées ou aliénées qu'il réunit à son duché, et augmenta ainsi sa puissance et sa fortune (2). Favorable aux franchises populaires, on s'étonne à bon droit des actes de rigueur qu'il exerça contre les bourgeois de Neufchâteau, dont il fut le tyran et non le protecteur (3).

(1) « Du temps de Jean Ier (SAINT-MAURIS, p. 206) il parut en Lorraine quelques turlupins, secte d'hérétiques qui professaient les erreurs des beghards et les surpassaient encore en cynisme. Grégoire XI les excommunia. Le duc Jean « les fit brûler avec leurs livres et leurs habits... » Il y avait longtemps que, malgré les généreuses supplications de Saint-Martin de Tours, la peine de mort avait été prononcée pour la première fois contre les hérétiques.

(2) Les nobles ne s'inclinaient pas toujours devant le pouvoir du duc. Ainsi, en 1365, Eime de Linange, ne pouvant récupérer une somme de mille petits florins dont Jean lui était redevable, envahit les terres de l'abbaye de Belchamp, pilla les villages de Muramviler et de Thiébauménil, emmena ou dissipa plus de huit cents têtes de gros bétail et causa des dommages pour plus de deux mille petits florins. Le duc indemnisa les religieux. (J. L., an. 1867, p. 259.)

(3. Les ducs de Lorraine (DIGOT, *Ess. sur la com. de Neufchâteau*, p. 29) semblaient avoir pris à tâche de mécontenter les habitants de cette ville et de les pousser à la révolte, soit en menaçant l'existence de leurs privilèges, soit même en violant ces privilèges et en les considérant comme non avenus...

« Le duc Jean eut tout à coup, dit, dans ses considérants, l'arrêt rendu, en 1412, par le Parlement de Paris, très grande hayne contre les habitants dudit Neufchastel. Ce fut sans cause raisonnable. »

Selon Chevrier, les officiers de finance de Jean, auraient voulu percevoir à Neufchâteau certains droits que les bourgeois croyaient ne pas devoir payer; il serait résulté de ces prétentions une sorte d'émeute dans laquelle deux receveurs auraient été massacrés.

Quoi qu'il en soit, les Neufchatellois, soulevés et comprimés en 1372, se mutinèrent de nouveau huit ans plus tard, mirent dans leurs intérêts le secrétaire du duc de Lorraine qui tâcha de brouiller son prince avec le roi Charles VI, et arborèrent l'étendard de France. A cette nouvelle que lui apprit le roi lui-même, Jean quitta Paris, arriva à Nancy, décidé à brûler Neufchâteau (1). Les évêques de Metz, de Toul et les principaux seigneurs du pays parvinrent à le fléchir. Il se contenta de faire pendre les *trente* principaux rebelles et de châtier les juifs (2) qui avaient avancé des sommes

(1) Il est à propos de citer ici la fière réponse de Jean au roi, qui, en présence de ses vassaux d'Orléans, de Nemours, de Bourbon et d'Alençon, lui disait: Cousin de Loherrenne que tenez-vous de moi? — Sire, je ne tiens rien de vous; ma duchié de Loherrenne je la tiens de Dieu et de l'espée. » Il n'est pas question, comme on voit, de l'empereur d'Allemagne.

(2) Ces malheureux étaient les boucs émissaires de toutes les stupidités de l'époque. Ainsi (D. CALMET, t. II, p. 216), le tonnerre étant tombé, le 17 juillet 1355, sur la rue des Juifs à Metz et y ayant mis le feu, vingt-deux maisons furent brûlées; les bourgeois fanatiques s'imaginèrent que c'était un châtiment de la main de Dieu. Ils chassèrent les juifs de la ville; mais ils ne tardèrent pas à les rappeler. L'archevêque de Trèves les avait accueillis avec empressement, car il les avait déjà demandés quelque temps auparavant. Les juifs alors étaient serfs de la chambre. Il fallait obtenir la permission de l'empereur pour avoir droit de leur donner séjour fixe en villes ou territoire d'empire; autrement on se fût exposé aux peines légales contre les récepteurs des forfuyants. Cette autorisation ne s'accordait que sous les relevances et tailles dues par eux au fisc, tellement qu'on vit des empereurs garantir leurs dettes envers les villes, en donnant à celles-ci des juifs

considérables aux révoltés. Cet acte de sévérité n'intimida point les bourgeois. Forts de leurs droits, ils se pourvurent au parlement de Paris, et en obtinrent plusieurs arrêts contre le duc; néanmoins Jean triompha. Le roi de France, vrai félon envers les bourgeois, remit au duc l'hommage de Neufchâteau, en considération de ses services personnels et de ceux de ses aïeux.

Toutes ces calamités, ces misères, ces impôts écrasants, ces famines, notamment en 1359, 1360, 1368, 1381 (1), portèrent (CHEVRIER, t. II, pp. 169 à 172) le peuple des deux duchés à murmurer, et « quand les Lorrains se plaignent de leurs maîtres, il faut qu'ils soient réduits à la dernière extrémité (2). »

Jean, en 1382, prit part, avec 3,000 chevaux et une nombreuse infanterie, à la campagne des Français en Flandre, et s'illustra à la bataille de Rosbeck. Il passa la plus grande partie de ses dernières années à Paris où il mourut en mars 1390 ou 1391.

domiciliés chez elles. En 1317 l'empereur engagea les juifs de Spire à la ville pour quatre mille livres ; en 1321, ceux de Ribeauviller (Alsace) pour 400 marcs d'argent. (BÉGIN, pp. 264-65, 272.).

(1) Aux ravages de la guerre vint se joindre une maladie pestilentielle. En 1381, le duc affranchit du paiement de 8 petits florins un maire, en considération « des grandes pertes, guerres et pestillences qui ont estey on païs depuis un an ». Ainsi, en 1380, tous les lieux de la campagne ayant été ravagés pendant cette guerre, le peuple abandonna les maisons et se retira dans les bois pour éviter la fureur des pillards. (ROUSSEL, Hist. de Verdun, p. 353.) — Dans la première Ligue du Bien-Public, Louis XI promit à Jean cent mille écus d'or, une pension de vingt-quatre mille livres et lui fit la remise, pour lui et ses successeurs, des droits du suzeraineté qu'il conservait encore sur certaines villes et bourgs du duché de Lorraine.

(2) Les archives du temps offrent des traces nombreuses des aides, prières, emprunts et approvisionnements de vivres, faits par le duc de Bar, à l'occasion des noces ou du mariage de sa fille. Il emprunta à des citains de Metz 800 fr., cautionnés par dix-sept habitants notables de Bar et de Thiaucourt, et 1,200 fr. d'or, garantis par les habitants de Longwy, Lair, Bailleul, Villers-la-Montagne. Ceux d'Étain donnèrent 300 fr. (p. 231).

L'établissement des tabellions, jurés ou notaires est dû au duc Robert.

Son corps, ramené à Nancy, fut inhumé en grande pompe à Saint-Georges. Le jour de ses obsèques, d'après ses vœux testamentaires exprimés en 1377, on donna à l'offrande trois « des melours chevals, le premier en hernoix de werre (guerre), le second en hernois de jostes, et le tiers en hernois de tournoix ; en signe que tous estois terriens tant soient grand et haulte, convient-il à la fin retourneir à Deu et à la saincte Église... » (Hugo, *Preuves,* p. 153.)

Jean, le premier des ducs de Lorraine, frappa des monnaies d'or et créa des nobles. Le 6 décembre 1382, il anoblit Thirion Milian, procureur général et Jean de Haut. Les ducs de Bar avaient fait des anoblissements en 1363, et les rois de France dès 1270 (1).

Le 27 janvier 1390, en présence des dévastations qui se faisaient dans les forêts, Jean ordonna de fabriquer un marteau à la marque d'un alérion pour frapper les arbres à couper, tant dans ses forêts que dans celles des communautés et qui étaient usagères. Ce marteau devait être déposé dans une huche placée derrière l'autel de Monseigneur Saint-Georges et fermant à trois clefs à déposer, l'une, entre les mains du prévôt de Saint-Georges, l'autre, entre celles du secrétaire d'État, la troisième, entre celles du gruyer. Sous ce règne Érard du Chastelet était maréchal de Lorraine et Robert des Armoises (2), mareschal du Barrois.

Le tabellionnage consistait alors dans le scellage des lettres ou contrats. Ceux-ci étaient communément formulés dans chaque prévôté, en présence des parties, par des officiers du prince, des ecclésiastiques ou autres personnes lettrées. Le scellage donnait lieu à un droit qui se partageait par moitié entre le domaine et le garde du sceau. On ignore si la rédaction des actes était gratuite ou non. (Servais, p. 111.)

(1) En 1384, Robert de Bar fit plusieurs anoblissements : il donna, le 19 décembre, des lettres de noblesse à Jean Meniant et à Robert, son fils, au prix de 350 francs. Meniant avait consenti, en outre, à en prêter 70 au duc le jour que l'anoblissement fut décidé. Le prince accorda la même distinction, *à vie seulement,* aux époux Jeoffroy-le-Petit et à Nicolas, leur fils, au prix de 330 francs. (Servais, t. II, p. 95.)

(2) Les faits suivants, exposés devant des arbitres nommés pour examiner les griefs des Messins contre les d'Armoises, donnent une idée

Lois et Règlements promulgués sous le règne de Jean Ier. — Les chevaliers hospitaliers de Saint-Jean de Jérusalem, héritiers des Templiers supprimés, obtinrent considération en Lorraine et plusieurs beaux privilèges de franchises et d'exemptions.

13 juin 1350. — Première *ordonnance* connue en Lorraine qui défend aux mineurs mâles de contracter mariage, sans le consentement de leurs parents, avant l'âge de 25 ans, et aux filles avant 26 ans.

Défense à toute personne de favoriser les dits mariages ni recevoir les contractants dans leurs maisons, à peine de 20 fr. d'amende.

Sur les plaintes des déportements et chagrins que MM. de la Noblesse faisoient endurer aux pauvres gens pour soutenir et garder leurs grandes dépenses et débauches, la *Mainbournie* publia certaines lois qui fixèrent les meubles et accoutrements.

Les habillements de soie furent défendus, sous peine de 68 livres monnaie Touloise.

On ne permit que des écharpes en satin ou en damas.

exacte des causes de la guerre et de la manière dont on la faisait alors.

Les Messins reprochaient à leurs adversaires l'incendie et la destruction de plusieurs de leurs villages, de maisons appartenant à des bourgeois, vassaux et sujets de la ville, la mort de nombre de ceux-ci, l'imposition de rançons excessives exigées de particuliers et des communautés, et, enfin, des déprédations sans nombre commises sur leurs terres, sans respect pour les trêves acceptées de part et d'autre. — Les seigneurs des Armoises opposaient, entre autres excès, le pillage et l'incendie de leurs terres et de celles de leurs alliés, le siège et la destruction de la tour de Condrecourt, la prise et la décollation de Collard des Armoises, leur frère, ainsi que la mort de treize malheureux ou servants auxquels les Messins avaient impitoyablement infligé le supplice de la corde, au moment même où la tour cédait à leurs efforts. Ils réclamaient en particulier aux Messins la restitution du village d'Afléville, où, par suite de leurs violences, il n'était pas resté un seul habitant. Une sentence arbitrale mit fin à des hostilités qui duraient depuis dix ans. (Servais, pp. 323-324.)

Les broderies en or ou en argent ne furent permises qu'aux Princesses.

Les perles furent tolérées aux femmes des Gentilshommes, mais les ornemens et agrafes en diamants ou rubis furent réservés à *la Duchesse seule.*

Les jeux de hasard furent défendus, sous peine d'infamie (1).

Toute femme qui fera métier de hanter bordeaux et lieux commodes pour livrer à tout venant son corps, ou qui sera hantée par moine, prêtres, ou homme, que ne sera en sienne puissance de mari, n'aura capes de tête, ne onc habits et vestures que soient portraites, même ouvragées d'or ni de soie ; et si ce fait, soit connue pour sien commerce public de putacerie, de maquelinage, sera estreinte à nud sur siennes épaules, par carfors et rues de la Cité, après quoi sera de son belle vesture, vestie.

1361. — Qui brisera la porte de son voisin, pour entrer dans sa maison, payera 20 francs.

(1) On lit dans une ordonnance : celui qui fera usure comme prêtant sur gages qui vaudront plus du double de la chose prestée, perdra son dû et recevra trois coups de verge du sergent à l'issue de la grand'messe. (*A. L.*, t. IX, p. 104.)

On sait que l'Église proscrivait alors d'une manière absolue le prêt à intérêt. On devait accorder l'argent gratuitement. L'intérêt, à un taux quelconque, était flétri sous le nom d'*usure*.

(2) A cette époque, le vol aussi bien que d'autres délits et crimes étaient cruellement punis dans le Barrois et les pays avoisinants. Une femme de Foug, Poincette, dont le mari avait été pendu comme auteur de l'assassinat d'une femme de ce bourg, ayant imprudemment donné à entendre qu'elle avait été complice du meurtre, fut arrêtée et mise à géhine (question par le feu). Elle supporta avec courage cette épreuve, car *elle ne dist rien*.

Sur la fin de 1353, à Gondrecourt, un nommé Clerc et sa femme d'Amonty, signalés par la voix publique comme coupables d'avoir mis le feu à une remise, furent mis à géhine. Le mari, après six semaines de captivité, se laissa mourir dans sa prison ; quant à la femme, elle y passa trente semaines à la suite desquelles elle fût *arce* (brûlée) par jugement pour ce qu'elle cognût qu'elle avoit boutée le feu en ladite grainge. Servais, pp. 22-23.)

En 1389, un voleur d'Aunon (Alnou), condamné à mort pour vol de meubles commis dans l'église de ce village, fut noyé. (*Ibid.*, p. 159.)

Homme qui frappera un autre homme à la tête, payera 10 francs s'il n'y a sang, et 20 s'il y a plaie et sang. Pour nez coupé, 20 francs. Pour bras cassé, 15 francs. Jambe cassée, 30 francs. Dent cassée, 4 francs. Mutilation complète, 60 francs. Pour la simple castration, 10 fr.

20 juin 1378. — Les franchises accordées aux ouvriers et Directeurs des mines furent confirmées.

LES TROIS ÉVÊCHÉS. - *Metz*. — Dans le courant du récit du règne de Jean nous avons vu les luttes que Metz communale et épiscopale eut à soutenir contre de nombreux ennemis. Les citains défendirent avec énergie leurs droits. Ainsi (*Chron. de Metz*, ann. 1366) deux gentilshommes qui ne se faisaient pas scrupule de vivre de pillage et de rançon furent pris et mis à mort pour attentats commis « contre cette ville (Metz) et les bonnes gens très passants par le pays (SERVAIS). Jean de Vienne, successeur du belliqueux Adhémar de Monteil, ayant fait arrêter un bourgeois, fut saisi d'une demande de remise en liberté par les Treize. Sur son refus, les portes de l'officialité furent enfoncées et le prisonnier relâché. L'évêque aussitôt convoque un synode à Vic. Les archidiacres et les curés, gagnés par l'esprit démocratique, refusent d'y assister. L'évêque irrité, les interdit, les frappe d'anathème et écrit au pape la lettre suivante : « Saint Père, nous vous saluons et supplions pour l'amour de Dieu, que vous nous vouliez pourvoir, par votre grâce, en un autre bénéfice de sainte église ; car, vraiment, en l'évêché de Metz, je ne peux plus être ny demeurer ; car ce sont gens sans foi et sans loi, et qui ne croient mie en Dieu ; ains sont telles gens, que je ne pourroye raconter, ne de leur état ne de leur clergie, et plus n'en die... »

Le pape consulta l'empereur sur la vérité de ces accusations, et ce monarque qui avait séjourné deux fois à Metz, assura n'avoir rencontré nulle part, un clergé qui fît mieux le service divin, un peuple plus soumis et plus pieux. Jean de Vienne reçut son changement. Thierry de Poppart, son successeur, fut assez adroit pour se maintenir en bonne harmonie avec les bourgeois ; malheureusement les querelles recommencèrent, non avec l'évêque, mais avec les chanoines. La résistance de ceux-ci fut si opiniâtre qu'ils s'entendirent pour indemniser ceux d'entre eux que les Treize chasseraient de la ville. Ces magistrats ayant livré au pillage plusieurs monastères, banni des religieux, imposé des tailles sur la mainmorte, etc., l'évêque excommunia les Treize et mit la ville en interdit. Elle demeura dans cet état pendant plus deux ans, jusqu'à ce que Thierry de Boppart eût vendu, en 1373, son absolution pour une somme de 5,000 francs d'or, marché honteux qui encourut à bon droit le blâme du clergé (1).

Le grand schisme qui divisa l'Europe après la mort du pape Grégoire XI, survenue en 1378, causa une infinité de maux dans les diocèses de Metz, Toul et Verdun. A l'exemple du roi de France, les ducs de Bar et de Lorraine suivirent l'obédience de Clément VII qui s'établit à Avignon. Les trois évêchés reconnurent l'église gallicane, tandis que leur métropolitain trévirois se prononça pour le pape romain, Urbain VI.

A la mort de Thierry de Boppart (1384), Clément nomma

---

(1) Un acte pareil amena la révolte de Sarrebourg, en 1381. Thierry de Boppart ayant engagé cette ville au comte de la Petite-Pierre, les bourgeois mécontents pénétrèrent dans le château de l'intrus, le saccagèrent, puis allèrent ruiner le couvent des sœurs de Viviers qui étaient sous la protection du comte. Celui-ci, trop faible pour résister, fit cession à l'évêque « de l'action de *plusieurs insolences* que les bourgeois de Sarrebourg firent lorsqu'ils démolirent le château de Sarrebourg et le monastère de Viviers. » Le prélat commença par interdire la ville, puis résolut de l'assiéger ; les bourgeois donnèrent trois mille francs d'or et obtinrent leur pardon. (A. BENOIT, A. L., t. XI, pp. 71-72.)

En 1393, après une autre révolte des Sarrebourgeois contre l'évêque, la ville de Metz prêta au prélat seize mille francs d'or, au coin du roi de France. L'évêque, en retour, autorisa, pour huit ans, la bourgeoisie messine à nommer les Treize jurés comme elle l'entendrait, sans autre formalité que de les présenter (pp. 386-387).

évêque Pierre de Luxembourg, âgé de moins de seize ans (1). Ce choix occasionna de nouveaux troubles. Venceslas, qui s'était rendu à Metz dont il confirma de nouveau les privilèges, par un diplôme (2), à condition que Metz, en retour, le reconnaîtrait comme empereur, opposa un rival au jeune prélat que soutenait une coalition armée. Les Messins repoussèrent avec vigueur les attaques des champions de Pierre de Luxembourg. Alors surgit un nouvel ennemi, le comte de Ligny et de Saint-Pol, frère et mentor du jeune prélat. Ce prince voulut contraindre les bourgeois à révoquer la création des *Wardours*, magistrats populaires que les masses essayaient d'opposer aux Treize dont les idées tendaient chaque jour davantage à l'aristocratie (3). Saint-Pol, aidé du

(1) D. Calmet (t. II, pages 622 à 626) donne, sans sourciller, les étranges détails suivants sur ce jeune prélat : « Pierre de Luxembourg, prétend-on, dès l'âge de *six ans*, promit à Dieu de vivre dans une *continence perpétuelle*, et persuada à Jeanne de Luxembourg, qui n'en avait que douze, de renoncer au monde et de se consacrer à Dieu. » A l'âge de douze ans, il fut nommé archidiacre de Dreux, en l'église cathédrale de Chartres. L'anti-pape Clément lui donna l'évêché de Metz au commencement de l'an 1383, quoiqu'il n'eût pas encore atteint la quinzième année de son âge. Il entra dans la ville, monté sur un âne et nu-pieds, à l'imitation de Jésus-Christ. En 1387, il reçut le chapeau de cardinal. Il mourut le 2 juillet 1387, à l'âge de 18 ans moins dix-huit jours. Par quel don spécial du ciel cet enfant privilégié savait-il, à six ans, ce que c'était que la continence ?

(2) Metz lui offrit une « coupe de vermeil remplie de florins d'or, au coin de la ville, et quelque vaisselle d'argent dont la ciselure rivalisait avec celle de Florence et valait 900 livres. On donna, en outre, cent francs à son chancelier pour avoir scellé un diplôme expédié en sa faveur, et 16 florins aux personnes de sa maison. Par ce diplôme, Venceslas confirme à la république messine les libertés et franchises dont elle jouit. Il est daté du 15 novembre 1384. (*Chron.*, p. 282, note.)

(3) Comme à Verdun, les corps des métiers, à Metz, perdirent leur action politique à cette époque. « Furent abattues, dit Philippe de Vigneulles, en l'an 1382, les frairies, confrairies et compaignies des mestiers, pour ce que entre eux et sans licence de justice, faisaient alliances et assemblées ; pourquoi on ne voulut plus souffrir ne endurer icelles confréries ; » mais elles ne se tinrent pas pour battues et il fallut les prohiber de nouveau après la grande émeute messine de 1405, à laquelle elles n'étaient peut-être pas étrangères. (CLOUET, t. III, pp. 363-367.)

duc de Bourbon, prit Gorze, assiégea Moyenvic, Marsal, Longwy et vint sommer avec audace la république messine de lui payer une forte contribution. Après deux années d'hostilités, on fit la paix, en 1387. Les Messins s'engageaient à supprimer les wardours (rétablis ensuite), à payer quatre mille florins d'indemnité au comte, et de faire des excuses à l'évêque que le pape avait élevé au cardinalat et qui mourut la même année. Clément VII le canonisa en 1397. En haine du schisme, on ne sanctionna pas cette béatification. (SERVAIS, p. 126.) (1)

Ce même sire de Saint-Pol se ligua, en 1391, avec le comte de Blâmont contre Metz et lui déclara de nouveau la guerre; mais il fut battu complètement près de Cirey-sur-Vezouse (2).

TOUL. — L'évêque Jean de Heu eut de violents démêlés avec les bourgeois de Toul. Les chanoines (3), assiégés dans leur cathédrale par les citains, s'enfuient à Vaucouleurs et font excommunier leurs ennemis. L'abbé de Saint-Léon, chargé de prononcer l'interdit, est arrêté et mis en prison. L'évêque indigné, casse les officiers de justice et crée de nouveaux magistrats. La bourgeoisie, soutenue par l'empereur, s'y oppose (4); enfin on transige de part et d'autre, en 1371, et la paix se rétablit pour une dizaine d'années.

(1) Metz, à cette époque, avait sous sa dépendance 205 villages et hameaux, y compris ceux de la terre de Gorze. (*Hist. de Metz*, t. IV, p. 316, note.)

(2) Les *Annales* disent qu'en 1390, il mourut, à Metz, seize mille personnes, et, en 1400, six mille, sans compter les enfants. (VIVILLE, p. 122, note 1.)

(3) A cette époque (4 août 1359), il fut interdit aux employés du chapitre de plonger dans l'eau, suivant une mauvaise coutume, ceux des chanoines qui n'avaient pas paru aux matines le jour de Pâques et les trois jours suivants. GUILLAUME, p. 259.)

(4) Une profonde jalousie régnait entre les citoyens de Toul et les seigneurs de l'évêché. Les premiers se considéraient comme nobles et commençaient à être regardés comme tels par les empereurs et princes voisins, sans doute par la raison que, non seulement ils étaient exempts de toute vassalité, mais qu'ils participaient au gouvernement de la cité, qu'ils pouvaient tous être élus aux magistratures publiques, et que,

VERDUN. — L'évêque Hugues de Bar, par sa politique de famille (CLOUET, t. III, p. 247) ayant inconsidérément (*sic*) (D. CALMET, t. II, pp. 643-44) renoncé au privilège accordé

réunis en corps, ils passaient souvent des traités avec les souverains. (THIÉRY, t. I, pp. 265-266.)

« Les bourgeois d'icelle ville (Jean DUPASQUIER, pp. 190-191) sont d'origine de naissance et de condition tout à fait franche et libre, en un mot, pareille et égale à celle de ceux qui, en droit, sont appelés *ingenui*, nobles et exempts de toutes servitudes, pouvant succéder par tous pays, provinces et royaumes où il leur arrive des successions, sans être réputés *aubains* en aucun lieu, et de pouvoir aussi tenir et posséder offices, bénéfices et seigneuries, de quelque nature elles soient. Tous les bourgeois de Toul sont d'une même condition, c'est-à-dire *ingenui*, nobles, francs et non serviles. Cela se prouve assez par l'usage du passé qui était, lorsqu'on publiait le rôle, d'inscrire tous les bourgeois par leurs noms et surnoms, sans les qualifier ni de sieurs, ni de gentilshommes, ni écuyers, ni nobles, quoiqu'il y en eût plusieurs parmi eux de plus grande qualité, de plus relevée origine que les autres. »

L'empereur Charles IV, le 13 des calendes de mars 1363, accorda aux bourgeois de Toul une charte confirmative de leurs anciens privilèges. En voici les clauses les plus remarquables :

« Nous avons concédé à nosdits citains de Toul et à leurs successeurs, et, de notre autorité impériale, leur avons permis que, en temps de guerre, ils puissent fortifier et munir notre dite cité de Toul de murs et d'autres fortifications, et de faire alentour d'icelle de nouveaux fossés, de construire, dans les chemins publics, des barrières, d'ériger toutes autres défenses, et de les entretenir et refaire quand il serait nécessaire. Et comme notre dite cité de Toul, pour lesdites oppressions, attaques et insultes des ennemis est accablée de charges énormes..., nous donnons puissance et faculté plénière de punir les délinquants... selon la qualité des excès, de peines et amendes, d'imposer entre eux collectes, distributions, gets et tailles, faire statuts municipaux, pourvu que ces statuts ne soient pas contraires à la raison ; et, comme il est constant que nosdits citains de Toul sont et ont toujours été en possession pacifique d'avoir collège, consuls et université, avec archives, cloches et scel commun, nous approuvons et louons la jouissance des dites choses. Nous ratifions, enfin, toutes les observances et coutumes louables dont les toulois sont et ont été en possession jusqu'à présent. Si aucun présumait d'y attenter, toutes et quantes fois il le fera, il encourra sans rémission la griève offense de Notre Majesté et l'amende de 50 marcs d'or pur et loyal, la moitié desquels voulons être appliqué à notre fisc et impérial trésor, et l'autre moitié à ladite cité et aux citains de Toul, comme ceux qui en auront souffert injure. »

Constatons ici que, jusqu'au milieu du XVIe siècle, chaque nouvel évêque, hors des portes de la ville, prêtait le serment suivant :

par Frédéric Barberousse de pouvoir s'opposer à l'établissement d'aucun officier sans le consentement de l'évêque, les bourgeois de Verdun créèrent incontinent un maître échevin comme chef de justice et quatre officiers pour l'exercer avec lui, et cela en dehors de l'autorité épiscopale. Les choses demeurèrent environ quatre ans en cet état (de 1352 à 1356); mais bientôt, non seulement l'évêque, mais les premiers citoyens de Verdun et la noblesse se repentirent de ce qui avait été fait et regrettèrent l'ancienne forme de gouvernement, car les élections de ces magistrats se faisaient par le peuple à la pluralité des voix. Les plus vils de la populace (*sic*) qui étaient le plus grand nombre ne manquaient pas de choisir des *gens de la lie du peuple* (?), *à l'exclusion des meilleures familles à qui cette préférence déplaisait infiniment*. Elles témoignèrent leur mécontentement à l'évêque qui n'était plus en état, par lui-même, d'y apporter un remède efficace.

Il fallut recourir à l'empereur Charles IV. Le prélat obtint de lui la confirmation des anciens privilèges, en d'autres termes, l'abolition du gouvernement démocratique (1357). Il lui accorda, de plus, des lettres portant défense à tous seigneurs, princes et communautés de recevoir des *serfs* fugitifs et autres gens de *mainmorte* qui se retireraient du diocèse de Verdun et prétendraient, en vertu du changement, être affranchis et mis en liberté; déclarant que telle fuite ou translation ne peut procurer la liberté à ces sortes de gens, et promettant à l'évêque et à ses officiers de les arrêter et prendre au corps, les punir et les contraindre de de-

« Nous, évêque de Toul, jurons sur les saintes Évangiles que nous maintiendrons et entretiendrons la cité de Toul, les citains et habitants d'icelle, en leurs franchises et libertés, et garderons leurs coutumes et usages anciens, sans y contrevenir par nous ni par d'autres. (THIÉRY, p. 315.) L'évêque posait alors la main sur le livre des Évangiles et disait à haute voix : *Ego sic juro et promitto*. Ainsi je le jure et le promets. » Pareil serment à la cathédrale pour le chapitre.

meurer dans leur ancienne servitude et sous leurs premiers maîtres.

Dans le même temps, les chanoines de Verdun (1) présentèrent à l'empereur leur requête en plainte de ce que : 1° quelques seigneurs et communautés recevaient en bourgeoisie certains sujets de leur église, nonobstant qu'ils fussent de condition servile ; 2° que nombre de seigneurs détenaient violemment par eux-mêmes les terres, maisons et héritages de l'ancien domaine de l'Église, lesquels ils devaient seulement tenir par leurs hommes et vassaux ; 3° que les mêmes seigneurs imposaient aux sujets de l'Église des tailles et contributions contre la liberté ecclésiastique...

L'empereur, en vertu de *l'antique alliance du trône et de l'autel*, remédia à tous ces désordres (sic). — Et ce sont cependant ces gens qui se vantent d'avoir aboli le servage !

L'évêché de Verdun eut à souffrir du passage fréquent des grandes compagnies et fut exposé pendant près de six ans aux incursions de Pierre de Bar, brigand heureux et titré qui s'empara des châteaux de Charny et de Sampigny, frappa ses victimes d'énormes contributions et vendit la paix sans discontinuer la guerre (2). Une coalition des principaux seigneurs du pays allait lui faire expier ses attentats sans nombre quand il mourut. Son trépas fut considéré comme un des événements les plus heureux du siècle.

---

(1) « Henri d'Apremont (CLOUET, t. III, p. 211) ne mettait pas, comme le chapitre, la servitude de la glèbe au nombre des choses sur lesquelles il fallait être intraitable ; au contraire, il affranchit volontiers, et, en grand nombre, les villages de l'évêché... Il admit (vers 1313) la loi de Beaumont comme droit de plus en plus commun, appliqué ou prochainement applicable à tout le domaine »

(2) Vers 1371, le peuple des campagnes (CLOUET, t. III, p. 302) fut obéré d'impôts, d'aides et de prières, et dévasté en surcroît par les grandes compagnies qu'on appelait chez nous les Bretons et les Routes : ces bandits rançonnèrent aussi les princes et les villes. Ce temps ne fut prospère qu'aux prêteurs et aux manieurs d'argent ; aussi vit-on florir dans les cités, les changes et les tables des Lombards où s'enrichissaient plusieurs notables gens de parage et de lignage (p. 302).

Liébaut de Cousance, choisi par Clément VII et par le chapitre de Verdun pour succéder à Guy de Rote, trouva dans Rolin de Rodemach un puissant compétiteur qui lui disputa, les armes à la main, le trône épiscopal. Les chanoines l'apaisèrent à force d'argent. En 1388, lors du passage à Verdun du roi de France, Charles VI, l'évêque lui offrit la moitié des droits temporels, en échange de sa protection. Le monarque accepta et occupa toutes les forteresses du prélat et de son chapitre. Les bourgeois irrités s'adressèrent à l'empereur qui obtint, en 1396, la renonciation du roi de France. L'évêque et son clergé furent réduits à transiger avec la force populaire.

État social.

Très limitée tant que le pauvre serf, n'espérant aucun fruit personnel de son pénible labeur, se contentait d'exécuter machinalement son travail quotidien, la richesse publique s'accrut rapidement quand l'ouvrier rural, maître et propriétaire de son instrument de travail, en tira tout ce que la nature permettait d'en obtenir. Dès lors se manifesta l'amour du cultivateur pour la terre, cette maîtresse adorée, comme dit Michelet. L'idéal du beau, du confort, qu'il n'avait entrevu jusqu'alors qu'à l'église, le paysan rêva de le transporter dans sa maisonnette, pour le plus grand bien de sa famille. A cet effet, il fallait produire beaucoup et placer dans les villes le surplus de ses récoltes, les besoins des siens une fois satisfaits, et les dîmes et redevances payées au maître laïque et à l'église. Le seigneur, doté à son tour d'un surcroît de produits agricoles, chercha également à les écouler dans les villes qui seules, grâce au trafic, possédaient les moyens de convertir en argent les denrées agricoles. C'est ainsi que s'opéra lentement, sans bruit, une véritable révolution économique. Le luxe naquit, et se manifesta d'abord chez les castes privilégiées.

CLERGÉ. — Nous avons vu plus haut le faste déployé par les jeunes nobles. Le clergé, recruté en grande partie parmi les privilégiés, marchait sur leurs traces. On reprochait aux moines de porter des « solers (souliers) detranchiés, com chevaliers, des chausses de colour, des robes, des plous preciouse, et sintes de sintures d'argent avec las ou nowés de soie si estroits com damoiselles et des flos tant qu'ils puissent covrir lours espaules ; de chevaucher à grans espées... com ung conte les jambes décovertes ; d'aller de neu (nuit) et de jor en place commune, en nosses, en danses et austres leus que ne sont mie à dire... de menjuer en jardins avec femmes séculières et nonains, dissolument à grant foison de menestriés, etc. »

Les magistrats de Metz, Toul et Verdun firent plusieurs règlements somptuaires dont l'effet demeura presque nul. Des statuts élaborés par des synodes interdirent aux prêtres et aux religieux l'usage des habits froncés, plissés et découpés, des manteaux ouverts, des habits d'étoffes noires élégantes (1), des fourrures précieuses, des draps de couleur rouge ou de pourpre. Ils blâment ceux qui portent d'autres coiffures que celles prescrites par les règlements, proscrivent les exactions excessives que l'on commettait pour l'administration des sacrements, ordonnent la fermeture nocturne des couvents, défendent de recevoir dans les maisons ces paysans qui se disent apôtres, ou ces *begards* qui expliquent les écritures aux ignorants, condamnent toute espèce de magie ou de divination, telles que sortilèges, augures, billets superstitieux, inductions tirées de certains jours ou de certains mois de l'année, danses, jeux, illuminations faites à des époques

(1) Thomas de Bourlemont, évêque de Toul, qui mourut en 1354, avait défendu aux prêtres de son diocèse des couleurs éclatantes, voulant qu'ils ne se vêtissent que de blanc, de gris ou de brun, et que le chapeau fût de même couleur que leurs habits. (P. BENOIT, p. 485.) En 1357, un chanoine, pour avoir blasphémé à l'autel le jour de l'Ascension, fut condamné par une résolution capitulaire à faire pieds nus et en chemise, un pèlerinage à Saint-Nicolas (pp. 170-171).

fixes ; pronostics tirés du vol des oiseaux ; inspection des astres pour juger du sort des personnes nées sous certaines constellations, illusion des femmes qui se vantaient de *cheraucher* la nuit avec Diane ou Hérodiade ou une multitude d'autres femmes. Les mêmes statuts portent défense aux religieux d'avoir des serviteurs, de danser, de jouer aux échecs, aux anneaux, à la boule, de tenir cabarets dans leurs cloitres, enfin, aux médecins et aux chirurgiens, d'exercer leur art, sans avoir préalablement subi l'examen de rigueur et obtenu la permission de l'évêque. (BÉGIN, t. I, p. 255.)

Constatons vite qu'au XIVe siècle, le clergé, aux yeux des masses, n'avait rien perdu de son prestige et de son empire, bien que princes et peuples fissent parfois des tentatives pour secouer sa double domination temporelle et spirituelle (1). Ainsi on voit, le duc Raoul, ce prince fier et despote, s'humilier au point de consentir à porter, chaque année, en procession, les châsses des trois patrons de l'église de Remiremont, et les habitants de Saint-Avold nommer un officier maître d'hôtel, chargé de servir la table de l'évêque quand il irait visiter cette ville, dépendante de son évêché.

Le testament de Robert de Bar (1381) ne diffère pas, dans ses dispositions en faveur du clergé, de ceux des princes des siècles précédents. Ainsi ce duc « fait au chapitre de Saint-Max un legs de quatre cents francs d'or, livrables au lendemain de sa mort, pour la fondation de quatre services anniversaires dans l'église de Saint-Max ; puis deux autres legs de six cents francs aux chapelains de la même église et aux Augustins de Bar, pour la fondation d'une messe quotidienne en faveur du salut de son âme et de celles de ses père et

(1) Notons cependant ici ce fait curieux... c'est que les annonces de ventes d'immeubles, depuis l'affranchissement des serfs, se faisaient à l'église, au prône. Vers 1385 (SERVAIS, t. II, p. 105), l'aliénation des biens dépendant des successions vacantes, était ordinairement annoncée dans l'église du lieu où on devait y procéder. On en trouve une preuve dans la vente d'une succession adjugée à Martigny, prévôté de La Marche, après avoir été criée solennellement par trois fois à l'église.

mère. Il fonde aussi des anniversaires dans les églises de la plupart des villes, chapitres, abbayes, prieurés, maisons-Dieu de ses États et des pays voisins ; il lègue à ces établissements les sommes nécessaires pour assurer l'entretien des services fondés. Le prince étend aussi ses libéralités sur douze couvents de divers ordres, auxquels il lègue trois cent soixante francs à répartir entre eux, à charge de services religieux et de prières. » (SERVAIS, t. II, pp. 92-93.)

Il est bon de remarquer que les legs de Robert sont en argent, et non, comme autrefois, en biens fonds. Ce sont les deniers fournis par l'impôt « les prières » qui doivent assurer le salut de la noble âme du duc (1).

INDUSTRIE. — Les industries de luxe étaient encore à cette

---

(1) Le peuple devait payer, toujours et pour tout. Pour le mariage de la seconde fille du duc, Yolande, comme pour Bonne de Bar, la sénéchaussée de Lamothe dut verser 813 livres, 16 sous fors (1,000 écus) ; la prévôté de Gondrecourt, d'abord, en avril, 108 livres 15 sous, puis, en juillet (1401), 293 écus, 4 gros, et la prévôté de Souilly 190 écus. (SERVAIS, p. 319.) Bonne de Bar était une enfant naturelle qu'Édouard avait eue de Jeanne Lebel, fille d'un mercier de Saint-Mihiel. Marie de France accorda à la mère de cette enfant une somme d'argent, et la jeune fille fut entretenue chez le prévôt de Bouconville. On versa six livres pour « vivre, gouvernement, char, poisson, roubes, chaussures et autres nécessités. » (SERVAIS, t. II, p. 328.)

A propos de familles souveraines, citons, comme *spécimens* des idées de l'époque, les étranges stipulations pour le mariage projeté de Jean de Bar, alors âgé de trois ans, avec Isabelle de Lorraine, fille de Jean Ier. « Pour plus grande sûreté de parvenir audit mariage et pour nourrir amour et connaissance entre lesdits enfants dès leur jeunesse, et pour les confirmer ès amours du pays où ils demeureront et devront demeurer et converser, ladite demoiselle sera amenée avec ledit Henri et les autres enfants de Bar. » (SERVAIS, t. I, pp. 227-228.) Non moins curieuses sont les stipulations suivantes : « Par contrat du 5 avril 1379, les ducs de Lorraine et de Bar se promirent de fiancer Ferry et Bonne dès que le plus jeune aura atteint l'âge de sept ans et de les faire contracter mariage par *paroles de présent* dès que le premier aurait quatorze ans et la seconde douze ans accomplis « ou plus tôt par droit et par dispensation, parce que la malice des dis enfans pourroit suppléer le deffaut de l'eage ou aultrement pooit estre fait bonnement. » (JEAN GERMAIN. *Ferri Ier de Vaudémont.*)

époque le monopole des grandes villes, de Metz surtout (1).
Ainsi, en mars 1360, on acheta à Metz pour l'usage de Pierre
de Bar, deux selles et des éperons, et, le 20 mai suivant, une
dague à Toul... En 1383, « Robert de Bar fit venir de Metz à
Pont-à-Mousson et à Saint-Mihiel un harnoix d'armes, une
lance ferrée pour sa bannière et six autres lances pour lui et
ses fils. » Le lendemain on fit encore amener « plusieurs harnoix pour le duc, et, deux jours après (26 juillet), on transporta de Metz à Pont-à-Mousson et de là à Saint-Mihiel, le
chariot d'armes du duc. (SERVAIS.) Le 5 octobre 1396, Jacquemin de Saint-Mihiel, armurier, demeurant alors à Metz,
fournit, pour 268 francs et demi, plusieurs harnoix d'armes
acquis tant pour Henri et Philippe de Bar, fils du duc, que
pour des écuyers et autres gens. (SERVAIS, t. II, p. 265, note.)

Le 24 juillet 1401, Robert de Bar fit acheter à Metz une
cotte d'acier et d'autres harnoix à armer pour Jean de Bar,
ainsi que des harnoix de chevaux pour le même prince et le
marquis de Pont-à-Mousson, au prix de 99 fr. (SERVAIS, t. II,
p. 372) (2).

La citation suivante donnera une idée du confort de
l'époque (3) :

« Le 17 février 1381, Robert (de Bar) fit délivrer, pour
l'Estat et hostel du duc, de la duchesse et de leurs enfants à
Pont-à-Mousson, des biens meubles amenés de Pierrefort

(1) Bar-le-Duc, Toul, Neufchâteau, Remiremont, Épinal, Saint-Dié,
étaient, aux XIIIe et XIVe siècles, des lieux importants. Verdun était plus
peuplé que de nos jours. (DIGOT, t. II, p. 148.)

(2) Le fait suivant donne une idée approximative de la valeur des certains objets ouvrés. « En 1383, on paya 9 gros 12 deniers à un maréchal de Saint-Mihiel pour deux douzaines de fers et les clous après, et,
à un autre, 36 francs pour 72 fers acquis par Henri de Bar. (SERVAIS,
t. II, p. 22, note.)

(3) Lemoine cite dans sa diplomatie pratique un titre de 1399, duquel
il résulte qu'il se faisait dans le Barrois un tel commerce de mouches,
que le miel et la cire étaient comptés dans les *menues dîmes*. Quelquefois ces produits servaient à acquitter une partie des impôts. (DIGOT,
t. II, p. 152.)

dans cette ville, dix-sept taies, cinq oreillers, trente-sept draps de lits, neuf douzaines d'écuelles et vingt pintes d'étain, une grande chaudière, etc. (SERVAIS, p. 20.)

En 1381, on établit à Bar une horloge, alors chose rare et précieuse (1).

INQUISITEURS. — La Lorraine (CLOUET, t. II, p. 373) eut son saint office, car on trouve, en 1307, une lettre de Philippe-le-Bel à son frère Raoul de Ligny, inquisiteur à Metz, Toul et Verdun, pour qu'il fît interroger des Templiers qui s'étaient enfuis de Paris. Frère Robert s'acquitta de cette commission, mais à la décharge des accusés. — Dans un acte du 1er mars 1491, il y a mention incidente de frère François Le Sueur, prieur des Jacobins de Verdun et inquisiteur de la perversité hérétique. — Au même titre, Rodulphe de Ligny était inquisiteur dans les cités et diocèses de Toul, Metz et Verdun, par délégation apostolique (CLOUET, t. III, p. 81) (2).

D. Calmet mentionne d'autres titulaires, tous gens obscurs et sans renommée, ni inquisitoriale, ni autre. Il n'y avait ordinairement qu'un seul inquisiteur pour les Trois-Évêchés; c'était presque toujours un jacobin de Metz... Voici les noms des inquisiteurs qui parurent en Lorraine à diverses époques :

1315. Le révérend père Garin de Bar-le-Duc, dominicain à Metz.
1340. Renaud de Ruisse, censeur général de l'hérésie à Metz.
1355. Nicolas de Hambourg, pour les Trois-Évêchés.
1400. Martin d'Amance (*ibid*).
1414. Laurent de Neupont, à Metz.

(1) Charles VI fit construire une horloge qui était une si grande merveille que les bourgeois de Paris, ne voulant pas croire que c'était réellement l'horloge qui sonnait toutes les nuits, demandèrent au roi la faveur de monter la garde à la porte de la tour, pour s'assurer que personne ne pût aller sonner. En 1382, le duc de Bourgogne fit enlever, à Courtray, une horloge dont il fit présent à la ville de Dijon, où elle se trouvait encore au siècle dernier.
(2) On est excommunié non seulement pour enseigner l'hérésie et écouter les hérétiques, mais aussi pour ne pas les dénoncer. (CLOUET, *Hist. de Verdun*, t. II, pp. 418-19.)

1521. Léonard Listard, son vicaire, à Verdun.
Jean d'Alizey, dans les Trois-Évêchés.
Jean d'Ivoy, son vicaire, à Toul et à Verdun.
Frère Mathias, dans les Trois-Évêchés.
1450. Les révérends pères Jean Brehalls et Pierre Régis, à Toul.
1500. Jean Savin, à Metz.
1520. Christophe d'Anchery, à Verdun.
1541. Frère Clément visite une sorcière à Dieulouard.
1550. Jean Béguinet, à Verdun.
1555. Reggier-le Beau, à Verdun.

(DUMONT, *Just. crim.*, t. I, p. 183.)

ORDRES RELIGIEUX. — Les Dominicains s'établirent à Metz dès l'année 1221, et, la même année, Jean d'Apremont leur érigea un couvent à Verdun. Dix huit ans après, vers 1240, ils eurent un établissement à Toul. Les Dominicaines ou Dames pécheresses suivirent bientôt. En 1280, elles possédaient une maison à Metz et peu après à Nancy.

Les Dominicains reçurent la charge d'inquisiteurs.

Les Franciscains ou Cordeliers marchèrent, en quelque sorte, parallèlement avec les premiers. En 1236, ils avaient un couvent à Metz. Quelque temps après, ils possédaient des maisons à Toul et à Neufchâteau.

Les dons et la vénération du peuple et des grands qui se dirigeaient vers les nouveaux ordres, firent décliner les anciens (1). Bientôt quelques monastères arrivèrent à un état voisin de la misère ; d'autres, au contraire, celui de Saint-Nicolas-de-Port, par exemple, virent leur prospérité grandir extraordinairement. Ce dernier dut sa vogue au pèlerinage qu'y amenait la relique, la phalange du doigt de Saint-Nicolas. Richer de Senones assure, qu'au XIII° siècle, on voyait, à Saint-Nicolas, un grand concours de Bourguignons,

(1) Notons cependant que les chevaliers du Temple furent, en 1349, affranchis « de toutes demandes, exactions, impositions, servitudes qu'on pourra leur faire ou demander, de prises de bêtes grasses, blé, pour mener en ost et en chevauchée, de gîte, de chiens, de faire charois, etc. » Ces privilèges furent confirmés et augmentés en 1376, 1396, 1595, 1671.

de Français et d'Allemands. Chacun déposait une offrande dans l'église et voulait remporter un objet acheté sur place.

Peuple. — Nous avons vu l'empereur *allemand* Charles IV intervenir pour enrayer l'émancipation des serfs. Son exemple trouva des imitateurs. Il ne fallut rien moins que les calamités amenées par les grandes compagnies et le dépeuplement des campagnes, pour déterminer quelques princes et seigneurs nouveaux à étendre aux villages certaines franchises déjà accordées aux villes et bourgs (1). Ainsi, vers 1393, le comté de Vaudémont avait tellement souffert de la guerre et de la peste que les habitants, réduits à une extrême misère, par suite de la perte de leurs bestiaux enlevés par l'ennemi, de la mortalité et d'autres événements calamiteux, se trouvaient dans l'impossibilité de sortir de cette position, et sur le point de cesser le service qu'ils devaient à leur seigneur, pour la garde et la défense du pays (2). Afin de remédier à cet état de choses alarmant et dangereux, Ferry de Lorraine et

(1) Voici un extrait de la charte dressée le 1er octobre 1395, entre Thiébault, seigneur de Neufchâtel (Vosges) et les bourgeois de Fontenoy (*Id.*) : « ...Item, que le seigneur ou dame dudit Fontenoy ne puet ou doit paure ou faire paure bourgeois, garçon, garce, chevaulx, bestes, ne autres servans des dits bourgeois, pour nul commandément de servitude ou de courvées, se n'estoit pas le grey et consentement de celluy à qui li commandement seroit fait. Item, les dits bourgeois, doivent aidier à leur seigneur ou dame ès causes cy après devisées. — Premièrement se il marie sa fille. — Item, se lour dit seigneur vait outre mer. — Item, se il devient nouveaulx chevalier. — Item, se il étoit pris, ce que ja (jamais) ne soit et il le convenoit rembourser. — Item, se il achetoit terre, selon l'acquet que il feroit, et sur ces caux doivent aidier raisonnablement selon lour faculley. » Suit l'énumération des redevances féodales. (*Doc. Hist. des Vosges*, t. II, pp. 242-43.)

(2) Les murs des forteresses étaient garnis de guetteurs chargés d'observer ce qui se passait au dehors et de répandre l'alarme en cas de danger. La garde des places fortifiées était confiée à des hommes de guerre dévoués et expérimentés. Celles-ci se trouvaient ainsi à l'abri des surprises de l'ennemi. C'était un moyen de l'arrêter, car il avait en vue dans ses attaques, plutôt la dévastation et le pillage du pays que sa conquête, et il ne pouvait guère s'y aventurer en laissant derrière lui des forteresses occupées par des garnisons qui pouvaient lui couper la retraite. (Servais, p. 131.)

Marguerite de Joinville, sa femme, étendirent, en 1398, à tous les habitants du comté, l'affranchissement du droit de mainmorte, précédemment accordé à la population de la capitale et dont elle avait joui jusque-là. (SERVAIS, t. II, p. 289.)

Pareille détresse sur tous les points du pays. L'abbé de Saint-Mihiel trouva, à son installation, en 1335, le monastère si dépourvu de ressources qu'il se vit obligé d'emprunter cinq florins d'or. — Thiébaut, seigneur de Blâmont, dut engager, le 28 août 1336, pour dix-sept cents livres qu'il emprunta à Metz, la moitié d'un fief composé d'une partie des revenus du domaine et de dix villages situés dans les environs de cette ville. (*Ibid*, t. II, p. 53.)

La situation, dans le duché de Bar surtout, était critique. La valeur des immeubles y était descendue à un prix d'une modicité exagérée. Un négociant de Saint-Mihiel acquit (1393) six fauchées de pré, moyennant 36 francs d'or (environ 360 fr. de notre monnaie). L'abbé de cette ville, trois ans auparavant, avait acheté pour 200 francs une maison, des prés, terres et autres héritages. (*Ibid.*, p. 296.) Les populations du Barrois paraissent, à cette époque, avoir été accablées de plus d'impôts que dans le reste de la Lorraine. La détresse du duc se trouvait telle que « les communautés souscrivirent un nombre considérable d'obligations à la décharge du prince et au profit de ses créanciers, afin de prévenir les résultats presque toujours fâcheux pour les populations qu'amenaient les retards de paiement. (*Id.*, p. 59.) (1).

(1) Voici quelques faits attestant la profonde misère des masses. Plusieurs communautés des environs de Foug, Pagny-sur-Moselle, le ban de Passey, Choloy, souffrirent tellement des événements du temps que le domaine ducal y perdit près de la moitié de ses revenus. Cette perte provenait, à Pagny, de ce que nombre d'héritages étaient « demourez tresche, fratis (friches) à labourer, par suite des guerres et du départ de partie des habitants qui avaient déserté le village par pouretey (pauvreté). Au ban de Passey, à Choloy où le même déficit se fit sentir, il avait pour cause *les mortalités et les guerres*. SERVAIS, p. 313.

ARTS. — SCIENCES. — Les travaux d'esprit étaient alors aussi rares que les livres. La traduction de la Bible en langue vulgaire, ordonnée par le duc Jean, pour l'opposer à la Bible vaudoise, entachée d'hérésie, quelques compositions ascétiques sont les seuls travaux littéraires de l'époque. L'usage de la langue latine commençait à se perdre. Les religieuses qui l'avaient parlée jusqu'au xiv⁰ siècle ne l'étudiaient plus. Les moines ne s'en occupaient guère davantage. Cependant quelques écoles florissaient encore en Lorraine (1) ; il s'en organisa même une nouvelle à Metz, celle des Célestins, qui eut un certain éclat ; mais les malheurs des temps la firent bientôt descendre au niveau des autres institutions littéraires. L'université de Paris, déjà célèbre à la fin du xiv⁰ siècle, attirait la jeunesse de nos provinces, de préférence aux universités allemandes, cependant fort en vogue alors, puisque, à Prague, en 1409, on comptait quarante-quatre mille étudiants.

Aux ravages causés par les hostilités, pendant la guerre de 1380, vinrent se joindre, dans nombre de localités, les déplorables effets d'une maladie pestilentielle... Le passage de Trognon ne put être vendu, à Noël, en 1381, faute d'adjudicataire, parce qu'il ne *demoroit nul homme au païs.* On ne trouva non plus, en 1381, personne qui voulut louer, à Bannoncourt, une maison appartenant au duc de Bar. Les revenus de plusieurs héritages, situés à Dampierre (en la montagne) firent défaut de 1380 à 1383, parce que les terres demouront tout à labourer et ne treuve on qui les veulle labourer. (T. II, p. 16.)

Le nombre des habitants de Jœuf (Jouy) était tellement affaibli et sa population tellement appauvrie « par suite de la mortalitey de la guerre de Pierre de Bar, que le produit de l'assise s'y trouve réduit au chiffre minime de 30 sols. Le siège de devant Bouconville ne lor (aux habitants) laxat aleune chose, ni obles, ni vivres. (*Id.*, t. II, p. 18.)

Tous les lieux de la campagne, dit à son tour Roussel (*Histoire de Verdun*, p. 353) ayant été ravagés pendant cette guerre, le peuple abandonna les maisons et se retira dans les bois pour éviter la fureur des pillards. (SERVAIS, t. II, p. 17, note.)

(1) Vers 1389 (NOEL, *Mém.* VI, pp. 130-31), il y avait des écoles tenues par des laïques établis à Nancy. On trouve un titre du duc Raoul, de 1344, établissant qu'il y avait des écoles laïques à Neufchâteau. Au testament du duc Jean, il est aussi parlé des écoles qui toutes finirent par tomber entre les mains des clercs.

Les livres étaient très rares. En Lorraine, les élèves payaient leurs maîtres, non avec de l'argent, mais par le don de deux volumes. C'était de ces volumes, grossis des copies faites par les clercs, que se formaient les bibliothèques dont quelques abbayes étaient pourvues. On jugera de la valeur des livres par ce fait qu'un habitant de Nancy, Laurent, donna, par testament, en 1316, à l'abbaye de Sainte-Glossinde, de Metz, sa bible et ses bréviaires, « à condition que les religieuses ne les *rendront* et ne les engageront jamais. »

La plus ancienne trace de *médecin* ou *chirurgien* qu'on trouve dans le Barrois, remonte à 1321. On cite, vers 1310, maistre Jehan de Poligny, le Frusicien (pour physicien). Les mathématiciens, les physiciens, passaient alors pour sorciers ; leur savoir venait du diable. Plusieurs furent condamnés au bûcher. Ainsi, les chrétiens ne devaient pas se livrer à l'étude de ces sciences ; ce qu'on ne pouvait pas supporter chez les orthodoxes, on ne le trouvait pas déplacé chez les Juifs et chez les Maures... Ce sont effectivement *des Juifs* qui étaient médecins des premiers ducs de Lorraine et des empereurs d'Allemagne. (NOEL., *Collec.*, t. III, p. 1002.)

Au commencement de l'année 1215, un Italien apporta, en Lorraine, un manuscrit du poëme latin connu sous le nom d'école de Salerne, qui contient un certain nombre d'aphorismes médicaux et hygiéniques. Tout le monde voulut en avoir des copies, et plusieurs même apprirent l'œuvre par cœur « dont médecins eurent grand déboire et chagrin ». Grâce à leurs clameurs, l'Italien dut s'enfuir ; pourquoi, ajoute Thierriat « les médecins furent grandement honnis et jouez, d'autant que chascun s'enquit par mémoire des susdits versets. » (DIGOT, t. II, pp. 174-175.)

Parmi les savants et les écrivains lorrains du xive siècle, on peut citer : Jean de Lignière, philosophe et astronome célèbre ; Jean, sire de Joinville ; le chroniqueur Jean de Bayon ; Geoffroy de Remicourt ; François de Saint-Mihiel, recteur de l'université de Paris ; l'auteur de l'histoire en vers de Ferry IV.

Othon de Granson, évêque de Toul ; Jean de Molan, écolâtre de la même église et nonce du pape ; Baudouin, archevêque de Trèves ; Louis de Nancy ; Nicolas de Vaudémont ; Jean de Foug, Dominique du Duc ; Bertrand, suffragant de Metz ; Pierre de Luxembourg, grand théologien ; Liébaut de Cousance, évêque de Verdun, jurisconsulte et négociateur, etc.

A la tête des artistes doit être placé Pierre Perrat, de Metz, le *maistre masson* qui acheva les cathédrales de Metz (1), Toul et Verdun, et dirigea plusieurs autres travaux importants. Presque tous les monuments de son génie sont encore debout ; mais les églises des Cordeliers et de Saint-Vincent de Metz, les châteaux de Vic, Nomeny, Ramberviller, Sarrebourg, Hambourg, construits à la même époque, sans doute par d'autres architectes, ont cessé d'exister. Il est à remarquer qu'à l'exception des cathédrales de Toul et de Verdun, toutes les grandes constructions du xive siècle ont été faites dans le diocèse de Metz.

COMMERCE. — Metz, cité républicaine, sise sur une rivière navigable, aux confins de trois Etats, était le comptoir obligé de l'activité commerciale de l'époque. Ses bourgeois (2)

(1) L'évêque Adhémar de Montil, pour achever la cathédrale de Metz « écrivit une lettre-circulaire à tous les fidèles de son diocèse pour les exhorter à contribuer à ce grand ouvrage ; et afin de les y porter plus efficacement, il leur représenta l'excellence de cette église, ses prérogatives, sa beauté, le grand nombre de corps saints qui y reposaient et les miracles qui s'y opéraient, entre autres, que souvent la *nuit de Noël on y avait vu fleurir sur l'autel*, au moment de la naissance de Jésus-Christ, la plante nommée en latin *Pulegium*, en français *Pouliot*, prétendu prodige rappelé dans un monument de la cathédrale, de l'an 1386, et qui prouve combien on était crédule dans ces siècles d'ignorance. (*Hist. de Metz*, t. II, pp. 532-533.)

(2) Quelques uns d'entre eux possédaient des fiefs, et, comme les bourgeois de Toul, se considéraient comme nobles. Voici, au reste, la formule d'un serment, prêté en 1389, par un maire de Meschy, à un citoyen de Metz, devenu seigneur de cet endroit, serment qui prouve cette assertion :

« ...Sire, je vous jure par le sainct sacrement que plusieurs fois ait estez sacré sur cette autel, ne par ma part de paradis, que je porterai bonnement et loyalement comme boin et loyaul Prudom, l'office de la

déployaient un luxe princier, et les industries étaient si nombreuses qu'on créa, en 1337, un grand maître des métiers, fonction assez analogue à celle du roi des merciers à Nancy, source d'abus, à Metz, bientôt constatés et qui fit supprimer l'institution. Verdun, soit dit en passant, avait aussi sept maîtres des métiers qui obéissaient à un chef spécial, supprimé, comme à Metz, vers 1382.

Dans la Lorraine et le Barrois (1), le commerce naissant éprouvait mille obstacles, malgré plusieurs traités de navigation et d'échanges conclus avec l'archevêque de Trèves ou d'autres princes voisins. Il y avait cependant des Lombards, marchands et prêtants (2), à Nancy (3), Bar, Gondrecourt, Lamarche, Châtillon, Conflans, etc. Plusieurs foires se tenaient en différents lieux ; mais elles étaient peu suivies et ne pouvaient rivaliser avec celles de Champagne où se traitaient toutes les grandes affaires commerciales de

dite mairie, pour et on nom de vous, et vous rendray bon et loyaul compte, quand il vous plairoit, de tout ceu que je recepveray en vostre nom, en portant le dit office. » Par là on voit que tous les citoyens et bourgeois de Metz pouvaient acquérir et posséder des seigneuries et des fiefs dans toute l'étendue du pays messin. (*Hist. de Metz*, t. II, p. 601.)

(1) Dans le Barrois, par exemple, les drapiers d'Etain étaient soumis à des règlements particuliers qui avaient pour but de prévenir la fraude et de maintenir la fabrication du drap dans des conditions favorables aux consommateurs. Le jugement des infractions appartenait au prévôt ; elles étaient ordinairement punies d'amendes sur lesquelles le domaine ducal prélevait une part, et le maître des draperies une autre part. (SERVAIS, t. II, p. 272.)

(2) Robert de Bar fit retirer, en 1404, des mains des Lombards de Metz, où ils étaient engagés, deux bassins, huit tasses d'argent dorés et hanaps, six tasses blanches et trois écuelle d'argent. (SERVAIS, t. II, p. 373.)

(3) Nancy, sous Jean Ier, était très petite et contenait peu d'habitants. Son enceinte renfermait encore des terres labourables. (DIGOT, t. II.) Benoit note le fait curieux suivant : Sous le duc Jean, les bourgeois de Nancy étant allés se divertir un dimanche dans une maison proche de la porte de la Craf, le tonnerre fit tant d'éclat et de bruit que la foudre en blessa soixante et en tua quinze. Les autres furent tellement effrayés qu'il tombèrent malades. La maison des Bourdes où ils étaient fut fort endommagée .. (P. 424.)

la France avec le Barrois, la Lorraine et les Trois-Évêchés. Pour détruire cette centralisation étrangère, on établit à Saint-Nicolas des foires franches qui, dans la suite, devinrent très considérables.

C'est vers cette époque qu'on voit poindre le monopole sur le sel ; il commença à se développer, en 1381, après le traité passé entre Thierry, évêque de Metz, le duc Jean de Lorraine et Robert de Bar qui rendit communs, entre les deux derniers princes seulement, les puits de Château-Salins et de Salone ; on le vit s'accroître lors de la suppression de la saline de Vic, en 1402, mais surtout au moment de la reconstruction de la saline de Salone par René II, en 1481. (ANCELOT, *Recherches sur les salines d'Amelécourt*.)

AGRICULTURE. — Au XIV° siècle, la culture de la vigne fixa l'attention des magistrats de la cité de Metz. Par un atour, en date du 23 novembre 1338, le maître-échevin et les treize avaient ordonné d'arracher tous les plants de vigne de la grosse espèce, appelés alors *gollz*, *gols*, *goez*. Cet atour portait aussi la défense expresse de planter de nouvelles vignes. On le renouvela en 1340, 1392 et 1393, et l'on fit arracher toutes les vignes qui avaient été plantées depuis 1372. Ces règlements étaient fondés sur ce que la grande quantité de mauvais vins qu'on faisait alors dans le pays messin avait détruit l'ancienne réputation de ses vignobles (1). En 1338, pour assurer l'écoulement des vins du pays, il fut aussi défendu d'introduire dans Metz des

---

(1) Le Barrois, plus que la Lorraine, s'adonnait à la culture des vins. Nous empruntons à Servais les annotations suivantes pour les récoltes, à partir de l'année 1350 :

On fit des vendanges dans le Barrois, en 1352 en 1353. Les rentes qui se payaient en vin à Foug, produisirent dans ces deux années deux muids et demi de vin (p. 13). — L'été de 1358 fut extrêmement chaud. Les chaleurs nuirent à la qualité des vins. Dans l'Alsace et le pays messin les raisins se desséchèrent sur pied. Dans l'hiver il y eut des froids rigoureux et prolongés (pp. 72-73). — La pénurie des vins à Foug fut telle, en 1359 et 1360, qu'il fallait acquitter en argent des rentes qui se paient ordinairement en vin. Il se produisit une famine dont les

vins étrangers. Un autre atour de 1355 fixait, avec le plus grand détail, les époques, le mode de culture pour la vigne, le salaire des vignerons et les obligations qu'ils avaient à remplir envers les maîtres. Le 22 janvier 1381 (nouveau style), les magistrats de Metz permirent aux habitants de Norroy, devant Pont-à-Mousson, d'introduire leurs vins dans la ville et ses faubourgs, sous la condit'on qu'ils imiteraient les vignerons des environs de la ville de Metz qui avaient arraché depuis longtemps les Gottz, et planté des *fromentauta blancs et noirs*.

De 1390 à 1431. — Charles II.

Femme : MARGUERITE DE BAVIÈRE.

SOUVERAINS ET PRÉLATS LORRAINS CONTEMPORAINS

ROIS de France.	EMPEREURS d'Allemagne.	DUCS de Bar.	COMTES de Vaudémont	ÉVÊQUES de Metz.	ÉVÊQUES Toul.	ÉVÊQUES de Verdun.
CHARLES V	WENCESLAS	ROBERT 1er	FERRI I.	PIERRE de Luxembourg	SEVIN de Florence	Guy de Roye.
CHARLES VI	ROBERT, comte palatin du Rhin	ÉDOUARD III	ANTOINE.		PHILIPPE de Ville-sur-Illon.	LIÉBAUT de Cousance.
CHARLES VII	SIGISMOND.	LOUIS, cardinal.	.	RAOUL de Coucy.	HENRI de Ville-sur-Illon. JEAN de Neufchâtel	JEAN de Sarrebruck Louis de Bar

effets s'étendirent à l'année suivante. — En 1361, vignes gelées. — A Metz, prix excessif pour les denrées. La culture des champs avait été abandonnée. — En 1364, récolte en vins, en général abondante. — 1368. Année de cherté extraordinaire. On ne récolta pas de vin dans certaines contrées du Barrois, sans doute, en partie à cause des guerres, en 1368-69-70 et 71. Le *chaucheu* (pressoir banal) d'Etain ne tourna point en 1369-70 et 71, parce qu'on ne trouva point d'adjudicataire. — En 1373, les pluies durèrent presque quatre mois et causèrent de terribles ravages. Certaines localités furent entièrement détruites. — En 1390, disette très grande et générale dans la production du vin. Mortalité à Metz, dans les environs et autres lieux. (D. CALMET, t. II, *Chron. de Metz.*)

SOMMAIRE. — Engouement de Charles II pour les ducs de Bourgogne. — Son expédition en Tunisie. — Son mariage. — Guerre heureuse contre les Bourguignons. — Hideuse répression contre Neufchâteau — Charles condamné et amnistié à Paris. — Attaque des Strasbourgeois. — Rançon accordée. — Voyages du Duc. — Amnistie. — Nicopolis — Charles bat le roi de Prusse. — Deux candidats à l'Empire. — Guerre barbare du duc contre les Toulois. — Paix où les Citains sont rançonnés. — Neufchâteau se donne de nouveau au roi de France. — Charles bat ses ennemis à Champigneulles. — Assassinat du duc d'Orléans à Paris. — Nouvelle victoire de Charles sur ses adversaires. — Alison Du May. — Désastre d'Azincourt. — Ligue des seigneurs lorrains pour le maintien de l'ordre. — Charles II nommé connétable par Isabeau de Bavière. — Mariage d'Isabelle, fille du duc, avec René Ier d'Anjou. — Les États reconnaissent Isabelle comme duchesse. — Jeanne d'Arc à Nancy. — Charles II et la Du May. — Mort misérable de celle-ci.

Lois et Règlements. — Romarie Bertrand.

TROIS-ÉVÊCHÉS. — *Metz.* — L'Évêque Raoul de Coucy vend aux Messins le droit de créer les Treize. — Révolte démocratique à Metz (Jacquerie). — Attaque de la Cité par le duc de Bar. — Guerre de la *hottée de pommes.* — Charles II traite avec Metz. — Révolte d'Épinal réprimée.

Toul. — Concordat de l'Évêque avec les bourgeois. — Ils sont autorisés par Sigismond à assister aux diètes. — Guerre dite des *Batards de pretres.* — Capture du Damoiseau de Commercy par les Toulois.

Verdun. — Charles II harcèle la ville. — Administration pacifique du cardinal Louis de Bar. — Usages du temps.

Notes. — Il n'y a pas eu de Charles Ier en Lorraine. — Cruautés et extorsions du duc à Neufchâteau. — Brigands détruits. — Charges imposées au peuple pour les folies des ducs — rachat de prison — mariage — funérailles, etc. — Causes du dévouement des Toulois à Wenceslas. — Rançon du Damoiseau. — Droit du plus fort exercé brutalement. — La Chevalerie et la loi salique. — Haine de Charles II contre la France. — Alison Du May. — Valéran III de Luxembourg. — Cause de la guerre pour une *hottée de pommes.* — Les Rodemachs, vrais bandits. — Le corps de Saint-Sigisbert à Nancy. — Dévastations. — Organisation municipale des villes libres. — Vol et mauvais traitements exercés par des bandits sur des ambassadeurs allant au concile de Constance. — Aumônes affermées. — Article Ier du traité au sujet des *batards des pretres.* — Le roi Charles VI constate les brigandages exercés sur les Verdunois. — Défense de recevoir des serfs dans les villes.

Comme son aïeul Raoul et son père Jean, Charles II (1) fut brave, batailleur, chercheur d'aventures. Il parvint à réunir le Barrois à la Lorraine par le mariage de sa fille avec René Ier; mais il prépara les maux qui accablèrent notre pays sous son petit-fils, René II, par son engouement pour Philippe-le-Hardi et Charles-le-Téméraire, son fils, ducs de

(1) Les anciens historiens ont compté à tort comme CHARLES Ier, le fils de Louis d'Outremer, Charles, exclu du trône de France à l'avènement de Hugues Capet. Charles ne fut que *duc héréditaire* de la *Basse* et non de la *Haute Lorraine,* notre pays. L'usage a trop bien établi les dénominations de Charles II, Charles III, pour qu'on ait essayé de les changer.

Bourgogne, avec lesquels il avait été élevé à la cour de France, auprès du roi Charles V, son parrain.

A peine arrivé au pouvoir, Charles II prêta son appui et celui de sa vaillante noblesse à la République de Gênes contre les musulmans d'Afrique, battit près de Carthage l'armée des Mahométans, et obligea le roi de Tunis à mettre en liberté tous les esclaves chrétiens.

De retour dans ses États, il épousa Marguerite, fille de Robert, duc de Bavière qui, plus tard, fut élu empereur. Bientôt Charles eut à combattre un grand nombre de seigneurs bourguignons qui avaient envahi la Lorraine, « par suite de la mauvaise liberté que la noblesse d'alors se donnait de faire la guerre de son autorité. » (D. CALMET.) (1).

Avec le secours de son frère Ferri, comte de Vaudémont, il les vainquit, les fit presque tous prisonniers et les relâcha deux années plus tard, à la prière de Philippe-le-Hardi, duc de Bourgogne.

Charles se montra moins généreux envers les habitants de Neufchâteau qu'on accusa faussement d'avoir fait empoi-

---

(1) C'est ainsi qu'en 1392 (NOEL), les ducs de Lorraine, de Bar et l'évêque de Metz se liguèrent pour détruire les brigands et voleurs qui, en corps d'armée, ravageaient le pays. En 1383, les Messins exterminèrent une troupe de brigands parmi lesquels se trouvaient des gentilshommes qui eurent la tête tranchée. Au XVe siècle, des capitaines auxiliaires, ne recevant pour solde que le pillage exécuté sur l'ennemi, étrangers absolument aux motifs de guerre, se battant contre tout venant en faveur de celui qui offrait le plus d'avantages, troupe composée de tous les rebuts de l'ordre social, de serfs fuyant la tyrannie de leurs maîtres ou aimant la licence des guerres, ces capitaines furent assez puissants du moins quelques-uns d'entre-eux, pour faire la guerre à leur profit et acquirent une certaine réputation sous les noms d'Archiprêtres, Têtes Neiges, Aymerigors, Maillotins, Cabochiens, Ecorcheurs, Gascars, etc.

Ainsi, le 20 février 1400, Isabelle de Bar fit avec Amé de Sarrebrück un traité par lequel celui-ci se réservait la moitié des profits, ainsi qu'il appartenait alors à un capitaine de gens d'armes, c'est-à-dire *moitié du pillage*, des prisonniers, des bestiaux pris sur l'ennemi, etc., avec un préciput de 250 francs, et, de plus, sa rançon et celle de ses hommes, le cas échéant. (SERVAIS, t. II, pp. 309-10.)

sonner Jean Ier par son secrétaire, neufchâtenois d'origine. Il imita (CHEVRIER) son père qui, « de sa grâce spéciale et de l'avis de son conseil », avait confisqué les biens de tous ceux qu'il avait sacrifiés à sa vengeance. Une vie manuscrite raconte ainsi l'atroce répression du jeune duc. (ETIENNE, p. 102.) (1).

(1) Digot (t. II, pp. 317 à 327) continue ainsi le récit des extorsions, des cruautés exécutées dans cette ville infortunée :

« Vers le commencement du carême de 1410, le bruit se répandit à Neufchâteau que le duc Charles II voulait faire occuper la ville militairement, ordonner l'arrestation de divers bourgeois « et à aulcuns faire couper les testes ou aultrement les faire mourir ». Quelques-uns des notables s'enfuirent en Champagne. Charles démentit le bruit, ordonna de rechercher les soi-disant mal intentionnés qui avaient répandu le faux bruit. Il fit avertir les bourgeois de venir lui prêter main-forte contre le marquis de Pont-à-Mousson qui voulait le faire prisonnier. Les bons Neufchâtenois s'empressèrent d'obéir. Naturellement l'ennemi ne parut pas ; pendant ce temps, le duc, accompagné de nombreux soldats, vint occuper Neufchâteau. Le 28 au matin, ses sbires saisirent trente-six ou trente-huit des principaux bourgeois, les enfermèrent dans le château, puis on fit publier que si leurs femmes, leurs parents ou amis portaient plainte au roi de France, on les ferait mourir « de mauvaise mort. »

Les soldats se logèrent dans les maisons, s'emparèrent des meubles, « sans inventaire et sans ordre de justice », les portèrent dans le château, « et tellement vuidèrent, dit l'arrêt de 1412, tous les hostels des dicts bourgeois de tous biens meubles, tant d'or, d'argent, de vaisselle, joyaux, licts, draps, nappes, touailles, comme aultres choses de biens meubles, qu'ils n'y laissèrent rien et sont les hostels demeurez tout vuides ». Ils enlevèrent aussi les blés et les vins qu'ils trouvèrent dans les maisons. Une partie fut abandonnée aux soldats, l'autre transportée dans le château que le duc désirait approvisionner, au Châtelet de Nancy « en quoi la dicte ville a esté dommagié de plus de cent mil francs ». Cinq à six cents cavaliers allemands et « aultres gens » vinrent, par ordre du duc, qui firent par eux seuls exploicts et pis que dessus n'est dict.

Le 1er mars, Henry de Deuilly et plusieurs serviteurs du prince firent sortir du château et noyèrent dans la Meuse un des prisonniers nommé Guillaume Huel, qui s'était mis en la garde du roi (de France), longtemps auparavant.

Le 4 mars, le duc plaça, sous la conduite de cinq cents gens d'armes, quatorze bourgeois contre lesquels il était particulièrement irrité, et les fit mener et enfermer dans une forteresse de la Lorraine allemande où ils eurent à essuyer les traitements les plus rigoureux.

« Par ses ordres, plusieurs furent pendus au gibet et au toit des maisons ; d'autres furent tués à coups d'épées et leurs membres exposés sur les hauts chemins ; d'autres brûlés ; d'autres condamnés à une prison perpétuelle ; on rasa les maisons de quelques-uns et on défendit de les rebâtir en haine de leur mémoire. Il avait résolu de brûler la ville entière, mais il se désista de cette rigueur, à condition que les bourgeois dresseraient au milieu de la place une grande croix devant laquelle ils mettraient une cuve pleine d'eau mêlée de sang. Chaque habitant était obligé d'y tremper publiquement la tête et les bras, et d'y déposer le montant de sa taille. » Tels furent les tributs honteux et exorbitants qu'il imposa sur le reste des habitants. *Juvénal des Ursins*, avocat du roi, prit la défense de ces infortunés, et l'excès d'oppression joint à l'insulte faite au nom français fit citer Charles en « Parlement de France. » Le duc, irrité, ordonna de « pendre des officiers royaux qui lui faisaient certain exploit et ceux à la requête desquels il se faisait, et

Quant aux autres prisonniers, ils furent obligés de payer des rançons plus ou moins considérables, les uns 300, les autres 400 francs « les aultres plus ou moins selon leurs chevances », et ils promirent de ne pas quitter la ville, ni de porter plainte devant les officiers du roi. On désarma la bourgeoisie ; on plaça en garnison des soldats étrangers ; on construisit des remparts, des casernes, etc.

Le roi de France, informé de ces excès, assigna le duc à comparaître devant le Parlement et de réparer le mal fait. Charles répondit à cette sommation par de nouveaux excès. Il fit enlever ce qui restait dans les maisons des bourgeois prisonniers, « et item toutes les bêtes grosses et menues », pour une valeur de plus de dix mille livres tournois. A Paris, le duc fit défaut et fut réassigné trois fois de suite. Enfin, le 1ᵉʳ août 1412, le Parlement prononça contre le duc et ses coaccusés un arrêt qui *faisoit droit*, sur presque tous les points aux conclusions du Procureur du roi et à celles des habitants de Neufchâteau...

Fut le duc amendé (THIERRIAT) de dix mille marcs d'argent et de dix marcs d'or, pour ce qu'on nommait des méfaits et félonies commises envers son seigneur-roi, et en quarante mille livres de dommaiges et restitution en indemnité des maux et malcontre qu'avoit fait endurer aux manants et bourgeois du dit Neufchâteau (pp. 67-68).

encore fit-il pis : car il y avait des panonceaux en écusson aux armes du roi, en la ville, qu'on y avait attachés en aucuns lieux en signe de sauvegarde, lesquels il fit pendre et lier à la queue de son cheval, et les traînait ; lesquelles choses venues à la connaissance des gens du conseil du roi, fut délibéré qu'on lui ferait son procès, comme à criminel de lèze-majesté. Le duc pria au roi bien humblement qu'il lui voulût pardonner, et qu'il le servirait loyaument, et lors le roi pardonna tout et pardonna le bannissement et confiscation et eut le duc rémission. »

En 1394, les Strasbourgeois, pour se décharger d'un tribut qu'ils payaient au duc de Lorraine, prirent les armes et ravagèrent la province jusqu'à Lunéville. Charles les battit et allait mettre le siège devant Strasbourg quand, sur l'invitation de l'empereur Venceslas, les évêques de Metz, Toul et d'autres seigneurs le disposèrent à accepter une rançon de dix marcs d'or et dix marcs d'argent, outre le tribut annuel accoutumé.

Revenu dans ses États, Charles accorda une amnistie aux autres rebelles, rappela les exilés, leur rendit leurs biens et fit ensuite plusieurs voyages en Allemagne, en France et en Angleterre pour éteindre le schisme qui depuis si longtemps divisait la chrétienté. Pendant ce temps avait eu lieu la funeste bataille de Nicopolis, où périrent ou furent pris le beau-frère du duc Charles II, les deux fils du duc de Bar (1) et plusieurs autres seigneurs du pays.

(1) On ne saurait croire combien étaient lourdes pour le pays les charges imprévues causées par les divers membres des familles princières, ducales et seigneuriales. Qu'on en juge par ce que relate Servais, (t. II. p. 269) à la suite de la bataille de Nicopolis.

« Les dépenses considérables occasionnées, en 1396-1397, par la promotion du cardinal de Bar (Louis) et la recherche de ses deux frères aînés, en Turquie, forcèrent, en 1398, Robert à recourir à l'aide de ses sujets. Une grande partie des habitants de ses bonnes villes du duché avaient déjà répondu à l'appel qui leur avait été fait pour la levée d'une *prière* ou *aide* lorsque, le 15 février 1398, il ordonna la répartition, à

Charles, pour venger cette défaite, partit à la tête de toute la noblesse lorraine et messine pour la Hongrie, ravagée par les Turcs ; mais il s'arrêta en Prusse pour secourir les chevaliers

ce titre, d'une somme de 283 francs dans la prévôté de Souilly et ailleurs. (A Gondrecourt on paya 871.)

Pour le mariage, en 1400, de la sœur du duc, Yolande, « la prévôté de Gondrecourt fut imposée à 408 livres 16 sous, et, en 1401, à une nouvelle aide de 203, 9 gros. La prévôté de Souilly dut payer une aide ou prière de 190 écus. (*Id.*, p. 300, note.)

La citation (*Id.*, pp. 362-63) suivante nous donne une idée du luxe et de la gastronomie existant chez les privilégiés de l'époque.

« Aux funérailles de la duchesse de Bar, Marie de France, fille du roi Jean II, faites en carême 1404, on réunit des vivres dont voici une nomenclature partielle :

Carpes, trois mille ; trois voitures de certains poissons ; anguilles, mille ; grenouilles, trois mille ; brêmes, perches, loches, satouilles : tout ce que l'on pouvait avoir... Lamproies, mille ; harengs blancs et saures (pour deux cents livres, soit environ deux mille francs de notre monnaie) ; morues salées ; saumons salés d'Ecosse ; graspois ; baleine et marsouin pour trente livres. Vin. On en a consommé au château, du 9 au 15 mars, 90 queues (180 pièces de 180 litres). Epices de cuisine, gingembre, 170 livres ; canelle fine, 30 livres ; girofié, 12 livres ; graine, 30 livres ; noix, muguettes, 10 francs ; garingal, 3 livres ; safran, 5 livres ; solenin, 1 livre ; étamines, 2 pièces ; toiles, cent aunes ; ris, 20 francs ; amandes, 600 livres ; sucre en roche (candi), 120 livres ; huile de noix pour vingt livres (200 litres environ) ; confitures, dragées fines, madrien, sucre rosat, manu-christi, dragées perlées, pignol, avelaines, pâté du roi, 90 livres ; poudre d'hypocras, 3 livres ; figues, raisins de Corinthe, dattes, 4 couples. — On voit que les cuisiniers ou sauciers mettaient leur honneur à déguiser les mets à l'aide d'assaisonnements qui aujourd'hui ne peuvent paraître que bien étranges. Pour la nappe, on employa cent aunes de toile à vj francs, et pour le service de la cuisine trente-sept douzaines de plats et soixante-trois douzaines « d'escuelles d'estain. » (RENAUD, *Cout. et usages lorr.*)

Parmi les mets étranges du menu figurent la *soupe en moutarde* et la *soupe en chènevis*. (*A. L.*, an. 1879, p. 92.)

Outre la famille, les princes, etc., assistaient aux obsèques, trente-deux abbés, l'élite du clergé séculier du pays, des chevaliers, écuyers, officiers et servants du duc, de la duchesse et des princes, et quantité d'autres personnages de distinction, vêtus de noir et tenant des torches à la main. Pour suffire à la dépense occasionnée par cette marque éclatante de deuil et habiller tous les chevaliers, écuyers, officiers, servants et autres, appelés à tenir des torches, on avait fait apporter des Flandres

teutoniques opprimés par le duc de Lithuanie. Charles défit le roi de Prusse près de Vilna et l'envoya prisonnier à Marienbourg. Satisfait de cet exploit, il revenait dans ses États quand, sur les confins de la Saxe, il fut attaqué par un duc d'Allemagne avec des forces dix fois supérieures aux siennes. Charles le battit néanmoins.

Non loin de Francfort, il apprit l'élévation à l'Empire de son beau-père, Robert, duc de Bavière, à la place de Wenceslas, déposé à cause de son abrutissement (1401). Le frère du souverain détrôné, Sigismond, roi de Hongrie, protesta, et prit le titre de vicaire de l'Empire.

Les villes se partagent entre les deux compétiteurs. Metz et Toul tinrent pour Wenceslas (1). Charles, irrité, leur déclara la guerre. Metz, peu enthousiaste pour aucun des compétiteurs, céda et dut payer une pension (2) ; Toul, plus obstiné, fut assiégé.

une immense quantité de drap noir, à laquelle on ajouta tout ce qu'on put se procurer à Bar. (SERVAIS, t. II, p. 301.)

Pendant les sept jours que durèrent les obsèques, on consomma, au château de Bar, le pain de 104 muids et demi de froment et 140 muids d'avoine. La dépense de cire s'éleva à 2,952 livres, dont 2,072 furent converties en cierges pour l'enterrement, et 200 livres employées le même jour à l'éclairage du château. La cire dépensée aux obsèques provenait des revenus du domaine ducal. Le prévôt de Lamarche en fit porter à Bar, pour sa part, 200 livres. Le gruyer de Bar y fit amener, pour le chauffage du château, du 9 au 15 mars, 81 cordes de bûches et 1,500 fagots de charme. (Ibid., pp. 362-363.)

Marie de France fit une série de legs dont profitèrent les églises, les établissements religieux et charitables, ainsi que les pauvres du duché de Bar et des autres terres qu'elle avait possédées et habitées. (Id., p. 365.)

(1) Le dévouement des Toulois à Wenceslas s'explique par la protection qu'il leur accorda, en 1400. Il les avait autorisés à établir des impôts sur le blé, le pain, la viande, le vin et autres objets nécessaires à la consommation. Enfin, il ordonna que les gens et officiers des évêques contribueraient à l'avenir aux charges de la cité et que le droit de ban-vin, créé par le cardinal de Neufchâtel, serait aboli, comme étant en opposition avec les franchises touloises. (THIERRY p 322.)

(2) Une épidémie qui sévit en Italie, se déclara, en 1400, à Metz et à Pont-à-Mousson où elle fit d'affreux ravages, ainsi que dans les environs.

Toul. — Le duc était campé sur la haute colline qui domine la ville au nord et d'où il la battait avec ses bombardes et serpentines. Edouard, marquis de Pont-à-Mousson, était posté sur le coteau du midi, et le comte de Vaudémont gardait la Moselle. *On coupa les vignes et les arbres des vergers.* On ruina les moulins et tous les édifices et produits de la campagne ; la moisson fut entièrement perdue. La ville se défendit avec courage; mais, après deux mois de siège, le manque de vivres l'obligea à se rendre. On conclut un traité qui fut peu respecté. Les voies de fait recommencèrent les années suivantes ; enfin, la lassitude et le dégoût du mal arrêtèrent ces désordres.

Le duc renonça au droit de *vouerie* et de *préfecture* sur la ville qui, en retour, lui promit huit mille livres et quatre cents francs annuellement, à charge de la garder, protéger et défendre. Elle s'engagea, en outre, à fournir, en cas de guerre, « dix hommes d'armes à cheval et quinze arbalétriers, lesquels ne pourront être conduits plus loin de dix lieues de la ville, et à ne recevoir pas plus de six-vingts soldats lorrains dans ses murs ; du reste, libre commerce, retraite et passage à travers le pays fut garanti. » Cette alliance fut jurée sur les Évangiles.

Peu après (1406), Charles, de retour d'une expédition dans laquelle il avait aidé son beau-père à triompher de Sigismond, attaqua, prit et rasa le château de l'Avant-Garde qui lui portait ombrage. Ce château, appartenant au Barrois, avait été placé sous la protection de la France qui y tenait garnison. Le roi, indigné, fit entrer immédiatement une armée en campagne (1). Neufchâteau, heureux d'être délivré des bri-

On porte à deux mille le nombre de personnes qui succombèrent à cette maladie. (Servais, t. II, p. 313.) L'hiver de 1407-1408 fut surnommé le *grand hiver.* La gelée dura soixante-six jours. (*Chron. de Metz.*) La plupart des arbres fruitiers et des vignes furent détruits.

(1) Le duc Robert fit répandre dans son duché l'ordre que tout fût retrait à forteresse hâtivement, à l'occasion du grand mandement (levée

gandages impunis qui, depuis 1401, désolaient la frontière de France, par les courses continuelles des seigneurs lorrains, ses voisins, Neufchâteau ouvrit ses portes aux troupes françaises. Après quelques hostilités, on fit la paix. Charles s'engagea à rétablir l'Avant-Garde et à bâtir des chapelles pour le repos de l'âme des victimes de cette guerre. Ainsi le voulait l'esprit du temps.

L'année suivante (1407), éclata une guerre nouvelle, toujours causée par la parenté de Charles avec l'empereur, son beau-père. Voici à quel propos.

Louis d'Orléans, frère du roi de France, avait acheté de Wenceslas, désireux de soutenir son parti chancelant, le duché de Luxembourg, et était devenu ainsi le voisin de la Lorraine. Le nouveau duc embrassa le parti de l'empereur déposé et forma contre Charles II et l'évêque de Metz, son allié, une ligue puissante avec le duc de Bar, l'évêque de Verdun, les comtes de Nassau, Saarwerden, Sarrebrück, le damoiseau de Commercy, etc. Les confédérés, après une infinité de ravages, marchèrent sur Nancy où ils envoyèrent un héraut d'armes pour défier le duc et l'engager à leur préparer un dîner dans son palais (1407) (1).

« Je les attends, répondit fièrement Charles. Le lendemain il marcha droit à l'ennemi, campé dans la plaine de Champigneulles. Le choc fut rude et le combat opiniâtre. Pendant l'action, la pieuse duchesse fit dire des prières publiques et faire une procession solennelle où elle marchait nu-pieds. Les troupes du duc d'Orléans, qui formaient l'arrière-garde ennemie, refusèrent de secourir les princes alliés ; aussi ceux-ci furent-ils battus et faits prisonniers. Charles ravagea leurs terres et obligea le duc de Bar à lui demander la paix. L'évêque de Verdun, après avoir vainement menacé les Lor-

de troupes ou expédition) que le duc de Lorraine faisait. (SERVAIS, t. II, p. 386.)

(1) Cette année fut remarquable par l'hiver le plus rigoureux qu'il y eût eu depuis cinq siècles. (DURIVAL.)

rains d'excommunication, pour racheter ses terres du pillage, se résigna à payer quatre cents livres d'or(1).

Quelques mois après la défaite de Champigneulles, le duc d'Orléans fut assassiné par les ordres du duc de Bourgogne, Jean-sans-Peur. Charles, qui se trouvait à la cour de France, aveuglé par sa haine contre la victime, s'enfuit d'abord de Paris avec le meurtrier, son ami et son hôte, puis il revint avec lui dans la capitale quand le Bourguignon voulut se justifier. On parvint à réconcilier l'assassin avec le roi et la reine ; mais la cour, moins indulgente, enveloppa dans une même haine les deux alliés.

Pendant l'absence du duc, les vaincus de Champigneulles espéraient prendre leur revanche et ressaisirent les armes. Charles revint subitement en Lorraine et rencontra l'ennemi près de Pont-à-Mousson. Ses troupes étaient tellement inférieures en nombre à celles des coalisés qu'on le sollicita vivement à battre en retraite. Le duc, sourd à la voix des seigneurs, commence la charge, rompt les rangs des ennemis, remporte la victoire, impose la paix et retourne immédiatement à la cour de France.

C'est sans doute vers cette époque qu'il fit la connaissance d'Alison Du May, cette plébéienne d'une beauté ravissante, qui adoucit l'humeur farouche du duc, et n'usa de son influence sur lui que dans l'intérêt général. En effet « depuis qu'il connut Alison, Charles ne donna dans aucun des excès qui déparent sa vie. » (CHEVRIER.)

Toute la noblesse lorraine était alors occupée des affaires de France. Charles II marcha avec le roi Charles VI contre

(1) Aimé ou Emeric de Sarrebrück et de Commercy (Jean MUSSEY, *Lorr. ancienne et moderne*), dut payer à Charles, pour sa rançon, trente mille écus, d'autant qu'il avait mené à cette guerre une grosse troupe de chevaliers et de gentilshommes, à sa solde, pour les rançons desquels il paya encore, pour quelques-uns 200, pour d'autres 100, 80, 30 et 20, et pour les moindres 5 écus ; ce qui augmenta sa rançon de plus de dix mille écus (p. 271).

le duc de Berry révolté, assista à la reddition de Bourges et aida à la conclusion de la paix.

A la fatale bataille d'Azincourt, le duc de Bar et son frère, le comte de Vaudémont, et l'élite de la noblesse lorraine, moururent tous pour la France. Charles revint tristement dans ses États.

On vit alors quarante-six seigneurs lorrains, sans autre ambition que d'assurer le règne de l'ordre et le désir de fomenter le repos et la gloire de la patrie, former, pour cinq ans, une confrérie chevaleresque présidée par un chef appelé roi, et portant pour marque distinctive un levrier blanc, avec cette devise : Tout ung (1). C'était l'emblème de la fidélité. Les statuts du nouvel ordre, jurés sur les Évangiles,

(1) Alors, en 1420-1421 (CLOUET, Verd., t. III, p. 578), régnait le droit du plus fort, et on pouvait presque chaque jour répéter ce que dit une charte de ce temps, que « en nos terres et pays sont moult de malfaiteurs, pilleurs et voleurs qui, par œuvre de fait, prennent, pillent et robent ; et sont rebelles et désobéissants de faire rendre ou récréance et devenir à jour et à droit, et cassent et enfreindent les bonnes coutumes et anciens usaiges de nos dits pays ».

A cette époque, pour aller d'une ville à l'autre, il fallait une forte escorte, sous peine de perdre son bagage et même la vie, et encore souvent était-on rançonné par ceux dont on avait payé la protection. Ainsi, le chevalier Regnault de Gournay, revenant du Barrois d'où il rapportait de grosses sommes d'argent, fut attaqué par les gens de Robert, damoiseau de Commercy, qui le prirent, lui et dix-neuf hommes de son escorte, tous de Metz. En vain ils se réclamèrent de Robert (l'agresseur), pensionné de leur ville ; tous, ils furent traînés à Commercy.

Bientôt le pays entier éleva la voix et demanda vengeance. « Tant de dommage était fait que c'était chose piteuse à ouïr, tels que ports d'armes, violences, larcins, rapines, sacrilèges, forcement de femmes, destruction et ruine des églises, des villages et de leurs pauvres sujets..

Les seigneurs voisins se réunirent, le 18 septembre 1432, à Vézelise, et jurèrent de démolir et ruiner, *à l'aide de Dieu*, le chastel et la ville de Commercy et autres places en la possession de Robert, de ses aidants, servants et complices, de manière à délivrer leurs sujets de ses *pilleries, voleries, griefs, dommages et oppressions*. Le damoiseau se rit de ces menaces, et, par une trêve dérisoire, se tira de ce mauvais pas. Les vassaux succombaient, écrasés sous *ces jeux de princes*. (DUMONT, *Hist. de Commercy*, t. I, p. 227.)

furent scellés par Louis, cardinal de Bar (1416), ce prélat belliqueux qui prépara l'union de la Lorraine et du Barrois par le mariage d'Isabelle, fille de Charles II, avec son neveu, René Ier d'Anjou.

En 1418, le duc fut nommé connétable par Isabeau de Bavière, puis par le roi, et rentra à Paris avec la reine et le duc de Bourgogne ; mais le désordre des affaires, et l'assassinat de Jean-sans-Peur, le détachèrent insensiblement de la cour, et il se retira en Lorraine près de sa dévouée maîtresse, Alison.

Charles repoussa pour sa fille aînée, Isabelle, la main du duc de Bedfort, frère du roi d'Angleterre, et la maria avec René d'Anjou, héritier du duché de Bar (1418). Les deux provinces se trouvaient ainsi réunies, à la satisfaction universelle. On y voyait un gage de paix et de sécurité pour l'avenir.

Afin de prévenir les réclamations qu'en vertu de la loi salique (1) pouvait élever son neveu Antoine, fils de Ferry, tué à Azincourt, le duc fit prêter et signer un serment de fidélité « non-seulement à la chevalerie (NOEL, *Consid. sur la maison de Lorr.*, pp. 229-230), mais encore aux écuyers (2).

---

(1) Selon Viguier (p. 149), une assemblée de tous les nobles vassaux de Lorraine, tenue à Colombiers (entre Toul et Neufchâteau), fin août 1306, attesta devant le duc Thiébaut et l'évêque de Toul, que la coutume reçue en Lorraine appelait les filles à la couronne, à défaut de mâles. Charles, fondé sur cette déclaration, institua, par son testament du 4 février 1404, Isabelle, son héritière, etc... Les vassaux de Lorraine, assemblés le 13 décembre 1425, renouvelèrent la déclaration de 1306... Toujours selon Viguier (n° 45, pp. 185-186), les attestations demandées par Charles II au profit de sa fille sont signées, la première par soixante-quinze personnes, la seconde par soixante-trois. Ce ne sont pas les anciens chevaliers, mais toutes les notabilités lorraines. On y trouve des habitants de Nancy, de Saint-Dié, de Dieuze. Ces attestations sont datées du 13 décembre 1425. (NOEL, *Collect.*, pp. 934-935.)

(2) Les écuyers, servant les chevaliers, hommes d'armes NOEL), en ce temps où l'on ne connaissait pas encore les anoblissements par lettres, n'étaient que des gens extraits de la roture, *poste* ou *potée*, qui certes, n'étaient pas seigneurs du lieu où l'on indique leur demeure.

On stipula, en outre, que, si le mariage d'Isabelle était stérile, le duché passerait à la princesse Catherine, sa sœur, marquise de Bade, et enfin, qu'à son défaut, il serait remis entre les mains des chevaliers, écuyers et bonnes villes pour le donner à son plus proche héritier. Le duc fit signer ces articles à son gendre, et quatre-vingt-trois che-

Ces signataires sont au nombre de cent trente-huit ; les noms de tous les gentilshommes connus ne s'y rencontrent pas. Nous présumons de ce fait qu'au nombre de ces cent trente-huit signataires se trouvaient les échevins des bonnes villes. En effet, on leur promettait la conservation de leurs franchises ; par contre ils devaient jurer fidélité au prince. C'est de cette époque que date la présence des échevins aux prises de possession du duché et aux enterrements des ducs. Comme les villes affranchies, dites bonnes villes, ne dépendaient plus des seigneurs particuliers, elles devenaient vassales directes du prince et devaient être représentées toutes les fois que les vassaux allaient se réunir. C'est à l'affranchissement des villes que les rois de France, comme les ducs de Lorraine, doivent d'avoir pu dominer leur noblesse, et c'est au traité, fait entre le cardinal de Bar et Charles II, que les *bonnes villes de Lorraine* durent d'être appelées et représentées dans les grandes solennités... Il semblerait, par là, qu'elles ont droit de prendre part à l'administration de l'Etat, et il n'en avait encore rien été jusqu'alors... Il n'est fait nulle part mention des ecclésiastiques... Au contrat de mariage d'Isabelle de Lorraine (NOEL, *Mém.*, t. VI, pp. 122 à 125) on lit « que tous les nobles féaux, vassaux, hommes subjects et communautés des bonnes villes, et tous les dits pays prêteront serment de tenir et obéir, après le trépas du duc, à ma dite demoiselle et à son mari à cause d'elle, comme à leurs droituriers seigneur et Dame ». A ce contrat, fait à Foug, le 20 mars 1418, figure, comme premier témoin, Antoine, comte de Vaudémont, le futur vainqueur de Bulgnéville.

Thierrat explique ainsi la violation de la loi salique par les chevaliers : Iceux répondirent à maintes hueries que furent faites, que n'avoient fait chose semblable, qu'à telle fin que ne fut plus grand mal, d'autant que le dit seigneur Charles avoit eu la prétention de faire état au sien bâtard qu'avoit de la Dumaix ou Dumay... Et ne peut-on se dissimuler que les dits de la chevalerie en cela se pressèrent par trop, car ne pouvoit être la Duché à Madame Isabeau, non plus qu'aux dits bâtards mais bien de droit et usance, étoit en dévolu et légitimité à Monsieur de Vaudémont que, seul, avait droit de mâle à un fief masculin, tel qu'est la Duché. (CAYON, pp. 24-25.)

A cette époque (1392), (NOEL, *Mém.* VI, p. 12) les assises se trouvaient organisées et divisées en grands bailliages.

valiers jurèrent de reconnaître, après lui, la princesse Isabelle, et à sa place la princesse Catherine (1), *dames et souveraines de Lorraine* (2).

Les dernières années du règne de Charles II furent employées à différentes guerres contre les Messins et les Toulois, guerres dont nous parlerons plus loin, et à combattre les projets ambitieux d'Antoine de Vaudémont.

C'est alors que parut la lorraine Jeanne d'Arc qui délivra la France du joug des Anglais. Conduite à Nancy devant le duc, la brave fille du peuple l'exhorta à secourir le roi de France. Charles prétexta ses infirmités pour justifier son inactivité. Jeanne répondit qu'il ne guérirait jamais, à moins qu'il renonçât à ses débauches et ne reprît la duchesse, son épouse. Le duc, étonné, s'empressa de lui donner un cheval et des armes. (ETIENNE, p. 113.) (3)

(1) Catherine était la mère du bienheureux Bernard de Bade dont nous avons raconté certains miracles.

(2 L'irritable Charles II avait fait, en 1408, un testament où figure cet article, expression de la haine idiote qu'il vouait à la France : — Voulons et ordonnons qu'au cas que nous n'averiens que filles, nées et procrées en légitime mariage, que nos dits exécuteurs ne les puissent marier à homme qui soit sujet au royaume de France.

(3) Citons, à simple titre de bizarrerie, cette réflexion de Thierriat au sujet de Jeanne d'Arc : « Cet auteur croit à la prétendue inspiration de l'héroïne, mais il ne paraît pas croire beaucoup à sa virginité, car, dit-il, qu'on la crût pucelle ce n'estoit chose si facile en tant que sçavoit-on très bien que le sire de Beaudricourt ne laissoit volontiers fille en cet estat. » (P. 69.)

La *Chronique de Lorraine* (Docum., t. V, p. 14), dit au sujet de la noble fille du peuple :

« Mons' de Badrecourt lui dit : Ma fille, à Nancey vous vols mener vers le duc Charles que est votre souverain seigneur et de lui congié prendrez por vos en venir et emmener. Ladicte fille bien joyeuse fut. Quand ledict Badrecourt avec la fille à Nancey vient vers le duc Charles, ledict Badrecourt la présenta à duc, en luy disant qu'elle désirait d'estre vers le roy Charles por le remettre en France et chasser hors les Angloys. Le duc luy demanda si elle avoit ceste volunté ? Elle respondit que oy. Monsieur, je vous promets qu'il me darge (tarde) jà beicop que ie n'y suis. Comment, dict le duc, tu ne portas uncque armes, ne à cheval ne fus ! La fille respondict : quand elle auroit un harnoys que bon luy fust, que bien le pourteroit, et que on me donne j cheval, desaus je monteray ; ì là verra ne si je ne le sais guyder. Le duc por l'hore (en) son escuyerie estoit ou les Iredsdeschalx (Cordeliers) sont à présent. Le duc luy donna harnoys et cheval, elle fut armée. Elle estoit légère ; on admera le cheval, et des meilleurs, tout sellé, bridé. En présence de tous, sans mettre le pied en l'estrier, dedans la selle se rua. On luy donna

Il n'entre pas dans notre sujet de raconter les exploits de la vaillante paysanne qui exécuta ce dont les princes et les nobles s'étaient montrés incapables. Jeanne délivra Orléans, fit sacrer Charles VII à Reims, et, abandonnée, livrée par les seigneurs, fut brûlée à Rouen comme sorcière.

Le duc Charles fut simple témoin de ces grands événements et consacra ses derniers jours à l'administration de ses États. Beaucoup de maisons furent affranchies et devinrent des espèces de fiefs ; plus tard on les soumit aux tailles et frais communaux, et elles durent répondre aux justices des lieux de résidence respective. On agrandit la ville de Nancy, et les marais qui l'entouraient furent desséchés.

Charles parlait plusieurs langues, favorisait les beaux-arts, aimait la musique et emmenait avec lui une troupe de musiciens(1). *Tite-Live* et *les Commentaires* étaient toujours entre ses mains. « Dévot (2) et galant (CHEVRIER, p. 236), il fondait des hôpitaux et donnait des fêtes à la belle Du May.

Il dota les cinq enfants qu'il eut de sa maîtresse, et par testament donna à celle-ci et à ses descendants en considérant « les boins, louaubles et aggréaubles services que lui a fait on temps passei sa bienc amée Alison May..... la maison et grainche où elle demourre avec tous les usuaires devant, derrière... rue Bourdière (Grande-Rue), plus tous les meu-

---

une lance : elle vient en la place du Chasteau (place des Dames) et elle la corut. Uncques homme d'arme mieulx ne la corut. Toute la noblesse esbahye estoit. On en feit le radport à duc ; bien cognut qu'elle avoit vertu. Le duc dict à messire Robert (de Badrecourt) : Or, l'emmenez, Dieu luy veuille adcomplir ses desirs! Ledict Badrecourt, sans arrester, droict à Bourges l'emmena. »

(1) Il aimait la musique avec passion (LEPAGE, *Arch.*, t. I, p. 148), « possédait assez bien la vocale, avait introduit des orgues dans l'église Saint Georges et y avait établi une chapelle composée de six enfants de chœur et d'un maître, auxquels furent adjoints dans la suite plusieurs chantres, des ténoristes, hauts-contre, bas-contre basses-tailles, etc. »

(2) Comme ses prédécesseurs il se montra libéral envers le clergé. Ainsi l'abbaye de Belchamp ayant eu à souffrir « plusieurs gros et griefs dommpaiges » ce prince lui donna (1413) par forme d'indemnité, le droit de pâturage et d'affouage, à charge de célébrer chaque année une messe pour lui, sa sœur, ses enfants, ses prédécesseurs et successeurs. (*A. L.*, an. 1867, pp. 260-61.)

bles audit hostel, c'est assavoir licts, linceux, couvertures, napes, touailles, crevechiez, pels et pots de cuivre, d'arrain, d'estain, plas, escuilles, grandes et petites, bans, formes chuères, vaxelles, juaulx d'or, d'argent, etc. (B. Picard, *Mais. de Lorr.*, p. 382 (1-2).

Après la mort du duc, le peuple ignorant et fanatique, excité par Marguerite de Bavière (3), sa femme (Noel), osa insulter son souverain en portant des mains téméraires sur Alison, cette maîtresse, bâtarde et fille de prêtre (Hugo, p. 164), qui jamais n'avait abusé de l'ascendant que ses charmes et son esprit lui avaient donné sur le duc. (Chevrier.)

... Mort il fut, incontinent elle fut prinse; fut mise en son premier estat et sur une charrette (un autre chroniqueur dit sur un asne, le visage tourné vers la croupe, tenant la queue pour bride), par tous les quart forts de la ville fut menée; on lui jetait m... (ordures, pierres et boue) au visaige, secrestement on la feit morir; se ce n'eust esté pour l'honneur du duc on l'eust faict morir honteusement... » (*Chron. de Lorr.*, pp. 31-32.)

LÉGISLATION. — Sous le règne de Charles II, on fit les lois et règlements importants qui suivent.

Le premier règlement, fait en 1390, approuvé « en l'assem-

(1) En 1427 (Viville, p. 138, note) elle fut reçue pensionnaire ou privaudière à l'hôpital Saint-Nicolas pour une somme de 110 francs. Elle devait recevoir quarante sous par an pour se vêtir et, par jour, un pain blanc de Saint-Ladre du poids de trois livres, une portion de viande, un pot de vin, le feu, la lumière dans sa chambre, ainsi que le linge de lit, de corps et de table.

(2) La malheureuse, âgée seulement de quarante-huit ans, dit un auteur, ne put se retirer à Metz, au couvent de Sainte-Glossinde, où elle possédait un canonicat. L'un de ses fils fut la tige de l'illustre maison de Bildstein. « Il avoit été ez fonds baptismaux dénommé du même nom qu'avoient été les princes, fils du duc, qu'estoient morts. »

(3) Les Messins reçurent le 22 mai 1431 la veuve de Charles II, lui offrirent deux brochets, trois grosses carpes, trois grands barbeaux, six grosses anguilles, un gros saumon, trois bœufs gras, vingt-cinq moutons et trois queues d'excellent vin. (Viville, p. 142, note.)

blée des principaux Messieurs de la Chevalerie, sous la signature de M. Ferri, comte de Vaudémont, frère de Monseigneur ; du bâtard Aubert, l'aîné, fils de Raoul ; de Jacques d'Amance, *maréchal* de Lorraine ; Liébaut Du Chastelet, Bailly de Nancy ; Jean de Paroye, *sénéchal* ; Jean de Fléville, Bailly de Vosge ; Jean de Wisse, Bailly d'Allemagne et de plusieurs autres, un Salm, un Haroué, un Des Armoises, ce règlement porte :

« Que tout gentil-homme possédant fief à lui et relevant de Monseigneur, seroit attenu comme *d'ancien usage à rendre personnellement justice en ses terres à ses vassaux.*

Que le Mayeur seroit, en chacun village, tenu de recevoir les plaintes portées pour fait de mésus et rixes ; d'entendre témoins pour les délits, griefs, et, en suivant, de juger en les dites plaintes, et de porter, s'il échet, en la présence de son seigneur, pour que soit ledit jugement ratifié.

Qu'en cas que les plaignants ne soient pas contens, sera leur plainte remise en l'assemblée de l'assise que tiennent MM. les Baillifs de Nancy, Vosges et Allemagne, chacun en leur droit.

Une fille ou sœur de gentilhomme que prendra mari contre le gré ou volonté de son père ou frère, sera réputée n'être de la famille et n'aura prétention ès-biens qui en proviendront, voir même en légitime que pouvoit espérer.

Qu'ez salines de Rosières (1) sera pris le sel pour la maison de Monseigneur avant tout autre, et, en suivant, pour MM. les Baillys de Nancy et des Vosges.

(1) Citons ici, à titre de renseignement sur les conditions de ses serfs émancipés ou non, les stipulations suivantes que nous trouvons dans un acte du 15 septembre 1392 : (*Hist. de Metz*, t. IV, *Preuves*, p. 427.) — Charles, duc de Lorraine, établit la règle comment on doit recevoir les sujets des seigneurs voisins pour Bourgeois à Rosières-aux-Salines. « Il n'est pas question de recevoir des *serfs*, car il est dit dans l'act e: pourreu aussi que ce ne soit mie gens de serve condition et de poursuite ne povons-nous, ne debvons retenir, deffendre, rescourre ou reclamer en corps, ne en biens, contre la volunté de leur droit seigneur... »

Qu'en sel vendu, adviendra à Monseigneur deux parts du prix, et que li dit sera vendu à tout chacun, sec et non humide, à peine au salinier de 10 francs par muid.

Que le salineur qui, frauduleusement, vendra ou portera sel à son compte, sera battu de verges. »

1391. — Les règlements anciens contre les voleurs de grains et autres fruits furent renouvelés ; fut dit aussi : que la femme qui quittera son mari pendant trois mois sans sa permission seroit réputée *pute* et mari en puissance de se pourter contre icelle, et la dot échue au susdit, en lui donnant vivre.

La recrue du bois taillis fut fixée à dix-huit ans.

En 1392, fut réglé en l'assise qu'à l'advenir lettres signées du duc, le seroient encore du secrétaire de Monseigneur.

Même année. Sur grande plainte portée à Monseigneur, par MM. de l'ancienne Chevalerie, que mondit seigneur « à leur grand préjudice et de leurs droits, accordoit dans ses terres droit de bourgeoisie à leurs vassaux, fut promis par Monseigneur, le 17 septembre, de ne plus recevoir en bourgeoisie les sujets de ses vassaux, à charge de réciprocité.

1393. — Ordonnance du 10 mars qui défend d'arracher les bornes de séparation entre les finages, champs et autres héritages, sous peine du fouet et de la marque, et, en outre, du bannissement des États du Duc, sous peine de la hart et d'un fer chaud sur les épaules.

1399 (1). — Fut dit par Monseigneur, que si, par cas fortuit ou malheur imprévu, tel marchand connu pour honnête homme et non frauduleux en matière de commerce, se trouvera hors d'état de parfournir à ses affaires en son honneur, il lui sera fourni, de l'épargne de Monseigneur, six marcs d'argent pour se remettre en commerce.

(1) En cette année fut érigée à Bar la corporation des drapiers.
En 1421 Charles II établit à Nancy un maître maçon et un maître charpentier, élus par les compagnons de leur métier, pour être toute leur vie durant maistres et reswardeurs des ouvrages de charpenterie et de massonnerie, qui seraient dans sa capitale. (LEPAGE, *Arch.*, t. I, p. 101.)

1408. — **Règlement contre les Notaires.** — Ils ne recevront aucun acte après le soleil couché, et s'ils en reçoivent, ils seront privés de leur emploi ; ne spécifieront aucune clause que lorsqu'ils auront fait lecture à haute et intelligible voix.

Ordonnance contre les blasphémateurs qui les condamne à dix livres d'amende pour la première fois, et à avoir pour la seconde les deux joues percées avec un fer chaud.

1429. — Furent demandes faites de Privilèges par certains qui furent réunis en *compagnies d'arbalétriers* ; et comme n'avoit encore Ordonnance à telle fin que fût oidé en la justice, et quant avoit larrons, homicides ou tels que fussent en condamnation de mort, iceux portant arbalestres furent en devoir et obligation que fussent présents ez dites exécutions et donneroient si étoit requérante.

Romaric Bertrand. — Nous parlerons plus loin des sorciers et de la sorcellerie. Mentionnons ici, pour ordre de date, le récit de Thiriat sur le supplice de Romaric « brûlé comme sorcier et pour avoir tenu sabbat » (1). (*Voir la note.*)

LES TROIS-ÉVÊCHÉS. — *Metz.* — L'évêque de Metz, Raoul de Coucy, soutenu par la Maison de Lorraine, s'empara de

---

(1) « En l'an que fut 1408, fut grande déconfiture de femmes que, disoit-on avoir privautés et blandities avec certain gentilhomme qu'avoit châtel en Vosges, et qu'avoit nom Romaric Bertrand ; fut le Sire de Nancy, qu'estoit Sénéchal, que fut en ordre pour faire et parfaire un procès dont advint jugement, par quoi fut le susdit Bertrand accusé d'avoir science de négromance et sorcellerie, si fut onc qu'en eût ; et advint qu'icelui avoua que, par mal engin et sorcellerie du Diable, avoit mis à mal meintes filles et femmes, en tant que naguerres, en certain jour, en la minuit et la deuxième heure, avoit eu joyeuses amours et accointances de femmes que furent dix-huit de bon nombre en même jour ; lequel méfait les susdites dames disoient et confessoient avoir enduré à leur contentement et saoulement de plaisir que n'avoient eu onc de leur vie en tel pourchas. Mais avenant que le susdit Bertrand avoit grande repentance de ces dits faits, et qu'estoit au demourant bon homme et loyal sujet, fut (avant son suppplice), par grâce de Monseigneur li Duc, gratifié d'un Prêtre qui l'entendit à confesse et récipiscence, ce qu'on n'avoit jusqu'alors jamais accordé en Lorraine, quoique ce fut, depuis environ sept ans, l'us de nos voisins de France.

plusieurs domaines usurpés naguère sur son église par des seigneurs, excommunia, assiégea et condamna à 3,000 francs d'or d'amende les bourgeois de Sarrebourg qui s'étaient révoltés contre lui, engagea aux ducs de Lorraine et de Bar, avec faculté de rachat, plusieurs terres considérables de l'évêché, afin d'éteindre les dettes contractées par ses prédécesseurs, abandonna pour huit ans aux bourgeois de Metz, au prix de 6,000 francs d'or, le droit de créer les Treize, et enfin, obtint d'eux un prêt de 16,000 francs d'or. C'est une preuve éclatante de la bonne harmonie qui régnait entre les autorités civiles et ecclésiastiques de la cité. Les brigandages commis dans le pays messin par une foule d'aventuriers (1) qui parcouraient en armes toute la province, rendaient cette union nécesssaire.

Les habitants d'Ars-sur-Moselle s'étant révoltés, en 1400, Raoul marcha contre eux à la tête de trois cents chevaux et suivi de cent cinquante charrettes. On enleva tout le blé et tout le vin qui se trouvaient dans ce bourg, on y mit le feu, et le prélat, emmenant plusieurs prisonniers, alla le même jour coucher à Cheminot. L'évêque triomphait de ses ennemis quand le duc d'Orléans, après avoir acheté le Luxembourg, marcha contre la cité de Metz, rebelle à sa suprématie. Une alliance fut immédiatement jurée entre Raoul, Charles II et les magistrats de la ville ; mais la bourgeoisie et le peuple, alarmés des impôts nouveaux qu'on allait ajouter aux anciens déjà si lourds, se révoltèrent (1405), chassèrent les pa-

(1) Au nombre de ces brigands figurait Valéran III de Luxembourg, frère de l'évêque de Metz, qui fut dès sa jeunesse la terreur de ses vassaux, et fit mourir sa mère de chagrin. En 1395, se trouvant à court d'argent, il va attendre sur la route de Pont-à-Mousson, son frère, l'évêque de Metz et l'oblige à lui délivrer une rançon de neuf mille florins d'or, puis il va détruire cent vingt villages du Luxembourg. Sur la nouvelle qu'une armée allemande s'avance pour mettre fin à ses brigandages, il se sauve nuitamment et rentre en toute hâte dans son château de Ligny. (*Vie du Bienheureux Pierre de Luxembourg*, par FOURIER DE RACOURT).

raiges, les maîtres-échevins et les Treize, et gouvernèrent pendant plus d'un an (1). Malheureusement, ils furent battus dans un combat livré aux seigneurs ; les nobles et gros bourgeois ressaisirent le pouvoir (1406), et exercèrent de cruelles représailles. Ils « firent noyer au pont des Morts trente-cinq qui avoient esté des plus malvais et y en eut plusieurs autres bannis et forjugiés. Ils firent ordounance que nuls gens de mestiers n'allaissent en compaignie et ne feissent nulles assemblées que pour leurs mestiers. (*Chron. de Praillon*, p. 270.)

Cette révolte qualifiée de *Jacquerie*, par l'aristocratique chroniqueur Philippe de Vigneulles, faillit être d'autant plus fatale à la République, que les seigneurs orléanistes l'avaient vaincue pendant cette dissension intestine. L'année suivante, les Messins, fatigués d'une lutte inégale avec la France, firent des démarches pour que le duc de Bar acceptât la seigneurie et la moitié de leur ville sous le patronage de Louis d'Orléans ; mais tous deux voulaient la souveraineté exclusive. Au milieu de ces négociations, Édouard, fils du

(1) Le grand atour du 24 juin 1405 établit le gouvernement démocratique, et l'élection des prud'hommes assura au peuple le maintien de ses libertés.

Ces prud'hommes furent de véritables tribuns chargés de veiller aux intérêts du faible, de balancer le pouvoir des magistrats et de mettre obstacle aux envahissements des familles patriciennes toujours disposées à exagérer la forme aristocratique de la République messine. Le même atour défendit d'emprisonner aucun citoyen, si ce n'est pour meurtre ou larcin, de condamner au bannissement, si ce n'est pour crime, etc.

En 1430, nouvelle conspiration de plusieurs « bourgeois et marchans et gens de la Commune, contre les Treize et les Paraiges. » — En 1452 une mutinerie des vignerons fut terminée par l'exécution de cinq d'entre eux, noyés dans la Moselle.

« Dans les rébellions de 1317-1356-1405-1430 et la sédition de 1452, on ne peut méconnaître des manifestations de l'hostilité des populations en sujétion contre la seigneurie qui les domine, celle-ci n'était autre chose que le patriciat complètement constitué depuis le milieu du xive siècle et qui, dès lors, règne sans partage pour décliner peu après. (*Le Patriciat dans la cité de Metz*, par Prost, p. 263.)

duc de Bar, voulut s'emparer de Metz par surprise ; mais les magistrats, avertis à temps, déjouèrent les projets de la bourgeoisie et des princes. Les hostilités continuèrent. Les victoires de Charles II à Champigneulles et près de Pont-à-Mousson, et surtout l'assassinat du duc d'Orléans, mirent fin à la lutte.

Bientôt le duc de Lorraine, changeant de parti, attaqua lui-même la ville, bien qu'il « estoit allié à la cité de Metz et avoit trois mille francs d'or (ou 3,000 florins) de pension par chacun an ; il devoit garder et défendre tout le pays appartenant à ceulx de Metz ; et l'avoit seelé par son seel : mais ce qu'il devoit garder et défendre il le print et le retint pour lui ; et souffroit tout à son vassal et sujet, messire Ferry de Chambley, sans y donner ordre ni provision ; lequel Ferry faisait guerre à ceulx de Metz, et n'avoit nulle puissance fors ce que li duc lui en bailloit... Et pour esquiver guerre du duc Charles et demeurer en sa grâce, la cité lui fit donner trois mille florins ; et si *elle eust eu aucun confort de l'Empire* elle n'eût rien donné. (*Chronique de Huguenin.*)

Guerre pour une hottée de pommes. — Rien ne put empêcher Charles II d'arrêter ses attaques déloyales, iniques, « la honte du cœur humain » (*Hist. de Metz*, t. I, vij) ; ainsi une *hottée de pommes* (1), cueillie, en 1427, par l'abbé de Saint-Martin sur son propre domaine, et portée à Metz, sans qu'elle eût payé les droits de sortie, exigée aux barrières de Lorraine, fut, pendant trois années, la cause d'une guerre sanglante qu'il fit aux Messins.

Les ducs de Bar et de Bavière, le marquis de Bade, l'ar-

(1) Lepage (l'*Abbaye de Saint-Martin-devant-Metz*), raconte, en ces termes, l'agression et ses causes: (*A. L.*, an. 1878, p. 121.)
Au mois de septembre 1427, Nicolas Chaillot, alors abbé de Saint-Martin, vivant à Metz en son particulier, à cause de la mésintelligence régnant entre lui et ses religieux, fit cueillir une hottée de pommes dans le jardin du monastère et la fit porter dans sa maison sans acquitter l'impôt obligatoire. Dénoncé par les moines aux officiers du duc, ceux-ci s'adressèrent aux magistrats de la cité qui demeurèrent sourds, sous

chevêque de Cologne, les sires de Rodemach (1), de Mœrs, de Boulay et toute la noblesse lorraine marchèrent contre la République messine qui, en juillet 1429, vit plus de trente mille hommes rassemblés sous ses murailles. L'abbaye de Saint-Martin, nombre de villages et de forteresses furent brûlés ou rasés (2). Metz qu'on espérait prendre par la famine

prétexte qu'un acquiescement serait une atteinte portée à leurs libertés et franchises.

La chronique rimée de Metz a consigné le fait dans les lignes suivantes :

> Charles qui estoit duc de Lorraine
> A molester Metz prit grand peine.
> Aussi fit la cité grand sommes
> Le tout pour un panier de pommes.
> Et quand il eut tout dégasté,
> Il n'en eut rien que le péché.
> Leva son siège et s'en alla, etc.

(1) Ces Rodemachs étaient de vrais bandits. « Vers 1422 (CLOUET, t. III) les Rodemachs et autres dévastateurs pillaient les terres de l'évêché (de Verdun) et emmenaient ses hommes pour les rançonner dans la forteresse de Montmédy. Le territoire de Metz fut également infesté par ces Rodemachs. La cité dut payer soixante-dix mille florins, et Toul, assiégé pendant trois semaines, une autre pension...

(2) « Vers 1420 (BEXON, p. 107), et pendant trois ou quatre étés, les hostilités ne cessèrent pas entre les Lorrains et ceux de Metz. Ce fut dans une de ces courses que les Lorrains enlevèrent de l'abbaye de Saint-Martin, près de Metz, le corps de Saint-Sigisbert et l'apportèrent à Nancy. *Ils fauchaient les moissons, coupaient les vignes, écorçaient les arbres, brûlaient les villages.* — Sous quelle forme la guerre est-elle plus absurde et plus barbare, ou quand elle massacre les hommes, ou quand elle détruit les ressources de la vie et l'ornement de la nature? »

Dom Calmet, dans une espèce de journal de cette guerre, document fort instructif, donne un échantillon des procédés odieux usités à cette époque barbare. — En 1429, le 31 mai, le duc Charles envoya son héraut d'armes en cérémonie défier les sires de Metz et tous les bourgeois de la ville. L'usage était que quand un prince faisait un tel défi, il donnait huit jours à son ennemi pour se préparer à la guerre, sans rien entreprendre pendant ce temps... Un de ses officiers, fait prisonnier, faussa sa parole de se rendre à Metz (s'évada par ce moyen)... Les alliés, le 1ᵉʳ juin, fauchèrent les grains de Goin, Pagney et Vigney... Le 13ᵉ jour ils mirent le feu au village de Magney et fauchèrent les blés de plus de mille journaux de terre dans les finages de Peltre, Crepey et Magney,... dont ils coupèrent les vignes. Le 14ᵉ jour ils vinrent aux vignes de Malleroy et en coupèrent grande quantité... Le 15ᵉ l'armée mit

faisait de vigoureuses sorties, et l'abondance régnait dans la place(1). La ville avait engagé de nombreux et vaillants défenseurs. Ainsi, par exemple, Guillaume, seigneur de Château Vilain, s'était engagé, en 1428, à défendre Metz avec douze cents combattants. (*Hist. de Metz*, t. V.) Enfin, au mois de décembre, l'intervention de l'évêque et du comte de Salm amena une convention par laquelle les deux partis devaient rendre les prisonniers sans rançon et les Messins payer au duc soixante mille florins (2). Charles, retenu à Nancy par la goutte, en apprenant ces conditions, entra en fureur contre ses commissaires : « Oh les traîtres ! s'écria-t-il, m'ont-ils ainsi déçu ! Je cuidais avoir de Metz la jouissance ! Allez, je promets à Saint-Georges, je m'en vengerai ! » En effet, il ne voulut jamais entendre parler de l'échange des prisonniers ;

le feu dans les villages où elle avait logé aux environs de Colombey, et vint camper sous des tentes à la vue de la ville. Le 16°, les Lorrains se rendirent de très grand matin au haut de Châtillon, et commencèrent à couper les vignes, à peler les arbres et à faucher les blés, puis ils s'en retournèrent à leur camp. Le dimanche 17, ils demeurèrent en repos ; mais le lundi 18, ils revinrent de nouveau au haut de Châtillon, y coupèrent des vignes et pelèrent des arbres.

Le Mardy après (*Chron.*), xix· jour doud. (pour dudit) mois, ils (les ennemis) y fauchont les bledz, et coppont vignes et pallont arbres de plusieurs Villes et Finages dou hault chemin et c'estoient tous les bels faicts et prouesses qu'ils seuxent faire, et rallont gésir en lour logis.

Ces ravages continuèrent pendant tout le temps que l'armée fut autour de Metz. (T. II, pp. 689-90 et 9.) L'armée de Charles fit un grand nombre de prisonniers messins qu'on envoya à Nancy et qu'on mit en prison. On estima leur rançon à cent mille florins. (Lyonnois.)

(1) Dans cette période on constate qu'en 1407, à Metz, la fabrication de la bière, du cidre, de l'hydromel, de l'eau de prunelle, était devenue assez abondante pour que la ville fit acheter le droit d'en livrer au commerce. (Bégin.)

(2) Benoit (pp. 379-80), cite le fait caractéristique suivant: Trois prêtres de Nancy croyant que la ville de Metz s'était rendue, voulurent demander à Charles les bénéfices de cette cité ; malheureusement ils tombèrent dans un parti de Metz qui les dépouilla et leur dit : Allez boins Lorreins chantier vos messes à Nancey, vous venez trop tôt ; les chenoines ont encore lours aumusses...

cependant, à la fin, il dut se résigner à la paix (1). Ici encore la soi-disant vieille patrie allemande ne fit rien pour la cité républicaine.

ÉPINAL souffrait impatiemment, vers cette époque, le joug des évêques de Metz. Les bourgeois se rendirent indépendants, nommèrent un bailli et quatre magistrats choisis parmi eux. L'évêque aussitôt lança un interdit sur la ville, vint l'assiéger avec du canon et obligea les bourgeois de recourir à sa clémence. Le prélat entra dans la ville et les vaincus lui apportèrent en présent, de la vaisselle d'argent, du bétail, des volailles, du blé et du vin.

Épinal fut mis ensuite sous la garde du duc de Bar.

TOUL. — L'influence de Charles II, fit élever successivement, en 1399, Philippe de Ville-sur-Illon, et, en 1409, Henri de Ville, son frère, sur le siège épiscopal de Toul.

Nous avons raconté plus haut, le siège de cette cité par le duc, en 1401.

Philippe de Ville administra pendant dix ans son diocèse, luttant sans cesse contre les chanoines ou contre la bourgeoisie dont les prérogatives furent réglées par un concordat (2) qui demeura en vigueur pendant plusieurs siècles. Son

---

(1) Pendant cette tourmente un frère prêcheur dont, au reste, les doctrines furent condamnées au concile de Bâle, dit aux puissants de Metz (*Chron.*, pp. 161-181-82) : « Vous les seigneurs du conseil vollez avoir la seigneurie et gouvernement sans point appeler de vostre peuple avec vous, et faictes guerre et paix, quand vous vollez et levez grosses tailles sur vostre peuple, quand il vous plait, disant que c'est pour maintenir les guerres et leurs franchises et libertés... Et les guerres que vous faites, ce n'est mie pour vostre peuple à gardeir, car il est bien gardé en la cité ; mais est pour vos villaiges à gardeir et deffendre. Car vous, les seigneurs du conseil, êtes seigneurs des villaiges et du pays et pourtant devez vous menir la guerre à vos fraits, et non mie aux fraits du peuple, car le pays n'est pas au peuple ne au commun de la cité, si comme ilz sont d'autre part ; pourtant n'y doient ils rien mettre, fors que vous qui les tenez et possédez... »

(2) Selon Daulnoy (de p. 188 à 198) la constitution municipale avait pour base la communitei ou l'universitei, c'est-à-dire l'universalité des habitants (citains) qui, réunis à son de cloche, élisaient les administra-

frère, Henri, ayant recherché la protection de la France, Charles II, irrité, se créa des intelligences dans la ville pour s'en emparer. Le complot fut découvert et déjoué. Le cardinal de Bar, à l'imitation du duc Robert de Bar décédé, prit, en 1415 (1), sous sa protection le chapitre et la ville de Toul,

teurs, tantôt dans les classes élevées, tantôt dans les basses classes, selon que les circonstances étaient plus ou moins favorables au peuple.

Après l'exposé de Du Pasquier sur l'organisation de Toul, lisons celui que voici :

Tout le corps de ville était présidé et dirigé par le Maître-Echevin qui était en quelque sorte le chef et comme le gouverneur de la ville. Il y avait en outre dix justiciers, cinq enquerreurs, un procureur général et un secrétaire chargé des détails du service et un receveur.

Les Justiciers administraient avec le Maître-Echevin toutes les affaires de la ville et rendaient la justice. Les Enquerreurs étaient chargés de la police et instruisaient les petites affaires que jugeait un tribunal particulier. Le Procureur général et le Secrétaire représentaient et défendaient envers tous et partout, les intérêts, droits, franchises, privilèges, libertés et immunités de la ville et de la bourgeoisie. Ils étaient en quelque sorte la tradition vivante des affaires, les autres fonctionnaires changeant par l'élection d'une année à l'autre. Le Receveur encaissait les revenus de la ville. Aucune de ces fonctions n'était absolument gratuite. En dehors de ces fonctionnaires, il y en avait un autre, le Maire ou major qui prenait part à l'administration sans qu'on puisse exactement déterminer son rôle. Il était nommé par l'Evêque. Il était en quelque sorte le représentant de la population elle-même, mais ne l'administrait pas, ou n'administrait que la partie dépendant directement de l'Evêque.

(1) Comme exemple du banditisme de l'époque citons le fait caractéristique suivant :

En sa seizième session (11 juillet 1415) le concile de Constance vota une bulle de remerciment aux deux ducs de Bar et de Lorraine et aux trois cités de Metz, Toul et Verdun, pour le zèle déployé par tous dans la répression d'un crime de haut brigandage commis contre ses ambassadeurs, par Carlot de Deuilly (déjà condamné par l'arrêt de 1412 du Parlement, comme agent du duc de Lorraine dans ses tyrannies à Neufchâteau), Wichelin et Henri Latour qui, avec leurs soudards, se jetèrent sur l'ambassade, composée des évêques d'Evreux et de Carcassonne et de plusieurs doctes personnages de l'université de Paris. Tous, dit la relation, furent pillés et « mis à jus » L'évêque de Carcassonne eut son chapelain tué et deux écuyers mortellement blessés ; puis les brigands emmenèrent leurs prisonniers dans la forteresse de Saulcy, entre Mars-la-Tour et Metz où on tira des prélats, dit Philippe de Vigneulles, « gros juaulx (joyaux) et merveilleuse finance. » Les ducs de Lorraine

moyennant une redevance annuelle de douze bons petits tournois par chaque conduit.

Quatre années auparavant, l'empereur Sigismond avait accordé à la bourgeoisie touloise le droit d'assister aux diètes, aux couronnements, etc., privilèges honorables qui alors n'étaient dévolus qu'aux principales villes d'Allemagne.

Guerre des bâtards de prêtres. — En 1420, Charles II, invoquant une ancienne concession faite par les empereurs à ses aïeux de tous les *enfants de prêtres*, réclama ceux qui se trouvaient dans la ville de Toul. Les bourgeois refusèrent d'exécuter cette odieuse demande et Charles leur déclara la guerre. Soutenus par le damoiseau de Commercy, les Toulois surprirent Gondreville, mirent le feu au faubourg de Nancy, ruinèrent le bourg de Saint-Epvre et commirent de grands dégâts dans tout le pays. Charles II, appuyé par le comte de Vaudémont, remporta bientôt de grands succès et obligea les Toulois à chercher un accommodement. Ceux-ci

et de Bourgogne, supposés complices des bandits, poursuivirent ceux-ci à droite quand ils étaient à gauche. On prit Removille et Saulcis qui fut rasé. On pendit les défenseurs à l'exception des seigneurs. (THIÉRY.) CLOUET, *Verd.*, t. II, pp. 51-52). — En 1418, Carlot de Deuilly, le bandit susnommé, fut témoin du mariage d'Isabelle, fille de Charles II, avec René d'Anjou.

Disons en passant, qu'en 1423, une assemblée provinciale, à Trèves, défendit les quêtes superflues et ordonna aux évêques d'examiner les indulgences que les quêteurs donnaient au peuple pour s'attirer les aumônes... Les clercs, les chanoines mêmes ne rougissaient point alors, quoique bien rentés, d'être mendiants. Ils affermaient ces sortes de quêtes à des laïques qui, revêtus d'aubes et de chappes, portaient des reliques dans les villages et donnaient des bénédictions au peuple dont ils étaient payés grassement par des aumônes. Cette coutume, peu régulière, contre laquelle les Pères du concile de Constance déclamèrent si fort, subsista néanmoins jusques sous l'épiscopat de Christophe de la Vallée. (BENOIT PICARD, p. 520.)

(1) Les ecclésiastiques ne pouvant revendiquer les droits de la paternité, leurs enfants, sans pères, sans protecteurs et sans noms, étaient nés serfs et appartenaient aux seigneurs de la terre où ils étaient nés, d'après une bulle du pape Calixte II, de 1119. Ce droit avait déjà causé, en 1250, de vifs et sanglants démêlés entre le duc Mathieu et le Chapitre de Saint-Dié. (GRAVIEN, p. 131.)

firent raison au duc de son droit bizarre (1) et s'obligèrent à mille francs de redevance annuelle qui fut payée jusqu'en 1645 (époque où Louis XIV défendit aux bourgeois de la verser), ainsi qu'à faire dire à perpétuité une messe solennelle à la cathédrale, en expiation des injures dont ils s'étaient rendus coupables envers le duc. Celui-ci, fidèle à l'inique coutume de l'époque, empocha les mille francs, et, ni lui ni ses successeurs, ne songèrent à indemniser les pauvres lorrains, victimes des incursions des Toulois.

Quelque temps après, quarante gentilshommes lorrains vinrent provoquer, sans motifs, les Toulois et virent leur exemple suivi par le damoiseau de Commercy qui, en 1430, se présenta à la tête de vingt cavaliers pour défier les citains au combat.

Surpris et fait prisonnier avec sa suite, le provocateur fut amené en ville, monté à rebours sur son cheval, au milieu des huées du peuple. Il dut racheter sa liberté au prix de quinze cents livres. Pour se venger, il recommença les hostilités ; mais, à deux reprises différentes, les bourgeois le battirent et tuèrent la majeure partie de ses soldats. De son côté, le damoiseau retint en ses prisons trente-huit toulois qu'il avait capturés, et ne les relâcha que grâce à l'intervention de l'empereur Sigismond.

VERDUN. — L'évêché de Verdun, sous Jean de Sarrebrück, frère du fameux damoiseau de Commercy, fut exposé pendant seize ans (2) à la vengeance de Charles II, furieux de ce

(1) Voici le premier des huit articles du traité conclu à ce sujet. — Sur le fait des *Bastards, fils de Prêtres*, natifs du pays de Lorraine, pour lesquels ladite guerre est principalement venue, on agira dorénavant de cette manière : Quand le duc réclamera un de ces bâtards demeurant en la cité, la justice de la cité le fera comparaître, et, s'il reconnait être bâtard, fils de prêtre, natif du pays des ducs, la justice le fera mettre dehors de la cité, en présence des officiers du duc et sans discussion. S'il nie, au contraire être tel, les magistrats s'assureront de sa personne jusqu'à ce que le duc ait prouvé son origine, auquel cas on le mettra dehors comme il est dit ci-dessus ..

(2) On lit à ce sujet (CLOUET, *Verd.*, t. III, p. 318), note (D. CALMET,

que le prélat avait épousé les intérêts du duc d'Orléans. Des troupes d'aventuriers ravagèrent plusieurs fois ses terres, et des impôts énormes accablèrent le peuple. Jean, fatigué de ces troubles, abandonna l'évêché de Verdun pour celui de Châlons.

On sait peu de choses du Verdunois sous l'administration du cardinal Louis de Bar. Les mesures promptes et sévères qu'il prit à son avènement, et le silence de l'histoire, témoignent en faveur du calme dont cette petite province dut jouir alors. Ce prélat (MONSTRELET) savait, au besoin, *porter ung bassinet pour mitre et pour crosse d'or une hache d'armes*. Il marcha à la tête de ses chevaliers, tailla en pièce les bandits et rétablit ainsi l'ordre et la sécurité dans ses états.

TEMPÉRATURE. — Les *Chroniques de Metz* (commencées en 1314) donnent les indications suivantes sur la température à cette époque.

1400. L'épidémie et mortalité rengnoit en Italie. Et mesmement elle fut grande à Metz, au Pont-à-Mousson et au pays à l'entour, et telle que on ne trouve que par avant elle fut jamais si grande : car il molrut à Pont-à-Mousson plus de deux mille personnes.

1404. Cette année le blé fut d'une cherté extrême :

> L'an mil quatres cens et quatres
> Constoit le bled cent sols et quatres
> Sans siller, vanner, ny battre.
> Bon temps en feict cent sols rabattre.

t. II, p. 634, *des Preuves*), dans une lettre du roi Charles VI citée par Wassebourg (p. 459),... « plusieurs nobles chevaliers, écuyers, archers, arbalestriers et autres, tant de notre royaume que d'ailleurs, par grandes assemblées de gens d'armes pillent, robent, mettent à contribution les terres du chapitre de Verdun, enlèvent les hommes, ne les rendent qu'à rançon, découvrent les maisons, brisent les meubles, jettent au vent la plume des lits, etc., et ont été, cette année même (1408) lesdits du chapitre endommaigiés de trois à quatre mille francs, par un capitaine appelé Raulon d'Estandons, natif d'Auvergne, avec une bande des duchiés de Luxembourg et de Lorraine... »

Que de misères énoncées dans ces quelques lignes!!

Cette année, au mois de septembre, furent morts de peste plusieurs personnes et de plusieurs estats, tant hommes que femmes.

1418. Audit an fut grosse la mortalité à Metz.

1423. Audit an, fut le vin et la vendange si à boin marchié qu'on avait une coue (queue) de vin pour douze sols et coustait une coue, tonneaul à mettre vin, douze sols... Et fut icelle année froide, pluvieuse, et les fruicts mal meures et acomença une pestilence qui dura près de trois ans sans cesser; et mouroit on de peste, tant en Mets comme en plusieurs autres lieux. Et se renforçoit icelle peste de quinze jours ou de mois à aultres, par interpolation, et y avoit-il personnes entachées de cautelles et autres fistules.

1426. Audit an fut une grande et merveilleuse mortalité à Mets qu'il y en eult des morts, que grans que petits, seize mille de compte fait. Et furent les vignes engelées au mois d'avril ; purquoy il en eult peu de vin en ceste année.

1431. On ot (eut) très grant marchié de vin et furent très boins.

1434. Froid excessif...; l'yawe qui de goutoit des loinges (langnés, bois) qui estoient sur le feu, engelloit devant qu'elle cheust à terre...

Suivent des détails du même genre et de même nature pour les années suivantes.

SEPTIÈME SECTION

TROISIÈME PÉRIODE

DEPUIS L'AVÈNEMENT DES MAISONS DE BAR-ANJOU ET DE VAUDÉMONT JUSQU'AUX GUERRES DE RELIGION

De 1431 à 1473. — René 1er d'Anjou.

Femmes : ISABELLE DE LORRAINE. — JEANNE DE LAVAL.

SOUVERAINS ET PRÉLATS LORRAINS CONTEMPORAINS

| ROIS de France. | EMPEREURS d'Allemagne. | COMTES de Vaudémont. | ÉVÊQUES |||
			de Metz.	de Toul.	de Verdun.
CHARLES VII	SIGISMOND.	ANTOINE, le rival de RENÉ I*.	RAOUL de Coucy.	HENRI de Ville.	LOUIS de Bar.
LOUIS XI.	ALBERT II d'Autriche.		CONRAD BAYER de Boppart.	LOUIS d'Haraucourt	LOUIS d'Haraucourt.
	FRÉDÉRIC III	FERRY, père de RENÉ II		GUILLAUME Filiâtre.	GUILLAUME Filiâtre.
				Les deux évêques permutent.	
				JEAN de Chévrot.	

SOMMAIRE. — René I*. — Jugement sur lui, de Thierriat et de Hugo. — Dot apportée par René. — Le duc de Bar et le comte de Vaudémont lui disputent le Barrois et la Lorraine. — Confirmation des privilèges de la Noblesse. - Prétentions d'Antoine de Vaudémont repoussées par les États. — Désastre de Bulgnéville. — Captivité de René I*. — Ravages des Brigands. — Ils sont exterminés. — La Lorraine adjugée à René au concile de Constance. — Brigandages du Damoiseau de Commercy. — René en prison. — Sa femme va recueillir la couronne à Naples. — Les États votent les deniers pour la rançon du duc. — René échoue à Naples. — Nouvelle agression du comte de Vaudémont. — Il est battu. — Arrestation de l'évêque de Metz, administrateur de la Lorraine. —

— Nouveaux ravages par des aventuriers unis au Damoiseau. — On les contraint à la paix. — René aliène le domaine de l'État pour récompenser ses partisans, puis se rétracte. — Le Barrois ravagé par le Damoiseau. — Metz attaqué par divers.
Metz. — La cité attaquée par Charles VII et René II. — Metz se disculpe. — Curieux argument de son avocat. — Metz achète la paix à prix d'or. — Affreux ravages commis. — Fête des Fous supprimée. — René cède la Lorraine à son fils Jean, mais garde le Barrois. — Il se retire à Angers et en Provence. — Ordre du Croissant. — Veuf, René épouse Jeanne, comtesse de Laval. — La d'Albertaz. — René souverain généreux. — Sa mort.
Législation. — *Les Trois Evêchés.* — *Metz.* — Union étroite de l'Évêque et des Bourgeois. — *Toul.* — Lutte des Bourgeois contre l'Évêque.
Verdun. — L'évêque et l'archidiacre se disputent la même femme. — Industrie. — Commerce. — Agriculture. — Verriers.
Notes. — René jugé par Saint-Mauris. — Concessions faites aux États. — Le Damoiseau de Commercy à Bulgnéville. — Milices bourgeoises, id. — Vaudémont et la rançon. — Seigneurs, caution de René. — Le bandit Vauchelin de la Tour. — René en prison. — Inanité de ses titres. — Les Trois-Évêchés imposés pour la rançon. — Les ducs et les impositions. — Saint-Nicolas pillé. — Fête des Fous abolie. — Seigneurs perturbateurs. — Domaines cédés et repris par le Duc. — Églises fortifiées. — Frédéric III, en 1444, abandonne Metz. — Marguerite d'Anjou, femme de Charles d'Angleterre. — Curés bannis de Metz pour refus de contributions. — Instruments de musique de l'époque. — Statuts de l'ordre du Croissant. — La d'Albertaz. — René agriculteur. — Juif écorché. — Cybèle et Saturne à la fête de Dieu. — Moyen et le château de *Qui-qu'en-Grogne*. — Don de Metz à l'évêque, en 1461. — Noblesse obligatoire pour les chanoines de Toul. — Reine du Bordel. — Roi des Ribauds — des Jottiers. — René protecteur des Chanoines de Toul. — Maximilien et les franchises municipales. — Juifs demandés par Verdun au concile de Bâle. — Martin Crochet.

Thierriat (1) considère René Ier comme un prince faible dont l'insouciance était à son comble ; il pouvait être, dit-il, un grand seigneur très estimable, mais il n'avait aucun des talents nécessaires sur le trône. L'abbé Hugo ajoute : La Lorraine qui posséda rarement René s'est peu ressentie de ses grâces, et hors la bataille malheureuse de Bulgnéville et le siège mal concerté de Metz, en 1444, on n'y voit guères vestiges de sa bravoure (p. 171).

Lorsqu'il épousa Isabelle de Lorraine, en 1419, René, grâce aux donations de son oncle, le cardinal Louis, apporta en dot la ville de Pont-à-Mousson, Saint-Mihiel, la ville et prévôté de Longvic, les châteaux, villes, prévôtés et château de Foug,

(1) Saint-Mauris (t. I, pp. 227-28), partage cet avis. « L'administration des duchés n'eut pas beaucoup à souffrir de l'absence de René, grâce à l'énergie que déploya Isabelle (sa femme). Sauf l'énorme rançon qu'il fallut payer plus tard, cette absence prévint peut-être plus de malheurs qu'elle n'en causa... »

de Pierrefort, Condé-sur-Moselle (Custines), et de l'Avant-Garde, la part qu'il avait dans la prévôté de Marville (B. Picard, p. 388), plus le comté de Guise dont il portait le nom.

Dès 1421, le mari d'Yolande de Bar lui disputa la succession du Barrois, s'empara des châteaux de Pierrefort, Briey, Sancy, Etain, et passa au fil de l'épée leurs défenseurs. Là s'arrêtèrent ses exploits. Fait prisonnier à Longwy, il dut, après deux années de captivité, renoncer au duché de Bar et payer seize mille florins d'or de rançon.

Antoine de Vaudémont, à son tour, attaqua René et Charles II, protestant par les armes contre son exclusion de l'héritage du duché par décision de la chevalerie. La guerre dura plus de quatre ans. On prit les forteresses de Rinancourt, La Ferté et Vézelise qui résista pendant trois ans. D'autres exploits favorables sur le territoire messin et dans la Champagne assurèrent à René le concours de la noblesse, heureuse de voir le duché de Bar, Pont-à-Mousson, etc., réunis à la Lorraine. L'extension du territoire était bien supérieure au comté de Vaudémont qu'aurait apporté Antoine. On se promettait une ère de paix et de prospérité. Hélas! c'est le contraire qui eut lieu (1).

René, au commencement de 1431, venait de rendre hommage pour le duché de Bar à Henri d'Angleterre, soi-disant roi de France, et de conclure avec lui une alliance imposée par la force, quand la mort de Charles II l'appela en Lorraine. Reçu en triomphe à Nancy par la duchesse Marguerite, sa belle-mère, et tous les nobles du pays, il alla droit à l'église de Saint-Georges, aux acclamations d'une foule im-

(1) L'administration financière du Barrois resta distincte du duché de Lorraine, malgré la réunion des deux pays. Son siège était à Bar-le-Duc, où existait de temps immémorial une chambre de comptes qui subsista jusqu'en 1789. (BEAUPRÉ.)

Dans le Barrois les Etats n'étaient pas généraux, mais convoqués par bailliages et toutes les communes y devraient être représentées par des mandataires spéciaux. (On évitait pour le *Barrois mouvant* les appels au Parlement de Paris.)

mense qui criait Noël, prêta sur les Évangiles le serment que le duc défunt, son beau-père, lui avait imposé par son testament, donna ses lettres patentes qui furent également signées par sa femme, et où il n'est parlé que de la confirmation des droits et privilèges de la chevalerie, enfin, laissa, dit la chronique, son cheval aux chanoines, suivant l'usage (1).

Sans expérience des affaires, René pria l'évêque de Toul de l'aider de ses conseils, puis il parcourut ses États, reçut les présents des villes, les hommages de ses vassaux, et, dans le but intéressé, personnel et nullement libéral, de mettre le sceau à sa souveraineté peu solide encore, confirma solennellement les droits et privilèges dont l'ancienne chevalerie de Lorraine jouissait de temps immémorial. Cette démarche fut d'autant plus agréable aux intéressés que le duc Charles leur avait donné quelqu'atteinte. On constata ces prérogatives, en ces termes :

« Dans toutes leurs contestations, les chevaliers sont jugés par leurs pairs et sans appel ; lorsque le prince ou ses ministres ont quelque chose à demander à la chevalerie ou à ses vassaux, elle juge elle-même de ces demandes, suivant les us et coutumes ; s'il survient quelque difficulté où le duc soit lui-même impliqué, il ne peut refuser de subir le jugement des pairs ; enfin les appels des jugements dans l'étendue du duché sont portés devant la chevalerie, sans qu'aucun

(1) René est le premier duc (LEPAGE, *Mém. présenté à Charles III pour confirmation des privilèges de la noblesse,* pp. 163 et suiv.) qui ait juré de respecter les privilèges de ses sujets. Il engagea même ses successeurs ; on vit les ducs, jusqu'au commencement du XVIIe siècle jurer, en montant sur le trône, de se conformer aux lettres-patentes de René Ier. La noblesse ne se contentait même pas du serment du souverain, et celui-ci devait donner des lettres expédiées en cinq exemplaires sur parchemin et revêtues du sceau ducal. Une de ces expéditions était remise au maréchal de Lorraine; trois aux baillis de Nancy, Vosges et Allemagne ; et la cinquième était destinée au duc lui-même qui la confiait au capitaine de ses gardes. La même formalité fut remplie par les ducs Jean II, Nicolas et René II, héritiers de la couronne, en vertu de la cession que lui en avait faite Yolande, comtesse de Vaudémont, sa mère (pp. 163, 64 et 65).

autre juge ait droit d'en prendre connaissance. — C'était la restauration de l'ancienne autorité des Assises (1).

« Mais en vain (BEXON) René se préparait ainsi à rétablir les droits et à fonder la paix, ses jours étaient destinés au trouble, aux combats, à la captivité. Antoine, comte de Vaudémont, fit signifier aux Etats ses prétentions sur la Lorraine (en vertu de la loi salique) et vint, bien accompagné, se présenter comme souverain devant Nancy. Les Etats, fidèles à René, lui firent une réponse peu favorable (2); le comte, irrité, se retira, jurant par son âme qu'il serait bientôt duc de Lorraine. »

En effet, il en appela aux armes, ce puissant argument des rois et des ambitieux (3), et partit chercher des alliances. René, de son côté, le somma de lui rendre hommage pour son comté de Vaudémont, et, ne le voyant pas paraître, entra en campagne .. « Plusieurs (D. CALMET) blâmaient le duc, vu que le vassal devait avoir un an pour s'acquitter de ses hommages envers son seigneur. » René assiégea Vaudémont ; mais il ne demeura que quinze jours devant la place, et, après avoir ravagé tous les environs, coupé les arbres et arraché les vignes, il se retira avec les troupes que, par or-

---

(1) « Voulons aussi (déclaration du 30 janvier 1431), que tous les appels de la dicte duchié de Lorraine, soient portez par devant la dicte chevalerie, ainsi qu'il est accoutumé de faire d'ancienneté, sans qu'autres juges y puissent entendre, ne avoir aucune cognoissance... »
René, pour mettre de son côté toute la nation, alla plus loin. Dans la patente qu'il donna, de concert avec sa femme Isabelle, aux chevaliers, on stipula que les bourgeois et les hommes de *Potée* pouvaient en appeler aux Assises. (ROGÉVILLE, t. I, p. 34.) — Avant lui déjà, Charles II parla le premier des Etats (noblesse, clergé, bourgeois), afin d'intéresser toute la nation à la question de la succession de sa fille au duché. L'intérêt individuel favorisait ainsi les libertés générales.

(2) René (DUPLESSIS, t. II, p. 697) fut reconnu et salué duc, marchis, souverain de Lorraine, par tous les états assemblés et convoqués à cet effet au mois de febvrier.

(3) On lisait autrefois sur tous les canons de l'Europe cette devise menaçante et trop vraie: *Ultima ratio regum.*

dre du roi de France, Charles VII, son beau-frère, Barbazan lui avait amenées de Champagne et de Brie.

De son côté, Antoine était soutenu par les troupes du comte de Saint-Pol, du duc de Savoie, du prince d'Orange, des capitaines aventuriers, du secours de Bourgogne et de l'infanterie que sa femme, animée d'une activité virile, avait rassemblée.

Les deux armées se trouvèrent en présence, le 2 juillet 1431, à Bulgnéville (Vosges), selon Lepage. René avait l'avantage du nombre. Ses troupes comptaient douze mille hommes d'armes à cheval et dix mille hommes de pied, armés d'arcs, d'arbalètes et de gros maillets de plomb. Antoine, lui, occupait un camp fortement retranché. Ses hommes d'armes avaient mis pied à terre après avoir renvoyé les chevaux à l'arrière-garde. Il plaça au front de la bataille des canons, masqués par des archers couverts de leurs piques. Les deux princes, seuls, tout armés, eurent une entrevue entre leurs camps avant d'en venir aux mains ; malheureusement, ils se séparèrent plus aigris qu'auparavant, et, des deux côtés, on se prépara au combat après avoir fait plusieurs chevaliers. Antoine anima ses soldats en disant qu'il prenait l'affaire sur sa damnation, que sa cause était la bonne, que René le dépouillait de son héritage, etc.

Du côté opposé, les chefs les plus sages, l'évêque de Metz, le comte de Salm, Barbazan, conseillaient au duc de temporiser, de forcer Antoine, à bout de vivres, de sortir de son camp. Les jeunes seigneurs, emportés par leur ardeur inconsidérée, ne voulaient rien entendre : « Il n'y en a pas, s'écriaient-ils, pour nos pages ; nous les forcerons au premier choc. » Le sire d'Haussonville fit même entendre ces cruelles paroles : « Quand on a peur des feuilles, il ne faut pas aller au bois. » — « Jeune homme, répliqua Barbazan, le vieux guerrier, le cœur se voit au combat et la prudence au conseil. » René, emporté par la fougue de ses vingt-trois ans, donna le signal du combat. Barbazan commandait l'avant-garde; le jeune duc, l'évêque de Metz et le comte de Salm, dirigeaient le centre; le damoiseau de Commercy se trouvait à la tête de l'arrière-garde. — On raconte qu'au moment où les deux armées allaient s'ébranler, un cerf parut au milieu d'elles, s'arrêta, frappa du pied (sic) et se jeta dans l'armée de René; ce triste augure, interprété par la peur, commença la bataille.

Comme à Crécy, à Poitiers, à Azincourt, les chevaliers se précipitèrent en avant. L'artillerie du comte de Vaudémont fit un feu si terrible que les rangs furent vite éclaircis; plusieurs se jetèrent ventre à terre. Le damoiseau de Commercy, ne pouvant entamer les archers picards qui firent une décharge meurtrière et mirent le désordre dans l'armée lorraine (1), prit la fuite (2); la gendarmerie du prétendant

(1) Dans ce nombre figuraient sans aucun doute des soldats des compagnies bourgeoises. En effet (LEPAGE, Inst. milit. en Lorr., p. 82), les contingents fournis par les vassaux, les bannières que conduisaient les prévôts, et les compagnies d'arbalétriers, formèrent, jusqu'au milieu du XVIe siècle, les principaux éléments de l'armée lorraine et barisienne. On leur adjoignait des soldats mercenaires, des *soldoyeurs*, prêts à vendre leurs services à celui qui les payait le mieux, ou avec lequel ils espéraient une plus large part de butin.

C'est avec ces troupes hétérogènes qu'eurent lieu les plus anciennes batailles connues. Exemple: en 1363, le duc Jean contre Henri de Vaudémont.

A Bulgnéville, les archers anglais et flamands et les mercenaires stipendiés du comte de Vaudémont, étaient de bien meilleurs soldats que les piétons lorrains des prévôtés. La cavalerie, alors la principale force des armées, présentait des deux côtés à peu près un même effectif (p. 82).

Disons, en passant, qu'à cette époque le mot lance ou homme d'arme était un terme collectif, comprenant tous les servants de l'homme d'armes, tels que le coutillier, le page, le valet, les archers, etc.; ils étaient au moins dix. Ainsi vingt hommes d'armes ou vingt lances se composaient de plus de deux cents combattants. (DUMONT, *Hist. de Commercy*.)

(2) Robert, damoiseau de Commercy (*Ibid.*, pp. 221-22), qui commandait la réserve de René Ier à Bulgnéville, lâcha pied après la défaite des Lorrains. Chevrier met dans la bouche de Robert ces paroles: « !ort ay, ainsi l'avois promis à ma mye. » Le président Duplessis, beaucoup plus croyable que Chevrier, en dit autant. Bournon ajoute: se

acheva de rompre les phalanges de René. L'action, au dire de Monstrelet, ne dura pas plus d'un quart d'heure. Antoine ne perdit que quarante hommes ; René, au contraire, vit succomber dans ses rangs deux mille gentilshommes et mille soldats. (LYONNOIS.)

Dans la mêlée, le malheureux duc, blessé au bras, au nez et à la lèvre, se battit en héros contre une foule d'ennemis. Bientôt il ne resta plus sur le lieu du combat que lui et le brave chevalier Barbazan. Le jeune prince ne pouvait se décider à la retraite, et « ne supportant pas le déshonneur de la fuite, ni le reproche de manque de cœur » se défendit en désespéré. Resté adossé à un arbre, René continuait à combattre, disent les chroniqueurs « comme un soldat qui n'estime sa vie ung bouton ». Enfin, entouré de morts et d'ennemis, épuisé par ses blessures, accablé de fatigue, il tendit son épée à Martin Foucars, écuyer du sire d'Enghien, en disant aux ennemis qui l'assaillaient : « Messieurs, ayez de moi mercy, saulvez-moy la vie, et à rançon mettez-moi pour payer une bonne somme (1). »

trouvoit en l'armée de René Ier, le Damoiseau de Commercy qui ne fit son devoir mais fut à vol de route sans coup férir, dont fut à luy grand reproche par M. Barbazan qu'estoit bien valeureux ; mais devoit le Damoiseau passer la nuictée avec une certaine Agathe qu'estoit sienne et que avoit, se disoit-on, promesse de lui que quitteroit la mêlée et que viendroit à tout mesui en sa chambrette et couchetie, que valoit mieux, ce disoit-elle, que champ où n'étoient que horions et piques et de ce, n'en doutez, fut grande risée d'où advint que disoit-on de certains qu'estoient peu soucieux de meslée, qu'estoient braves comme le Damoiseau de Commercy.

(1) Antoine (CHARTON, p. 125, Anciennes guerres de Lorraine), averti de la capture faite par Foucars, lui promit « une récompense telle qu'il en seroit content » pour conduire René derrière la haie la plus voisine et de le tuer.

A propos de la bataille de Bulgnéville, un chroniqueur disait : « Celui jour furent bien gardez plusieurs d'être prins par leurs boins chevaux et par lor éperons que bien les défendont. Ils en rallont en leurs hôtels et avec eux plus de deux mille hommes d'armes, et par eux furent les autres qui demeurent morts et plus aisiez à déconfire, dont ce fut grand dommaige. »

Selon d'autres versions, René aurait été pris dans sa fuite par les Bourguignons avec l'évêque de Metz qui dut payer dix mille saluts d'or pour sa rançon. Le brave Barbazan mourut de ses blessures quelques heures après le combat. Antoine poursuivit pendant deux jours, sans succès, les sires d'Haussonville, de Commercy, et s'aperçut trop tard que les Bourguignons, déjà en marche pour retourner chez eux avec René captif, lui avaient enlevé le principal fruit de son triomphe (1).

Cette fameuse bataille de Bulgnéville, si fructueuse pour les Bourguignons qui la nommèrent bataille de Bar, jeta la Lorraine dans le plus grand trouble. Les duchesses Marguerite et Isabelle députèrent aussitôt vers toutes les villes, recommandant de ne faire aucun mouvement, de ne reconnaître d'autre seigneur que René, et promettant qu'avec l'aide de Dieu on mettrait ordre à tout. Elles allèrent en suppliantes auprès du comte de Vaudémont, et lui peignirent les maux dans lesquels une guerre civile allait plonger la Lorraine. Antoine, plus ébranlé de la prise et du sac de Vézelise par l'armée lorraine revenue de sa panique, que par compassion pour ses visiteuses, leur accorda une trêve qui fut prolongée jusqu'au 25 janvier suivant.

Cependant René, au pouvoir des Bourguignons, se vit renfermé à Dijon dans une étroite prison, nommée encore aujourd'hui la *tour de Bar*. Pendant qu'on négociait pour sa mise en liberté, on agitait également la question de savoir à qui appartiendrait la Lorraine. Des arbitres, après quel-

---

(1) En effet, de l'énorme rançon de René dont nous parlerons plus loin, « le comte Anthoine rien eust guaire ; le demeurant, les seigneurs de Bourgogne eurent pour leur part ; ledit million fut prins le plus en Lorraine. » (Chroniqueur cité par D Calmet, t. III, p. 15. Smyterre, *les ducs de Bar*, pp. 265-66.)

— Il courut (Thierriat) une rimaille sur cette journée :

> Mais chacun devoit bien maudire
> Ceux qui lâchement s'enfuire
> Car pour eux endurons grand peine
> En Barrois et en Lorraine...

ques tâtonnements, déférèrent le différend à l'empereur Sigismond qui cita les concurrents. Quant au duc de Bourgogne, il garda avec un soin jaloux son prisonnier, pendant que la Lorraine, privée d'un chef autorisé, était désolée par des aventuriers qu'Antoine avait pris à sa solde et licenciés après l'action de Bulgnéville. Pour mettre fin à ces désordres, non-seulement les seigneurs lorrains, mais encore ceux du voisinage, se liguèrent, à deux reprises différentes, pour détruire ces brigands et rendre la paix au pays. (D. CALMET.) Presqu'en même temps, le damoiseau de Commercy, autre bandit, prit par escalade la ville de Ligny qui appartenait au duc de Luxembourg, la pilla, y mit le feu et alla ravager le Toulois.

Enfin, grâce aux sollicitations de sa femme, René obtint la permission de sortir de sa prison, sur l'engagement d'y rentrer dans l'an, à pareil jour (25 avril ou 1ᵉʳ mai). Ses deux fils, Jean et Louis, furent donnés en ôtage. Le duc de Bourgogne exigea, en outre, le serment sur l'honneur de trente seigneurs lorrains (1), et l'abandon des forteresses de Neufchâteau, Longwy et Châtenois, en nantissement de la rançon à déterminer.

Une fois libre, René fut rejoint par Antoine, et tous deux ils allèrent à Bruxelles trouver le duc de Bourgogne pour le prier de régler leur différend. Cet arbitre impérieux ordonne que Ferry, fils du comte de Vaudémont, épouse Yolande, fille aînée de René, et que les deux parties attendent dans un an son jugement sur leurs prétentions. Antoine, irrité, en appelle au Parlement de Paris, et les évêques de Metz et de Verdun, régents de Lorraine, sollicitent l'empereur, comme nous l'avons dit, d'évoquer cette importante affaire. Quant aux deux compétiteurs, après avoir parcouru ensemble la

---

(1) Parmi ces trente garants de René figurent les noms de Salm, Sierck, Linanges, du Châtelet, Ligniville, Lenoncourt, Haussonville, Haraucourt, Ludres, Des Armoises, Conflans, Savigny, etc.

Lorraine, et séjourné à Metz (1), Saint-Nicolas et Nancy, où des fêtes furent célébrées en leur honneur, ils unissent leurs armes pour purger la Lorraine des brigands qui continuaient à l'infester. Plusieurs repaires de bandits sont pris et démolis ; mais les scélérats ne disparaissent complètement qu'en 1441, après avoir pris et détruit Gorze. Ce furent les Messins qui exterminèrent l'une des dernières bandes de ces fléaux du peuple

Cependant, pour assurer à la Lorraine un souverain définitif, non contesté, les administrateurs, las des hésitations de Sigismond, engagèrent les pères du Concile de Bâle, alors assemblé, à citer les deux compétiteurs à leur tribunal. Les princes s'y rendent en effet, et, après de longs débats, l'empereur, constitué arbitre suprême de l'aveu de tous, confirme enfin solennellement le droit de René sur la Lorraine.

Ce prince rentra triomphalement dans ses États au milieu des témoignages de la joie publique. Il y eut à Pont-à-Mousson des joûtes et des tournois auxquels les étrangers furent invités, avec promesse de pouvoir venir et retourner en toute assurance. Néanmoins, les chevaliers de Metz se virent attaqués par le damoiseau de Commercy qui, bien que pensionnaire de la ville, fondit sur eux, enleva leurs bagages et fit quelques prisonniers (2). L'indignation et l'irritation furent générales. Les Messins, unis aux ducs de Lorraine et de Luxembourg, au comte de Salm, à l'évêque de Metz, etc., arrivèrent avec un grand matériel de siège sous les murs de Commercy (1431). Au moment où la ville, réduite aux abois,

---

(1) Les bourgeois de la cité leur offrirent deux queues de vin, cent quartes d'avoine et vingt francs de poisson. (B. PICARD, p. 405.)

(2) Le Damoiseau eut un émule dans Vauchelin de la Tour, un autre bandit, ex-prisonnier de Bulgnéville. « Il se fortifia (BENOIT, p. 403) dans le château de Conflans d'où il fit des courses en Lorraine et dans le Barrois. Il y prit, pour une fois, trente charretées de marchandises précieuses estimées 60,000 fr., et pilla le pays sous prétexte de se dédommager de ce qu'il avait perdu à Bulgnéville; plusieurs autres suivirent aussi son exemple... »

allait se rendre, Arthur de Richemond, connétable de France, traversa la Champagne avec une armée, et, se portant caution pour le Damoiseau, demanda la levée du siège. Le noble bandit, à genoux devant le connétable et René, promit de ne point se servir de son château contre le duc de Lorraine et les évêques de Metz, Toul et Verdun, et de payer, indépendamment des frais de guerre, deux cent mille couronnes ; mais, une fois le danger passé, le misérable oublia ses engagements et les hostilités recommencèrent bientôt.

Au printemps suivant, René reprit ses fers à Dijon afin de rendre la liberté à ses deux enfants. Sa rançon était mise par le Bourguignon (1) au prix énorme d'un million de saluts. Dans sa prison, Mgr René (THIERRIAT) ne sut ménager argent qu'avoit et qu'employoit en certains dons et fondations de chapelles en la cité de Dijon, que n'estoit pas trop en sa place en si piteux cas. (Il fit construire, selon Chevrier, la Sainte-Chapelle.)

En 1435, des députés napolitains vinrent le trouver en sa cellule pour lui faire hommage d'une nouvelle couronne. René peignoit une perdrix à leur arrivée et ne s'occupa que de son ouvrage. (THIERRIAT.) — Monseigneur, dit l'un d'eux, la bonne reine Jehanne, nostre très loyale souveraine, votre belle-sœur, à luy Dieu l'a appelée. — A quel propos René reprit : Son âme aye Dieu. Puis se signa et, ostant sa toque, se prit à dire à haute voix le *de profundis*, puis peignit de rechef. De ce, ledict Vidal, l'un des envoyés, fut fort esbahi (2).

(1) La haine des Lorrains contre les Bourguignons date de la détention de René et de l'énorme rançon qu'on imposa. On rendait sottement les sujets comptables de l'avidité du chef, leur tyran.

(2) René, le plus souvent, peignait sur des verres de couleur d'or et arrondis, voulant marquer par là qu'on l'oubliait et qu'on ne travaillait pas assez effectivement à sa délivrance.

« Jamais (SAINT-MAURIS, t. I, p. 231) on ne vit mieux que dans la personne de René l'inanité des titres que la naissance, l'adoption, les testaments et les règles parfois contradictoires du droit féodal, accumulaient sur une même tête. René s'intitulait duc de Bar et de Lorraine ; le voilà, par la mort de son frère, comte d'Anjou et de Provence, et par

La duchesse Isabelle, femme d'une taille majestueuse et d'un esprit viril, fut chargée d'aller recueillir, au lieu et place de son mari captif, l'héritage périlleux du royaume de Naples, pendant que les évêques de Metz et de Verdun continuaient à administrer la Lorraine.

Reçue d'abord en triomphe à Naples, après la victoire de Pontia, Isabelle vit bientôt le royaume se soulever contre elle. La noble femme lutta vaillamment, en attendant l'arrivée de René dont on négociait la délivrance. La Lorraine, livrée à l'anarchie, espérait la tranquillité par cet événement, tandis que le Bourguignon arguait de l'héritage du royaume de Naples pour élever ses prétentions. Enfin il fixa la rançon à la somme, effrayante pour l'époque, de deux cent mille écus (saluts) soit 2,392,500 livres tournois (Digot), plus la cession des terres que René possédait en Flandres, en qualité de duc de Bar (1).

Déjà, en vue du rachat du souverain, on avait levé des dons volontaires, et les chevaliers s'étaient cotisés ; mais on était loin du chiffre exigé. Afin de réaliser la somme énorme, on convoqua les trois ordres à Pont-à-Mousson (Noel, *Mém.* t. VI, pp. 144-45), et, bien que les communes ou villes payassent fort cher à leurs seigneurs le peu de liberté et de franchise accordées, on pensa qu'elles devaient encore payer la liberté du prince. On assembla donc les trois ordres, prélats, chevaliers et manants des villes de Lorraine et du Barrois... Il fut convenu, conclu, arrêté par... les États Géné-

---

l'adoption de Jeanne, roi de Naples, de Sicile et de Jérusalem. Et ce front, porteur de tant de diadèmes, languissait en prison, et ne pouvait, en se courbant, fléchir son geôlier. » Et ce geôlier inhumain, intraitable, rapace, recevait de ses contemporains le titre mensonger de Philippe-le-Bon. Quelle ironie de l'histoire ! — René ne songea pas un instant à déjouer les calculs avides de son bourreau en abdiquant.

(1) C'étaient, pour l'époque, les cinq milliards et la cession de l'Alsace-Lorraine, imposés en 1871, à la France par la Prusse, grâce à l'agression insensée de l'Empire. En tout temps le peuple paya les folies, les maladresses des porte-couronne !

raux desdits duchés que, pour subvenir au payement de partie de ladite rançon, on lèverait une somme de cent mille florins d'or sur tous les subjets desdits deux duchés, laquelle serait imposée indifféremment sur chacun feu des gens mariés, selon les facultés, puissances et qualités de chacun subjet marié (deux saluts d'or, valant 25 sous tournois, par famille). Les dits deniers furent qualifiés de deniers de la rançon ; laquelle levée fut la première qui se soit faite en Lorraine et Barrois (réunis) où auparavant on ne sçavait ce que c'étoit que taille ou rançon, ces mots ayant été jusqu'alors inconnus auxdits duchés. (DUPLESSIS. *Discours sommaire historique des duchés de Lorraine et Bar*, etc., pp. 707-708.) (1)

Les évêques de Metz, Toul et Verdun même, consentirent à ce qu'on levât un sou par conduit sur tous les sujets, bien qu'ils fussent étrangers au gouvernement de la Lorraine.

A peine rendu à ses États, René, pourvu de cent mille florins d'or qu'il reçut des États de Provence, et d'autres sommes qu'il obtint du roi de France, de l'évêque de Metz auquel il engagea diverses terres, René laissa de nouveau le gouvernement de la Lorraine aux évêques de Metz et de Verdun, et partit pour conquérir le royaume de Naples où son épouse Isabelle se trouvait entourée d'ennemis. Après quelques succès au début, le duc se vit assiégé, dans sa capitale, par son rival Alphonse d'Aragon, et bientôt dut regagner la France, bien que le pape lui eût accordé l'investiture

---

(1) Depuis ce temps on continua de lever quelques impôts qui étaient réglés et ordonnés par les États ; la chevalerie jouissait du privilège de ne contribuer qu'à volonté. Avant René Ier, les ducs de Lorraine n'avaient pour revenus que leurs domaines qui étaient considérables, partie hérités des terres de la riche maison d'Alsace, partie démembrés, pour *droits d'avoués*, des possessions des églises. Il y avait des *droits de sauve-garde*, dus par les seigneurs subalternes et des fournitures d'aliments, de meubles, attribués à certains lieux. La seule forme d'imposition constante, permanente, *l'aide de Saint-Remy* (2 fr. par conduit) parut seulement en 1489, sous René II.

du royaume qu'il venait de perdre. Rome, il est vrai, accorda un peu plus tard des lettres de concession à Alphonse, et, sur les justes plaintes de René, répondit qu'on les avait données par crainte. (BEXON.)

Pendant que le duc combattait en Italie, la Lorraine, affaiblie et divisée, était attaquée à la fois, par le comte de Vaudémont qui prétendait être indemnisé pour la guerre qu'il avait faite à René, par le Damoiseau de Commercy, et surtout par les aventuriers connus sous le nom d'Écorcheurs et appelés par Antoine. Ce n'étaient que petites guerres, vengeances et représailles entre les villes et les particuliers, un enchaînement de brigandages. Les régents de Lorraine tentèrent, mais inutilement, de prendre la forteresse de Vaudémont. Antoine, irrité, ayant à sa solde une armée nombreuse, composée de Picards, de Bourguignons, de Français et d'Allemands, alla piller Mirecourt, brûla Stenay, Dun, Forge, Soulières et s'empara de Varennes et d'Ambreville.

Dans cette extrémité, le conseil de régence eut recours au roi de France. Charles VII envoya des troupes, sous la conduite de Lahire, Ponthon de Xaintrailles, etc. Les affaires changèrent bientôt de face. Vaudémont, Vézelise, Charmes, Pont-Saint-Vincent, Mirecourt furent pris, et les Lorrains commirent sur les terres d'Antoine les mêmes excès dont ils avaient été naguère les victimes (1). Malheureusement, les bandes envoyées par Charles VII, brigands soldés, plus avides de pillage que de gloire, ravagèrent le pays Messin, les Trois-Évêchés, l'Alsace et même la Lorraine, où l'on pilla quelques villes, entr'autres Lamothe et Saint-Nicolas (2). Le

(1) Dans Haroué, ils trouvèrent sept mille quartes de blé, quantité de chair salée et de vin. (B. PICARD, pp. 408-9.)

(2) Le récit suivant de la *Chronique Lorraine* sur le pillage de Saint-Nicolas peint bien les actes et les croyances de cette époque malheureuse :

« Jour de mecredy ammy caresme vint en Lorraine, accompagné de cinq cens chevaulx, entra à Saint-Nicolas (Alexandre, fils naturel de Jean Ier duc de Bourbon) ; toutes les bonnes maisons il fouragea, robbant

damoiseau de Commercy, le prévôt de Longuyon, le sire de Blâmont et plusieurs autres seigneurs, alliés d'Antoine, firent aussi différentes courses dans la Lorraine, le Barrois, le pays Messin, etc. Une infinité de villages furent pris, repris, pillés, brûlés et les blés coupés, les moissons détruites, pendant l'espace des deux années; enfin on convint d'une trêve.

« Mettre le feu partout... : telle était alors la manière de faire la guerre en Lorraine (D. CALMET, t. II, p. 815), guerres qui n'aboutissaient qu'à la ruine des campagnes, aux incendies des villages et aux malheurs des peuples... », triste résultat de cette question : par qui, de René ou d'Antoine, les Lorrains devaient-ils être opprimés, pressurés ?

Toutes ces courses, tous ces ravages furent, comme il arrive ordinairement, suivis d'une maladie contagieuse qui, en 1438, enleva vingt mille personnes à Metz et se propagea dans certains cantons de la Lorraine et du Barrois. Elle régnait encore en 1439. A ce fléau était venu se joindre une disette qui dura deux années tout entières. (DIGOT, t. III, p. 69.)

Au milieu de cette anarchie (*Chron. Lorr.*), on arrêta à Amance, d'après les ordres exprès de René, l'évêque de Metz, un des régents, accusé d'avoir maltraité les Lorrains, ou imposé des tailles pour s'indemniser de ses avances au duc. « Vers minuit (*Hist. de Metz*, t. II, p. 640), on enfonça

or, argent, joyaux, tasses, goubellets et tout ce de bon qu'il pouvoit, draps et marchandises. Plusieurs bons bourgeois de lad. Sainct-Nicolas ilz prindrent, et d'aultres marchands de beaucoup de lieux. Puis quand ils ne eurent plus que prendre, ilz se sont départis, droit devers Langres, leurs chemins ont pris. Les seigneurs de Lorraine et toutes sortes de gens de guerre, montez et armés, sont allés après proche de Langres se les ont trouvez, ont chargé sus ; moult y en eut de prins et de tuez. Saint-Nicolas bon miracle y a monstré, tous prisonniers et tous leurs butins ont recouvré. Les prisonniers furent laschez et la plus part des biens à Saint-Nicolas rapportez, dont toutes gens louoient Dieu de ceste victoire ; Dieu et le bon Sainct-Nicolas vouloient qu'ainsi fût, afin d'en estre à jamais la mémoire... »

les portes de la maison où il était couché ; on se jeta sur lui ; on le frappa jusqu'à effusion du sang. On le fit monter sur un mauvais cheval, et on le conduisit tout nu par un très grand froid à Condé-sur-Moselle. Il fut logé dans une chambre où l'on étouffait de fumée. Trois compagnons de voyage furent arrêtés avec lui et n'obtinrent leur liberté qu'en donnant deux mille francs de caution. Le prélat resta en prison dix semaines et ne fut relâché qu'après un traité forcé (BENOIT) et aux conditions les plus dures et les plus injustes.

En même temps, les chevaliers, fatigués de tant de désordres, jurèrent, pour tout le temps de l'absence de René, une confédération afin de protéger le peuple, d'empêcher les pilleries, de rendre la justice, de défendre les gens d'église, pèlerins, marchands et autres bonnes gens, allant et venant par le pays (1).

En 1440, le comte de Vaudémont, à la tête de ses vieilles bandes et de deux mille soldats picards envoyés par son gendre, ravagea de nouveau la Lorraine pendant vingt-six jours et vint assiéger sans succès le château de Bar, pendant que d'autres seigneurs faisaient irruption sur les terres épiscopales de Verdun, et que Metz réclamait la liberté de plusieurs bourgeois arrêtés.

Sur ces entrefaites, le roi Charles VII lui-même vint en Lorraine interposer sa médiation entre René, son beau-frère, et l'ambitieux comte de Vaudémont. Le monarque français proposa à ce dernier une indemnité de vingt-deux mille livres, et de plus lui garantit le consentement de René pour le mariage d'Yolande avec son fils Ferry. Or, comme ce mariage avait été le seul but de la guerre de la part d'Antoine, celui-ci accepta avec empressement.

(1) Il y eut deux associations (D. CALMET, *Hist. de Lorr.*, vj, p. 14, *Preuves* CLIV, CLXVII), en 1435 et 1441, entre les seigneurs lorrains et les seigneurs voisins. On trouve trente-une familles lorraines ou barisiennes, quatorze étrangers d'origine, deux évêques et dix-neuf cadets. (NOEL.)

Charles VII profita de son séjour en Lorraine pour rédiger, à Saint-Mihiel, un concordat dont l'article 9 porte : Qu'il ne sera à l'avenir mis aucune charge sur les commerçants du royaume de France ni réciproquement sur ceux des duchés de Lorraine et de Bar. A Nancy, ce roi donna des lettres patentes au sujet de la *fête des fous*, et reçut les soumissions du sire de Commercy, soumissions qui n'empêchèrent pas ce bandit de ravager trois fois dans la même année le val de Metz et la Lorraine (1). Dans une de ces courses, il mit Ars au pillage après s'être, lui et les siens, gorgés de porc salé, nonobstant, dit ingénûment *la Chronique*, que ce fut en carême. (DUMONT.)

Des aventuriers qui s'étaient détachés de l'armée royale, pillèrent aussi Gorze, Ars-sur-Moselle et d'autres villages auxquels ils mirent le feu ; de sorte que la présence de Charles VII devint plus préjudiciable qu'utile à nos malheureuses provinces.

Cependant, après de nouvelles luttes contre des seigneurs brigands, le Damoiseau en tête, la paix régnait à peu près en Lorraine, lorsque René, après différentes alternatives de

---

(1) D. CALMET (*Hist. de Lorr.*, t. II, p. 825) dit de cette époque lamentable : Tel était le désordre de ce temps là où chaque seigneur se donnait la liberté de faire la guerre à ses voisins, et où l'autorité souveraine ne réprimait pas les entreprises des particuliers. (*A.-L.*, 1867, p. 163). Alors les expéditions commencées sous les auspices les plus favorables étaient réduites à néant par la désertion. En effet, ne pouvant disposer de leurs hommes, passé un certain délai et certaines limites territoriales, les seigneurs ne pouvaient entreprendre un siège de longue durée, ni les empêcher de se débander afin de guerroyer pour leur propre compte, car chacun s'arrogeait le droit de troubler la paix publique et de commencer les hostilités, pourvu qu'elles fussent précédées, trois jours auparavant, par une provocation faite de vive voix ou par une lettre de défi (*Fedhe-Briefe*). On en rapporte de curieux exemples : le défi du cuisinier du comte de Solms à son propre maître, le jour de la Saint-André 1477, et celui des boulangers des comtes palatins à plusieurs villes. C'était, suivant la jurisprudence, le *droit du poing* et de la coutume. (*Schartzerey Faust und Kolben Recht.*) (L. BENOIT, *A.-L.*, 1867, p. 163, texte et note.)

succès et de revers en Italie, revint tristement dans ses États, dénué de ressources et abandonné par ses alliés. Avec une magnanimité irréfléchie et contraire aux règles du droit, il aliéna ses domaines pour récompenser sa fidèle noblesse ; bientôt des raisons d'État le forcèrent (1446) à revenir sur la première décision. Par là, il irrita les seigneurs qui ne voulurent point admettre le principe de l'inaliénabilité des domaines de la couronne, dans le Barrois surtout (1).

Cette dernière province fut de nouveau ravagée par le sire de Commercy. Battu par le fils aîné de René, prince valoureux qui mourut trop tôt, le bandit se soumit à des conditions qu'il eut grand soin de ne pas remplir. Jean de Mussey assure qu'en 1442 René fit démolir le château de Commercy (p. 272). Les Messins, de leur côté, durent se défendre contre plusieurs seigneurs, au moment où Philippe-le-Bon, duc de Bourgogne, tenta vainement de prendre de vive force Thionville qu'un traité lui livra, en janvier 1444.

Metz. — La guerre inique qui caractérise le mieux cette époque calamiteuse, où le banditisme s'étalait effrontément sur le trône, est l'agression déloyale du duc René, du roi Charles VII et d'une foule de seigneurs contre la cité de Metz.

Depuis un siècle, cette ville avait eu l'imprudence d'avancer des sommes énormes aux duc de Lorraine et de Bar. Le duc Jean Ier s'était mis, en 1370, caution pour la rançon de soixante mille florins d'or dus par le duc Robert de Bar. Or, pas un écu n'avait encore été payé. René Ier, pour soutenir

(1) Voulons et entendons, dit l'acte de révocation, que si, à l'avenir, par inadvertance, importunité ou quelqu'autre motif que ce soit, nous vendions choses aucunes appartenant ez domaines de nos États, le tout, malgré notre scel, soit déclaré nul... De là, révolte du sire de Beaumont, qui prit Bitche qu'il vendit L'acquéreur dut restituer trois mois plus tard. (Digot, t. III, pp. 86-87.)

René aurait pu donner, comme circonstance atténuante, la baisse extraordinaire de ses revenus. En effet, la Lorraine, qui produisait 50,000 francs barrois, sous Charles II, ne donnait plus (vers 1445) que 5,000 francs ; le Barrois vit tomber les siens de 20,000 à 3,000 francs. (Idem.)

sa lutte contre Antoine et le paiement de sa rançon au duc de Bourgogne, avait eu recours aux Messins. Le père Benoît Picard, dans son histoire manuscrite de Metz, dit que les citains encoururent le ressentiment du duc en refusant un prêt de cinquante mille florins pour doter sa fille, quand ils le virent déterminé à ne pas payer les anciennes dettes. A ce grief, que Charles ne pouvait avouer, vint s'en joindre un autre qu'il saisit avec empressement.

Le pape Eugène IV publia à Saint-Antoine de Pont-à-Mousson de grandes indulgences qui attirèrent un concours immense de pèlerins. La reine Isabelle, mère de René, voulut s'y rendre également et envoya devant elle ses bagages, et, entre autres choses, un chariot de tapisseries. Des messins embusqués confisquèrent le tout comme gage des sommes dues par le duc. Les magistrats auxquels on s'adressa firent la sourde oreille. René saisit avec empressement le prétexte offert pour rompre ses engagements, et déclara la guerre à la ville. Son beau-frère, Charles VII, qui venait de conclure avec les Anglais une trêve de vingt-deux mois seulement, peu désireux de congédier les routiers dont il pouvait avoir besoin si la paix ne résultait pas de la trêve, se joignit à lui, et réclama pour la France la souveraineté des Trois-Évêchés... De concert, les deux alliés assiégèrent Toul qui se rendit, épouvanté de voir deux de ses faubourgs en feu.

Épinal profita de la présence de Charles VII pour secouer le joug de l'évêque de Metz, ouvrit ses portes au roi et lui prêta serment de fidélité. On plaça les armes de France sur les tours de la ville, puis les deux beaux-frères marchèrent sur Metz, en semant partout sur leur passage la terreur et la dévastation.

La République, dans l'attente de cette attaque, avait pris ses précautions. Dans la plupart des villages de sa dépendance, on avait fortifié l'église (1) dans laquelle les troupes se retranchaient au besoin : la maison de Dieu devenait ainsi

(1) On cite particulièrement comme étant bien fortifiées à cette épo-

une véritable citadelle. Les coalisés prirent et détruisirent successivement ces avant-postes de la cité. Les villageois, privés d'asile, se réfugièrent dans la ville qui vit bientôt dix mille hommes campés devant ses remparts. De nombreux soldoyeurs avaient été engagés. Ils étaient commandés par Jean Viton, *fier-à-bras*, soldat impitoyable qui avait attaché à la queue de son cheval une sonnette afin qu'on l'entendît de loin. Pour encourager la défense, le commandant faisait mourir les femmes qui allaient hors de la ville pour racheter leurs maris prisonniers, et « envoyoit en pellerinaiges à noyan » (faisait noyer) les écorcheurs et quelques messins traîtres qui tombaient entre ses mains.

Cependant Metz essaya de négocier. Elle envoya à Charles VII, qui se trouvait à Nancy, des députés chargés de plaider sa juste cause. « Sire, dirent-ils, nous n'avons jamais été vos ennemis. Dans les guerres de la France avec le duc de Bourgogne, nous sommes restés inviolablement attachés à la couronne. Pourquoi notre ville, qui ne relève pas du royaume de France, doit-elle donc se livrer à votre discrétion ? Nous sommes prêts à vous satisfaire pourvu que vous n'attentiez pas à notre liberté. »

Jean Rabuteau, président au Parlement, établit, pour Charles VII, trente-deux propositions différentes, toutes relatives aux prétendues redevances de la cité à l'égard du duc de Lorraine, puis il ajouta : « Le roi a des preuves incontestables que Metz est du royaume de France : les histoires en font foi ; *quand les empereurs faisoient valoir les droits qu'ils s'attribuoient sur votre ville, vous prétendiez que Metz dépendoit de la France ; en revanche, toutes les fois que les rois de France vouloient exercer sur vous quelque acte de leur autorité, vous vous en êtes défendus en soutenant que vous dépendiez de l'Empire ;* cette conduite pleine de mauvaise foi mérite châtiment. Sa Majesté

que, les églises de Badmenil, près de Saint-Dié, et Chazelles, près de Metz. (Huux, t. I, p. 157.)

est sûre de son droit ; c'est à elle qu'il appartient de terminer le différend avec l'empereur (1) ; remettez donc la ville entre ses mains ou préparez-vous aux plus sévères châtiments. »

Les députés consternés se retirèrent ; les négociations furent rompues, et la guerre continua.

Les écorcheurs prirent un certain nombre de paysans qui sortirent de la ville pour vendanger leurs vignes, sans pouvoir ébranler le courage des défenseurs de la Cité.

Le 5 janvier 1445, Charles VII fit demander une conférence, parce que lui « et son conseil véoient que journellement ilz perdoient de leurs gens (tués par les soldoyeurs) et que leur gaigne estoit petitte, et que le pays de Bar et Lhoraine estoit destruit et maingié par leurs amis et alliés. » (HUGUENIN, *Siège de Metz*, pp. 149-50.)

Tel est le prétexte qu'on invoqua dans l'entourage du roi, gagné par l'or des Messins qui firent frapper à la hâte deux tonnes de gros messins.

Enfin, la paix se fit. Charles VII reçut deux cent mille écus d'or (environ six millions quarante-huit mille francs de notre monnaie) et ne parla plus de ses prétentions sur Metz. René Ier, pour sa part, stipula la mise à néant de toutes les créances contractées depuis trente ans par lui, ses prédécesseurs et leurs sujets, plus un tribut annuel d'un bassin d'or. Par ce moyen, il extorqua aux citains un peu moins de cent mille florins d'or, équivalant à sept millions deux cent mille francs de nos jours (2).

(1) L'empereur Frédéric III, sollicité par les Messins, dès le 5 octobre 1444, se borna à adresser à Charles VII des protestations auxquelles le roi répondit en donnant de l'eau bénite de cour.

(2) Metz, pour payer ces énormes frais de guerre, dut lever de fortes contributions. Trois curés refusèrent de s'exécuter ; on prononça leur bannissement ; l'un d'eux vint à résipiscence ; les deux autres se laissèrent expulser. On augmenta les droits sur les principaux articles de consommation ; on leva des tailles extraordinaires sur toutes les classes d'habitants. Quinze citoyens riches s'imposèrent au-delà de leur cote officielle, et versèrent 3,911 livres sur les 9.311 formant le total des deux emprunts.

Quand, le 15 mars, on ouvrit les portes de la ville, les campagnards allèrent chercher, non leurs villages disparus, mais l'ancien emplacement. Il fallut prendre de vive force les places occupées par les écorcheurs que les soldoyeurs exaspérés pendirent ignoblement.

Les coalisés rendirent aux Messins trois cent cinquante-cinq prisonniers contre vingt-deux seulement qu'amenèrent les citains ; les autres avaient été pendus ou immolés.

En quittant Metz, les coalisés se rendirent à Nancy (1) pour célébrer le double mariage de Marguerite d'Anjou, fille de René, avec Henri VI, roi d'Angleterre (2), et de son autre fille, Yolande, avec Ferri de Vaudémont.

On connaît la fin tragique du roi d'Angleterre et de ses malheureux enfants. Marguerite vint se réfugier à Kœurs, près de Saint-Mihiel, où elle s'éteignit en 1482. Un écrivain fait remarquer que les trois reines les plus malheureuses dont l'histoire offre l'exemple, Marguerite d'Anjou, Marie Stuart et Marie-Antoinette, furent toutes trois de sang lorrain.

Charles VI, à Nancy, fit acte de fils aîné de l'Eglise en interdisant la *fête des fous* (3). Il était à peine arrivé en

(1) Un compte du domaine de Nancy, pour 1441, établit que cette ville comptait cent quarante-neuf (149) conduits ou ménages sujets à l'impôt ; en multipliant ce nombre par six, on obtiendrait un total de 8,944 habitants, et si l'on y ajoute les personnes exemptes de taille, c'est-à-dire les *officiers et domestiques du prince*, le *clergé séculier et régulier*, les *nobles*, les *indigents*, etc., on doit arriver à peu près au chiffre de quatre mille âmes. (LEPAGE, *Recherches sur Nancy*.)

(2) Cette princesse (NOEL, *Mém.* IV, p. 177, note) renonça à toutes successions paternelles et maternelles, au moyen de quoi René Ier abandonna à son gendre futur les royaumes et iles de Majorque et Minorque, dont il pourra s'emparer, attendu que lui, René, n'en est point en possession. René se prétendait souverain de ces iles où jamais ni lui, ni ses aïeux, ni ses descendants n'ont été reconnus comme tels. C'est un moyen fort économique de marier sa fille et un mode princier d'engendrer des guerres et des dévastations dont le peuple devient victime.

(3) Voici quelques extraits de cette pièce singulière. « Déffendons... certaine dérisoire et scandaleuse feste, qu'ils appellent la feste aux fols, laquelle, en plusieurs églises cathédrales et aultres collégiales, estoit accoutumée d'être faitte environ les festes et octaves de Noé. En laquelle

Champagne quand la ville de Toul se souleva ; deux fois le roi dut dompter la cité républicaine qui se vit condamner finalement à lui payer une pension annuelle de cinq cents florins. Verdun, menacé d'un siège, donna dix mille saluts et deux pièces de canon. Enfin, le damoiseau de Commercy, assiégé à son tour, dut faire hommage au monarque. (B. PICARD.)

Pour ne pas trop froisser l'empereur Frédéric III qui avait protesté contre les prétentions et les actes de Charles, on inséra, dans les nouvelles lettres de garde des villes épiscopales, cette phrase : « Sans préjudice du droit de l'empereur et de l'évêque. »

Charles et René, pendant leur séjour à Châlons, donnèrent une nouvelle organisation aux troupes françaises, et réglèrent définitivement avec le duc de Bourgogne le chiffre dont la Lorraine était redevable à ce dernier, pour la rançon de son duc, le vaincu de Bulgnéville.

René, qui avait des goûts artistiques (1), était las du pou-

faisant iceulx gens d'église, et mesmement durant le service divin, plusieurs grandes insolences, dérisions, spectacles publics, de leurs corps déguisements, en usant d'habits indécents, non appartenans à leurs état et profession, comme d'habits et vestements de fols, de gens d'harmes et aultres habits séculiers ; et les aucuns usant d'habits et vestements de femmes, les aucuns de faux visages ou aultres telles illicites, magnières de vestements en apostasiant de leurs état et profession... Détestant et condampnant la dicte feste, comme superstitieuse et paganique ; laquelle eut son introduction et commencement de paysans incrédules et idolastres, comme bien expressément le dit M. Saint-Augustin... Pourquoi nous, considérans que nous et nos prédécesseurs roys de France, avons esté et sommes encore, par la grâce espéciale de Dieu notre créateur, dits et appelés par toute chrétienté, rois très-chrétiens ; et, à cette cause, nous sommes toujours monstrés et exhibés voulentifs à faire tout ce qui faict ou puet faire à l'exaltation, tuition ou entretennement de la saincte foi catholique... Ne puons soffrir aulcun tel abuz et excès contre l'honneur et révérence de Dieu, et au grand vitupère et diffame des gens d'église, les qui eulx selon leur estat et vocation doivent montrer aulx simples gens exemple de saincteté, gravité de mœurs et dévotion... Nous mandons, etc...

(1) En 1449 (JACQUOT, *la Musique en Lorraine*), René avait une maîtrise de douze chantres. On avait alors comme instruments la harpe, le luth, le coro, le monicordion, la timbale recouverte de cuir noir, le

voir où rien ne lui avait réussi. Son rival, Antoine de Vaudémont, était mort, il est vrai, en 1447; mais il avait lui-même perdu entièrement son royaume transalpin dont il ne lui resta que le vain titre de roi, titre qu'il transmit à ses successeurs (roi de Jérusalem, de Naples et de Sicile).

Déjà, en 1445, il avait cédé à Jean, duc de Calabre, son fils et héritier présomptif, le marquisat de Pont-à-Mousson, cession que son rival, le comte de Vaudémont, avait revêtue de sa signature. Jean devait en jouir, conjointement avec sa femme, Marie de Bourbon « notre chère brue et sa tant bonne femme. » (CHEVRIER.) René se réserva le duché de Bar et se retira à Angers d'abord, en Provence ensuite, où il s'adonna entièrement à ses goûts artistiques.

Dès 1448, il avait institué à Angers, sous le patronage de saint Maurice, l'ordre du Croissant émaillé (1). Ce fut également lui qui, le premier de nos ducs, mit sur ses monnaies

cor, en ver émaillé, en corne ou en bois, et enfin, la gaiterne ou guitare.

(1) Ses membres pouvaient être au nombre de cinquante. Ils devaient être princes, marquis, comtes, vicomtes ou au moins d'ancienne chevalerie. Ils étaient tenus d'entendre chaque jour la messe, sinon donner à un prêtre une rétribution pour la dire, ou ne pas boire de vin ce jour-là. Ils devaient aussi réciter tous les jours l'office de Notre-Dame, ou, *s'ils ne savaient lire*, réciter à genoux *quinze Pater, quinze Ave*, sous peine de ne pouvoir s'asseoir à souper. En cas de maladie, ils les faisaient dire par d'autres. Ils étaient sujets à la dégradation, s'ils manquaient à la foi catholique, à leur fidélité envers leur souverain, ou s'ils fuyaient d'un champ de bataille. L'insigne était un croissant d'or émaillé avec ces mots: *Los en croissant* (louange en *Croissant*). De ce croissant pendaient, en forme de petites colonnes, plusieurs aiguilles d'or émaillées de rouge dont le nombre désignait ceux que le chevalier avait déconfits et mis à mal. — Les sauvages portent des colliers et des bracelets formés des dents de leurs ennemis. Ce n'est pas tout à fait aussi élégant. (BÉGIN, *Hist. de Lorr.*, t. I, p. 20.)

Voici quelques clauses du Règlement de cette institution: — De soutenir le droit des pauvres femmes veuves et des orphelins aussi; d'avoir toujours pitié et compassion du *pauvre peuple commung*; d'estre en faicts, en dits, en paroles, doulx et courtois, amyable à un chcun. De ne pas mesdire des femmes de quelque état qu'elles soient pour chose que doive advenir, etc..., etc...

la croix à double traverse (de Hongrie), appelée depuis croix de Lorraine (1).

Après la mort de la duchesse Isabelle, René (1452) épousa Jeanne, comtesse de Laval : « Mais ne sçait-on pas pourquoi, (THIERRIAT) car ne fut que pour dire qu'avoit femme légitime, et ne couchoit avec icelle mais avoit pour passe-temps, certaine que l'on nommoit la d'Albertaz (2) ; ladite Provençale avoit jeunesse et beauté, sçavoit peindre et bigotter, et mieux dire encore que n'avoit de beauté, et passoit le roy fort joyeusement la vie avec icelle, faisant fondations, petits tableaux et jolis poupons. Ainsi la d'Albertaz ne s'étoit laissé faute de maintes petites aventures qui faisoient dire grandes médisances et discours. M. René sçavoit très bien ce qu'on disoit, mais n'en vouloit rien croire... »

Dans sa retraite, il fit ses délices des arts, des sciences et de l'étude de la nature (3) ; malheureusement, il poussa la

(1) René avait choisi pour devise un *chardon*, portant en exergue les mots : « *Qui s'y frotte s'y pique.* » (*Non inultus premor.*) Et c'est en souvenir de ce prince que Nancy, la noble capitale de l'ancien duché de Lorraine, a conservé, dans l'écusson de ses armes, le chardon avec les trois alérions de Lorraine, ainsi que la devise de René, qui s'est depuis transformée en proverbe. (SMYTERRE, *les ducs de Bar, seigneurs et dames de Cassel*, p 292, note.)

(2) ...Mais n'avoit pas pour cela (BOURNON) rompu avec la demoiselle Albertaz, dont il eut trois enfants (un garçon et deux filles) naturels, « et n'empêchoit... que le Duc fit processions et qu'il s'amusa à peintures et versifications, car savoit-elle par très bien profiter de son temps et avoit, ce dit-on, certains galans que ne l'amusoient de chapelets et dévotions, dont les malins disoient qu'encore que le roi n'en ignorat, ne disoit cependant rien, parce qu'il savoit très bien qu'en joyeusetés d'amour étoit trop viel, pour que put faire service à jeune fillette, et avoit la susdite grande beauté et chose que cachoient déportemens et filouteries d'amour, car faisoit-elle vers, dansoit bien, faisoit de la dévote et n'étoient caprices auxquels ne se portat.

Cette demoiselle abusa de son pouvoir sur René, au point de l'engager à donner à Jean (l'aîné de ses trois enfants bâtards) le Marquisat de Pont-à-Mousson ; mais le duc Jean n'exécuta pas à cet égard la volonté de son père.

(3) Le bon roi René (BOURDIGNE) ...reprenoit vie convenable pour resjouyr sa vieillesse, comme planter et enter arbres, édifier tonnelles,

dévotion, le fanatisme jusqu'à la cruauté (1). Cela ne l'empêchait pas, chaque fois que le *mistral* dévorant soufflait pendant quelques jours sur la Provence, de publier un édit pour diminuer les impôts. C'est lui qui, le premier en France, cultiva les raisins muscats, les roses de Provins et les œillets rouges.

Législation. — Sous ce règne, on promulgua diverses lois, ordonnances et règlements, dont voici les plus importants :

galleries et jardins, faire bescher et parfondir fossés, viviers et piscines, pour nourrir poissons et les voir nager et esbattre par l'eau clère, avoir oiseaulx pour en leurs chants se délater, etc.., et disoit aux princes et ambassadeurs de divers pays qui le venoient visiter, qu'il aymoit la vie rurale sur toutes autres, parce que c'étoit la plus seure façon et manière de vivre, et la plus lointaine de terrienne ambition. (Smytère, *id.*, p. 187.)

(1) En voici une triste preuve. Un jour, craignant qu'un juif arrêté comme blasphémateur n'obtint sa grâce des juges ordinaires, il chargea son chancelier d'instruire son procès et de lui faire bonne justice. Ce malheureux est condamné à être écorché vif devant sa maison. Les autres juifs viennent offrir, pour sa liberté, une rançon considérable. Le prince assemble son conseil qui est d'avis de l'accepter. « Quoi ! vous voulez, s'écrie René, que j'oublie *les injures faites à la mère de Dieu et que j'en rende la punition !* A Dieu ne plaise que je fasse une telle plaie à l'honneur de notre maison, et qu'il soit dit que sous mon règne un tel attentat reste impuni ! » Ses conseillers se taisent ; l'un d'eux se charge de faire connaître la résolution aux juifs et leur annonce que pour réprimer leur insolence, René les condamne à exécuter eux-mêmes la sentence. Les Juifs, effrayés, augmentent la somme primitivement offerte, afin de s'épargner l'horreur d'écorcher leur frère de leurs propres mains. Cet acte de cruauté, accompagné d'un chef-d'œuvre de machiavélisme, fait voir à quels (horribles) excès entraine une piété mal entendue. René commit encore d'autres actes peu louables. (Bégin, d'après Etienne, *Hist. de Lorr.*, t. I, p. 297.)

Il institua, en l'honneur de la Fête-Dieu, une cérémonie où l'on menait en triomphe la déesse Cybèle avec un Saturne. Après la célébration des saints Mystères, paraissaient les jeux sacrés. Le clergé venait ensuite avec le saint-sacrement. Ces farces religieuses, mêlées avec les pratiques de la dévotion, devaient discréditer la religion et corrompre les mœurs. Les lumières détruisirent dans les siècles suivants ces superstitions devenues des monuments curieux des temps passés. (Étienne, p. 135.)

« René (Bourxox) qui ne s'occupait en rien du bien de ses sujets, publia cependant, à la sollicitation de sa femme « qui avoit été persécutée l'année précédente (1443) par les placets et les plaintes, une loi contre les mésus champêtres : Les troupeaux communaux trouvés en mésus payeront 25 francs et les particuliers 5 francs (d'amende). »

Il fit, contre les blasphémateurs (21 août 1459), une loi qui prononce des amendes contre « les non-nobles de 60 soubz et les nobles de 60 livres, ainsi qu'il est accoutumé de faire » pour la première fois, le double pour la seconde, le pilori pour la troisième, et pour la quatrième d'avoir la langue percée d'un fer chaud, et, au delà, de la punition corporelle (mort). (ROGÉVILLE, t. I, p. 103.)

Par une ordonnance du 20 mars 1436, afin de protéger les vins du Barrois, il fut défendu d'y amener des vins étrangers. Le 28 juin 1438, le duc donna des règlements pour l'administration de l'hôpital Saint-Julien de Nancy, fondé par Charles II, son beau-père, et pour ceux d'Einville, de Raon et d'Essegney, près de Charmes. René accorda auxdits hôpitaux des droits d'affouage dans les bois du domaine, et des droits de maronage pour édifier et réparer, comme aussi de mettre des porcs en ses bois, en la saison accoutumée, pour le vivre et provision desdits hôpitaux. En cette année (1448), le Barrois fut frappé d'une grande stérilité.

Le 20 avril 1446, le prince Jean, régent, établit un grand gruyer, et lui attribua juridiction sur les forêts des deux duchés.

LES TROIS-ÉVÊCHÉS. — METZ. — Sous le règne de René Iᵉʳ, les Trois-Évêchés suivirent presque constamment la ligne politique de la Lorraine. L'évêque de Metz, Conrad Bayer de Boppart, administra deux fois le duché avec les évêques de Toul et surtout ceux de Verdun. Conrad se maintint dans une neutralité armée pendant tout le règne de René. Les agressions iniques dont la République messine fut l'objet, semblèrent resserrer les liens d'amitié qui unissaient le prélat et la bourgeoisie.

Qand le duc René Ier fit arrêter Conrad (1), Metz lui donna de grands témoignages d'affection et réunit les forces républicaines aux troupes épiscopales pour tirer vengeance de cette insulte. Jamais peut-être, administration ecclésiastique ne montra plus de sympathie pour les idées démocratiques d'un peuple ; jamais, sous aucun évêque, les Messins n'eurent plus de latitude pour l'exercice de leurs droits ; aussi, pendant trente années, la vie intérieure de Metz fut-elle paisible, tranquille, malgré la profonde agitation du dehors. Preuve évidente que les troubles, les guerres antérieures, les misères des temps passés, auraient pu être évités si les évêques s'étaient renfermés dans leur rôle de pasteurs des âmes (2).

Quand le successeur de Bayer de Boppart, George de Bade, fit son entrée à Metz, accompagné de sept cents seigneurs de marque, les magistrats de la ville, alarmés de voir réunis tant de nobles, firent tenir sous les armes, dans les places et dans les rues, un grand nombre de bourgeois, afin d'éviter une surprise. (D. CALMET, pp. 917-918.) (3)

(1) Conrad (D. CALMET) retira le bourg de Moyen des domaines du sieur d'Ogéviller et y fit bâtir un château tout à fait neuf. On remarque que ceux d'*Épinal y allaient à la corvée*, et que les seigneurs du voisinage, en ayant conçu de la jalousie et en murmurant il le nomma *Qui-qu'en-grogne*, pour montrer le peu de cas qu'il faisait de leurs murmures. Il unit à cette châtellenie le ban de Saint-Clément, qu'il acheta du chapitre de Metz.

(2) Le fait suivant donne une idée des mœurs et de la législation de l'époque. — En 1449, Quairel, l'un des Treize que l'on croyait à son poste sur les remparts, surprit l'archidiacre Marsal en conversation criminelle avec sa femme. Il tira sa dague et courut sur son rival. La femme, pour protéger son amant, se jeta au-devant du coup et trouva ainsi la mort. Quairel s'enfuit et fut gracié. Quant à l'archidiacre, il fut condamné à cent francs d'amende. Ce n'était pas grand'chose, dit la chronique, il méritait de souffrir plus grand peine.

(3) Constatons ici, par anticipation de date, qu'en 1461, Metz fit don à ce prélat de quatre bœufs, coûtant 59 liv. 10 sous et de six queues de vin, valant 120 liv. 16 sous. Sous son épiscopat, Metz fut frappé de plus de quinze excommunications. Les habitants s'en mirent peu en peine. (VIVILLE, t. I, p. 322.)

Toul. (1). — L'absence presque continuelle de Louis d'Haraucourt permit aux bourgeois de s'insurger contre son autorité qu'il essaya de rétablir en recourant aux armes spirituelles. Ainsi, en 1449, il lança un interdit sur la ville et ses deux faubourgs. Les bourgeois, irrités, l'insultèrent odieusement dans une procession générale « sans respecter la sainteté de cette cérémonie, ni le caractère du prélat ». On fit mieux. La foule indignée entra tumultueusement et par force dans son palais, détruisit ses écuries et voulut le forcer à lever l'interdit. Ces excès le dégoûtèrent tellement du séjour de Toul « qu'il permuta avec l'évêque de Verdun, Guillaume Filiâtre ». Celui-ci trouva un peuple mutiné... qui lui refusa toute obéissance et menaça, en sa présence, de tuer son receveur général. Le prélat quitta la ville de Toul, se retira en son château de Liverdun où il transporta son officialité, obligeant par la censure les officiers de ce tribunal d'y établir leur demeure. Ce châtiment ne rendit pas les bourgeois plus traitables. Ils rompirent les portes des prisons et en firent

(1) Vers cette époque on publia une bulle qui ordonne qu'aucun clerc ne pourra être reçu chanoine de l'église de Toul, qu'il n'ait fait ses preuves de quatre degrés de noblesse, à moins qu'il ne fût docteur ou bachelier en théologie ou en droit. (B. Picard, p. 527.) Une bulle de Nicolas V, en date de 1449, ordonna que les preuves de noblesse et de licence se feraient par serment. (*Ibid*, p. 557.)

Vers 1460, les chanoines s'étaient relâchés dans l'observance de leurs règlements. La conduite peu régulière des ecclésiastiques de ce siècle faisait qu'on ne leur portait pas l'honneur et le respect qui sont attachés à leurs personnes. Leur vie molle et fainéante, la trop grande autorité qu'ils avaient dans leurs terres, le grand nombre de gentilshommes qui remplissaient les canonicats de cette église, leur ignorance et leur attachement aux plaisirs, firent éclipser cet éclat que le chapitre de Toul s'était conservé pendant plusieurs siècles. Un corps illustre qui avait donné plus de trente-cinq évêques aux églises d'Allemagne, de France et d'Italie, perdit tout à coup sa réputation. Les brefs, les indults, les coadjutoreries, les grâces expectatives et les brigues des princes avaient fourni l'occasion à tant de désordres. (P. Benoît Picard, pp. 552-553.)

— Ajoutons comme spécimen de l'altération dans la signification des mots, qu'à cette époque, la reine du bordel était celle qui se trouvait préposée aux lessives qui se font au bord de l'eau, que les jottiers étaient les vendeurs de choux, etc.

sortir les détenus. L'évêque, de son côté, supprima la justice de Toul, cassa la magistrature, excommunia les bourgeois, et mit toute la ville et les faubourgs en interdit. Pour rendre la punition plus éclatante, il donna à un bourgeois de Li verdun la charge de maître-échevin et l'envoya à Toul, afin d'y exercer sa juridiction. Pour toute réponse, les bourgeois conduisirent celui-ci dans les prisons de l'évêque, d'où il ne sortit qu'en promettant de ne jamais reconnaître Guillaume pour seigneur temporel. En agissant ainsi, Toul se sentait protégé par le duc de Lorraine (1), le roi de France et même l'empereur contre son évêque, partisan d'Antoine de Vaudémont et du duc de Bourgogne. Vainement, l'empereur, gagné par l'intervention du haut clergé d'Allemagne, et le pape, proclamèrent-ils tous deux le bon droit du prélat ; les Toulois maintinrent leurs prétentions. Filiâtre se vit forcé, en 1460, de quitter son évêché pour celui de Tournai.

VERDUN. — Louis d'Haraucourt, qui avait occupé l'évêché de 1430 à 1437, fut transféré à cette époque à celui de Toul, qu'il quitta pour revenir à Verdun, en 1449. Guillaume Filiâtre, qui fit l'interim, avait trouvé — le diocèse obéré de dettes, par la mauvaise gestion de son prédécesseur (2), — des

(1) Et cependant, en 1431, René avait écrit aux chanoines de la cathédrale de Toul pour leur donner avis qu'il prenait sous sa garde leurs domaines situés en Lorraine. Il déclarait, dans la même lettre, que l'église de Toul était la mère des églises de ses États ; qu'il était de son devoir d'y venir tous les ans, à l'exemple de ses prédécesseurs, recevoir les sacrements, qu'il était entièrement dévoué à cette église si ancienne, et qu'enfin l'évêque et le chapitre de Toul étaient ses maîtres et ses pères spirituels. (BENOIT, p. 524.)

(2) D. Calmet (t. I°, pp. 982-983) raconte en ces termes un exploit galant de ce prélat. Vers 1430, Huin, qui était archidiacre dans les églises de Verdun et de Metz, fréquentait la maison d'une dame de Verdun, dont l'évêque Louis d'Haraucourt était amoureux. Le prélat, transporté de jalousie, donna ordre à ses gens d'attendre et de maltraiter l'archidiacre. Ils l'attaquèrent un jour comme il sortait de l'église après complies, et le poursuivirent l'épée nue à la main ; l'archidiacre rentra à l'église et se sauva dans les grottes souterraines. Les gens de l'évêque ne l'ayant pu rejoindre, coururent à sa maison, en rompirent la porte et les fenêtres et celles d'un autre chanoine, ami fort intime et

chanoines récalcitrants dont il fit ravager les terres par le damoiseau de Commercy et d'autres partisans, — enfin une bourgeoisie soulevée ; — il dut traverser et vaincre toutes ces difficultés. — Au sujet de l'administration civile de Verdun, à cette époque, citons les lignes suivantes de D. Calmet (t. II, p. 986) :

« Les commis de la ville demandèrent (1432 ou 1434) qu'il leur fût permis d'avoir des *juifs* dans leur ville (limitrophe d'un pays souvent dévasté par la guerre), pour la *commodité du commerce;* ce qui leur fut refusé. Ils prièrent de plus que les hommes et les femmes de condition servile pussent contracter mariage à Verdun, nonobstant les défenses que leurs seigneurs leur en auraient pu faire ; ce qui leur fut accordé. »

comme domestique de l'archidiacre, le poursuivirent, le jetèrent par terre et le blessèrent dangereusement. Les chanoines, sensibles à l'outrage fait à leurs confrères, résolurent de cesser l'office divin dans leur église, et sommèrent l'évêque qui, à la suite de ces scandales, s'était retiré à Hatton-Chatel, de venir réconcilier leur église ; on s'arrangea après divers incidents.

— Le drame suivant complétera notre aperçu sur les mœurs, faits et gestes de l'époque, et montrera comment s'exerçait la justice à Verdun.

« En 1445, un vigneron de Verdun, nommé Martin Cloet ou Crochet, composa certains mauvais vers diffamatoires contre les magistrats et gouverneurs de Verdun, et les répandit par la ville en différents endroits. Après quelques recherches, on soupçonna un certain Thirion, qu'on tira de la maison d'un chanoine pour le mettre en prison, puis l'*appliquer à la question*. Le malheureux, sous l'empire des tourments, avoua une faute dont il n'était pas coupable. On prit ensuite sa femme et sa fille, qu'on tira par force et avec fracture des portes de la maison d'un autre chanoine. Thirion fut condamné à avoir la tête tranchée.

« Crochet, dévoré de remords, se dénonça en confession. Malgré la persistance du confesseur à ne pas révéler le secret à lui confié, on découvrit l'auteur du délit, Martin Crochet. On alla pour l'arrêter ; mais, averti à temps, il se retira dans le chœur de la cathédrale comme en un asile sacré. On l'en arracha de force, le battant et le frappant jusqu'à effusion du sang. — Thirion et les siens furent délivrés ensuite.

« Les chanoines, voyant leur église souillée, cessèrent l'office divin. Le peuple murmura, et finalement on réintégra Crochet dans le chœur. Les magistrats durent payer quatre mille florins aux chanoines et verser trois mille francs au profit des pauvres, et, en outre, réparer les dommages causés. » (D. CALMET, t. II, pp. 993-994.

De 1453 à 1470 : Jean II.

Femme : Marie de Bourbon.

SOUVERAINS ET PRÉLATS LORRAINS CONTEMPORAINS

ROI de France.	EMPEREUR d'Allemagne.	COMTE de Vaudémont.	ÉVÊQUES		
			de Metz.	de Toul.	de Verdun.
Louis XI.	Frédéric III	Ferri II	Conrad Bayer de Boppart.	Guillaume Filiâtre.	Louis d'Haraucourt.
			Godefroy de Bâle.	Jean de Chevrot.	
				Antoine de Neufchâteau	

Sommaire. — Ce règne, quant au duc, se passe à l'étranger. — Expédition de Florence. — Tournoi à Nancy. — Ambassade hongroise de passage à Nancy. — Jean en Italie. — Nicolas, son fils, régent. — Jean et la Ligue du Bien-Public. — Il s'en détache après Montlhéry. — On le dispense de divers hommages. — Épinal au maréchal de Bourgogne puis au duc de Lorraine. — Sarrebourg se donne au duc. — Nouvelle répression cruelle contre Neufchâteau. — Le prince Nicolas fiancé à Anne de Beaujeu. — Jean meurt en Catalogne. — Les États à Pont-à-Mousson. — Enfants naturels de Jean. — Législation.

Trois-Évêchés. — Guerre avec les Barisiens. — Metz rançonnée. — Peste affreuse à deux reprises. — Chanoines bannis. — Antoine de Neufchâteau, évêque de Toul à douze ans. — Les Bourguignons en Lorraine. — Les chanoines élisent un rival. — L'évêque de Verdun Guillaume d'Haraucourt à la Bastille. — La cage de fer. — Industrie. — Commerce.

Notes. — Conditions dans un tournoi. — Emprunts de Jean II. — Pèlerinage bizarre. — Cérémonies aux funérailles de Jean. — Haine des Messins contre les chanoines. — Conduite peu édifiante des ecclésiastiques toulois.

Le règne de Jean II (E. Briard et H. Lepage, *Tit. et Prét. des ducs héréd. de Lorr.*, p. 363) ne fut pas un règne lorrain ; il fut consacré tout entier au développement et au soutien, bien loin de la Lorraine, des prétentions que René Ier semblait renoncer à faire valoir en personne, mais pour lesquelles il envoyait son fils guerroyer en Italie et en Espagne.

Jean II, duc de Lorraine, par sa mère, ne fut pas duc de Bar : René Ier avait conservé pour lui-même ce titre après sa renonciation au duché de Lorraine. C'est qu'en effet les deux duchés n'étaient unis que personnellement. (*Ibid.*, p. 369.)

Jean fit son entrée publique à Nancy et prêta le serment ordinaire dans la collégiale Saint-Georges, le 23 mai 1453. (Voir au règne de son fils, Nicolas, le cérémonial usité en pareille circonstance.)

A peine en possession du pouvoir, le nouveau duc quitta ses États pour aller en Italie au secours de la République florentine. Revenu victorieux de cette expédition dont Florence paya tous les frais, et doté d'un riche présent de soixante-dix mille florins, Jean célébra des tournois (1) à Nancy, et, l'année suivante, reçut les ambassadeurs du roi de Hongrie, allant en France. Ceux-ci avaient, disent les naïves chroniques du temps, une escorte de cinq cents gentilshommes qui étaient tous noblement montés et avaient des tambourins comme gros chaudrons sur leurs chevaux qui dansaient au son de cette musique (1456).

Jean retourna ensuite en Italie, s'illustra dans la défense de Gênes, et, après deux tentatives infructueuses pour recouvrer le royaume de Naples, revint presque seul au pays, en 1460 (2).

La Lorraine ne revit son prince que pour s'entendre demander une armée et un subside extraordinaire de cent mille livres qui allèrent encore s'engloutir en Italie (1463), où Jean débuta, comme d'habitude, par des succès et finit par des revers. Pendant son absence, son fils Nicolas, marquis de Pont-à-Mousson, âgé de quinze ans, administra le pays en

(1) Vingt-quatre gentilshommes joûtèrent. Entre autres règles du combat, on spécifia que celui qui serait pressé jusqu'à mettre le genou en terre, payerait dix écus à son adversaire, et que celui qui serait entièrement renversé resterait prisonnier et payerait sa rançon au vainqueur.

(2) A cet effet, il emprunta au chapitre de Saint-Dié cinq cents florins d'or, à l'évêque de Toul trois cents florins. Il leva un subside extraordinaire de cent mille livres ; divers lui avancèrent quarante mille livres. (B. Picard.)

qualité de lieutenant-général, sous la tutelle de plusieurs seigneurs.

Jean assista (1461) au couronnement de Louis XI, auquel il offrit plusieurs chevaux magnifiques ; mais bientôt, convaincu de la trahison de ce prince fourbe et déloyal pendant sa dernière campagne en Italie, il se jeta avec ardeur dans la *Ligue du Bien Public*. Jean joignit l'armée des seigneurs confédérés avec mille hommes d'armes et cinq cents suisses, les premiers qui aient paru en France. « C'était, pour dire la vérité (COMMINES), presque la fleur de notre ost. Pour le duc de Lorraine et de Calabre, il sembloit aussi bien prince et chef de guerre que nul autre que veisse en la compagnie. Il paraissoit, les jours de bataille, armé de toutes pièces, sur un cheval bardé ; et, comme il étoit bien fait de sa personne, gracieux, doux, éloquent, libéral, grand capitaine, les troupes n'obéissoient à aucun plus volontiers que lui. »

Louis XI essaya en vain de le détacher de la Ligue ; Jean répondit qu'il savait assez ce que valaient les promesses du roi pour ne s'y fier jamais, qu'il pouvait être avec gloire son ennemi, n'étant pas son vassal. Blessé à la bataille de Montlhéry, il suivit le sage conseil de son père René, et traita avec le roi quand il connut les mobiles qui inspiraient les coalisés. « Cette assemblée, faite pour le bien public, dit-il, ne vise que le bien particulier. » Entre autres faveurs, Louis XI lui remit l'hommage dû pour les seigneuries de Neufchâteau, Châtenoi, Montfort et Frouard. En 1465, ce roi céda Epinal au maréchal de Bourgogne. Les citoyens de cette ville protestèrent, se plaignant amèrement de ce que le roi, félon à la parole de Charles VII, les mettait hors de sa sainte couronne. Leur résistance énergique fit craindre qu'ils n'eussent recours à l'empereur. Louis XI manda leurs magistrats à Montargis et les délia de leur serment de fidélité envers lui. Libres de choisir leur souverain, ils s'offrirent au duc de Lorraine qui accepta et fit dresser un acte confirmant leurs anciennes franchises, semblables à celles des citains de Metz, Toul et Verdun (1466).

Le prince Nicolas en jura le maintien à la porte de la ville, qui ne s'ouvrit qu'après l'accomplissement de cette formalité. « Tous les enfants au devant de lui noël chanteoient. » (*Chron. de Lorr.*) La liberté d'Epinal fut même reconnue par l'empereur Frédéric III, et malgré les réclamations des évêques de Metz. Ensuite le jeune prince, à la tête des milices du pays, repoussa les troupes du maréchal de Bourgogne, qui s'avançait pour soutenir ses prétentions à main armée. Nous verrons plus loin d'autres ravages causés en Lorraine par les Bourguignons.

Vers la même époque, Sarrebourg imita l'exemple d'Epinal et se donna au duc Jean. Cette ville (B. PICARD, supp., p. 119) fut brûlée, en 1461. Les bourgeois se virent obligés de la rétablir et firent pour cela de gros emprunts. Les prévôt, conseil, quarante et toute la communauté de marchands se livrèrent à Jean et protestèrent, par un serment solennel, les doigts levés dans le chœur des cordeliers, le 2 novembre 1464, d'obéir à ce prince et à ses successeurs. Jean accorda aux habitants des privilèges très étendus, voire même l'exemption de toutes charges, tributs et impositions. (LEPAGE, *Com.*) L'évêque, seigneur de Sarrebourg, s'opposa à l'exécution du traité, et conserva encore pendant quelque temps la souveraineté sur cette ville.

Neufchâteau, on ne sait pour quelle cause, se révolta contre Jean II. Ce prince, aussi cruel que ses prédécesseurs, fit arrêter les plus mutins, ordonna d'en noyer trois et pardonna aux autres. En même temps, il prépara une nouvelle expédition pour l'Italie.

Louis XI, qui avait des vues sur les Etats du vieux roi René Ier, régnant sur sa chère Provence, mit tout en œuvre pour marier sa fille Anne (plus tard de Beaujeu) avec le jeune Nicolas, fils du duc Jean II. On en célébra les accords à Paris, au mois de juin 1466. Le contrat matrimonial fut même dressé, et les chroniqueurs bien instruits ajoutent, qu'à cette époque Anne vécut avec Nicolas comme s'il eût été son époux légitime. Quant à Jean II, d'autres rêves ambitieux l'entraînèrent loin de la Lorraine.

Les Catalans, révoltés contre leur souverain, vinrent offrir la couronne à René Ier, alors âgé de 60 ans. Le vieux souverain chargea son fils de courir les aventures d'une expédition lointaine. Jean y consentit avec transport. A cet effet, « en 1465 (BOURNON), furent les sieurs de la Chevalerie, convoqués en la ville de Pont-à-Mousson, et furent avec eux maints Prélats et Notables. Par quoi fut baillée à Monseigneur grosse somme d'argent que fut levée ez États, en tant que fut, en les villes, baillée deux gros par logement ou conduit qu'estoit, et èz villages et hameaux demi gros. Pourquoi fut acte de Monseigneur qui déclara que telle chose ne seroit à droit ni conséquente pour les États, mais bien loyauté et bonhomie d'iceux et amitiance envers Monseigneur. » Huhn (t. I, p. 369) prétend que les États s'opposèrent à une contribution que Jean II voulait lever dans le pays comme dans le marquisat de Pont-à-Mousson. Ses sujets lui prêtèrent également des sommes considérables ; les femmes mêmes engagèrent ou vendirent leurs joyaux.

L'armée partit sous la conduite du duc et de son fils Ferri (1), comte de Vaudémont. Après de grands et nom-

(1) Ferri II de Vaudémont, fils d'Antoine, le rival de René II, dans son testament, avait ordonné à son frère, Jean de Lorraine, d'acquitter pour lui (HUGO, p. 190) le voyage de Jérusalem, de Saint-Jacques en Gallicie et de Rome, ou de donner cent ducats d'or à un gentilhomme chargé de le faire en son lieu et place. Il prescrivit à son fils René, le futur rival de Charles-le-Téméraire, d'aller en pèlerinage, un pied nu et l'autre chaussé, depuis Vézelise jusqu'à Notre-Dame de Sion, etc... La dévotion de Ferri de Vaudémont était tellement exaltée que les prêtres mêmes, en traitant de l'histoire de Lorraine, lui donnent l'épithète de bigot. (NOEL, *Dom. ducal*, p. 177, note.) Ce prince commande que l'on rétablisse l'hôpital de Joinville que son père avait été obligé, à cause des guerres, de démolir, et qu'à cet effet on délivre mille ducats d'or. Les pèlerinages, dans un appareil bizarre, nous retracent la simplicité et le bigotisme de ce temps-là. (HUGO, pp. 190-191-192.)

breux succès, le duc mourut, en 1470, à Barcelone, selon toute apparence de la fièvre jaune(1), et ses troupes, après de nouvelles victoires, reprirent peu après la route de Lorraine (2).

Jean eut, de plusieurs maîtresses, deux garçons (Jean Bâtard de Calabre et Aubert, seigneur d'Essey), et trois filles (Hugo) dont l'une fut mariée à Jean d'Écosse, et l'autre à Achille de Beauvau.

Législation. — Sous ce prince, on promulgua les ordonnances et règlements suivants :

Le 10 février 1460, on porta une loi contre les contrefacteurs de la monnaie qui, pris sur le fait, devaient avoir le poing coupé (3).

Tout falsificateur de chartes qu'il aura données comme vraies et émanées de l'autorité « aura icelui les cinq doigts coupés à la main dextre, sous la hachette de celui qui sera bourreau d'office ».

1464. Ordonnance renouvelant celle de 1446 qui établit un grand gruyer (4).

(1) Son cœur fut porté à Angers et ses « tripailles » à Pézenas. (*Chron. de Lorr.*, D. Calmet, t. I, p. 1135.)

(2) Les funérailles de Jean II se firent avec une pompe bizarre, conforme aux usages du temps. Embaumé, revêtu d'une chemise blanche, d'une culotte noire, d'une robe et d'un pourpoint de velours de même couleur, on suspendit un bougequin (sorte de bourse) à sa ceinture et on le porta en procession dans toutes les rues de la ville...; l'étendard lorrain était déployé près de lui ; des torches funèbres brûlaient autour de son corps, et les trompettes et tambours frappaient les airs d'une lugubre harmonie ; on s'arrêtait à tous les carrefours pour se livrer à de grandes lamentations et l'on abaissait l'étendard en signe que tout était perdu. Après cette procession, le corps, transporté au palais, fut déposé pendant neuf jours sur un lit de camp garni en satin noir. L'épée dorée du prince était suspendue à la porte restée ouverte au public, et plusieurs prélats disaient des messes ou psalmodiaient des litanies autour de la chambre funèbre. (Bégin, t. I, p. 317.)

(3) Les faux, punis de corps et de biens, c'est-à-dire de mort aux XIIIe et XIVe siècles, furent châtiés, en 1450, par l'amputation des doigts de la main droite. (Dumont.)

(4) Sur la plainte des États, relative aux dévastations causées dans les forêts, on établit une peine de cinq francs d'amende pour les délits commis de jour, et de dix francs pour ceux de nuit ou à charge de che-

TROIS-ÉVÊCHÉS. — METZ. — Après l'extorsion financière des agresseurs de 1444, Metz jouit d'une paix relative pendant vingt ans. Cependant elle eut à repousser une attaque des Barisiens soumis à René Ier. La cité, par représailles, ravagea leurs terres et brûla Gondrecourt. Une assemblée tenue pour régler le différend, le 10 septembre 1461, condamna la ville à payer cent mille écus d'indemnité.

La paix était à peine rétablie qu'une peste affreuse vint enlever, dans l'espace de quatre mois, quatre mille personnes, tant de Metz que des faubourgs. Déjà, en 1438, une mortalité avait frappé, à Metz et aux environs, vingt mille personnes. Cette mortalité dura un an et plus. (HUGUENIN, *Chron.*, p. 204.)

On remarqua (vers 1461) (D. CALMET) que la grêle et la foudre ne tombèrent que sur la cité ; ce qui fut regardé comme un effet particulier de la colère de Dieu (*sic*).

Le fléau cessait à peine ses ravages que les foudres papales vinrent s'appesantir sur Metz, coupable de vouloir rester neutre dans une querelle dont l'Église était alors agitée. Malgré l'empereur, le roi de France et le duc de Bourgogne, on bannit les chanoines (1), principaux fauteurs de la querelle ; ceux-ci ne rentrèrent qu'au bout de cinq ans, et après avoir fait leur soumission.

TOUL. — L'élection scandaleuse, à l'évêché, d'Antoine de Neufchâtel, jeune homme âgé de *douze ans*, produisit de longs débats. C'était un spectacle digne de pitié que celui d'un enfant, revêtu du costume épiscopal, présentant d'une main ses bulles aux chanoines et prêtant de l'autre le

---

val. Les insolvables devaient tenir prison jusqu'au paiement. (DUMONT.)

(1) L'*Histoire de Metz* (t. II, pp. 664-665) cite, au sujet des chanoines, le curieux passage suivant :

Dans un incendie qui, en 1468, prit à la toiture de la cathédrale, on eut assez de peine à déterminer le peuple à y porter secours, et personne n'y aurait été, si la tour de Mute qui n'était alors que de bois, n'avait pas été à la charge de la ville « pour cause qu'en ce temps

serment d'usage. Le duc de Lorraine refusa de reconnaitre le prélat imberbe, et, d'accord avec les États Généraux, consultés à ce sujet à Nancy, demanda aux chanoines une nouvelle élection. Ces derniers y étaient disposés, mais le pape, le roi de France et le duc de Bourgogne leur défendirent tout autre choix. La querelle paraissait apaisée lorsque Antoine livra à son père, *proprio motu*, les places fortes de l'évêché (Liverdun, Brixey, Mézières) d'où l'on pouvait facilement envahir la Lorraine. Or (Benoit, p. 664), vers 1460 ou 1461 le maréchal de Bourgogne, parent de l'évêque, entra en Lorraine avec six mille hommes, et se vengea du duc par les dégâts continuels qu'il faisait dans les campagnes de cette province, en désolant les lieux dont on ne pouvait lui disputer l'entrée. L'absence du prince, le peu d'expérience de son fils et la lenteur de son conseil, donnèrent occasion à la perte générale du pays. Ce ne fut qu'après la ruine, l'incendie de *cinq cents villages* que les Lorrains se réveillèrent de leur assoupissement... Leur armée repoussa les Bourguignons jusque dans l'évêché, et les Lorrains, indignés contre ceux-ci, surtout contre l'évêque, n'épargnèrent pas ses sujets ; ils brûlèrent les villages de son temporel, arrachèrent les vignes, coupèrent les arbres, et firent tout le mal qu'ils purent dans cette occasion.

Les paysans, aux abois, furent obligés de chercher un refuge derrière les murailles de Toul ou dans la profondeur des forêts.

Thiébaut de Neufchâtel revint à la charge avec 2500 aventuriers, attaqua Condé, s'en empara et y mit le feu. Par représailles, les Lorrains, après une défense de six semaines, prirent Liverdun (1467) : la garnison obtint une capitulation honorable ; les habitants durent payer une forte rançon et

(Philippe de Vigneulles) la communauté de la cité les haïssoit encore trop et avoient les chanoines encouraigé, pour le procès et l'excommunication... qu'ils avoient heu jectés contre la ville et heussent les aulcuns bien voullus que y ceulx chanoignes eussent été dedans le feu... »

les murailles furent rasées, en sorte que Liverdun « demeura comme ville champestre. » Chaligny, après un siège, vit cent vingt de ses principaux habitants conduits enchaînés à Nancy, et emprisonnés jusqu'après paiement d'une grosse somme, et le serment prêté « que bons Lorrains seroient au temps advenir ». Le château de Chaligny, ceux de Blainville ou Bainville, de Brixey, de Maizières eurent le même sort ; bientôt il ne resta plus aux Bourguignons que Châtel-sur-Moselle...

Les chanoines, pressés par les Lorrains, élurent Jean de Lamballe (1). Antoine mit le diocèse de Toul en interdit. Le pape confirma l'interdit et lança une sentence d'excommunication contre le nouvel élu. D'un autre côté, Henri de Neufchâtel, frère d'Antoine, envahit le duché avec trois mille hommes et y commit des ravages sans nombre.

Nous verrons plus loin la fin de cette guerre insensée, due à l'ambition des grands.

VERDUN. — Depuis 1457 jusqu'en 1500, Verdun, grâce aux préoccupations de son évêque, qui ne songeait qu'aux grandes affaires de l'Europe, eut une existence indépendante et tranquille. Quant au prélat, sa vie constamment agitée se consuma dans les intrigues de cour ; il se plaisait au milieu des camps et passa quinze années à la Bastille où Louis XI le fit enfermer.

Commines (*Mém.* Liv. XI, an 1483) dit, à ce sujet : « Il est vrai que le roi avoit fait de si rigoureuses prisons, comme

---

(1) Ce fut ce prélat qui ordonna que tous les serfs de l'évêché seraient rappelés du dehors, qu'on les ferait travailler, et qu'après leur nourriture et leur entretien soldés, le surplus de leurs travaux viendrait au profit des chanoines. Triste et nouvel exemple du déplorable sort du peuple dans les temps féodaux. Rentrés dans leurs foyers, après avoir combattu sous la bannière de leur seigneur, les pauvres serfs des campagnes ne peuvent réparer dans la paix les maux qu'ils ont endurés pendant la guerre ; ils sont contraints de se livrer à un dur travail pour indemniser un corps riche et puissant, des pertes que lui-même a éprouvées. (THIÉRY, t. II, p. 39.)

cages de fer et autres de boys, couvertes de portes de fer par le dehors et par le dedans avec de terribles fermures de huit pieds de large, de la hauteur d'un homme et pied de plus. Le premier qui les devisa fut l'évêque de Verdun, Guillaume d'Haraucourt (79), qui en la première qui fut faicte fut mis incontinent et y a couché quatorze ans. Plusieurs depuis l'ont maudit et moy aussi qui en ai tasté sous le roy de présent huit mois ».

L'évêque, avec le cardinal Baluë, avait fomenté une deuxième ligue du Bien Public, sous prétexte de l'inexécution de quelques articles (372).

L'attachement des Verdunois au Téméraire retarda la mise en liberté d'Haraucourt. (ROUSSEL, t. I, p. 374.)

INDUSTRIE. — COMMERCE. — Dans ces temps calamiteux, l'industrie, le commerce et l'agriculture avaient cependant pris un peu de développement ; ce qui permit à la nation de fournir un riche appoint pour l'énorme rançon payée par René Ier au Bourguignon. Entre autres industries, la fabrication du verre, qui datait de deux ou trois siècles, avait pris un essor considérable. On trouve au XIVe siècle des verreries dans le Barrois. « Elles devinrent très florissantes dans le pays de la Vôge, sur les plateaux qui séparent le bassin de la Saône de celui de la Moselle. »

En 1448, on accorda aux verriers de Darney une nouvelle charte. (DIGOT.) Celle-ci les autorisait à fabriquer « verres tels et de telle couleur qu'il leur plaira, à les vendre sans entraves aucunes. Ils pourront nourrir dans les forêts domaniales cent porcs pour leur usage, prendre, couper, emporter bois pour leur usage et pour leurs verreries, cueillir toutes herbes à eux nécessaires, chasser bêtes grosses et rousses, à chiens et à harnois de chasse, à la seule condition de payer par an, ...« six petits florins au comptant, chascun florin de deux gros, monnoye courant au... duchié de Lorraine. (DIGOT, t. III, p. 196.)

Cette liberté de chasser explique la définition de Thierriat :

« Les verriers sont des nobles et anoblis, francs et immuns de tailles, taillons, creues, aydes, subsides, huictièmes, douzièmes, vingtiesmes, équivallans, ports, péages, barrage, passage, travers, munitions, garnisons, estapes et de toutes impositions et subventions quelconques. » (BEAUPRÉ, pp. 17-18.)

Citons ici, à titre de curiosité, l'épigramme de Maynard contre le poète Saint-Amand dont les ancêtres avaient été verriers :

> Votre noblesse est mince,
> Car ce n'est pas d'un prince
> Daphnis que vous sortez.
> Gentilhomme de verre,
> Si vous tombez à terre,
> Adieu vos qualités !...

De 1470 à 1473 : Nicolas.

SOUVERAINS ET PRÉLATS LORRAINS CONTEMPORAINS

ROI de France.	EMPEREUR d'Allemagne.	COMTE de Vaudémont	ÉVÊQUES		
			de Metz.	de Toul.	de Verdun.
Louis XI.	Frédéric III	René, le futur duc.	Conrad Bayer de Boppart.	Antoine de Neufchâtel.	Louis d'Haraucourt.

SOMMAIRE. — Nicolas d'Anjou. — Il quitte sa maîtresse, Anne Robert. — Siège de Châtel par les Lorrains. — L'arrivée du Téméraire fait lever le siège. — Entrée du duc Nicolas à Nancy. — Fière réponse de Simonin des Armoises. — Brutale conduite de Louis XI envers Nicolas. — Alliance de celui-ci avec le Téméraire. — Cadeaux faits par Metz. — La Simonin. — Metz — Tentative de Crantz sur la ville. — Nicolas meurt sans avoir pu se venger — L'évêque de Metz favorise le Téméraire.

Notes. — Marguerite de Calabre. — Réponse narquoise d'un messin à un député de Nicolas. — Epidémies à Metz. — Franchises d'Epinal.

« Sitôt que fut arrivée la nouvelle de la mort du duc Jean (BOURBON), Messieurs de la Chevalerie envoyèrent en hâte à Monsieur son fils Nicolas qu'estoit à Paris, où n'avoit d'autre intérêt que certain amour que n'alloit trop à Prince de son nom. Son amoureuse avoit nom Anne, qu'estoit fille de Robert, mercanteur d'Amiens, qu'on disoit belle et gentille, mais que n'étoit à lui seul ; tant fit la belle, par ses minauderies et gentillesses que ne fit Monseigneur aucune réponse à Messieurs de la Chevalerie dont furent en grand courroux ; et fut l'arrière-ban appelé et Monsieur de Salm eut tout pouvoir et, disoit-on hautement : Mons de Salm a mérité pour être Duc et Mons Nicolas ne vaudroit tant seulement que fut Comte de Salm.

« Or, étoit en ce temps que les Bourguignons avoient puissance en la forteresse de Châtel, dont (d'où) pouvoient à tous meshui courir sus à toute la Duché.

« Monsieur de Salm qu'estoit le Maréchal des Estats, mit le blocus devant la forteresse de Châtel et on ne laissa aucun repos aux Bourguignons. »

Les chefs de l'armée lorraine avaient fait une alliance pour leur commune défense, et, pour consacrer cette ligue, chacun avait suspendu l'écusson de ses armes dans l'église Saint-Georges.

Le duc Nicolas, loin de rejoindre l'armée lorraine, ordonna au comte de Salm de lever le siège de Châtel, sous prétexte qu'il avait abandonné cette place au comte de Clermont. Bournon assure que le duc avait agi ainsi dans l'unique but d'écarter de sa maitresse le Clermontais, son rival et copartageant dans les faveurs de la belle. Le comte s'empressa d'aller trouver les assiégeants « muni des lettres expresses de Monseigneur le duc aux troupes lorraines, à telle fin que cessassent de besogner en avant. Fut alors loyalement répondu par M. de Salm, que ne reconnaissoit ordre dont viendroit vergogne (déshonneur) à son seigneur, et que ne cesseroit le siège que ne fût à bonne fin. »

Bientôt on apprit que Charles-le-Téméraire marchait au secours des assiégés ; cette circonstance détermina les Lorrains à traiter avec l'ennemi. « On stipula (CHEVRIER) que le duc de Bourgogne renoncerait à tous ses droits sur Epinal, que toutes les dépendances de Châtel, excepté Romont, appartiendraient aux seigneurs lorrains : à ces conditions, on leva le siège.

Le duc revint enfin en Lorraine. C'était, dit une chronique, un des plus beaux princes, des plus grands, des mieux faits et des plus braves qu'on connût.

A son arrivée à Nancy, une longue procession formée du clergé et de la bourgeoisie alla au devant de lui. Les petits enfants criaient : Noël ! Noël ! Lorsque le cortège fut arrivé devant la porte de la Craffe, le bailli de Nancy dit au prince : « Monseigneur, très redouté et souverain seigneur, vous plaît-il faire le serment et debvoir que vos prédécesseurs ducs de Lorraine ont accoustumé de prêter et faire, de toute ancienneté, à leur première entrée en ceste ville de Nancy ? — Le duc répondit : Volontiers, oui. Le bailli lui dit ensuite : Mon dict redoubté souverain seigneur, vous jurez et promectez donc loyaulement et solennellement, et en parole de prince, que vous garderez et maintiendrez et entretiendrez les trois estats de ceste votre duché, c'est assavoir les nobles, gens d'église, bourgeois et peuple en leurs anciennes franchises, liberté et usaiges qu'ils ont eus de vos dicts prédécesseurs, et de ce baillerez vos lettres-patentes, ainsi que iceux vos prédécesseurs ont faict lors ?... — Nicolas ayant répondu : « Oui vraiment, » fut conduit à la collégiale Saint-Georges, racheta son cheval qui appartenait de droit aux chanoines et fut introduit dans le palais : « Grand triomphe, dit la *Chronique lorraine*, trompettes, ménestriers et toute la noblesse grande feste faisoit de sa venue ; chascun s'en réjouissait. » (Digot, t. III, pp. 144-45.)

Le règne de Nicolas commença par des joûtes et des tournois auxquels furent invitées les dames du pays ; puis (1471) le duc visita les villes de la Lorraine, Rosières, Lunéville, Saint-Dié, Raon, Bruyères, Remiremont, Arches, Epinal, Dompaire, Charmes, Châtenoy, Neufchâteau et Gondreville. Malgré les ovations dont il était l'objet, Nicolas ne pouvait et ne voulait oublier qu'au traité de Châtel on avait passé son nom sous silence, et il gardait une rancune secrète à la noblesse. Simonin des Armoises, auquel il signala un jour le fait, lui répondit avec cette fière liberté qui lui avait valu le surnom de « tonnerre sur les princes » : « Avons toujours combattu loyalement et franchement, et baillé galment notre vie et couraige pour Messieurs nos Ducs ; mais sçavoient iceux chevaucher des premiers à l'ost. »

Nicolas comprit qu'il ne pouvait régner en souverain absolu, et dès lors il ne songea plus qu'à quitter la Lorraine. Bientôt il retourna à la cour de France pour y parler d'un projet d'expédition en Catalogne ; un indigne procédé la lui fit quitter bien vite.

Louis XI, son futur beau-père, auquel il communiqua son désir de recouvrer le royaume d'Aragon, loin de l'encourager et d'offrir des secours, s'emporta, chargea d'outrages la mémoire de Jean, et, mettant le comble à sa grossièreté, lui enleva Anne, sa peu farouche fiancée, pour la marier au duc de Bretagne. Nicolas, indigné, s'enfuit secrètement de la cour, et reçut avec transport la proposition que lui fit le Téméraire de lui donner en mariage sa fille unique, Marie, et de se liguer avec lui contre Louis XI.

Cette alliance avec le Bourguignon porta Nicolas à abandonner son hostilité contre Antoine de Neufchâtel. Bientôt, grâce à ses manœuvres, celui-ci remonta paisiblement sur son siège épiscopal de Toul. On lui accorda généreusement une indemnité pécuniaire et la remise des places fortes.

Cependant Nicolas et le Téméraire, ayant joint leurs forces contre Louis XI, partirent de Flandres à la tête de quarante mille hommes, se jetèrent sur la Normandie, prirent différentes places, brûlèrent tout le pays de Caux ; bientôt la disette les obligea à revenir chacun dans son pays. Avant de quitter le Bourguignon, Nicolas fit avec lui un acte de renonciation réciproque à l'alliance qu'ils avaient projetée.

A son passage à Metz (novembre 1472), la cité lui offrit une voiture d'avoine, des tonneaux de vin, du pain, deux bœufs, douze moutons qu'il reçut avec empressement. Le duc assura la ville de sa bienveillance, au moment même où il se préparait à l'attaquer traîtreusement.

De retour à Nancy, et sous prétexte d'une expédition en Espagne, Nicolas assembla les États qui accordèrent, le 12 août 1472 (Noel, *Mém.* VI, p. 146), un florin par chaque ménage ; mais quand il eut obtenu l'argent (Digot, t. III, p. 152) il ne parla plus guère de l'expédition (de Catalogne). Selon Huhn, l'argent servit pour les fêtes dont nous allons parler.

Nicolas avait quitté « la Robert pour la fille d'un sergent... de ville. » La Simonin (Thierriat) n'était pas moins gentille que la Robert, mais était plus jolie et plus soucieuse de plaisir, et ne fut plus d'autres pensées à Monseigneur que fêtes, danses, tournois et joûtes, et ne pensoit-on plus au danger qu'encouroit la Duché, le bourguignon Charles et le roi Louis XI étant les deux plus grands fourbes et demi qui se fussent jamais vus en leur tems. Ce que voyant, gens malins et bien pensants, se prenoient à dire : Que Monsieur Nicolas n'avoit d'autre savoir que de danser et n'étoit duis (propre) qu'à joustes de femmelettes ; tels propos furent chansonnés par les Messins, ce qui ne doit étonner, d'autant que les susdits ne se font faute de pareil passe-temps. Ce qu'ayant su Monseigneur le duc, fut en tel courroux que, croyoit-on, il iroit courir sus et brûler leur ville...

Metz. — En effet, pour s'emparer de la cité par surprise, Nicolas avait fait construire sur un chariot une machine, au moyen de laquelle, la herse tombant à la porte d'une ville, pouvait être suspendue dans sa chute. Un aventurier *Crantz*, surnommé *à la grande barbe*, fut choisi pour chef de l'expédition. Une lettre que les Messins adressèrent à l'empereur, raconte l'affaire, en ces termes :

(1) Nicolas eut d'Anne Robert une fille qu'il appela Marguerite de Calabre. Celle-ci épousa plus tard le comte de Dommartin. Ces orgueilleux nobles n'hésitaient pas à prendre pour femme des filles dont la mère sentait la roture, dès que la dot était brillante. (Huhn, t. I, p. 384.)

« Le vendredy ix d'avril dernier, passé quatre heures du matin, vindrent à l'une de nos portes (1) nommée la porte Serpenoise, plusieurs chars chargez de gens d'armes, d'un engin et plusieurs artilleries couvertes d'effrain (de paille), et sous feinte et couleur que ce fussent marchandises à amener vendre en la cité, requérans ceux qui les conduisent avoir entrée en ladite cité ; ce que les portiers féablement leur concédèrent ; et incontinent qu'ils fussent soubs les barres, coulisses et paux d'icelle porte, dressèrent leur engin, et se descouvrirent lesdits gens d'armes ; et entrèrent subitement d'autres venans à la file après eux, tant à pied qu'à cheval, crians à haute voix : Tuez, tuez, et de fait entrèrent à grande multitude par ledit engin que soutenaient aucuns desdits paux et furent bien avant en ladite cité ; et avoit ordonné ledit Duc que tous nobles et autres de tous états, femmes et enfants de tous aeiges (âges) fussent mis à mort, sans nuls espargner, et de fait y fit tous leurs efforts et par les esploits démonstroient assez qu'ils avoient telle ordonnance et couraige de pis faire ; mais Dieu, notre Créateur, nous fut en ce si humain secourable et aidant, que, par petit nombre de gens des nostres, quasi nuds et petitement embastonnés qui, à l'heure de leur arrivée estoient encore couchés en leurs licts, ils furent vertueusement et à leur vitupère reboutez et repoussez, hors de ladite cité, plusieurs de ses gens occis de fait et en bon nombre, et grande quantité de blessés, sa bannière annoyée de ses armes, deux siens étendars et plusieurs autres pennons gagnés sur eux, qui à la louange de Dieu.... ; ne demeura de nostre part que deux ou trois morts au plus... » (*Hist. de Metz*, VI, p. 146.)

Le duc Nicolas, lors de l'attaque, était accouru avec dix mille hommes. Il se faisait remarquer, dit la *Chronique*, par une manteline chargée d'orfèvrerie, à grandes feuilles de

(1) Cinquante-sept villages ou cens ressortaient de la mairie de Porte-Muzelle, cinquante-cinq de celle de Porte-Seille et quarante-trois de la mairie d'Outre-Muzelle. (Bégin, *Scienc*, pp. 359-360.)

chêne... L'épée à la main, Nicolas animait les Allemands de Crantz à passer sous le char pour entrer dans la ville ; mais ils ne purent jamais se résoudre à descendre de cheval. Crantz, isolé avec environ cinq cents hommes, n'espérant plus de secours, fit sa retraite, couvrant les siens, se défendant comme un lion. Il croyait, grâce à sa machine avoir une retraite assurée ; mais un boulanger, Harelle, l'avait rendue presqu'entièrement *inefficace*, de sorte qu'il mit bas les armes avec un grand nombre de seigneurs. Les Messins, impitoyables, le firent mourir et élevèrent en mémoire de cet événement, une église nommée « la chapelle de la victoire des Lorrains... »

Nicolas se retira ulcéré, furieux, rechauffa son alliance avec le duc de Bourgogne et fit de grands préparatifs pour une seconde attaque ; mais il tomba malade subitement et expira dans des convulsions qui firent soupçonner qu'il était empoisonné (1). Le peuple, furieux, courut au palais, cherchant les serviteurs du duc pour les immoler.

La ville de Sarrebourg s'était donnée à Nicolas, à la condition qu'il payerait ses dettes. En 1473, le duc de Bourgogne, allié de l'évêque de Metz, fit rompre le traité, et il fut convenu que les deux princes posséderaient cette ville en commun. Le même prélat abandonna au Téméraire la faculté de racheter Nomeny, Baccarat, Hombourg, Saint-Avold, Fribourg, Rembervillers, et le ban de Delme qu'il avait engagés au prince lorrain, mais à condition que Charles l'aiderait à reconquérir Epinal (2) dont il partagerait avec lui la souveraineté. C'était se livrer pieds et poings liés à un ambitieux sans scrupules.

(1) Après son échec, Nicolas envoya réclamer la mise en liberté des prisonniers faits par les messins. Ceux-ci lui répondirent, par la bouche de Nicolas Roussel, qu'ils n'avaient rien à rendre au duc de Lorraine. L'envoyé lorrain lui ayant demandé à qui il avait eu l'honneur de parler afin de pouvoir le dire à son maître.— Dis-lui, répondit Roussel, *que tu as parlé au fils de sa mère.* (*Hist. de Metz*, t. II, p. 609.)

(2) Dans la reconnaissance des franchises de la ville d'Epinal, faite

De 1473 à 1508. — René II.

Femmes : { JEANNE D'HARCOURT.
PHILIPPE OU PHILIPPINE DE GUELDRES.

SOUVERAINS ET PRÉLATS LORRAINS CONTEMPORAINS

ROIS de France.	EMPEREURS d'Allemagne.	ÉVÊQUES		
		de Metz.	de Toul.	de Verdun.
LOUIS XI.	FRÉDÉRIC III.	CONRAD BAYER de Boppart.	ANTOINE de Neufchâtel.	LOUIS d'Haraucourt.
CHARLES VIII.	MAXIMILIEN Ier.	GEORGE de Bade.	OLRY de Blâmont.	GUILLAUME d'Haraucourt.
LOUIS XII.		HENRI de Lorraine-Vaudémont.	HUGUES des Hazard.	WARI de Dommartin.

SOMMAIRE. — René II. — Sa devise. — Le Barrois est définitivement réuni à la Lorraine. — Maison d'Anjou fatale au pays. — René II enlevé par le Téméraire. — Alliance avec Louis XI. — L'empereur Frédéric III et le Téméraire à Metz. — René quitte l'alliance du roi pour celle du Téméraire. — Louis XI occupe diverses forteresses lorraines. — Coalition contre le Téméraire. — René y entre, provoque follement le Bourguignon, rançonne Verdun et ravage le pays Messin. — Le Téméraire entre en Lorraine. — Louis XI abandonne René. — Briey et nombre de places se soumettent au Bourguignon. — Dompaire maltraité. — La Lorraine française entre les mains de l'envahisseur. — Dieuze, Epinal se soumettent au Bourguignon. — Siège et reddition de Nancy. — Entrée du Téméraire

par Nicolas d'Anjou, en 1470, il est dit: ...qu'il a été ordonné et passé entre ledit seigneur et les nobles de sondit pays de Lorraine, que nul de ses sujets demeurant sous lui ne se peuvent transporter sous autres des dits nobles et que lesdits nobles aussi ne les ont à recevoir, et semblablement que les sujets demeurant sous iceux nobles, ne se peuvent transporter sous mondit seigneur. Mais il est entendu que les bourgeois et habitants d'Epinal ne sont point sujets à ces dites ordonnances, etc...

Ainsi (NOEL, *Catal.*, n° 3) voilà la preuve qu'à cette époque du règne de Nicolas d'Anjou, l'entrecours était respectivement aboli entre seigneurs ; on accordait des franchises aux habitants d'Epinal qui avaient le droit très précieux d'aller, venir, quitter leur ville ; mais ils ne jouissaient pas du droit d'asile, et des arrêts qu'on trouve dans les collections de jurisprudence font preuve que les seigneurs pouvaient réclamer les serfs ou mainmortables qui allaient prendre domicile à Epinal.

— Des épidémies ravagèrent les trois villes épiscopales en 1426, 1438, 1454 et 1462. Metz et ses Etats perdirent, en 1426, seize mille, en 1438, environ vingt mille, et, en 1462, de nouveau quatre mille âmes.

dans la capitale selon l'*us* usité. — Il confirme les privilèges des Etats. — De Bièvre gouverneur de Nancy. — Toul reçoit le Bourguignon. — Le Téméraire en Alsace et en Suisse. — Granson. — Soulèvements en Lorraine. — René à Lyon, puis à Saint-Nicolas et dans la Lorraine allemande. — Morat. — La Lorraine debout contre le Téméraire. — Doron à Bruyères. — l'ayon enlevé. — Epinal se rend. — Siège de Nancy par les Lorrains. — Le Téméraire à Toul. — Second siège de Nancy par les Bourguignons. — René recrute en Suisse. — Chiffron. — Bataille de Nancy. — Mort du Téméraire. — Campo-Basso. — Fuyards bourguignons à Metz. — René 1ᵉʳ cède le duché de Bar à Louis XI. — Confiscations sur les nobles lorrains traîtres. — Année de famine (1481). — Actes des Etats Généraux. — René II guerroyant pour Venise. — La Provence à Louis XI. — René s'allie avec la Dame de Beaujeu. — Le Barrois restitué. — Jeanne d'Harcourt répudiée — Philippine de Gueldres. — Abandon forcé de Naples. — Constructions de René — Aide de la Saint-Remy. — Henri de Vaudémont, évêque de Metz. — René attaque la Cité. — Odieux ravages réciproques. — Trahison de Jean de Landremont. — La duchesse à Metz. — Guerre avec le bailli de Luxembourg. — Toul. — Don à René du comté de Blâmont. — Toul capitule. — Prise de Void et de Vicherey par René. — Le duc, besoigneux, sollicite des aides. — Institutions juridiques. — Guerre de Sedan. — René signe un traité désavantageux. Famine épouvantable. — Peste. — Lépreux. — Séquestration. — Etablissements religieux fondés par René. — Sa mort. — Trois de ses fils illustres. — Loi salique. — Philippine de Gueldres religieuse.

Lois promulguées. — *État social.* — Puissance acquise par les Etats sous les princes angevins. — Extension du pouvoir ducal par la défaite du Téméraire — Avènement de la Bourgeoisie. — Communes. — Bundschuh. — Affranchissements arrachés. — Nature et étendue des affranchissements. — Plusieurs seigneurs possesseurs d'une même localité. — Noms de famille. — Tabellions. — Corporations. — Hans. — Associations diverses. — Verriers. — Imprimeries. — Papeteries. — Instruction. — Langue française obligatoire pour les actes publics. — Lettres, Sciences et Arts. — Mystères. — Pouvoir civil contrôlant la puissance ecclésiastique. — Mœurs relâchées du clergé. — Divertissements publics dans les Eglises — Clergé en liesse. — Variété de la justice. — Pas de code pénal. — Diverses condamnations pour crimes et délits. — Bêtes coupables d'homicide condamnées et exécutées. — Délits ruraux. — Amendes. — Délits de pêche. — *Sorciers.* Premières condamnations.

Notes. — Coutume de Vaudémont. — Précautions des Messins contre l'Empereur. — Ravages des Bourguignons — Tombe du bâtard de Vaudémont. — Animosité de Châtel contre Charmes. — Les Messins heureux des revers de René. — 1777 et 1871. Ignorance des Suisses en métaux précieux. — Couleurs lorraines. — Armoiries des villes et bourgs. — Chanoines de Toul favorables à René. — Distinction entre les deux invasions du Téméraire. — Charte octroyée par René aux Nancéiens. — Claude de Beaumont. — Le chardon des armes de Nancy. — Le pressoir de Saint-Dizier, en 1477. — Jean de Wisse reçoit les biens confisqués sur Gaspard de Raville. — Simon des Armoises traître. — René maltraite Baccarat. — René faux-monnayeur. — Progrès réalisés — Etats de 1480. — Les Cordeliers. — Libéralités forcées de Metz. - Pont-à-Mousson assaini. — Metz achète sa neutralité. — Intempéries attribuées aux sorciers. — Prêtres bourguignons dans le Toulois. Premiers messagers. — Gabelle sur le vin, le pain et la viande. — Sages avis de René mourant. — Peine de mort contre les arracheurs de bornes. — La nationalité lorraine. — La confiscation. — Tribunal des Assises. — Insurrection des serfs. — Estaulx. — Entrecours. — Charte de Gondrecourt. — Droits des seigneurs à Azerailles. — Autre charte. — Citation de fragments littéraires de certains tabellions. — Cordonniers. — Tailleurs. — Ménétriers. — Musiciens et instruments usités. — Contrats d'apprentissage. — Règlements pour les hôteliers. — Adam Rot, typographe. — Divers sujets des Mystères. — Lettre en français de l'évêque de Bamberg. — Termes injurieux pour les maîtresses de prêtres. — Danses exécutées dans les Eglises. — Echevin. — Docteurs en médecine. — Pénitence publique. — Bourreau remplacé — Maires sur la paille. - Valeur du miel. — Chats brûlés à la Saint-Jean. — Croyance aux fées, etc. — Quêtes pour restaurer les édifices publics. — Style ogival. — Valeur approximative des denrées de toute nature.

Le 2 août 1473, les États, composés seulement des grandes voix de la noblesse (Noel), assemblés à Vézelise, capitale du comté de Vaudémont, après avoir reçu la renonciation solennelle à la couronne de Yolande, mère de René II, reconnurent celui-ci pour duc de Lorraine. Déjà depuis la mort de son père, il était comte de Vaudémont (1). Six ans plus tard, l'ex-duc René Ier, aïeul du jeune prince, lui donna le duché de Bar. C'est ainsi que fut constituée définitivement la nationalité lorraine, chaque province ayant ses baillis particuliers. (Noel.)

René avait pour devise et cri de guerre : Une pour toutes !... A jamais !...

Ses trois prédécesseurs, tous de la maison d'Anjou, avaient poursuivi la chimère de couronnes étrangères, en Italie et en Espagne, laissant aller à l'aventure les intérêts locaux, sacrifiant à leur folie ambitieuse des sommes immenses extorquées à leur pauvre peuple. (Huin.) René, jeune, ardent, allait par sa légèreté, ses imprudences, mettre en péril la nouvelle nationalité elle-même, en affrontant étourdiment Charles-le-Téméraire.

Les avertissements cependant ne lui avaient pas manqué. Enlevé traîtreusement de Lorraine, au lendemain de la mort du duc Nicolas, par un capitaine allemand à la solde du duc de Bourgogne, et rendu seulement à la liberté, grâce à l'arrestation, en représailles, du neveu de l'empereur, par

(1) Le comté de Vaudémont jusqu'alors avait été souverain et indépendant. La coutume commençait ainsi : « Le comté de Vaudémont est province souveraine, à part, distincte et indépendante de Lorraine et de Barrois. Il est composé d'un seul bailliage, le siège duquel est revêtu d'un bailli en chef, de son lieutenant-général, d'un procureur-général, maître-échevin et clerc-juré. Ce bailliage était cour supérieure; ses jugements étaient des arrêts : « se treuve par plusieurs anciens documents que la taille a été arrêtée à deux blancs le jour vuid et chargé. (Guérard, p. 37.)

Louis XI, il devait se méfier au plus haut point du Téméraire, le ravisseur intéressé. Ce mépris cynique des puissants de tous les temps et de tous les lieux pour la liberté individuelle fait dire avec raison à Chevrier (t. III, pp. 153-154) : « Telle est la foi des souverains ambitieux, que l'ignorance et la bassesse veulent qu'on respecte, et que la vérité et la justice démasquent ; c'est en vous accablant d'honneurs qu'ils vous trompent, art humiliant que le trône a consacré, quoiqu'il fût au-dessous de lui. »

René, après avoir fait la paix avec les Messins, irrités à la suite de l'attaque de Crantz (1), eut, avec le concours des États, à repousser du Barrois, comme souverain de Pont-à-Mousson, le fils de René et de la d'Albertaz, le bâtard de Calabre, auquel son père avait donné cette ville en apanage. Celui-ci abandonna ses prétentions pour une somme d'argent, et devint dès lors un fidèle compagnon d'armes de René II. (PICARD, pp. 67-68.)

Peu après, le jeune duc conclut un traité d'alliance avec Louis XI, contre le Téméraire, stationné dans le duché de Luxembourg, où il attendait l'érection en royaume de ses États, érection promise par l'empereur Frédéric III, à la condition du mariage de son fils Maximilien avec Marie de Bourgogne. En effet, le monarque allemand vint à Metz (2), le 18 septembre 1473, et bientôt Charles-le-Téméraire demanda aux citains l'autorisation de le rejoindre.

(1) Metz fut excommuniée par le pape en 1465 ; la cité l'avait déjà été par Pie II et Paul III. (*Chron.*, p. 363, note.)

(2) Pleins de méfiance, les Messins « ...incontinent se préparont pour le recepvoir (*Chron. de Metz*, p. 396) au mieux que on peult, et fist-on barrer certaines rues par la cité, pour tant que les gens de l'empereur et aultres ne puissent alleir ne eulx esgairer que par les pleines rues. Et fist-on venir bien quatre mille hommes de la terre de Metz pour gardair la cité : dont il y avoit bien deux mille colevriniers et arballestriers. Et les fist on assembleir en la cour de Sainct-Vincent... Et quand ils furent tous assemblés, chescun des dits quatre seigneurs en print mille et les menont en certains lieux aval la Cité, où ils estoient caichiés que nul ne les veoit en des graingus et chaulqueurs très bien or-

Frédéric (Huguenin, *Siège de Nancy*, p. 19) assura les Messins de son amitié et (27 sept.) jura, parole d'empereur, de préserver et de défendre la cité de Metz, par puissance et effet contre ses ennemis et émulateurs ; il donna même des lettres de son serment, quoique ce ne fût pas sa coutume, afin que les seigneurs de Metz connussent qu'il avait ferme propos et volonté de les aider et défendre envers et contre tous... » On verra plus loin qu'il ne tint pas parole.

En quittant Metz, le Téméraire fit prévenir René qu'il allait traverser la Lorraine pour conduire à Dijon le corps de son père, Philippe, resté en dépôt à Bruxelles depuis quelques années (1). Le duc de Lorraine alla au-devant de lui, et tous deux affectèrent une cordialité peu sincère, chez le Bourguignon surtout. Celui-ci sollicita vivement René de rompre son alliance avec le roi de France pour entrer dans la sienne. A peine de retour dans ses États, il envoya des troupes sur les frontières de la Lorraine, sous prétexte de la préserver

donnez. Et chescun des dits boins hommes avoit deux escussons blanc et noir pour leur enseigner, en entendant et escoutant si on faisoit cris ni noise pour saillir hors, gardeir et deffendre de trahison la cité. Et partie des gens de la commune de la cité furent ordonnez en divers lieux pour entendre si on oyoit aulcun tumulte... L'empereur venu près de la faulce porte, les seigneurs se mirent à genoulx et lui firent le bien veignant (p. 397). On fit des cadeaux à lui, à ses fils, aux évêques, aux seigneurs qui l'accompagnoient.

— Le Téméraire demanda à entrer avec dix mille chevaux et avoir une porte à sa disposition. On consentit pour l'entrée de cinq cents chevaux.— Les ambassadeurs, rebutés et irrités « injurièrent en partant les portiers qu'ils appelèrent villains, cocquinaille et chenaille, et menacèrent la cité. » (P. 399.)

— Les Messins (*Hist. de Metz*, t. II, p. 672) prirent toutes les précautions possibles contre les surprises et les trahisons qui étoient à craindre. Les paysans, au nombre de seize mille, étaient en embuscade autour de la ville, près des portes et avaient ordre, lorsque sonneroit la Mute, de courir sur les ennemis. Les corps de métiers étoient, de leur côté, jour et nuit dans les tours et sur les murailles.

(1) Il y eut des cérémonies à Nancy, Metz et Thionville.— La dépense totale, en comprenant les aumônes et le suaire du roi de Bohême, s'éleva à 1200 livres 15 sous, chiffres qui prouvent la haute valeur de l'argent, vers 1470 ou 1550. (*A. L.*, 5.)

de toute attaque. Or, comme la paix régnait partout, René pria le Téméraire de retirer ses soldats. Charles refusa et le duc assembla son conseil pour aviser. La majorité, composée de conseillers de langue française, gagnée au Téméraire, déjà sous le règne de Nicolas, se prononça pour l'alliance bourguignonne, tandis que les membres originaires de la partie allemande soutinrent l'avis contraire.

René invoqua un prétexte peu sérieux pour rompre avec Louis XI, et livrer à son plus mortel ennemi son pays, par l'abandon des villes de Prény, Neufchâteau, Epinal et Darney, où les troupes bourguignonnes, de passage en Lorraine, pouvaient trouver un refuge. Les soudards du Téméraire vivaient chez nous en quelque sorte à discrétion, ne payaient rien et maltraitaient les paysans qui leur adressaient leurs réclamations (1).

Louis XI, irrité de la volte-face cavalière de René, occupa l'Anjou et le Barrois dont René Ier était toujours le souverain. Il envoya une bonne garnison dans la ville de Bar, sous prétexte de mettre en sûreté les frontières de la Champagne.

Bientôt une coalition se forma contre le Téméraire dont les visées ambitieuses alarmaient tous ses voisins. Cette coalition se composait des trois électeurs de Trèves, Mayence et Brandebourg, de l'empereur qui devait entraîner les villes impériales de Metz, Toul et Verdun. Ce dernier point ne se réalisa pas. Metz et Verdun restèrent neutres ; Toul, au contraire, se prononça pour René. Les Suisses, en

---

(1) Les dits Bourguignons (Chron., p. 146) allant et venant parmi Loheregne, passoient ... lesquels des maulx faisoient. Les gens des villaiges, leurs biens ès églises enfermoient. Des vivres leur donnoient assez ; ils ne leur suffisoient my. Les églises rompoient, des biens tous les meilleurs prenoient, leurs hostes battoient; femmes et filles n'espargnoient quand avoir les pouvoient. Li duc René, de jour en jour les paures gens à réclam venoient, disant : Monsieur, pour Dieu, ayez de nous pitié. Les Bourguignons nous font du mal assez...

entrant dans la coalition, augmentèrent encore le nombre des ennemis du Bourguignon.

René, avec sa légèreté ordinaire, déchira, sans hésiter, le traité conclu avec Charles, pour en signer un nouveau avec Louis XI.

Pendant que s'élevait dans l'ombre cet orage contre lui, le Téméraire accepta le titre de voué de l'archevêque électeur de Cologne, réunit une armée nombreuse et vint mettre le siège devant la ville de Neuss (Nuits), petite place près de Cologne, sur le Rhin, dans l'espoir d'arrondir ses États aux dépens de l'Empire.

René, croyant la circonstance favorable pour accabler le Bourguignon, alors loin de ses États, commença par réduire à l'impuissance Antoine de Neufchâtel, évêque de Toul, naguère son protégé ; puis, dans une lettre au public, il exposa ses griefs, déclara la guerre au Téméraire, et, par un héraut le défia au combat. Charles, dont on connaissait les emportements farouches, loin de maltraiter le messager lorrain qui, après la remise de la missive et d'un gantelet ensanglanté, avait pris immédiatement la fuite de peur des mauvais traitements, Charles, disons-nous, fit courir après le messager avec ordre de lui remettre une robe de prix et douze florins d'or. « Prends, lui fit-il dire, c'est pour l'amour des bonnes nouvelles que tu m'apportes ; va, et annonce à ton maître que bien bref en Lorraine seray. »

A son tour, dans un long mémoire, Charles dénonça la déloyauté de René, qui déjà s'était empressé d'entrer en campagne. Ses troupes, unies à celles de Louis XI, que commandait le seigneur de Craon, envahirent le Luxembourg et investirent Thionville, qui appartenait au duché de Bourgogne. Damviller, situé entre Verdun et Montmédy, fut saccagé. On rasa les murs et les portes de Pierrefort. De là, René marcha contre les Verdunois, qui avaient refusé de lui faire hommage. Les bourgeois, terrifiés, vinrent en chemise, pieds et tête nus, lui demander un pardon qu'il accorda moyennant quinze mille écus. Metz aussi ne fut pas épargné. Le 21 juin, disent les *Chroniques*, « le duc alla en pèlerinage à Saincte-Barbe et passèrent bien cinq cents avec luy, et passont parmi les bleids en allant et en retournant, et prindrent plus de cinq cents bestes à cornes... Quel pèlerinage !... Enfin, le 24 juin, René et le sire de Craon décampèrent, après avoir fait moult de mal ès villaiges et aux bonnes gens de la terre de Metz où ils furent plus de quinze jours... » (1)

De son côté, grâce aux bons offices du légat du pape, le Téméraire parvint à conclure un traité avec l'empereur, auquel il promit une somme de deux cent mille écus ; de plus il prit de nouveau l'engagement de marier sa fille Marie avec l'archiduc Maximilien. A ces conditions, le chef de la vieille patrie allemande abandonna la Lorraine au Bourguignon. D'un autre côté, les électeurs *germains*, et même Louis XI, furent infidèles à leurs engagements, si bien que, contre l'ennemi commun, René resta seul avec les Suisses et les villes d'Alsace qui lui envoyèrent un renfort de six mille hommes.

Cependant René, après avoir délivré Conflans-en-Jarnisy, assiégé par les Bourguignons, s'était replié sur Pont-à-Mousson en apprenant que le Téméraire s'avançait sur la Lorraine à la tête d'une armée de quarante mille hommes et d'une nombreuse artillerie. Le conseil de guerre qu'il réunit (1475) fut d'avis d'évacuer et de dégarnir les petites places, afin d'offrir moins de proie à l'ennemi et d'augmenter dans

(1) Ils brulloient cuves et tonnelz, laischoient hors le vin et tiroient les broches des tonnelz et aultres manières, faisoient tous les malz qu'ils pouvoient. Ledit duc de Lorraine fist boutteir le feu à Mairange et à l'église qui est de la duché de Luxembourg ; les pouvres gens du pays, pour avoir la paix et qu'ils ne leur feissent plus de dommaige, leur portoient toujours vivres. Néantmoins, ils n'en laissoient jay le mal faire et prenoient les pouvres gens, les battoient et les mettoient à rançon et tuoient buefz, vaiches et aultres bestes qu'ils pouvoient avoir et venoient journellement à grant puissance chargier les vins par les villes du vaul de Mets et les menoient en leurs loges et faisoient comme s'ilz fussent été en guerre ouverte. (*Chron.*, p. 118.)

certaines villes les ressources de la défense. René mit le bâtard de Vaudémont (1) dans Epinal et le bâtard de Calabre dans Nancy dont on abattit les faubourgs ; des boulevards furent dressés devant les deux portes de la ville capitale.

Après avoir assuré la défense des deux principales places d'armes du duché, René alla demander à Louis XI les secours promis. Malheureusement cet astucieux monarque venait de conclure une trève secrète avec le Bourguignon et avait livré le duc de Lorraine en échange du connétable de Saint-Pol. Louis XI, feignant de ne pouvoir se persuader que le Téméraire se trouvait en Lorraine, jurait « la Pasques-Dieu » que, s'il le croyait, il irait en personne au secours de René. Le pauvre prince, désolé et indigné, revint à Joinville, navré du triste spectacle de ses États envahis, grâce à sa conduite légère et imprudente, pour ne pas dire déloyale.

LA LORRAINE SOUMISE A CHARLES-LE-TÉMÉRAIRE. — Le duc de Bourgogne commença sa conquête par le siège de Briey, qui succomba après plusieurs jours, malgré la défense intrépide du plébéien Gérard d'Avillers. « Charles reçut (CHEVRIER, t. III, pp. 186-187) les députés de la garnison et de la bourgeoisie avec bonté et one ne voulut entendre qu'ils retournent en la cité sans festiner iceulx. » (THIERRIAT.)

Le Téméraire conserva aux bourgeois tous leurs privilèges..., défendit le pillage à ses troupes, ce que René n'avait pas fait à Dampviller ; mais en revanche il fit pendre impitoyablement les soldats étrangers.

La prise de Briey ne fut pas plutôt connue que les villes et bourgs d'Etain, Conflans, La Chaussée, Fléville, Mars-la-Tour, Sancy et plusieurs châteaux, ouvrirent leurs portes à l'envahisseur. Celui-ci se dirigea ensuite vers Pont-à-Mousson qu'il emporta après huit jours de siège. Pendant que des partis détachés de son armée partirent se saisir des petites

(1) Ce guerrier est enterré à Verdun. On voyait sa tombe en cuivre dans une église de la Madeleine, où il avait fondé des anniversaires que l'on annonçait *pro domino Bastardo*.

villes de la Lorraine, (Mirecourt, Vézelise, Gondreville, Ormes), Charles passa à Condé, Essey et même près de Nancy, d'où on lui tira quelques volées inoffensives de canon, et, à l'imitation des Romains, alla établir son camp sur les hauteurs de Saffais.

Bientôt il marcha en avant et se rendit maître des Vosges et des villes situées sur la Moselle. Bayon tomba entre ses mains et il mit le siège devant Charmes. Pendant qu'il se trouvait retardé devant cette place, un corps de Lorrains vint à l'improviste enlever ses chevaux et ses bagages. La colère du Téméraire tomba sur Charmes qui fut forcée, pillée et brûlée; la garnison fut pendue à des saules au bord de la rivière (1). Dompaire qui résista vit ses habitants traités avec cruauté. La ville fut prise et incendiée, les femmes violées, et la plupart des bourgeois, faits prisonniers, durent payer de grosses rançons; la *Chronique* cite Nicolas Philippe qui, après avoir vu brûler ses maisons, fut obligé de verser quatre cents florins.

Bruyères fut prise et saccagée. Darney, Neufchâteau, Châtenoy, Arches, Saint-Dié, se soumirent. Les Dames de Remiremont se rachetèrent à prix d'argent. (CHEVRIER.) Lunéville, Raon, Rosières et Saint-Nicolas ne firent aucune résistance. Charles reçut avec bonté la soumission des petites villes du duché et, plus d'une fois, joignit de nouveaux privilèges aux anciens. Bientôt, toute la Lorraine de langue française se trouva soumise, moins Nancy, Épinal et Vaudémont.

---

(1) On remarqua (BÉGIN, t. I, p. 337) dans cette occasion l'ancienne animosité de la ville de Châtel contre celle de Charmes. Au lieu de compatir au sort d'une voisine infortunée, les habitants de Châtel se montrèrent plus acharnés à sa ruine que les Bourguignons. Depuis longtemps les traces de ces jalouses rages sont effacées. Elles ont disparu avec les petits tyrans qui divisaient un même peuple pour régner en se partageant ses dépouilles. Les hommes ont repris, sous un gouvernement qui les rassemble, l'instinct naturel qui les réunit.. La férocité ne naît que sous la verge du despote, et les vices des peuples sont presque toujours l'œuvre des rois.

Epinal, après une vigoureuse résistance, se rendit, non à l'évêque de Metz, qui, avec la puissante maison d'Haraucourt, s'était allié au Téméraire, mais à Charles lui-même. Le vainqueur déclara que la ville « serait maintenue en honneur, gloire et conscience ez droits et privilèges dont elle tient longue et boine possession ». Le lendemain (*Hist. de Metz*, t. II, p. 162), il réunit le peuple sur la principale place publique, aujourd'hui place des Vosges, reçut le serment de fidélité de tous, du haut d'une tour qui s'élevait à l'un des angles de la rue des Eglises, et adressa au public la courte allocution que voici : « Messieurs, vous verrez la grâce que faict vous ay ; vous me faictes serment que à toujours mais léauls me serez et à l'ayde de Dieu, contre tous vous garderay. »

Après Epinal, Vaudémont, l'imprenable, se rendit sans résistance. Restait Nancy. Les habitants du comté de Chaligny s'y étaient réfugiés avec leurs meilleurs effets. Charles parut devant la ville, le 25 octobre, pour l'investir.

Pendant ce temps, une colonne bourguignonne parcourait la Lorraine allemande, s'empara de Dieuze et de plusieurs petites forteresses qui ne résistèrent pas. Il n'y eut guère que Sarrebourg et le comté de Bitche qui ne subirent pas le joug de l'étranger.

En moins de huit jours, la place de Nancy fut enveloppée de retranchements et de fossés. D'une haute tour qui regardait l'étang Saint-Jean, l'artillerie des assiégés plongeait sur les Bourguignons. Ceux-ci dirigèrent contre elle une grosse bombarde qui lançait d'énormes boulets de pierre. Le canonnier de la tour pointa si justement contre l'engin redoutable sa bombarde, qu'il en brisa l'affût et la mit hors de service. Des faits de cette nature ne pouvaient rien décider ; le Téméraire, ménager de ses munitions et de ses troupes, attendit que la famine décidât du sort d'une ville qui ne pouvait recevoir de secours ni de la France, ni de l'Allemagne. Déjà, par un coup de main heureux, à la veille du siège, il s'était emparé du troupeau communal, capture inappréciable qui diminuait les vivres des assiégés.

Retiré à Joinville, René sollicita vainement Louis XI de lui accorder des secours ; le roi, tout entier à sa vengeance contre le connétable, fit la sourde oreille. Le pauvre duc, pour éviter à sa capitale un assaut, écrivit au bâtard de Calabre de rendre la place ; ce qui fut fait. La ville obtint une capitulation des plus honorables. Les bourgeois furent maintenus dans tous leurs privilèges, et la garnison sortit avec les honneurs de la guerre.

Charles entra triomphant à Nancy, le 30 novembre, par la porte de la Craffe. Thierriat, avec plus ou moins de raison, jette le blâme de la réception solennelle qui lui fut faite sur les chanoines de Saint-Georges. « Ils firent, dit-il, grande imprudence et donnèrent grand mécontentement à tous bons et loyaux sujets. Les dits receurent le Bourguignon comme estoit d'usage de recevoir en la porte de leur église celui qu'estoit souverain de naissance et de droit et receurent serment. Mais bien voyoit-on que les dits du chapitre n'avoient fait pareille déloyauté qu'à telle fin qu'eussent leur salairement d'usage, à sçavoir le cheval que montoit le Bourguignon, et valoit bien son prix. De ce furent en risée et le méritoient bien ; et seut très bien Monsieur René penser d'eux ce qu'en falloit penser. » (*Doc. lorr.*, p. 76.)

Le Téméraire, en cette circonstance, prêta le même serment que René Ier, Jean II, Nicolas et René II. Dans sa joie (DIGOT), il assura même qu'il augmenterait encore les libertés des trois ordres. Ceux-ci furent convoqués pour le 27 décembre. Les satellites de Charles postèrent aux abords des Etats des agents salariés qui crièrent : « Vive li duc de Bourgogne et de Lorraine ! » On permit au peuple l'accès de la salle.

Le vainqueur, après avoir déclaré qu'il ne marierait sa fille aînée que de l'avis de l'Etat, prononça un discours dont voici un extrait :

... « Oui, ne faillés croire que de cet huis jours ou avant serés heureux à tous jours mais, à tant qu'aime l'air de Lorraine, que m'est bon, salubre, et ne veux avoir en avant d'autre manoir et demeurance que mon chier Nancy, que veux faire mettre à point de toutes beautés ; et n'en souffrira mien pauvre peuple, car ne sera, et vous en fais serment, le susdit travail à vot'charge et deniers, mais bien ès miens que feré compter à chacun...

« Ne doutés one qu'êtes et serés en plus d'heur et bonheur, et aurés quand seró en absence, M. de Bièvre que n'aura soins ne valoir qu'aux fins que soyés heureux.

« Et vous ai, Messieurs et très-chiers sujets, appelés à telle fin que vous dis, vous ai dit, et met espoir que me serez cordialement et à tout mais en obéissance, amour et reconnaissance, à moy que vous parle, non en tant que maitre, mais bien en doucereux langage de bon père... »

Selon Thierriat « furent froidement reçeues les cajoleries et festoyements du Bourguignon ; la *Chronique*, au contraire, assure que les membres des trois ordres firent entendre des applaudissements quoique maints y en eust que aultrement désiroient. »

Les défections, malheureusement, étaient nombreuses. C'était (SAINT-MAURIS) l'époque des apostasies politiques et des trahisons de tous genres ; jamais elles ne furent poussées jusqu'au cynisme le plus révoltant que dans ce siècle d'insignes déloyautés (1). Les souverains, et à leur exemple les seigneurs, faisaient assaut de perfidies. Lenoncourt, Haraucourt (un membre excepté), Raville, des Armoises, Haus-

(1) Constatons à l'honneur de notre époque où, depuis 1870, les événements ont eu en France de nombreuses analogies avec la déclaration de guerre et les actes odieux de l'invasion du Téméraire, que la fidélité à la mère-patrie est un fait général, qu'on peut compter, dans le pays annexé, les rares renégats de la première heure, et qu'aujourd'hui, après dix-neuf années d'occupation allemande, la Lorraine et l'Alsace, sa noble sœur, restent inébranlablement fidèles à la chère patrie, à la France auguste, berceau et foyer de la liberté dans la vieille Europe.

sonville, etc., se soumirent au Téméraire (t. I, pp. 268-69)(1). Par la conquête de la Lorraine, Charles joignait la Bourgogne au Luxembourg, et possédait l'immense territoire qui s'étend depuis la Hollande jusqu'à Lyon.

Le Téméraire avait annoncé aux Etats qu'il quitterait la Lorraine pour aller châtier les Suisses; en effet, il se hâta de confier le gouvernement de Nancy à M. de Bièvre, et créa un conseil de gouvernement composé de Lorrains, entr'autres de Gaspard de Raville, André d'Haraucourt, Jean de Toullon, etc.

Après avoir passé en revue plus de trente mille hommes, rassemblés entre Maxéville et l'étang Saint-Jean, le Téméraire fit prendre à son armée le chemin de Bourgogne par Bulgnéville.

TOUL. — Charles, sa noblesse et son conseil se dirigèrent vers Toul, dévouée à René. La cité fit les plus grands efforts pour l'apaiser. On le reçut avec pompe et à la clarté d'une multitude de torches. La ville entière parut *en feu*. Chanoines, magistrats, bourgeois venus à sa rencontre, le conduisirent avec sa suite dans les appartements qu'on leur avait préparés; on présenta au duc de beaux dons « pain, vin, chair et avoine... » Enchanté d'un pareil accueil, le Téméraire oublia ses griefs, remercia les Toulois et leur promit de les aider en toute circonstance. Le lendemain, il assista à une grand'messe chantée à la cathédrale, baisa dévotement les reliques des saints évêques de Toul, exposés

_____

(1) Comme certains Lorrains, les Messins, exploités, rançonnés depuis si longtemps par la maison ducale, furent enchantés de son abaissement; aussi à peine le Téméraire eût-il fait son entrée solennelle à Nancy qu'ils lui envoyèrent une députation pour le complimenter et lui faire présent d'une coupe d'or le plus fin, et remplie de pièces de monnaie du même métal. Le duc les trouva si belles qu'il s'en fit faire un collier. Cela n'empêcha pas les Messins, quelques mois après, d'aller faire leur cour au duc de Lorraine dans la ville de Toul où il avait assemblé ses Etats, et de lui apporter de la venaison qu'il reçut gracieusement. (VIVILLE, t. I, p. 165, note.)

ce jour-là sur le maître-autel, et donna quarante florins à l'offrande. Le clergé, en corps, le reconduisit jusqu'à la porte de l'église, et là, le doyen du Chapitre, prenant la parole au nom des Chanoines, lui souhaita, *par grimace*, un heureux succès dans son expédition (en Suisse). Le duc de Bourgogne séjourna deux jours à Toul, paya toute sa dépense ainsi que celle de ses troupes et partit avec son armée. (THÉRY, t. II, p. 40.)

LE TÉMÉRAIRE EN SUISSE. — Deux grands griefs, entre autres, étaient mis en avant par le Bourguignon contre les Suisses et les Alsaciens. Ces derniers, las des exactions, des débauches et des cruautés de Pierre de Hagenbach, que Charles avait nommé son lieutenant (*landvogt*) dans le pays, s'étaient soulevés, et, soutenus par l'archiduc d'Autriche, Sigismond, par toute la noblesse du pays et par les Suisses, étaient parvenus à s'emparer du tyran qui fut jugé et décapité à Brisach, le jour de Pâques 1474. (SCHŒPFLIN, t. V, p. 593.)

L'autre grief était beaucoup moins sérieux. Une charretée de peaux de moutons, appartenant à un marchand suisse, avait été saisie par le comte de Romont, allié de Charles, sous prétexte de non payement de quelques droits. Les réclamations des cantons ne purent obtenir la restitution des objets ainsi volés.

Les Suisses et les Alsaciens ligués commencèrent les hostilités et s'emparèrent des villes de Morat et de Granson. Le Téméraire arriva bientôt, enleva quelques châteaux et mit le siège devant Granson. La garnison suisse, après s'être vaillamment défendue, capitula ; Charles fit massacrer inhumainement les quatre cent cinquante défenseurs de la place. La vengeance suisse ne se fit pas attendre. Le 3 mars 1475, vingt mille confédérés vinrent attaquer les Bourguignons. Le Téméraire, emporté par sa bouillante ardeur, abandonna une position favorable pour se jeter sur les assaillants. Son excellente cavalerie ne put entrer en ligne, faute d'espace pour évoluer. Bientôt son armée battue se mit en fuite, après avoir perdu un millier d'hommes, abandonnant l'artillerie, les bagages et beaucoup d'objets précieux d'une valeur de plus d'un million de florins.

La nouvelle de cette défaite enflamma l'ardeur des Lorrains restés fidèles à René. Dans la nuit du 13 au 14 avril, grâce à la connivence d'un officier de la garnison, ils escaladèrent les murailles du château de Vaudémont qui fut pris. Thélod, Pont-Saint-Vincent et d'autres lieux fortifiés, tombèrent également entre les mains de nos nationaux. Le sire de Bièvre, craignant un soulèvement général, fit réparer les fortifications de Nancy, réunit les bourgeois sur la place Saint-Epvre, où il avait fait placer horizontalement, à une assez grande hauteur, une lance sur deux supports, et leur dit : « Messieurs, je donne congié à tous ceulx qui s'en vouldront aller, et tous ceulx qui demeurer vouldront, passeront par dessoubs ceste lance, me promectant que à toutes mes affaires me seront bons et loyals. N'ayez crainte de ces larrons que au pays sont venus, car Monseigneur de Bourgongne de bref par deça reviendra ; je vous promets que bien les chastiera. » On ignore le nombre des habitants qui sortirent de Nancy.

Louis XI, inquiet des entreprises audacieuses du Téméraire, s'était avancé jusqu'à Lyon, sous prétexte d'un pèlerinage à Notre-Dame du Puy, afin d'observer de près les progrès de son ennemi secret. René II, espérant un accueil meilleur que naguère, vint le trouver, seul et sans suite. Le monarque sembla prêter une oreille plus favorable qu'auparavant à ses sollicitations. Des marchands allemands, infor-

(1) Les Suisses connaissaient alors si peu l'argent qu'ils prirent des plats de ce métal pour de l'étain et les vendirent deux grands blancs la pièce. (COMMINES.)

Le diamant du duc de Bourgogne, estimé alors le plus gros de la chrétienté, fut vendu par un soldat au chef de l'armée pour trois francs. (BEXON, 162.)

més de son arrivée, prirent ses couleurs (1), allèrent à sa rencontre, une hallebarde à la main, et lui servirent d'escorte tant que dura son séjour à Lyon : touchant témoignage du respect qu'inspire la véritable grandeur au sein de l'infortune. René II vit à Lyon son aïeul, René I‍er, avec lequel il se réconcilia, mais non sans peine ; le vieux prince conservait son ancienne animosité contre la maison de Vaudémont. Le soin de recueillir la succession de sa grand'mère paternelle, Marie d'Harcourt, appela soudain René II en Normandie. La vieille comtesse lui laissa, dit-on, deux cent mille écus.

René se trouvait à Joinville auprès de sa mère, Yolande, quand une ambassade de Suisses vint l'inviter à se rendre au milieu d'eux, en lui promettant de puissants secours. Le jeune prince s'arracha des bras de sa mère, qui le voyait avec douleur s'exposer à de nouveaux périls, et vint harceler de rechef Louis XI pour obtenir les secours promis. Le roi, pour se débarrasser de ses importunités, lui donna quatre cents lances, avec ordre à ses lieutenants de le conduire aux frontières, mais aussi avec recommandation expresse de revenir sans avoir commis le moindre acte d'hostilité envers les Bourguignons. René, à la tête de ces soldats, se dirigea sur la Lorraine. En arrivant aux portes de Toul, les magistrats vinrent le prier de ne pas entrer dans leur ville, de peur d'éveiller la fureur du Téméraire. Le duc logea sa troupe dans les faubourgs, et marcha ensuite sur Saint-Nicolas, où se trouvaient plus de trois cents Bourguignons. Les capitaines

---

(1) Ces couleurs étaient le blanc, le rouge et le gris (*Chron. Mess.*) Le vert était la couleur de la maison d'Anjou. Dans la reprise de ses fiefs, devant l'empereur, le duc de Lorraine portait une longue robe d'écarlate. Sa bannière était rouge. Le duc Jean II et ses deux cents gentilshommes partirent pour l'Italie portant *des vestes de satin jaune*. Le duc Antoine prit le bleu, le jaune et le blanc. Les princes de la maison de Guise adoptèrent le vert de celle d'Anjou. Léopold reprit les anciennes couleurs de sa maison, le rouge et le jaune. (BEXON, pp. 162-63.)

français s'entendirent avec ceux-ci ; on se fit réciproquement des politesses, et René put assister, sans appréhension, à une grand'messe qu'on célébrait dans l'église paroissiale. Pendant la cérémonie « passa auprès de luy la femme du vieux Walther et, sans faire semblant de rien, elle luy donna une bourse où il y avoit plus de quatre cents florins, et le duc baissa la teste, à elle remerciant ». On évita Lunéville, occupé par une forte garnison ennemie et on vint coucher à Deneuvre. Quand René approcha de Sarrebourg qui n'avait pas cessé de reconnaître son autorité, les comtes de Bitche, de Saarwerden, de Réchicourt et le sire de Fénétrange, s'avancèrent à sa rencontre, avec une troupe de huit cents hommes. Le duc prit dans cette ville congé de son escorte, gagna Strasbourg, Zurich, et, avec les trois cents cavaliers qui avaient voulu l'accompagner, rejoignit l'armée confédérée (Suisses et contingents des villes impériales).

Cependant le Téméraire, après avoir rassemblé une nouvelle armée, était venu assiéger la petite ville de Morat, vaillamment défendue par seize cents soldats. C'est près de cette place que fut livrée, le 22 juin 1476, la fameuse bataille qui brisa le prestige du Bourguignon. René, la veille de l'action, voulut être reçu chevalier par Guillaume Herter, commandant en chef l'armée confédérée. Le choc fut terrible. Le prince lorrain, revêtu d'un commandement subalterne, fit vaillamment son devoir. L'armée bourguignonne, placée dans une mauvaise position, fut prise en queue, au moment de la victoire, par l'arrière-garde de l'armée ennemie et mise complètement en déroute. Quinze mille hommes restèrent sur le champ de bataille. Le Téméraire, obligé de fuir avec onze cavaliers, laissa au pouvoir des Suisses un matériel d'une valeur de plus de trois cent milliers d'écus. Les vainqueurs donnèrent à René le pavillon ducal et toute l'artillerie bourguignonne, et jurèrent de le remettre bientôt en possession de ses Etats. Le jeune duc alla à Strasbourg attendre leurs secours, et renvoya en Lorraine les seigneurs qui l'avaient accompagné en Suisse. Quant au Téméraire, fou de rage et de douleur, inabordable à ses meilleurs amis, il se retira dans le château de Rivière, près de Pontarlier, et s'occupa à réorganiser les débris de son armée. Il laissa croître sa barbe et se mit à boire du vin pur, lui qui auparavant ne se rafraîchissait jamais que de tisane ou de conserve de rose. (HUGUENIN, *Siège de Nancy*, p. 104.)

RETOUR DU TÉMÉRAIRE EN LORRAINE. — Les Lorrains n'avaient pas attendu ces événements pour se mettre en campagne. Un *bourgeois* de Bruyères, Doron, alla trouver René à Strasbourg et lui offrit de s'emparer des villes de Bruyères, Saint-Dié, Arches et Remiremont, s'il voulait lui confier quelques soldats. Strasbourg renfermait alors beaucoup d'aventuriers allemands qui avaient déjà offert leurs services à René. Le duc fit appeler un chef de bande, nommé Harnexaire (Hauscher ou Hanscher, selon DIGOT), et lui proposa de suivre Doron. Le soudard accepta. Le brave vosgien introduisit les Allemands dans sa maison pendant la nuit, et, le lendemain, au moment où le commandant bourguignon avec une partie de ses soldats entendait la messe, Harnexaire investit l'église et somma le chef de se rendre, lui, ses compagnons et le reste de la garnison, sinon que « la teste à tous sera coupée ». Bon gré, mal gré, il fallut céder à la dure nécessité (1).

A la nouvelle de la prise de Bruyères, les bourgeois de Saint-Dié, d'Arches et de Remiremont, chassèrent leurs gar-

---

(1) Les habitants de Laveline avaient puissamment secondé le lieutenant de René, et défendirent ensuite vaillamment Bruyères contre les attaques des Bourguignons. Le jeune duc, pour récompenser leur fidélité et leur courage, leur accorda (1476) le titre de gentilshommes pour eux et leurs descendants. Dans la suite, ce privilège fut conservé aux seuls mâles.

On a beaucoup discuté en Lorraine sur les armoiries (RENAULD, *Charmes-sur-Moselle*, p. 152). Les chefs-lieux de prévôtés étaient seuls en droit d'avoir des armoiries sur le sceau du tabellionnage. Nancy, Saint-Nicolas-du-Port et Laveline-devant-Bruyères peuvent seuls, en Lorraine, justifier de la concession par nos ducs de leurs armoiries municipales. Ajoutons que certaines villes avaient des emblèmes héral-

nisons bourguignonnes. Mirecourt, harcelé sans relâche par les Lorrains de Vaudémont, leur ouvrit ses portes. Plusieurs chefs de corps patriotes réunis, emportèrent Bayon par escalade, avec deux mille cinq cents hommes. Cette conquête alors importante, amena la concentration des forces lorraines ; bientôt l'armée de Vaudémont compta plus de quatre mille hommes. On marcha sur Lunéville, qu'on pensait enlever par un coup de main, comme Bayon. Le succès ne couronna pas d'abord l'entreprise ; mais bientôt on reçut de Strasbourg deux gros canons et dix serpentines, à l'aide desquels on battit la place. L'arrivée des comtes de Bitche, de Salm et de Réchicourt avec des troupes fraîches, acheva d'ébranler les assiégés qui se rendirent sans condition. Épinal tenait encore. Les habitants de la campagne, en haine des Bourguignons, s'obstinaient à ne rien porter aux marchés de la ville, de sorte qu'une grande famine y régnait. Le peuple et les ma-

diques : Nancy, un chardon, Bar-le-Duc, une pensée, Fénétrange, l'écu fascé, Metz, l'écu parti, Remiremont, des clefs, Sarrebourg, des ramures de cerf, etc. (*A. L.*, an. 1874, p. 236.)

Constatons ici que le drapeau lorrain, celui que les anciens auteurs appellent la grande lumière du duché et qui devint ensuite le grand étendard du pays, a varié plusieurs fois de couleurs et d'emblêmes.

Cette bannière fut d'abord rouge frangée et huppée de même sans ornements ; peut-être y fit-on représenter ensuite un aigle (Mathieu I*er*, 1139 à 1171 ; puis après, les trois alérions (Ferry I*er*, 1205-6). Sous René II, cette bannière est encore rouge, mais ornée de l'image de l'Annonciation. Sous Charles III et sous son successeur, le « grand étendard du pays » est de damas jaune avec la figure de l'Annonciation ; il est de plus semé de croix de Jérusalem et de Lorraine et d'alérions, de barbeaux et du chiffre du souverain. Sous Léopold, le grand étendard est d'abord vert, coupé par une croix rouge, puis rouge, coupé par une croix jaune, mais toujours parsemé de croix de Lorraine et de Jérusalem. Le guidon de René II, avec sa devise et le bras armé sortant d'un nuage, ne se retrouve plus au dix-septième ni au dix-huitième siècle. La bannière de Lorraine avec la bande aux trois alérions disparaît également sous Léopold. De tous les drapeaux lorrains, c'est le seul que l'on connaisse aujourd'hui ; il est cependant difficile de dire que ce soit véritablement le drapeau national : s'il le fut jamais, c'est antérieurement à René II. (H. LEPAGE.)

gistrats implorèrent René qui bientôt arriva à la tête de deux mille fantassins, de deux cents chevaux fournis par les Strasbourgeois et d'un grand nombre de gentilshommes. Les portes lui furent ouvertes et il entra dans la ville en ordre de bataille. La garnison, intimidée, demanda et obtint la vie sauve. Déjà, peu auparavant, on avait pris dans les faubourgs quatre cents soldats ennemis. Le château se rendit bientôt, à condition que la garnison aurait « vie et bagues sauves ». René y laissa son vaillant et fidèle capitaine Deguerre, pour aller chercher un corps de six mille hommes et de l'artillerie que lui fournissait Strasbourg. Sa marche jusque Nancy fut un triomphe. Les populations volaient au-devant de lui, pendant que les seigneurs de l'Alsace et de la Lorraine venaient grossir son armée.

Déjà, avant son arrivée devant la capitale de ses Etats, de valeureux capitaines lorrains avaient essayé de l'emporter ; mais leur petit nombre ne permit l'investissement que du tiers de la ville. René, qui disposait de neuf à dix mille hommes, visita pendant la nuit les tranchées faites par les Bourguignons lors du premier siège, distribua habilement les divers postes, si bien qu'au lever du soleil les murailles de la ville étaient cernées de toutes parts. Les canons battirent les retranchements avec fureur. La garnison riposta vigoureusement ; mais bientôt la disette se fit sentir dans Nancy, tandis que le camp lorrain se trouvait abondamment pourvu. En effet, un bon dîner n'y coûtait que quatorze deniers, et la quarte du meilleur vin d'Alsace, trois blancs. (Hugo, p. 147.) Ajoutons vite que les Lorrains, sur l'invitation de René, avaient ensemencé leurs champs.

De Bièvre, poussé par la famine et plus encore par les murmures des troupes étrangères qu'il avait sous ses ordres, et dont il avait obtenu un répit de huit jours (pour la reddition de la place, quoique ce ne fût « pas leur usaige de maingier chairs de cheval ni de chien », dut consentir à capituler après vingt jours de tranchée ouverte. Les conditions furent arrêtées le 6 octobre. Le gouverneur envoya au duc de Lorraine un pâté de chair de cheval, pour indiquer que c'était le seul aliment dont il eût fait usage. René, en retour, lui fit remettre des mets et des vins exquis.

Quand le seigneur de Bièvre parut sur les glacis à la tête de ses troupes, René descendit de cheval, ôta son chapeau et s'inclina devant lui. Le gouverneur voulut mettre pied à terre ; le duc s'y opposa et lui dit : « Monsieur mon oncle, je vous remercie très humblement de ce que vous avez si courtoisement gouverné ma duchié. Si vous avez pour agréable de demourer avec moi, vous aurez le même traitement que moi-même. » Car ce seigneur était très doux et très humain (COMMINES) et avait administré le pays avec beaucoup de bonté, se faisant aimer de tout le monde. — Monsieur, répliqua de Bièvre, j'espère que vous ne me saurez pas mauvais gré de cette guerre. J'aurais fort souhaité que Monsieur de Bourgogne ne l'eût jamais commencée, et je crains qu'à la fin lui et nous n'y demeurions. » — Constatons, en passant, que le sire de Bièvre était allié à la maison de Lorraine.

L'ex-gouverneur partit avec ses gens pour le Luxembourg, tandis que René se retira vers Saint-Nicolas pour y faire plus facilement des vivres. Les Lorrains étaient à peine installés dans leurs quartiers, quand un messager accourut, annonçant l'entrée du Téméraire en Lorraine par Neufchâteau, et sa marche sur Toul. René assembla immédiatement son conseil. Les capitaines furent d'avis de combattre, bien que beaucoup d'auxiliaires allemands, croyant la guerre finie, ou fatigués de servir si loin de chez eux, s'en fussent retournés dans leur patrie. Ce dernier avis ne prévalut pas.

Ce fut, non loin de Toul, le 14 octobre, que le Téméraire apprit avec dépit que de Bièvre avait capitulé depuis huit jours. Il demanda aux citains la permission de prendre son logement dans la ville. Les Toulois, sous prétexte qu'ils étaient neutres, le prièrent de s'arrêter dans les faubourgs.

Charles dévora cet affront et repartit le lendemain (1). Le 17 octobre, il arriva à Dieulouard dans l'intention de marcher sur Pont-à-Mousson, afin de rétablir ses communications avec le Luxembourg, et surtout de faire sa jonction avec un corps d'armée que Campo-Basso avait réuni à Thionville. Ce dernier, préludant à sa trahison future, aurait pu faire lever, assure-t-on, le siège de Nancy, s'il l'avait voulu (2).

De son côté, René, quittant les environs de Nancy, se retira avec ses troupes à Pont-à-Mousson, pendant que le Téméraire se mit en communication avec son allié, l'évêque de Metz, qui procura des vivres aux Bourguignons exténués. On se canonna pendant quelques jours. Dans une escarmouche, un contingent de miliciens lorrains de trois cents hommes fut pris et détruit (3).

(1) Cette neutralité n'était rien moins que vraie. Les chanoines confièrent à René II une grosse somme d'argent que l'ancien évêque, Guillaume Filiâtre, leur avait remise ; de plus ils lui abandonnèrent le tiers de leurs prébendes et lui accordèrent l'autorisation de lever un demi-florin sur chaque conduit de leurs domaines. Les bourgeois lui firent présent d'une somme de deux mille quatre cents francs, lui prêtèrent sans intérêt une autre somme de six mille francs et lui envoyèrent deux pièces de canon et quarante arbalétriers. (DIGOT, t. III, p. 303.)

(2) Campo-Basso est le vrai type du condottiere de l'époque. Pendant l'expédition, en Italie, de René Ier, il favorisa le prince lorrain, fit pendre à leurs maisons douze notables bourgeois de Torille, et, chassé d'Italie avec René, reçut en Lorraine quelques terres considérables, entre autres Commercy (1472. Un an après, il passa à Charles-le-Téméraire pour cent mille livres et le commandement de quatre cents lances, plus un diamant de la valeur de cent quatre-vingts florins. En 1475, il fit pendre inhumainement quatre-vingts allemands qui avaient vaillamment défendu Briey. Fait gouverneur de Rosières par le Téméraire, il s'offrit, en 1476, à René qui, après sa victoire de Nancy, lui rendit Commercy. (Hist. de Comm., par DUMONT, pp. 311.)

(3) Cette cruauté provient de ce que le Téméraire considérait alors les Lorrains en armes comme de vrais rebelles. Il importe de ne pas confondre (NOEL, Mém. IV, pp. 22-23) les deux envahissements de la Lorraine par le duc de Bourgogne. Au premier, le duc fut grand et généreux ; au second, il se comporta comme un vainqueur inexorable, traitant les Lorrains en sujets rebelles. Au temps du duc de Bourgogne il eût été fort avantageux pour les Lorrains que leur pays fût réuni aux vastes possessions du duc.

Ce revers, joint à la révolte des troupes allemandes et suisses à la solde de René qui forcèrent les portes de la ville et s'enfuirent à la faveur d'un brouillard épais, mirent de nouveau le jeune duc à deux doigts de sa perte. C'est de cette espèce de félonie que, selon Thierriat, vient le proverbe : *Point d'argent, point de Suisses*. René se mit à les suivre, et, à force de sollicitations, obtint de ces Allemands obstinés qu'ils entreraient à Nancy, en passant par Liverdun, pendant que lui-même avec le reste de son armée gagnerait Saint-Nicolas-de-Port.

Les bourgeois de Nancy vinrent lui demander ses ordres pour le siège qu'il faudrait soutenir au premier jour. — Pouvez-vous tenir deux mois, leur dit le duc? Pendant ce temps je viendrai vous secourir. Sur une réponse affirmative on amassa péniblement assez de vivres pour soixante jours dans un pays ruiné depuis deux ans par la guerre (1).

René, après avoir distribué ses troupes dans les places de Rosières, Lunéville, Gondreville, Bruyères, Mirecourt, Vaudémont, Epinal, Arches, Saint-Dié et Remiremont, partit ensuite pour l'Alsace avec une bande de mercenaires auxquels il devait encore deux ou trois cents florins. Arrivés à Raon-l'Etape, les soldoyeurs fermèrent les portes de la petite ville et signifièrent au duc qu'ils ne les ouvriraient qu'après avoir reçu l'arriéré redû. Un bourgeois, nommé Cachet, pourvu d'une certaine somme, et plusieurs dames qui mirent leurs bijoux en gages, parvinrent à satisfaire la soldatesque, maîtresse du prince lorrain.

Une fois libre, René se rendit à Strasbourg et de là à Bâle afin de réunir une nouvelle armée. Le malheureux se heurta contre mille obstacles, entre autres contre le légat du pape, Sixte IV, qui plaidait la cause du Téméraire *assagi*, disait-il. Pour allécher les habitants, René fit annoncer qu'il paye-

---

(1) Patru, parlant des Lorrains de cette époque, dit : On mangeait alors pour vivre ce que l'on mangerait en d'autres temps pour mourir. (CHEVRIER.)

rait quatre florins par mois à tout soldat qui rallierait sa bannière. Dès lors les volontaires affluèrent et les chefs des cantons leur donnèrent des commandants et des enseignes.

SECOND SIÈGE DE NANCY PAR LE TÉMÉRAIRE. — Pendant ce temps, Charles ne restait pas oisif. Le 25 octobre il vint mettre de nouveau le siège devant Nancy. C'était alors une très petite ville ; aussi le camp ennemi qui comptait près de vingt mille hommes l'enveloppait tout entière. Le siège fut poussé avec la plus grande vigueur. Deux gros canons, pointés contre la porte de la Craffe, faisaient beaucoup de dégâts. La place, ruinée par deux sièges consécutifs, manquait de provisions et de ressources ; mais la valeur et la constance des Nancéiens commandaient aux événements.

D'autre part, les capitaines auxquels René avait confié la défense des autres places lorrraines, harcelaient constamment les Bourguignons. Malhorty, commandant de Rosières, saisit un jour un convoi de huit voitures chargées de vivres et de vêtements destinés au Téméraire, s'empara, à Saint-Nicolas, d'un camp rempli de bourguignons blessés, malades ou endormis, poursuivit les fuyards jusque dans l'église, les fit exterminer impitoyablement, s'empara de dix-huit cents chevaux et regagna sans encombre sa forteresse. Le Téméraire, furieux, marcha sur Rosières ; mais son avant-garde fut défaite, et nombre de ses soldats périrent pour s'être engagés sur la glace qui se brisait sous leurs pas.

D'un autre côté, le bâtard de Vaudémont vint jusqu'à Laxou attaquer les Bourguignons, et se retira à Gondreville avec du butin et des prisonniers. La trahison se mit de la partie. Campo-Basso fit proposer à René de favoriser sa cause. Le duc lui promit une magnifique récompense, s'il l'aidait à recouvrer ses Etats.

Cependant le Téméraire nourrissait de vastes projets. Au roi de Portugal, venu dans son camp pour l'exciter à faire la paix, il répondit : Je ne sortirai d'ici, après avoir ruiné la Lorraine, que pour retomber sur la France.

Les attaques incessantes et la disette épuisèrent peu à peu les assiégés ; heureusement ils étaient soutenus par l'espoir du prochain retour de René. Celui-ci était parvenu enfin à rallier une véritable armée, grâce à quarante mille francs que lui fit remettre Louis XI, et à d'autres sommes importantes que lui procura le suisse Oswald de Thierstein. Plusieurs de ses familiers, entre autres Suffren de Baschi, gentilhomme provençal, que les anciens historiens appellent Chiffron de Vachières, s'offrirent pour aller porter cette bonne nouvelle à Nancy. René accepta et chargea ce dernier d'apprendre aux assiégés qu'il arriverait au plus tard pour Noël. Chiffron, en passant à Vaudémont, prit avec lui quelques guerriers lorrains, et, la nuit venue, tous cherchèrent à s'introduire dans la ville, en suivant le cours du ruisseau (alors grossi) qui alimente diverses fontaines de Nancy. Les premiers parvinrent à franchir tous les obstacles ; mais le pauvre Chiffron, malade de la fièvre, ne put les suivre, et, pendant que ses compagnons, parvenus jusqu'aux murs, criaient : Lorraine ! et étaient reçus dans la ville, l'infortuné fut pris par les gardes ennemies, conduit devant le Téméraire et condamné par lui à être pendu. Chiffron se jeta aux genoux du prince, en s'écriant : « Au nom de la Passion saulvez-moi la vie et ne me faictes ainsi pauvrement mourir ! Je suis bien asseuré que dix ou douze des meilleurs prisonniers que les Lorrains tiennent, pour moy les aurez. » Les familiers du duc joignirent leurs supplications à celles du condamné. Campo-Basso s'écria : « Monsieur, il a faict comme loyal serviteur. Si un de nous autres estant prins en vous servant on le pendoit, vous ne seriez pas content ; vous certifie que se mourir le faictes, beaucoup de vos gens mourront pour luy. » Charles, furieux, répondit en lui donnant un soufflet (avec son gantelet de fer) ; puis, se retournant vers son prisonnier, « Par saint Georges ! s'écria-t-il, si je tenais ton maître, je lui ferais le même traitement. » Et sans aucun délai, à l'heure même, le pauvre Chiffron fut conduit, à la lueur des flambeaux, aux pieds de la potence à laquelle on l'accrocha. Le cadavre fut réclamé immédiatement par les assiégés et inhumé à Saint-Georges.

Cette mort inhumaine provoqua de cruelles représailles. Dès le lendemain matin, un bourguignon, en longue robe noire, parut, en vue du camp, pendu à une poutre qui sortait des créneaux d'une tour. Toutes les garnisons de Lorraine (Gondreville, Épinal, Mirecourt, Lunéville et Rosières) pendirent environ cent vingt prisonniers, avec un écriteau conçu en ces termes : « Pour très grande inhumanité et meurtre commis cruellement en la personne de feu le bon Chiffron de Vachières, après qu'il eut été prins, en bien et loyaumont servant son maître, par le duc de Bourgogne qui ne peut se saouler de répandre le sang, faut ici finir mes jours. »

René cependant, retenu frémissant, par des retards continuels et imprévus, ne paraissait pas. Les vivres à Nancy manquaient depuis longtemps. « Chascune sepmaine (les assiégés) deux ou trois chevaulx tuoient par faute de chair de bœufs et moutons ; tous les chats, rats, rattes, les mangeoient en guise de venaison. » Deux messagers, sortis de Nancy, allèrent révéler la situation à René et revinrent apportant l'agréable nouvelle d'une prochaine délivrance.

BATAILLE DE NANCY. — *Mort du Téméraire*. — René, en marche vers la chère patrie avec les contingents suisses et alsaciens, envoya aux commandants de toutes les garnisons lorraines(1) l'ordre de se trouver aux environs de Saint-Nicolas pour le 4 janvier. Lui-même y arriva dans l'après-dîner de ce jour. Son avant-garde venait de repousser l'attaque de trois cents lances bourguignonnes. Les Suisses massacrèrent sans pitié tous les ennemis qu'on put trouver dans la ville. Un fanal allumé sur le clocher de Saint-Nicolas apprit aux

---

(1) Les Suisses, dans leur marche vers la Lorraine, pillèrent sans pitié les juifs d'Ensisheim, de Colmar, de Schelestadt, et franchirent les Vosges par Liepvre et Ville. (CATEX, la *Seigneurie de Tonriller*, p. 54.)

Nancéiens l'arrivée de René. Son armée formait un effectif de dix-neuf à vingt mille combattants, y compris les milices des villes lorraines, environ sept mille hommes, amenés par les capitaines commandant les places fortes. (LEPAGE.) Selon Commines, le Téméraire n'avait plus que quatre mille soldats dont beaucoup étaient malades ou blessés, ce qui réduisait les combattants à douze cents hommes. Un auteur compétent porte le chiffre à six mille guerriers capables d'entrer en ligne.

Contre son habitude, Charles assembla son conseil qui émit deux projets différents. Les anciens officiers demandèrent qu'on se repliât sur Pont-à-Mousson, afin d'attendre de nouvelles forces, pendant que s'épuiseraient les munitions et l'argent de René ; les jeunes seigneurs réclamèrent au contraire qu'on livrât bataille. Ce fut aussi l'avis du Téméraire, furieux à l'idée de reculer devant celui qu'il avait l'habitude d'appeler l'*Enfant*. René, de son côté, assembla ses capitaines qui firent adopter le plan proposé par Waultrin Wisse.

Ce fut le 5 janvier (1476 vieux style) 1477, qu'eut lieu la lutte décisive.

Le Téméraire disposa plus habilement que de coutume ses troupes. Il se plaça avec la plus grande partie de son armée entre la Madeleine et Jarville, pointa son artillerie sur un petit tertre qui commandait le chemin par où les Suisses devaient passer, et partagea son armée en trois corps. (BÉGIN.) Le premier ou l'avant-garde, commandé par le capitaine Galliot, italien vaillant et expérimenté, occupait la prairie près du gué de la Meurthe ; le corps de bataille où Charles voulut commander en personne, se tenait sur le grand chemin de Saint-Nicolas ; le troisième corps... s'étendait vers l'occident jusqu'à Saulrupt.

Il faisait grand froid et une forte gelée rendait les évolutions faciles.

Dans l'armée lorraine, une infanterie de sept mille suisses

et deux mille cavaliers formaient le premier corps, sous la bannière ducale où était peint un bras sortant d'une nue, tenant une épée avec la devise de René : *Une pour toutes*. Huit mille fantassins et deux mille cavaliers lorrains, partagés à droite et à gauche, formaient le corps de bataille. René y commandait seul et sans lieutenant.

Waultrin Wisse, à la tête d'une forte colonne de soldats allemands qu'il a harangués dans leur langue, tourne le bois de Jarville et arrive à la Malgrange pour prendre en flanc le duc de Bourgogne. Un prêtre allemand, revêtu d'un surplis, une hostie à la main, monte sur une éminence et fait une allocution au corps d'armée. Les soldats, à genoux, lèvent les mains au ciel, font un signe de croix sur la terre, la baisent dévotement, puis se relèvent pleins de confiance et volent au combat. Déjà les assiégés, dans une sortie, ont incendié les tentes des Bourguignons.

Quatre cents lanciers précédaient le corps d'attaque. Repoussés vivement par les Bourguignons, ils reculèrent sur les Suisses qui sonnèrent aussitôt la charge et firent feu de leurs couleuvrines avec tant de succès que les chevaux des assaillants se cabrèrent. Les piquiers, s'avançant alors en bon ordre, rompirent les bataillons ennemis.

A gauche, une autre colonne suisse marchait à couvert de l'artillerie bourguignonne, en suivant des chemins creux et des halliers. Arrivée à portée de trait, Galliot l'accueillit avec vigueur et lui imprima un mouvement rétrograde ; mais les troupes lorraines survinrent, arrêtèrent l'impétuosité des Bourguignons, en tuèrent un grand nombre, et enfin les Suisses, revenus à la charge, les enfoncèrent entièrement.

Les deux ailes une fois en déroute, le Téméraire voit tout-à-coup le corps de bataille qu'il commande environné et attaqué de toutes parts : de front, par les troupes qui jusque-là sont restées à leur poste sur le grand chemin ; à l'orient, par les Suisses seuls ; à l'occident, par René et les Suisses réunis.

Les Bourguignons, épouvantés, opposent une résistance faible et ne songent qu'à fuir. Le carnage est horrible. La garnison de Nancy qui, du haut des murs, voit l'issue du combat, sort avec précipitation pour tomber sur les derrières de l'ennemi. Malheureusement, plusieurs nancéiens ont oublié de revêtir la croix de Lorraine. Pris pour des bourguignons, ils sont impitoyablement massacrés.

Le Téméraire, péniblement impressionné dès le matin par la chute du lion d'or servant de cimier à son casque, présage sinistre qui lui arrache ce cri de douleur : *Hoc est signum Dei*, le Téméraire se jette au plus fort de la mêlée où il fait des prodiges de valeur ; mais les troupes lorraines resserrent tellement le cercle dans lequel il lutte avec le courage du désespoir que les plus brillants coups de lance deviennent inutiles. Bientôt il faut choisir entre la fuite ou la mort.

Charles, frémissant de rage, par un suprême et vigoureux effort, parvient à se frayer un passage et se dirige au galop, avec le sire de Bièvre et plusieurs cavaliers du côté de la commanderie de Saint-Jean où il espère trouver les soldats auxquels il a confié la garde de ses lignes de siège. Les Lorrains le suivent de près. Claude de Beaumont, châtelain de Saint-Dié, atteint le Téméraire au moment où celui-ci excite son cheval à sauter le ruisseau, alors débordé, qui alimente l'étang Saint-Jean. Le coursier, pesamment chargé, fait un bond et tombe dans la vase. Le châtelain porte alors au fugitif un coup de lance qui le blesse et le renverse. Charles fait des efforts pour se relever et crie : « Sauve Bourgogne ! » Beaumont, qui est sourd et ne connaît pas le duc, croit entendre : « Vive Bourgogne ! » et par un second coup lui fait une affreuse blessure à la mâchoire inférieure (1). Des soldats allemands achèvent l'infortuné et continuent à poursuivre les fuyards. Le sire de Bièvre et douze ou quinze soldats

---

(1) Digot (t. III, p. 348, note) assure que Claude de Beaumont mourut de chagrin d'avoir tué un si grand prince, ou plutôt d'avoir perdu la rançon qu'il aurait pu en tirer.

sont tués dans le même lieu, après avoir essayé en vain de protéger leur maître. On prend quelques prisonniers de marque ; mais les Suisses et les Allemands ne font pas de quartier et exterminent tout ce qui leur tombe sous la main.

Dans l'espoir de gagner Metz et le Luxembourg, les fuyards se portent vers le pont de Bouxières où devait se trouver Campo-Basso.

Le condottiere a disparu, mais le pont se trouve barricadé, ce qui permet aux poursuivants d'atteindre les vaincus. Un combat sanglant s'engage immédiatement. Les Bourguignons pressés, resserrés dans un espace étroit, éprouvent une nouvelle défaite. Plusieurs d'entre eux essayent de traverser la rivière à la nage ou sur des glaçons flottants, et se noient dans le courant. D'autres, enfin, parviennent à débarrasser le pont et s'enfuient du côté de Metz (1).

A cinq heures du soir, René se trouve encore dans les jardins de Bouxières, attendant avec anxiété le résultat final de la bataille. Enfin on lui annonce une victoire complète. Environ quatre mille cadavres ennemis jonchent la terre. On croit généralement que le duc de Bourgogne se trouve parmi eux.

René, encore inquiet sur ce qu'était devenu le Téméraire, entra dans Nancy à la lueur des flambeaux. Les bourgeois le reçurent avec des marques de joie inexprimables. Dans la cour de son palais, ils avaient dressé un amas de têtes de chevaux, d'ânes, de chiens, de chats, de rats qu'ils avaient

(1) A Metz, dit la *Chronique*, vers deux ou trois heures du matin, quantité de bourguignons se vinrent à lancier tous dedans les foussez... et estoit le lieu tout plein de neige ; ...ilz estoient si esperdus qu'il leur sembloit tous jours que l'on les chassoit, et aussi ilz avoient les membres si perclus de froidure qu'ilz n'eussent eu quelque puissance pour se deffendre. Iceulx... prioient... au nom de la saincte passion de Dieu, que l'on les laissast entrer dedans et crioient tellement que c'étoit pitié de les oyr. Quand ce vint à ouvrir les portes, cuidant des jay estre dedans la cité, se vinrent à lancier par si grande impétuosité entre la barrière et la première porte, qu'ilz se faisoient l'ung l'autre quasy cheoir dedans les fossez (pp. 424-25).

dévorés pendant le siège (1). C'était le trophée de la fidélité, du patriotisme et du courage, et une preuve parlante de l'affreuse extrémité à laquelle ils avaient été réduits. Le duc alla rendre grâces à Dieu dans l'église de Saint-Georges, et se retira ensuite dans une maison particulière. En effet, une partie de la charpente du palais avait été enlevée pour chauffer la garnison pendant les mois de novembre et de décembre.

Vers le milieu de la nuit, Campo-Basso lui amena un jeune page qui assura s'être trouvé près du duc de Bourgogne au moment où il fut renversé de son cheval. Sur son indication, on visita un grand nombre de cadavres, et on reconnut, à six marques distinctives, le corps du Téméraire qui était nu, le visage engagé dans la glace et tout couvert de sang (3). A ses côtés se trouvait M. de Bièvre, renversé d'un coup qui lui avait ouvert le crâne.

Le corps du Bourguignon fut porté avec pompe dans une salle funèbre (2). Devant la maison, la rue fut pavée de marbre noir. René, vêtu à l'antique et portant une longue barbe de fils d'or, s'approcha avec sa suite du corps, et versa des larmes, en disant : « Chier cousin, vos âmes ait Dieu, vous nous avez fait moult maux et douleurs.. » (3).

Les morts, au nombre d'environ quatre mille, furent en-

(1) Dans la charte que René II accorda à la ville de Nancy, le 13 juin 1484, il dit, en parlant de ce siège : « Tou vivres commencèrent à faillir et force fust aux dits nobles bourgeois de manger chair de cheval, de chats, rats, chiens et autres telles choses pour le soutènement de leurs corps, dont longuement ils se soutinrent, et jusqu'à ce que l'aide de Dieu, notre créateur et l'aide de bonne assistance que firent nos alliés, le duc d'Ostriche, cité de Strasbourg, comme les communautés de Suisse et autres, nous lesvames ledit siège. »

(2) Olivier de la Marche, médecin du Téméraire, dit simplement qu'il fut rateint, occi et tué de coups de masse. (D. CALMET. *Petite Hist. de Lorr.*, p. 183.)

(3) En effet, en 1477 « le chaulcheux (pressoir banal) de Saint-Dizier ne s'a vendu (affermé aucune chose) pour ce que par les guerres il a esté tout destruit, guaisté et brullé et ne s'en a faict aucun prouffit. Et de présent on le reffoit à neuf. (LEPAGE, *Communes*.)

terrés au lieu où existe aujourd'hui l'église de Bonsecours, et on y bâtit alors la chapelle des Bourguignons.

René fit occuper pendant quelque temps la Bourgogne ; mais Louis XI l'obligea à abandonner cette province, et, peu après, par ses intrigues près du vieux René Iᵉʳ, il engagea celui-ci à priver son petit-fils (René II) du duché de Bar. Le vieillard, faible et dupé, se repentit bientôt de sa félonie et protesta par un acte secret. Quant à Louis XI, cuirassé contre l'honnêteté et le remords, il conserva effrontément la ville et les environs de Bar qu'il occupait déjà, à titre de fermier, depuis le 7 novembre 1479. Quand l'amant de la d'Albertaz mourut (20 juillet 1480), il ne restait à son petit-fils, pour la possession de tout le Barrois, que des titres dont le roi de France contestait la validité. Le Lorrain ne put recueillir que la portion de cette province sur laquelle Louis XI n'avait pas osé mettre la main, vu que sa mère en avait été déclarée duchesse par René Iᵉʳ.

Débarrassé définitivement du Téméraire, René récompensa les sujets dévoués qui avaient montré tant de fidélité et de constance. Le 22 février 1477, il remit aux gentilshommes des lettres confirmant les droits et privilèges de l'ancienne chevalerie. Peu après, il accorda aux bourgeois de Nancy une charte les déchargeant pour l'avenir des tailles ordinaires, redevances, traites, aides, charges, banvins et autres impôts établis ou à établir, à la réserve toutefois *du guet*, pour les murailles et portes, *des droits d'étalage, poids et vente de rouage* qu'ils devaient acquitter comme auparavant.

Plusieurs particuliers furent récompensés au moyen de confiscations prononcées contre les Lorrains qui avaient embrassé la cause du Téméraire, notamment Vautrin Malhoste, Henri, sire de Neufchâtel, le sire de Brandebourg, les trois frères Perrin (1). Henri et Évrard d'Haraucourt, Colard Ru-

(1) En 1478, Chrétien, favori de René II, fut envoyé à Magnières avec son collègue, Georges des Moynes, pour dresser l'inventaire des biens

dolff, Menget, clerc-juré de Rambervillers, Nicolas de Vaudoncourt, Gaspard de Raville (1), Jean de Toullon, Adam de Varennes, les deux frères Jacquemin de Lucy, Ferry de Châtel, Cunin d'Epinal, le chevalier Guillaume (2). Quelques-uns parvinrent à rentrer en grâce; mais on ne put leur rendre leurs domaines dont on avait gratifié les seigneurs restés fidèles (DIGOT).

Ce ne fut pas seulement sur les chevaliers infidèles que s'abattit la rancune de René. Baccarat, alors soumis à l'évêque de Metz, allié du Téméraire, éprouva le ressentiment du duc. « Se souvenant que cette ville l'a mal reçu un jour que, traversant son duché envahi pour aller chercher du secours en

meubles de Perrin de Haraucourt, lequel avait encouru la confiscation pour avoir adhéré au parti du duc de Bourgogne. (*Recev. Gén.*, de 1477 à 1478.)

(1) Jean Wisse de Gerbéviller obtint les biens de celui-ci, le château de Romont, les seigneuries de Landécourt, Franconville, Seranville qui avaient appartenu au sire de Brandebourg. (DIGOT, p. 359.)

(2) A ces noms il faut ajouter Simon ou Simonin des Armoises, maître et capitaine général de l'artillerie, cher et féal conseiller des ducs Nicolas et René Ier, qui trahit la Lorraine, en s'enfermant dans Nancy avec les Bourguignons de Charles-le-Téméraire, et, pour ce fait, encourut la confiscation de ses biens dont il fut relevé plus tard. (H. LEPAGE, *Opinion de D. Calmet*, p. 185.)

Lepage fournit sur les Des Armoises les curieux détails que voici : — Une partie de la famille Des Armoises, indisposée contre René Ier, par l'affranchissement fait, en 1425 (ou 1435), des villages qu'elle possédait dans la châtellerie de Briey (D. CALMET, *Gén. Des Armoises*), avait vu, dans la prise d'armes du comte Antoine de Vaudémont, le compétiteur de René Ier, une occasion favorable pour donner libre cours à son ressentiment. Dans ce but, Robert des Armoises commit la félonie que D. Calmet indique ainsi, par un *euphémisme remarquable* : « Il avait fait passer, en 1431, en des mains *étrangères*, la terre de Norroy, sans l'assentiment de René. » Les mains *étrangères*... sont, la date le démontre, celles du comte de Vaudémont ou de son allié, le duc de Bourgogne. La félonie de Robert est constatée aussi par une pièce, insérée en des lettres de Jeoffroy d'Aspremont « qui promet rendre la forteresse, terre et appartenances de Tichemont saisie sur Robert des Armoises, chevalier. » (*Trésor des Chartres; Lay. Briey*) [n° 212]. On sait que l'armée d'Antoine était composée surtout d'éléments étrangers et de troupes bourguignonnes. (SAINT-VINCENT, p. 133.)

Helvétie..., il fit assiéger la ville par une troupe de suisses qui la prirent et y mirent le feu... » René II... ne réussit pas mieux que ses prédécesseurs à conserver sa conquête ; il dut la rendre à l'évêque, en exécution d'un accord qui intervint peu après. (E. Ambroise. *L'arrondissement de Lunéville*, pp. 86-87.) (Ch. Mangin. *Mémoires sur Deneuvre et Baccarat*, p. 186.)

Grâce à la paix, la Lorraine commença à réparer les pertes qu'elle avait souffertes pendant plusieurs années ; mais le trésor se trouvait vide, obéré, grâce aux sommes considérables que René donna à plusieurs lorrains et aux auxiliaires allemands et suisses (1). Pour comble de malheur, l'hiver de 1480-1481 fut calamiteux. Le froid ne commença que vers Noël ; il dura sans interruption jusqu'à la Chandeleur. Les misérables huttes des paysans ne purent les en préserver convenablement. « L'hyver fut si destroit et si fort qu'il n'y avoit ni caves ni celliers que le vin n'engelast. Le

---

(1) Depuis René II, les ducs de Lorraine ont toujours entretenu à leur cour un ours, en reconnaissance du service que le canton de Berne qui porte l'effigie de cet animal dans ses armes, rendit à ce prince contre le duc de Bourgogne. — Lionnois (t. I, pp. 440 et suiv.) raconte à ce sujet la touchante anecdote suivante :

Pendant l'hiver de 1709, un petit Savoyard, mourant de froid dans la grange où une bonne femme le couchoit avec quelques-uns de ses camarades, s'avisa d'entrer un soir dans la huche de *Masco*, nom de l'ours du duc Léopold, ne pensant pas au danger qu'il pouvoit courir, en se livrant à la mercy de l'hôte qui l'occupoit. Masco, bien loin de faire aucun mal à cet enfant, pour le réchauffer, le prit entre ses pattes et le serra près de sa poitrine jusqu'au lendemain matin, qu'il lui laissa la liberté d'aller courir la Ville. Le Savoyard retourna le soir à la huche et fut reçu avec la même affection. Les jours suivants, il n'eut pas d'autre retraite ; mais il fut bien plus joyeux de voir que l'Ours lui avoit réservé une partie de sa portion. Plusieurs jours se passèrent sans qu'on s'apperçut de rien. Un jour que le valet vint apporter le souper de son maître plus tard qu'à l'ordinaire, il fut fort étonné de voir l'animal rouler des yeux furieux, et lui indiquer de faire moins de bruit, de peur d'éveiller un enfant qu'il tenoit sur sa poitrine. L'animal, fort glouton, ne parut aucunement touché des mets qu'on lui présentoit. La nouvelle s'en répandit bientôt à la Cour et parvint aussitôt aux oreilles de Léopold, qui voulut être témoin, avec une partie de ses courtisans, de l'acte de générosité de *Masco*. Plusieurs y passèrent la nuit et virent avec surprise que cet Ours ne remua pas, tant que son hôte put dormir. Au point du jour, l'enfant éveillé et fort honteux de se voir découvert, et craignant d'être puni de sa témérité, demandoit pardon. L'Ours le caressoit et l'engageoit à manger ce qu'on lui avoit apporté la veille ; ce qu'il fit sur l'invitation des spectateurs qui le conduisirent au Prince. Ayant appris cette singulière alliance et le temps qu'elle avoit duré, il prit soin de ce petit Savoyard, qui, sans doute, auroit fait fortune, si la mort ne l'eût enlevé peu de temps après. »

vin demeura en glaçons ; les tonneaux alloient en douves ;
toutes les vignes, arbres et blés furent engelez. »

La cherté devint extrême en 1481. La queue de vin (environ 220 bouteilles de Paris, selon DURIVAL) se vendait 30 fr.; le resal de blé, 5 fr., l'orge, 4 fr., l'avoine, 3 fr., et on avait peine à s'en procurer à d'aussi hauts prix.

Dans cette extrémité, René, dont les revenus étaient fort diminués, convoqua les Etats Généraux. Ceux-ci, avec une liberté et une franchise qui les honorent, lui déclarèrent que son administration prodigue et imprévoyante avait causé la plupart des maux dont le duché avait à souffrir. « A Epinal (DIGOT, t. III, p. 369), dirent-ils, on vous engagea à désarmer, vu que vos pays étoient tous destruicts, vos bonnes villes la pluspart arasées et bruslées, que vous n'aviez plus nuls vivres, argent, ny aultre chose qu'il falloit à l'exécution de la guerre... Vous mistes gens d'armes en Bourgogne et en Luxembourg... Le roi a voulu avoir les places qu'aviez gagnées et fallut que payassiez les gens d'armes (sans aucun profit); et, par la prinse de Luxembourg, le Duché de Bar, où vos gens d'armes vivoient, fut mis à pauvreté et destruict..., (et par ayde) ils durent encore payer les gens d'armes... Pour entretenir ceste gens d'armerie que ne vous a été d'aulcun profit, vous avez levé de très grandes sommes de deniers de vos pays ; ... vous avez multiplié charge sur charge ; ... les gentilshommes (à votre service) ont changé d'opinion... dont vos pauvres subjects en ont esté et sont merveilleusement adommaigiez, par ce que souvent il (leur) a convenu prendre par force le vin, le blé et aultres choses nécessaires chiez eulx, rompre céliers et greniers de quoi ils ne sont pas payez... Et Dieu sçait, Monseigneur, la grande désolation qu'est au peuple, et *les malédictions qu'ils donnent au lieu de bénédictions*, en demandant vengeance à Dieu des grandes charges, molestes, et inestimable pauvreté qu'il leur faut supporter avecques la grande cherté de vivres et de toutes choses qu'est au pays... Aussi, Monseigneur, si vous faictes chercher dans vos bonnes villes, vous ne trouverez poinct qu'il y ait homme, de quel estat qu'il soit, qui ait ny blé, ny vin chez luy, ne qui ait faict ou fasse quelconque provision, par doubte (crainte) qu'on ne les prengne... Et semble, Monseigneur, soubs votre bénigne supportation et correction, que si remède y doit estre mis, il faut qu'il viengne premièrement de vous, et que vous vous délibériez de reigler vostre volunté et appétit qu'avez d'avoir grande maison... Bref, Monseigneur, tout le salut de vous et de tous vos pays dépend de ce que vous ayez bon et bel estat, bien reiglé selon votre pouvoir... Tous vos Conseillers, Gentilshommes, Officiers, et bref tous ceulx de vostre maison *braient* et crient après vous, parce qu'ils ne sont paiez des gaiges ne de pensions que leur sont assignez, et que tant que ce désordre durera, vous n'aurez jamais bien, paix ne repos en vous, et aussy n'auront vos subjects. » (*Liber omnium,* f⁰⁵ 33, verso et suivants.)

René dissimula son mécontentement, conclut pour six ans un traité d'alliance avec l'évêque de Metz, emprunta aux citains de cette ville de grosses sommes, pour lesquelles il donna en échange cent muids de sel à prendre chaque année dans son Château-Salins.

La Lorraine, indépendamment des douceurs de la paix, jouit alors également de quelques formes de liberté. Les Etats assemblés à Nancy, virent plusieurs articles soumis à leur avis : le premier, sur l'expédition de la Provence, où le duc avait envoyé quelques troupes ; le second, sur la guerre dont le menaçait le roi de France, et sur les moyens de lui résister ; le troisième, sur la résolution de demander au pape : — 1º que les cardinaux et autres sujets de la cour de Rome ne pussent impétrer les bénéfices de la Lorraine, et que ceux d'élection fussent donnés par le duc, les autres laissés aux collecteurs ; 2º le consentement du pape pour répudier la duchesse, son épouse, en raison de sa stérilité (1);

(1) Il nous semble intéressant de reproduire la sortie piquante de

3° enfin la taxe de la nouvelle monnaie qu'il avait fait frapper et dont il avait haussé le prix et altéré l'aloi (1).

Noël (*Collect. lorr.*, t. III), à propos d'une biographie de Philippine de Gueldres, deuxième femme de René II, par l'abbé Guillaume :

Page 38, s'écrie Noël, l'auteur dit que René fut contraint à se séparer de sa première épouse, Jeanne d'Harcourt. En supposant que la stérilité soit un motif suffisant pour rendre dissoluble un sacrement en faveur d'un prince, ce qui certainement n'a jamais paru suffisant en faveur d'un pauvre bourgeois, nous ferons observer que le meilleur jardin, faute de culture ne produit rien. René ne cohabitait pas avec Jeanne d'Harcourt, son épouse, et éprouvait pour elle une aversion très prononcée ; elle n'était pas belle ; il l'avait reçue des mains de Jeanne de Laval, l'épouse de René I*, qui avait approuvé, si ce n'est sollicité l'exhérédation de René II de la succession de son grand-père, René I*. Certainement ces motifs contre une femme chaste équivalent à la stérilité. La générosité des présents et des salaires a fait le reste, c'est-à-dire, a fait prononcer par l'officialité de Toul la nullité de son mariage (p. 90)...

Vous (abbé Guillaume) accusez toujours les réformateurs de luxure ; mais dans le siècle où vécut la princesse (Philippine), les prélats catholiques étaient impunément libertins ; l'incontinence était même reprochée à des corporations religieuses. Vous en serez convaincu en lisant les œuvres des réformateurs, les sermons, les ouvrages littéraires de ce temps, les œuvres du curé de Meudon. Le pape Jean XXIII, dit *le Corsaire*, n'a-t-il pas été jugé impudique au concile de Constance ? Eugène IV qui sanctifiait la violation des serments prêtés sur l'Évangile, qui ratifia la condamnation de la célèbre Jeanne d'Arc, était fort sensible aux attraits des femmes. Paul II et Sixte V n'avaient rien d'édifiant dans leurs mœurs. Innocent VIII avait deux bâtards avoués, François et Théodorine qu'il enrichit autant qu'il put. Alexandre VI n'était-il pas un monstre d'immoralité ? Jules II n'était-il pas pédéraste ? Léon X n'était-il pas attaqué d'une maladie vénérienne fort puante lorsqu'il fut nommé pape ? etc., etc. Paul III avait un bâtard qu'il fit duc de Parme, etc. — Charles VII, roi de France, ne traitait-il pas sa maîtresse à l'égal de sa femme ? Le duc de Glocester n'a-t-il pas épousé deux femmes à la fois ? Le comte de Clèves avait soixante-trois bâtards. Jean de Bourgogne, évêque de Cambray, officiait entre ses trente-six bâtards et fils de bâtards ; Philippe-le-Bon eut seize bâtards ; il eût vingt-quatre maîtresses et trois femmes légitimes. (MICHELET, t. V, p. 104.) René I* n'avait-il pas trois bâtards reconnus ? Son fils Jean, de plusieurs maîtresses, en avait eu deux bâtards avoués. Nicolas I* n'avait-il pas une bâtarde reconnue ? Louis III de Lorraine, cardinal de Guise, archevêque de Reims, mort le harnais sur le dos, avait cinq enfants qui ont été légitimés. Au concile de Trente, un orateur qui demandait la légitimité du mariage des prêtres n'a-t-il pas dit que, dans cinquante prêtres, il n'y en avait peut-être pas un qui eût conservé la continence ? La plupart des prêtres, en Allemagne, étaient concubinaires ; même en certains lieux on en faisait un devoir aux curés ; il semblait que c'était une garantie qu'ils respecteraient les autres femmes. Bon nombre de bâtards de prélats furent légitimés par les princes. Le pape Clément VII était un bâtard. Nos évêques lorrains, de Toul, Metz et Verdun, en ont créé bon nombre qu'ils ont fait nobles, en les supposant descendants des nobles dont les familles étaient éteintes. Ainsi ils dissimulaient leurs naissances. Thierriat, pour avoir indiscrètement parlé de ces faits, fut pendu. C'est Innocent II, pape, mort en 1143 qui, le premier, a déclaré nuls les mariages des prêtres, et, après pénitence, le prêtre a pu continuer son ministère.(*Hist. du Concile de Trente*, par Fra PAOLO SARPION, p. 917.)

— L'histoire des bâtards des évêques de Toul, Metz, Verdun, (NOEL, *Mém.* IV, p. 54, note) serait chose curieuse. Ces bâtards sont fort nombreux, et bon nombre de grandes maisons seraient fort étonnées d'apprendre qu'elles en descendent. Les généalogistes de la Maison de Lorraine, dont les membres ont occupé ces évêchés, font mention de quelques-uns de ces bâtards, qu'ils n'ont pu dissimuler, parce que leurs pères, loin d'être honteux de leur naissance, ont cherché à leur donner une position sociale distinguée ; ils les ont en quelque sorte légitimés. Charles II l'avait fait pour le fils aîné d'Alison May, le cardinal de Lorraine pour le baron d'Ancerviller.

(1) Dom Calmet (II, p. 1084) dit à ce sujet : René II, vers 1480, fit

René fut appelé (1482) au secours des Vénitiens, en guerre contre le duc de Ferrare. Il partit avec deux cents hommes d'armes et mille fantassins. Vainqueur, il souilla son triomphe en faisant mourir ses prisonniers.

L'année suivante, la peste décima son armée en Italie, pendant que la Lorraine, sans chef, se trouvait en proie aux ravages d'aventuriers. Un comte de Varneberg, soudoyé par la France, était à leur tête, désolant indifféremment les terres de Metz, du Luxembourg et de Lorraine. Il périt enfin sous l'effort des trois provinces réunies. Rodemach et Richemont, ses places d'armes, furent prises et rasées.

Sur ces entrefaites, Louis XI recueillit paisiblement la Provence que lui avait léguée, en mourant, le comte de Maine, son beau-frère, cousin de René (1). Celui-ci essaya vainement de soulever contre le roi cette province dans laquelle il s'était rendu, quand le monarque français vint lui-même à décéder.

René se rendit à Paris où le duc d'Orléans, le duc de Bourbon et la dame de Beaujeu (ex-fiancée du duc Nicolas)

frapper de la monnaie d'un assez mauvais aloi et d'un prix beaucoup plus haut que n'étoit sa valeur intrinsèque. Les Messins, dont la monnoie étoit meilleure, en souffrirent ; l'argent frappé à leur coin devint si rare qu'ils furent obligés, pour en empêcher l'entière dissipation, de la rehausser de 10 à 18 ; sur quoi un poète du temps fit ces vers :

> Nos anciens pères, au temps passé,
> Avaient or et argent assez ;
> Pour son cours ils le mettoient;
> Après, plus ne le remontoient.

(1) Forbin qui avait préparé cette captation (NOEL, *Du domaine ducal*, p. ??) aborda le roi, en lui disant : Sire, je vous ai fait comte ; l'autre lui répond : « Moi je te fais gouverneur de ce que tu m'as donné. » Ce fait a été traduit par la devise que porte la maison Forbin : *Regem ego comitem, me comes regem*. Naguère cette naïve devise, récompense de la captation, était montrée avec orgueil à l'ancienne population lorraine. A la mort de Louis XI, Guillaume d'Haraucourt, évêque de Verdun et chancelier de Monseigneur, plaida vainement la cause des droits de René à la Provence et à l'Anjou. René fit des protestations, actes inutiles « qui ne sont que de l'eau claire », dit Thierriat.

se disputaient le pouvoir. Cette dernière l'emporta sur les autres, à la grande satisfaction du Lorrain. Le duc ne devait avoir oublié le soufflet qu'il avait donné au futur roi Louis XII, en présence du père de Wassebourg. (CLOUET, *Verd.*, préface, p. 12), acte brutal dont le duc d'Orléans pouvait avoir gardé souvenance. La dame de Beaujeu, au reste, s'était attaché René en lui rendant le duché de Bar, en lui promettant, après examen, l'entière restitution de la succession de René Ier, son aïeul. Elle lui donna une compagnie de cent lances, entretenue à ses dépens, une pension de trente-six mille livres et une décharge pleine et entière des sommes que Louis XI répétait sur la Lorraine. Là se bornèrent les avantages que René put recueillir.

A la mort d'Yolande d'Anjou (1484), il hérita de la baronnie de Joinville, à la condition de doter ses sœurs. Ce duc assista au couronnement de Charles VIII et à son entrée solennelle à Paris.

René était alors âgé de trente-trois ans et n'avait point de successeur après quatorze années de mariage avec Jeanne d'Harcourt qui était stérile. « Il obtint (D. CALMET, t. II, pp. 1091-92), après la réunion, à Toul, d'une assemblée de savants ecclésiastiques et de jurisconsultes, ensuite d'un rapport de médecins, l'annulation de ce mariage, le 8 août 1485. » Le pape ratifia la sentence, le 31 janvier 1489... « René n'attendit point (CHEVRIER) le prononcé du divorce pour signer le nouveau contrat de mariage avec Philippine de Gueldres, l'une des plus belles princesses de son temps. » L'épouse délaissée ne reçut que deux mille livres de pension.

Cependant la division continua à régner dans la régence de France. René, jouant un rôle équivoque et peu digne (SAINT-MAURIS), prit parti, d'abord pour le roi contre la ligue des princes; ensuite il se joignit secrètement à ceux-ci, et une confédération fut jurée à Nancy sur les reliques et les évangiles. « Si je manque à ma parole, dit-il aux alliés, je consens que vous me couriez sus et traîniez mes armes à la queue de vos chevaux. » René ne leur fut pas infidèle, mais les servit très peu.

Vers cette époque, les Napolitains vinrent lui offrir la couronne de leur pays. Le pape Innocent VIII, auquel René avait essayé de rendre service, en enlevant traîtreusement au roi de France le prince musulman Zizim, le pape, pour lui témoigner sa gratitude, lui permit de lever un décime sur le clergé lorrain en faveur de l'expédition de Naples. L'évêque de Toul, Antoine de Neufchâtel, refusa de favoriser son ennemi personnel et celui de sa famille. Sa résistance fut généralement approuvée. (DIGOT, t. III, p. 385.) On commençait à se lasser de faire des sacrifices pour fournir aux ducs le moyen d'aller conquérir des contrées étrangères, dans lesquelles ils n'auraient pas manqué de se fixer, en abandonnant à des lieutenants le soin d'administrer la Lorraine et le Barrois.

René, néanmoins, persistait à vouloir tenter l'expédition; mais le roi de France lui fit savoir à Lyon qu'il eût à cesser la poursuite du royaume de Naples auquel il prétendait lui-même. Le duc revint dans ses Etats pour y faire régner l'ordre et la justice et mettre des bornes à l'envahissement de la théocratie. A cet effet, il défendit d'exécuter aucune expédition apostolique sans la permission du souverain. — En résumé, de toutes ces tentatives de conquêtes au dehors et de la succession de son aïeul, René ne recueillit que les vains titres de roi de Naples, de Sicile, de Jérusalem et les armes d'Aragon et d'Anjou.

Le duc s'attacha à embellir le lieu de sa résidence. Nancy alors n'était encore qu'une bourgade. Il y fit ajouter de nouveaux boulevards, la fit paver entièrement, construisit les châteaux de Bar, Pont-à-Mousson, Condé, Gondreville, Neuf-

(1) Metz était déjà pavé, en 1303. Paris ne le fut qu'à la fin du dix-septième siècle. René confia la police de Nancy à un prévôt et à quatre bourgeois notables qu'il nommait sur la présentation des habitants. (DUMONT.)

château, Lunéville, etc., et célébra l'alliance de sa sœur, Marguerite de Lorraine, avec le duc d'Alençon.

C'est à l'occasion de ce mariage que les Etats accordèrent un aide extraordinaire pour payer la dot de la princesse (23 juin 1489), et établirent l'impôt de la Saint-Remy, c'est-à-dire la levée de 2 francs (1) sur chaque conduit (ménage), payable le 1ᵉʳ octobre de chaque année (2); mais, afin de bien constater leur droit exclusif de voter les subsides extraordinaires, ils exigèrent de René des *lettres de non préjudice* (lettres patentes), par lesquelles il reconnaissait que la concession, libre et gratuite des Etats, ne pouvait en rien préjudicier dans l'avenir à eux ni à leurs successeurs, que l'aide était une pure libéralité de leur part.

METZ. — Henri de Vaudémont, qui remplaça à l'évêché de Metz George de Bade, fut élu par les chanoines en haine des bourgeois de cette ville. Le nouveau prélat était contrefait, au rapport de Vigneulles, ne vint jamais à Metz, et se tenait en un lieu de plaisance, à Joinville, en Champagne. « Là, il

---

(1) On aura une idée de la valeur de l'argent à cette époque (1473) en constatant que René donna 25 fr. aux bourgeois et habitants de Bruyères pour réparer les fortifications de leur ville. (*Doc. sur l'Hist. des Vosges*, VI.)

(2) Rogéville donne le procès-verbal suivant de cette réunion. « Comme présentement ayons convoqué .. en ce lieu de Nancy, les Prélats, Hauts-Hommes, Barons et autres *nobles* de notre Duché de Lorraine, tenant fief et arrière-fiefs, de nous, et leur ayant prié et requis de nous donner et octroyer sur leurs hommes et subjects de notre dict Duché, aucun don de deniers, pour convertir, employer et subvenir à nos très grandes affaires et nécessitez, lesquels... nous ayant de leur libéralité, consenti et accordé pour cette fois... la somme de deux francs (...jaçoit que de droit et de coutume, n'en fussent en rien tenus) sur chacun feu de leurs hommes et subjects... sans préjudice pour le temps à venir, laquelle somme seroit levée : à sçavoir la moitié à Noël prochainement venue, et l'autre de la Sainct-Martin en un an, qui est l'an 1490... Le dessus don et octroi ne leur tournera à aucun préjudice... Nous voulons et leur accordons aussi qu'ils jouissent de leurs privilèges et franchises et libertés sur leurs hommes et subjects ainsi que leurs prédécesseurs et eulx en ont usé et accoustumés par le passé. (Signé : RENÉ.)

entretenoit le duc René, son neveu, pour avoir ses biens, et mourut en ce lieu. » (*Chron.*, p. 808.) Son épiscopat fut le commencement d'un gouvernement plus que centenaire de l'église de Metz par des évêques de la maison de Lorraine. (*Hist. de Metz*, t. II, pp. 683-84.)

A peine intronisé, le nouveau prélat contesta à la cité ses droits, ses privilèges, et livra les domaines et les places fortes de son évêché à son neveu René II, duc de Lorraine. Metz eut également à lutter contre le gouverneur du Luxembourg. Une lettre de doléances adressée à l'archiduc Maximilien par les magistrats, en 1489, porte que les Luxembourgeois faisaient des incursions jusque dans les faubourgs de la cité ; qu'ils dévalisaient les marchands sur les routes ; que même « dariennement il avoient en la terre de Metz bouté le feu en huit bons villaiges, et tous les biens et grains consommés et destruicts, avec occision de personnes, prinse de corps d'hommes, et, à l'heure qu'on voit les feux allumés, envoyé (seulement) les lettres de défiance. » (VIVILLE, t. I, p. 173, note.)

René, en 1490, se mit de la partie. « Les Messins (CHEVRIER) troublés par des brigands qui firent de grands dégâts et parmi lesquels se trouvaient quelques sujets de René, se vengèrent par des représailles. Le duc, indigné, après une lettre de défi (1) à laquelle les Messins répondirent fièrement,

(1) La lettre de défi suivante envoyée au duc de Lorraine, le 10 mars 1489, par le bâtard d'Auby, donnera une idée de ce genre de provocation usité depuis longtemps.

« A très haut et puissant prince, monseigneur le duc de Lorraine, etc. Je Loys, bastart d'Auby, tant pour moi que ceux de ma compagnie, vous fais savoir que, pour résister aux insolences que, par vous et les vostres, se font et se continuent journellement à l'encontre de messieurs les Maistres Eschevins et Treze Jurés de Metz, nous restons de tant à eux tenus, que sommes délibérés les assister, servir et aider, ceste présente guerre durant, à l'encontre de vous et des vostres, en vous portant tous les dommaiges que pourrons ; et par ces présentes entendons y estre saurées nos honneurs, et nous en estre acquittés souffisamment. Donne soubs mon signet le dix... l'an ...XX et IX. (*Hist. de Metz*, Preuves, p. 396.)

vint ravager tout le territoire de la ville de Metz qu'il investit. Il prit d'assaut l'église d'Ancy (Viville) et fit passer au fil de l'épée la garnison et les habitants qui s'y étaient réfugiés. Les femmes seules furent épargnées. Tous les villages, et jusqu'aux vignes de Saint-Quentin sont brûlés. Les Lorrains ont la barbarie de couper les oreilles à des femmes de Scy, d'en mettre d'autres toutes nues et de les chasser devant eux jusqu'aux portes de Metz. Les Messins, en revanche, dévastent les terres de la Lorraine, du Barrois et de l'Évêché. Ils brûlent plus de cent dix-sept villages et ramènent de ces expéditions une immense quantité de chevaux, de bestiaux et de denrées. (Ils vendirent pour 3,800 livres 15 sous, 4,942 quintaux de sel qu'ils avaient enlevés.) (Viville, t. I, pp. 175-176.)

René, se sentant impuissant pour emporter Metz de vive force, eut recours à la trahison de trois citoyens de cette ville. La conjuration fut découverte. Les Treize condamnèrent Jean de Landremont, l'un des traîtres, à être mené par tous et chacuns des carrefours de la cité de Metz, et illec, à son de trompe, publier sa trahison, signification de l'exécution de sa mort, puis après, à deux heures après midi, être mené sur la place de Chambre, et illec, par le maître des œuvres patibulaires, être vif ouvert, le ventre fendu et les entrailles tirées, lui faisant ostentation de son cur (cœur) (1491). Et après expiré de vie, lui trancher la tête et mettre le corps en quatre quartiers, la tête à la pointe d'une lance, posée sur la tour de la porte de Ponthieffroy, à laquelle il prétendoit la conspiration être exécutée, et chascun quartier de son corps à la venue des quatre portes d'icelle cité. Cette sentence fut donnée et prononcée en la chambre de justice, tous ensemble congrégués, sans homme de division, le cinquième jour de janvier 1491 » (1).

(1) En mars 1492, René et sa femme se rendirent au Pont-à-Mousson, et devant qu'ils y vinssent ils ordonnèrent de faire nettoyer la ville et de chasser hors tous les porcs mâles et femelles, et de faire grand feu

Le duc de Lorraine fit de vaines menaces pour qu'on remit entre ses mains Jean de Landremont, *chargé de son cas*; les Messins s'y refusèrent et on l'exécuta. Les hostilités continuèrent. Enfin, après plusieurs tentatives inutiles, l'archevêque de Trèves parvint à faire signer la paix, en 1493, après quatre traités et quatre années de dévastations.

La tranquillité, une fois rétablie, la duchesse de Lorraine, princesse de Gueldres, alla en pompeux équipage accomplir un vœu dans le voisinage de Metz. L'accueil qu'elle reçut dans cette ville peint parfaitement les mœurs de l'époque. On lui offrit deux bœufs gras, vingt-cinq moutons, un chevreuil, trois queues de vin, une coupe d'argent remplie de florins d'or. Un gentilhomme lui présenta douze hérons vifs. L'abbé de Saint-Clément fit don de cailles, de faisans et de chapons. Il y eut fête générale ; et, pour faire honneur à la duchesse, on délivra les prisonniers au nombre de seize à dix-huit cents. Disons, en passant, que peu auparavant l'empereur Maximilien (2) s'était rendu à Metz où il fut accueilli avec la même pompe que son père Frédéric III, en 1473.

par toute la ville pour chasser le mauvais air. (ORY, *Causeries sur Pont-à-Mousson*, p. 57.)

(2) Ces visites princières étaient fort onéreuses pour les finances de la ville, d'abord, par les dons à offrir, et surtout par les précautions que prenaient les citains afin d'éviter toute surprise de la part des puissants hôtes qui s'imposaient.

Nous avons vu plus haut les mesures prises pendant le séjour de Frédéric III et du Téméraire. On agit de même pour Maximilen. « Durant le temps que l'empereur séjourna à Metz les portes estoient bien gardées, dessus et dessoubs, de quaitre bourgeois, comme la coustume en est, et souvent bien visitées par les trese et sergens. Pareillement faisoit-on le gait à chevaulx à l'entour de la cité du dedans ; et par-dessus les murailles se fesoit la chergaitte à pied ; et chevaulchoient les soldoyeurs toutte la nuyt par la cité pour oyr et escouteir si aulcun bruyt ou esmotion se faisoit. Il y avait feu ordonné à brulleir chescune nuyt, par les carrefours de la cité et gens qui y gardoient toutte la nuyt. Et avec ce estoit ordonné que en chescune maison y eust lumière ardent devant l'huis ou au dedans des verreories. Et fist on venir plusieurs des bonnes gens de villaiges bien embastonnés que on mist en plusieurs graignes par la cité, pour s'en servir et aydier, s'il fust été de nécessité. »

Presque en même temps (1493) le bailli de Luxembourg, sous prétexte de se venger des outrages qu'il prétendait avoir reçus des Messins dans la dernière guerre, envoya des let-

---

(Hug., *Chron. de Metz*, pp. 586-87). Le 27 septembre 1498, le roi des Romains vint à Metz et on prit les précautions habituelles pour n'être pas surpris. Il demanda quatre mille florins du Rhin aux gens d'église... (Ceux-ci soutenoient la République, parce que, grâce à elle, on ne payait rien aux souverains (*Id.*, pp. 626-27). Le clergé ayant refusé la somme, les seigneurs de la cité de Metz lui en prêtèrent six mille qu'ils empruntèrent aux bourgeois avec promesse de les leur rendre. Mais, en 1512, les paroisses de Metz refusèrent à ce même empereur une *aide d'argent* qu'il leur demandait. Elles firent remontrer que de toute ancienneté leurs prédécesseurs (les Echevins) qui ont eu le gouvernement et l'administration de la chose publique, les ont toujours entretenus sans être taillés ni payer aucuns tributs, ni aydes à nuls princes, ni seigneurs. (*Chron. Mess.*, A. L., 1876, p. 211.)

Les quelques chiffres que voici, des dépenses de Metz pendant le xve siècle, montrent les charges causées par des offres gracieuses.

Cout. — Pour la guerre avec Charles VII, terminée en 1445, 124,221 livres 12 sous. — Solde des troupes alliées, 18,821 fr. — Les bombardiers, 191 fr. — Fortifications, 5,375 fr.

En 1473, à l'empereur Frédéric, 120 moutons, 60 queues de vin, 1,800 quartes d'avoine, coûtant 1,273 livres 19 sous.

En 1492, à l'archiduc Maximilien, 13,000 florins d'or, sans compter d'autres présents à ce prince et aux nombreux seigneurs qui l'accompagnaient.

A ce prix on acheta la neutralité. (Maximilien avait demandé aux magistrats de grands secours d'artillerie et d'argent pour faire la guerre au roi de France.) (Etienne, p. 161.)

En 1491, à la reine de Sicile (femme de René, venue en pèlerinage à Sainte-Barbe), cinq pièces de vin, 2 bœufs, 25 moutons, 25 chapons, des pigeons, un chevreuil, 700 livres de pain, 50 quartes d'avoine, une coupe d'argent pesant quatre marcs et contenant 400 florins d'or..., et, à la sœur du roi, un portefeuille d'or, garni de perles, de rubis et d'autres pierreries.

En 1498, à l'empereur Maximilien, 18 queues de vin, 18 bœufs, 78 moutons et 139 quartes d'avoine... Douze tasses d'argent doré, pesant trois marcs chacune, à 12 fr. le marc. — Prêté six mille florins du Rhin. — Pour se procurer cette somme, la ville vendit les grains amassés sur ses greniers, — le blé à 10 sous la quarte, le méteil 6 sous. Le clergé fut, en outre, imposé à 400 fr., — et peu après il (Maximilien) demanda aux Messins trois mille florins. Cependant il avait reçu 13,000 florins du Rhin, en 1492, sept mille, en 1495, et 3,510 dans son précédent voyage. (Bégin, *Hist. des Sciences*, pp. 643-44.)

tres de défi à la cité, après avoir dévasté, avec 400 chevaux, la rive droite de la Moselle, brûlé Vigi, Mercy, Paouilly, Olgi, Antilly, Chailly, Ennery et Themery, villages dont il emmena tout le bétail. (Viville, p. 181.)

La paix se fit bientôt. Quant au duc de Lorraine, il essaya de tracasser indirectement les Messins. Ceux-ci ne pouvaient se faire amener les grains des fermes qu'ils possédaient en Lorraine. Les citains usèrent de représailles. Il fut même défendu de ne rien acheter des Lorrains qui, bientôt, ne surent que faire de leurs denrées. Ils ne purent même pêcher les étangs de Dieuze, de Lachaussée, etc., faute de débit. Metz était le grand, le seul marché de ces provinces. (*Ibid.*, 179.) (1)

Ces troubles, qui agitaient et épuisaient notre pays, existaient également dans les provinces rhénanes. Pour y mettre un terme, la diète de Worms avait été réunie afin d'établir une paix durable entre les membres de l'Empire. René refusa d'y faire hommage à Maximilien pour la Lorraine, et ne prêta serment que pour les fiefs qui dépendaient de l'Empire, en promettant fidélité selon la teneur des lettres respectives (2).

(1) Le duc de Gueldres était également à Metz, le 12 juillet 1491, avec vingt-quatre chevaux. « Les seigneurs Wiriat Roucel, François Jehan et Mathieu le Gournais lui firent présent d'un bœuf gras, de deux moutons, d'une écuelle de poissons, grosses carpes, brochets, anguilles, d'une cuve de vin clair et de quarante quartes d'avoine, et le lendemain, bon matin, se départit et emmena ledit bœuf et vingt quartes d'avoine. (*A. l.*, 1878, p. 249.)

(2) Notons ici qu'en 1488, année de jubilé, de nombreuses processions furent constamment interrompues et troublées par des pluies abondantes qui firent manquer les récoltes. On attribua ces intempéries aux maléfices des sorciers, et les bûchers s'allumèrent de toutes parts. Les Messins, voyant que les supplices des sorciers n'avaient rien changé à l'inclémence de la saison, imaginèrent un moyen plus doux d'apaiser les murmures du peuple sur le haut prix des denrées, en lui donnant des fêtes et des bals. (Viville, t. II, p. 369.) Mentionnons ici que trois années auparavant, en 1485, l'année fut si précoce que, le 24 mai, on vendait à Metz des fraises sur le marché, et le 1er juin des cerises. (Viville, t. I, p. 315.)

TOUL (1). — René qui songeait à agrandir la Lorraine de la ville de Toul, après avoir constamment harcelé Antoine de Neufchâtel (2), parvint à faire nommer évêque, en 1495, Olry de Blâmont, un de ses parents éloignés. Ce prélat reconnut les bons offices du duc en lui faisant donation du comté de Blâmont dont il avait hérité, et en le mettant à même d'exercer dans sa ville épiscopale une influence contre laquelle la bourgeoisie protesta fréquemment. Pour avoir un prétexte d'attaquer la cité, René réclama aux magistrats la rente de mille francs qui lui étaient dus par suite des traités faits avec Charles II, son bisaïeul. « Les Toulois (BENOIT, p. 597) se croyaient bien fondés de lui refuser ce paiement, à cause de pareille somme qu'ils lui avaient donnée pour son voyage de Naples. René répondit par la guerre. Pour avoir la paix, les Toulois durent, entre autres choses, faire dire une messe tous les jours à l'autel de saint Gérard, pour le repos de l'âme du duc Charles II. (DAULNOY, pp. 223-24.)

Par ses brigues et le concours de l'évêque, René fit donner l'office de maire de Toul à un fils naturel de sa maison, Claude de Calabre, et bientôt il obtint que les aides qu'il faisait lever en Lorraine se percevraient pareillement dans Toul, pour subvenir aux besoins de ses Etats; en sorte que cette ville, quoique impériale, devint, par l'adresse de ce

(1) L'année 1480 avait été stérile. Par délibération du 25 février 1481, le chapitre de Toul enjoignit aux fourniers de donner aux pains d'aumône, appelés *Merelz*, 20 onces au lieu de 13, et de les distribuer sans exception de personnes tous les jours de carême, suivant l'usage, seulement la farine devait être un peu plus grosse et le pain moins blanc. (GUILLAUME, *Cath. de Toul*, p. 24.)

(2) La guerre avait éloigné un grand nombre d'ecclésiastiques, et les paroisses ne pouvaient plus être desservies. L'évêque Antoine, voulant remplir les bénéfices qui vaquaient, appela un grand nombre de jeunes hommes de Bourgogne qu'il ordonna prêtres, et les plaça dans les meilleures cures du pays. Le peuple, que l'ancienne aversion contre ceux de cette nation préoccupait, ne leur porta pas tout le respect qui leur était dû à cause du caractère dont ils étaient revêtus ; ils eussent mieux aimé se voir sans prêtres que d'en avoir des étrangers. (BENOIT, p. 576.)

prince, aussi attachée à ses intérêts que si elle eût fait partie de son duché. » (BENOIT, p. 598.)

Plus tard (CHEVRIER, t. IV, p. 37), il prit par surprise Void, et par escalade Vicherey. L'intervention de l'empereur d'Allemagne put seule sauver le reste des domaines toulois de la rapacité de René. Déjà, lors de l'élection du dernier évêque, le duc avait fait entrer des troupes dans la prévôté de Vicherey, avec menace de les y laisser tout le temps que les chanoines n'éliraient pas son aumônier. (THIÉRY, t. II, pp. 70-71.)

C'est en 1498 que l'empereur Maximilien, à la suite des agissements de René, fit son entrée à Toul. Le peuple, étonné, dut le recevoir et faire trois génuflexions successives. A la dernière fois, le procureur de la cité fist la proposition, offrant tous services et loyautés que doivent faire subjects à leur souverain, requerrant que ledit Roy faist serrement aux citains de les entretenir en loyautés, franchises et libertés et en seurtey, ainsi qu'ils avoient usey et que ses prédécesseurs empereurs avoient fait : ce que libéralement il jura en parole de roy.

Maximilien refusa les clefs qu'on lui offrait, « déclairant qu'ils avoient bien gardé sa cité longtemps, cent ans et plus et que encore la garderoient plus longuement au plaisir de Dieu. » L'empereur voulut faire son serment au peuple, non dans l'église, mais dans la cour du palais épiscopal. Il fut heureux à la vue de la masse des habitants, et, par la bouche du bailli, déclara qu'il voulait aimer et conserver sa cité et les citains, les entretenir en leurs franchises et libertés, mais aussi vouloit ladite Majesté Impériale que tous lesdits citeins illecques assemblés lui fussent bons et léaux par sairement, requérant que, en signe de sairement, chascun leva la main en hault ; ce qui fut fait par lesdits citeins... Un jeune homme noble, accusé d'avoir battu une femme si fortement qu'elle en mourut, eut incontinent la tête tranchée par ordre du Roy. — Maximilien reçut une coupe d'or contenant deux cents florins et quitta Toul le lendemain. (*A. L.*, t. VII, pp. 65 à 71.)

Les bourgeois écartèrent ainsi la tyrannie imminente de René par le patronage purement nominal d'un souverain éloigné. Dès lors, on put constater un affaiblissement sensible dans la puissance temporelle des évêques.

Verdun. — Guillaume d'Haraucourt était toujours évêque de cette ville. A Paris il se lia avec le cardinal La Ballue et prit part à ses intrigues. Louis XI le retint prisonnier à la Bastille dans une cage de fer pendant quatorze ans. Une fois libre, on le voit accompagner René à Venise, plaider la cause du duc pour l'héritage de la Provence et de l'Anjou, enfin assister à la reprise du Barrois par les Lorrains. Enfin, il meurt le 20 février 1500, brouillé avec le duc de Lorraine, avec le chapitre et son peuple, laissant plus d'admirateurs de son esprit, de sa finesse et de son habitude des affaires, que d'amis sincères et dévoués.

Administration de René. — Les établissements, les constructions, etc., créés par René épuisèrent vite ses ressources. Quand, en 1497, il maria sa seconde sœur, Yolande, à Guillaume III, landgrave de Hesse, il sollicita et obtint des Etats un nouvel aide extraordinaire. Déjà celui voté transitoirement, en juin 1489, était devenu permanent, sous le nom d'aide ordinaire Saint-Remy.

Ces aides ne frappaient que la Lorraine proprement dite. Les ducs eurent grand soin de ne pas annexer à l'ancien pays les différents territoires dont ils faisaient l'acquisition, et de conserver au duché de Bar, où leur autorité était à peu près absolue, toute son indépendance, afin de le soustraire à l'intervention des Etats et à la juridiction des Assises. Les appels des jugements rendus par les tribunaux du Barrois mouvant étaient portés devant le Parlement de Paris ; dans le Barrois non mouvant, les appels se relevaient à la cour des Grands Jours qui tenait irrégulièrement ses séances dans la ville de Saint-Mihiel. Là, on ne jugeait que par commission du prince. Les Grands Jours étaient présidés par le duc, et les jugements rendus en son nom. Il y avait aussi la maire-court d'Amanges. (NOEL, p. 922.) René publia, le 11 novembre 1497, une ordonnance qui déterminait tous les détails à suivre, tant devant les Grands Jours que devant les tribunaux inférieurs. (DIGOT, t. III, pp. 400-401.)

LA GUERRE DE SEDAN. — Sous ce titre, Henri Lepage donne les détails suivants sur cette partie du règne de René II, peu connue jusqu'ici :

« Robert de La Marck, prétendant à la propriété de Dun-le-Château, prit les armes contre René II, et fit des courses en Lorraine où il brûle cinq ou six villages... Les premières hostilités eurent lieu sur la fin de l'année 1493. René, selon Aubrion, demanda aux Etats Généraux, pour payer ses soldats, le droit de lever sur chaque feu, en ses pays, chacune sepmaines deux blans, le fort portant le faible, ladite guerre durant; ce qu'ils firent. »

L'un des principaux alliés de René, fut Louis de La Marck, oncle de Robert. En 1494, trois autres membres de cette famille s'unirent au duc de Lorraine.

René voulut également contraindre les Messins « de contribuer à l'aide qu'il avait imposé sur ses sujets. Afin de les y forcer, les Lorrains firent des courses en divers villages appartenant à l'abbaye de Saint-Vincent, et prirent plusieurs hommes qu'ils emmenèrent à Amance.» Par représailles, les Messins s'unirent à La Marck. Le roi de France, Charles VIII, interposa vainement une première fois sa médiation. Après de nouvelles hostilités, peu avantageuses pour René, l'intervention du monarque amena enfin un traité par lequel René donna à La Marck dix mille florins et une pension de xij^c francs. (14 avril 1498.)

Robert avait bien, dit-on, trois mille combattants « toutes gens de fait et de guerre », tandis que René, quelque temps après sa victoire de Nancy, avait congédié ses troupes et conservé seulement sa garde du corps (environ 80 hommes) (1). Pour compléter sa petite armée, le duc manda hâtivement « ses prévôtez et ses fiévés », c'est-à-dire les roturiers et les gentilshommes ou vassaux auxquels la loi féodale imposait l'obligation du service militaire. On ne convoqua pas tous les « gens de bannières » et des « prévotez », c'est-à-dire les roturiers qui marchaient sous l'enseigne de leur prévôté. On imagina de substituer au service personnel militaire, une contribution « de seze gros » pour « les moys d'aoust et septembre. » Cet impôt, qui produisit une somme d'environ vingt et un mille francs, servit à payer des mercenaires que René prit à sa solde. On les avait recrutés à Strasbourg, Colmar, Schlestadt, Soultzbach, Bischwiller, Scherwiller, Ettendorf, Rouffac, etc.; Bâle, Fribourg, Augsbour, Offenbourg, etc.

René, pour divers besoins, avait établi deux postes, exemple que Charles III, pendant les guerres de la Ligue, imita en créant « de distance en distance des postes à pied... » (2).

L'issue de la guerre de Sedan fut peu favorable à René II, puisqu'il se vit obligé de signer un traité qui dut notablement endommager ses finances, déjà obérées par les frais d'une campagne sans résultat, et par le paiement de gens d'armes étrangers qu'il avait pris à son service. (P. 224.)

FAMINE ET PESTE. — Le XVI⁰ siècle commença par une grande famine précédée de pluies excessives qui durèrent tout l'hiver, depuis le commencement du mois d'octobre jusqu'à la fin de mars. Cette famine désola la Lorraine et les provinces voisines... « Le bichet de blé qui s'estoit donné,

(1) En 1473 cette garde du corps comprenait 24 cranequiniers, recevant neuf florins de solde par mois. (LEPAGE, *Inst. milit.*, p. 147.)

(2) En 1503 René avait « deux messaigiers à Nancy tenant chacun ung bon cheval .. pour porter lettres hâtivement... » René assigna à ces messagers dont le nombre fut porté à cinq, en 1517, deux florins d'or et douze résaux d'avoine sur la cellerie de Nancy. (*A. L.*, an. X, p. 188, note.)

quelques années auparavant, pour moins de trois sols, se vendoit lors cinquante. Comme aussi la queue de vin qui ne s'estoit vendue que dix-huit gros, s'achepta dix francs et plus. Cherté non ouye auparavant, et qui fut suivie, l'année d'après, d'une si grande pestilence (car l'une est comme le levain de l'autre) (1) qu'elle emporta presque *le tier* des gens du pays, et qui en fust tellement esclaircy et desnuez d'hommes, que le commerce et le labourage en demeurèrent arrestez bien longtemps. Toutefois, le duc René resmesdia au plus tôt qu'il peu à ce deffaut, par un allesgement et diminution des charges et aydes ordinaires que le peuple supportoit auparavant, estant, à la vérité, le moyen le plus sortable et convenable de tous ceux qu'on sauroit imaginer pour bientost faire reprendre aleine à un peuple las et recreu de tant de misères et calamitez... »

Les villages et les campagnes demeurèrent déserts (D. CALMET, t. II, p. 1113); le commerce et le labourage cessèrent et furent interrompus assez longtemps. — La récolte fut complètement perdue en 1501, très médiocre en 1502. Celle de 1503 rétablit l'abondance ; vint alors la peste qui régna, surtout en 1505.

On chercha dans les forêts les ressources que les champs incultes ne fournissaient plus. C'est alors que, pour la première fois, on vit descendre des montagnes des Vosges, sur la Moselle, ces *voltes* ou radeaux de planches de sapin que depuis on a conduits si loin.

Ces calamités enfantèrent de nouvelles superstitions. La cité de Metz donna un calice d'or à Monseigneur Saint-Clément, en reconnaissance de son intercession pour arrêter la famine. Vary-Dommartin, évêque de Verdun, défendit de faire le tour des maisons avec des chandelles allumées.

La famine n'avait pas encore cessé ses ravages quand René

(1) La peste suivit la famine, dit un vieil auteur, comme la fille suit la mère.

augmenta, à Nancy et sans doute ailleurs, les anciennes gabelles (1). (*Ordonnance du 28 juin 1504.*) C'était une aggravation considérable des charges publiques.

Dans les dernières années de sa vie, René se retira dans le château de Louppy-en-Barrois où, à l'exemple de sa femme, il partageait son temps entre les exercices de piété, l'administration et la chasse, pour laquelle il avait une véritable passion. Les loups, encore fort nombreux, excitaient son ardeur. Il avait coutume de dire qu'en exterminant un de ces fauves, il sauvait peut-être la vie à une dizaine de ses sujets. Le mois de novembre 1508 fut très froid ; la neige tomba de bonne heure et les loups affamés devinrent dangereux. René, dans une battue, après s'être beaucoup échauffé, fut saisi d'un refroidissement qui, à cinquante-sept ans, le conduisit au tombeau, au château de Fains (le 10 décembre 1508).

Trois de ses enfants eurent une grande célébrité : Antoine

---

(1) Tout ceux qui vendront vin et détail payeront chaque queue, outre l'ancienne gabelle, deux gros qui sont cinq gros pour queue..., et pour chacune qui ne seront du creu (crû) de Lorraine payeront dix gros. » (Sont e ceptés gens d'église, résidans et bénéficiers nancéiens, vendant en gros leurs vins provenant de rentes, revenus.

Item, les boulengiers qui venderont pain cuyt... payeront, pour chacun rescaulx deux deniers et tous les boulengiers déforains qui venderont pain qui ne sera point été cuyt en la dicte de ville, payeront avec l'ancienne gabelle, pour chacune charrette demy gros, ainsi est pour la charette deux solz.

Item les bouchiers... payeront pour chacun bœuf et vache deux gros ; porc huit deniers, moutons brebis et veaux quatre deniers et rien pour les autres.

Les marchands de drapt de soye, layne, linge, thoilles, pelleterie, cuyr, harencz, cuivre, estain, assier, espices et touttes autres mercerie, marchandises quelconques payeront par franc, monnoye de Lorraine, deux deniers de la dicte monnoye, réservé les vairriers. (LEPAGE, *Arch. de Nancy*, t. III, pp. 48 à 51.)

Notons ici cette particularité étrange, signalée par Digot (t. IV, p. 111) : « Un article du règlement, dressé en 1497, par les Quatre-de-Ville, chargés concurremment avec le prévôt de la police de Nancy, prescrit, pour l'acquittement du droit de *harage*, perçu par le bourreau sur les denrées apportées au marché de la ville, la marque à la craie tracée par le maître des hautes œuvres sur l'épaule des vendeurs... »

qui lui succéda ; Claude, duc de Guise, père des princes lorrains qui jouèrent un si grand rôle au moment de la Ligue ; Jean, cardinal de Lorraine, qui posséda à la fois trois archevêchés, six évêchés et un grand nombre d'autres bénéfices.

Pour prévenir les troubles que la succession au duché de Lorraine avait autrefois causés, René établit, outre l'inaliénabilité du domaine ducal, la *loi salique* (par testament, dit-on), excluant les femmes du trône, et il confirma cette disposition testamentaire dans un codicille (1).

A l'amour de la guerre où il s'était révélé capitaine habile, René joignit le goût des lettres et des beaux-arts. Frappé dans sa jeunesse de ces paroles de saint Augustin — qu'un prince ignorant est un âne couronné, — il apprit plusieurs langues, devint philosophe, théologien, et parvint à traduire passablement les auteurs latins. Les livres, disait-il, sont des conseillers muets qui instruisent et corrigent sans aigreur et sans flatterie. Au milieu des rigueurs et des cruautés des guerres injustes que trop souvent il suscita, on lui prête cette belle réponse à un de ses lieutenants : « Capitaine,

René fit bâtir (CHEVRIER, t. IV, p. 67) sept ou huit couvents de Cordeliers. Ceux-ci multiplièrent vite leurs maisons. De 1450 à 1508, on vit naître celles de Mirecourt, Raon-l'Etape, Briey, Bar-le-Duc, Rembercourt et les couvents de femmes de Nancy, d'Ormes, de Dieuze, de Lunéville, de Château-Salins. (DIGOT, t. III, p. 397.)

(1) On ne trouva pas plus tard ni le testament ni le codicille. Nul doute (SAINT-MAURIS, t. I, pp. 219-20), que l'exclusion des femmes (des successions princières) n'eût été une mesure conservatrice des nationalités et de la paix publique... Ce sont les mariages et les droits ouverts par la succession des femmes qui ont empêché l'Europe féodale de se constituer dans le sens des affinités de race et de communauté d'intérêts, en donnant lieu à des contestations, source de guerres incessantes, et en substituant, à l'expansion naturelle, une agglomération forcée, presque toujours funeste au pays que le hasard plaçait sous un même sceptre...

— René, sur son lit de mort, lit à Antoine, son successeur, les sages recommandations suivantes qu'il s'était gardé de pratiquer lui-même : Gouvernez vos sujets en père plutôt qu'en maître ; gagnez leurs cœurs par la bienveillance. La violente autorité fut toujours ennemie de la fidélité des peuples et de la durée des empires. Bannissez loin de vous

quand maux voudras faire, enquerre conseil de moi, et pas n'en feras... »

Onze ans après la mort de René II, en 1519, sa veuve, Philippine de Gueldres, se retira au couvent des Clarisses, à Pont-à-Mousson, où elle vécut encore vingt-sept ans. Elle signait ses lettres : Sœur Philippe de Gheldres, *pauvre ver de terre, poussière mortelle, rien inutile.* Elle remplit l'office de portière pendant toute une année... Ce qui fit dire à Chevrier : « Aller pieds nus, ne vivre que d'herbes, porter un habit rude, être privée de linges ; prier huit heures par jour dans une langue qu'on n'entend point : voilà ce que fit la veuve de René... »

Législation. — Parmi les lois faites sous René II, on remarque les suivantes :

1484 (15 juillet). — Défense d'obtempérer à aucune lettre de Rome avant d'en avoir obtenu la permission de Monseigneur.

1497. — Furent portées plaintes par MM. de la Noblesse en l'Etat, que maint *serf* et autres étoient en souciance d'ôter et mettre en arrois pierres et bornes dont ensuivoient maintes rixes et procès que malveillants faisoient, et fut réglé que : *serf* qui seroit pris en tel méfait, seroit, en prime abord, battu de verges en toutes places et brûlé sur l'épaule, et, en second cas, chassé à toujours mais, et seroit, en troisième, mis à la hart et gibet... tant que mort s'ensuivroit.

Et si Seigneur de fief ou tous autres MM. de la Chevalerie, que peut n'être espéré, faisoit pareil méfait, seroit à toujours mais dans l'indignation de Monseigneur et ne pourront onc approcher du lieu où seroit la cour (1).

ceux qui vendent les faveurs du prince. Pour avoir dignement rempli les emplois, confiez-les toujours à vos sujets. Où trouveriez-vous des hommes aussi affectionnés et aussi fidèles ? Préférez les éloges que le peuple attendri vous donnera, aux titres fastueux que prodiguent si aisément la flatterie ou la crainte. (Bégin, t. I, p. 372.)

(1) L'ordonnance du 17 mars 1494 porte la peine de mort contre

René II (Noel., *Mém.* V) fit la plus sévère loi contre les blasphémateurs et hérétiques. Il veut qu'on leur coupe la langue (1).

Ce duc permit aux étrangers d'exploiter les mines, à condition de professer la religion catholique. Il étaient affranchis de tout impôt.

1506 (4 mars). — Défense aux gruyers de délivrer aux communautés au-delà de leurs affouages ordinaires. Défense à celles-ci de les vendre et de couper les chênes (2) sans permission, sous peine d'être privées, pour la première fois, de leurs affouages pendant dix-huit ans, et de réunion au domaine, pour la seconde. Enfin, il fut ordonné de laisser trente baliveaux de chêne par arpent, de deux pieds et demi sur l'estocage.

Ducs, Noblesse, Bourgeoisie et Communes rurales. — Le XVe siècle vit se constituer définitivement la nationalité lorraine (3), grâce à la lutte du pays contre Charles-le-Téméraire.

Pendant les trois siècles précédents, nous n'avons eu guère à noter que la compétition entre la noblesse et le pouvoir

les arracheurs de bornes et défend de labourer à deux pieds autour d'elles.

(1) A Foug, en 1600, il fut décidé que le produit des blasphèmes servirait à faire un escalier de douze marches pour monter à l'église. Ce mode arbitraire d'expiation, fut défendu par un arrêt du conseil de France du 17 janvier 1781. (Dumont.)

(2) Partout alors et antérieurement, la glandée parait excessivement recherchée. La paisson, surtout dans la plaine, reste le produit essentiel de la forêt ; c'est ainsi qu'à Darnay, au XVIIe siècle, la glandée s'adjugeait jusque deux mille francs, tandis que les ventes d'arbres et toutes autres redevances du domaine n'atteignaient pas quinze cents francs. (Guyot, pp. 50, 51.)

(3) Comme jadis les Athéniens ou les Spartiates (P. G. Dumast, *Nancy, Hist. et Tabl.*, pp. 85-86-87), comme plus tard les Vénitiens, les Génois, les Florentins ou les Suisses, les Lorrains formaient un peuple véritable, peuple numériquement faible, mais fort de son patriotisme, et tout aussi bien animé de sa propre vie que les Français et les Anglais. Si la Lorraine chérissait si vivement ses ducs, c'était en qualité

ducal, déjà en quête de la domination suprême, à l'exemple de la royauté en France. Ses aspirations avaient obtenu un large succès pendant le xIIIe siècle, à la suite de l'introduction, dans la région, de la loi de Beaumont. Lentement, discrètement, à l'abri de cette loi, dans les petites villes et bourgs, la bourgeoisie s'était constituée, à côté de la noblesse et du clergé, les yeux toujours tournés vers le pouvoir central, seul point d'appui contre les tyrannies locales.

L'avènement de la maison d'Anjou, au mépris de la loi salique, dont l'abandon fut un échange, une espèce de troc fait en faveur des immunités des privilégiés; les folles guerres au loin (Italie, Espagne) entreprises par les ducs angevins, en quête de couronnes étrangères, avaient rendu à la Chevalerie, aux Assises et aux Etats Généraux bonne partie des antiques prérogatives ébréchées par les anciens ducs ; quant à la bourgeoisie et au peuple, ils surent maintenir, sinon étendre et fortifier, les positions acquises. Les représentants des villes siégèrent même, à ce que l'on croit, dans la réunion des Etats, à côté des gentilshommes placés au premier, et des prélats siégeant au second rang, dans ces assemblées.

La lutte pour l'indépendance nationale assura le triomphe, à bref délai, du pouvoir central. René, en confisquant(1) sans protestation de la part des privilégiés, sur les nobles restés

d'enfants de son sol, de fidèles interprètes de sa pensée (?), d'honorables organes de sa sympathie ou de ses répulsions ; en qualité aussi d'inséparables compagnons de sa bonne ou de sa mauvaise fortune. Ce qu'elle affectionnait en eux, à le bien prendre, c'est ELLE-MÊME, elle-même par ses beaux côtés.

(1) En règle générale la confiscation des biens ne se prononçait que contre les roturiers et les anoblis. (DUMONT, t. II, p. 259.) Les gentilshommes de l'ancienne chevalerie en étaient exempts, ainsi que d'amendes, excepté en cas de crime de lèse-majesté. Encore dans les quelques cas où ils étaient frappés, leurs biens retournaient intégralement à leurs héritiers. Charles III, confirma à la haute noblesse ce privilège, en 1596 (au moment où il aspirait au trône de France).

fidèles au Téméraire et déclarés traîtres, les propriétés dont il gratifia ses partisans dévoués, prouva l'étendue déjà acquise du pouvoir ducal. Le premier de nos souverains, il demanda aux Etats et en obtint un impôt permanent, l'*aide ordinaire Saint-Remy*, soit deux francs par *conduit* ou ménage sur tous les habitants du duché, et payables, croit-on, en nature ou en argent. Déjà auparavant, notamment pour la rançon de René Ier et des chevaliers, faits prisonniers à Bulgnéville, les nobles avaient versé une contribution modique (2 fr. barrois par conduit imposable); mais les sujets de la chevalerie n'avaient encore subi aucune charge de cette nature. D'autre part, les anoblissements accordés largement par René II aux roturiers, défenseurs de la patrie, comme, par exemple, aux habitants de Laveline et à d'autres (deux en moyenne par année), font pressentir l'avènement de nouvelles couches sociales. Cependant, il ne faut pas oublier que les gens du tiers-état, admis pour la première fois, en 1853, à la prestation du serment, par le comte de Wirtemberg, acceptés également pour entendre et prendre acte des serments des souverains, lors de la prise de possession du duché, n'avaient aucunement, comme les chevaliers, mission de juger l'action gouvernementale (1). Leur unique

En règle ordinaire « la confiscation pesait le plus souvent sur les enfants du condamné qu'on réputait procréés de *sang improbe et méchant, héritiers du crime de leur père, poursuivants et insecteurs de sa témérité et audace*. (*Ibid.*)

(1) La séparation des classes, des castes, était encore complète, comme l'atteste par exemple, pour l'exercice de la justice, l'antique maxime : noble décapité, vilain pendu. La supériorité sociale des membres du tribunal des Assises était immense, presque incommensurable. Ceux-ci étaient fort peu nombreux. Noël (*Collect.*, t. III, p. 934), d'après un manuscrit venant de Mory d'Elvanges, constate qu'en 1436 on trouve pour les Assises de Mirecourt huit noms ; en 1479, à Nancy, seize chevaliers et quinze écuyers, peut-être les fils des premiers ; enfin les divers noms qui figurent aux procès-verbaux d'Assises depuis 1519, « ne se trouvant pas jusqu'à présent aucun plus vieil » jusqu'en 1616, époque où cet état fut dressé. On compte cent quarante-quatre noms différents. Aux États du 11 décembre 1576 .. il y a seulement une soixantaine de noms.

attribution consistait à voter les impositions proposées par les deux premiers ordres.

Il n'en était pas de même chez eux, dans leurs localités respectives, dans leurs villes et bourgs propres. Gardiens des portes et clôtures, quand elles étaient fermées, chargés du guet, enrôlés dans la milice locale (1) dont ils réglaient le nombre et la composition, membres des corporations industrielles et ouvrières, les bourgeois avaient judicieusement imité l'organisation des cités épiscopales, Metz, Toul (1), Verdun. Comme ces petites républiques, leurs villes avaient leur beffroi, leur bancloche, leur halle pour y recevoir tous les habitants, leur bannière, leurs armoiries, leur *hans* (2), leurs foires et même leurs faubourgs (fors [hors] bourgs). Parfois, on n'avait pas reculé devant l'insurrection pour conquérir la liberté sainte. Sans parler d'Épinal, de Sarrebourg, on vit (DUMONT, *Hist. de Comm.*, pp. 188-89) les habitants de différentes localités, entre autres Lérouville, se révolter et obtenir ainsi certains affranchissements, moyennant finance (3).

(1) Il n'y avait à cette époque point d'armée, ni de régiments permanents en Lorraine. La garde de René II compta d'abord 24, puis 80 hommes. Sous Charles III la garde du prince et de ses palais était de 38 suisses, plus 70 archers, un lieutenant et un trompette. Cette maison militaire resta ainsi composée jusqu'à la fin du règne de Henri II qui doubla le nombre des archers. Quand il y avait guerre, on appelait un homme sur vingt ou sur dix ; on les armait, et, sans instruction préalable, on les conduisait à l'ennemi ayant une croix de Lorraine jaune sur le vêtement. La guerre terminée, ce qui en restait était congédié.

(2) Le mot *Han* sert à désigner la communauté des métiers. Il vient de *hansen* (s'associer). Suivant une tradition assez vague, son étymologie serait *hahn* (coq) ; dans les fêtes des villages de la Lorraine allemande, le coq joue le rôle du papegai des arquebusiers ; c'est lui que les ménétriers vont chercher en grand cortège pour commencer les réjouissances ; c'est lui qui les termine. (*A. L.*, p. 43. L. BENOIT. *Corporations de Fénétranges.*)

(3) Déjà longtemps auparavant les serfs s'étaient insurgés. « Les innovations et les usurpations des seigneurs (L. BENOIT, *A. L.*, t. XVI, p. 188), soulevèrent les protestations sanglantes de leurs vassaux, la guerre de Thionville dont parlent les *Chroniques messines* et le *schlœgen-krieg* d'Alsace.

« Le payement de la rançon de René Ier, en échange de deniers (NOEL), amena la concession de droits aux vilains. Dès son avènement au pouvoir, René signa à Mirecourt une déclaration portant reconnaissance des franchises des bourg et prieuré de Varangéville et Saint-Nicolas. (*Arch. Lorr.*, an. 1877.)

L'insurrection des paysans en Alsace, en 1492 surtout, eut une influence immense sur les serfs en quête de liberté. René II aida les seigneurs à comprimer le mouvement, mais il renaquit en 1518 et en 1525. Cette dernière prise d'armes menaçait spécialement la Lorraine. Antoine assembla la chevalerie et triompha. Alors (pendant ces crises) les seigneurs n'eurent point de trop mielleuses paroles, de promesses trop généreuses, pour engager les serfs, les manants (dans la partie française, surtout), à ne point seconder les insurgés (1). C'est aussi de ce temps que datent la plupart des affranchissements, soit par chartes, soit par concessions tacites ; car beaucoup de villages jouirent de certaines franchises, sans jamais en avoir possédé de titres (2) ; et de là

(1) Pour empêcher les forfuyances et le recrutement des capitaines aventuriers qui avaient lieu depuis l'interdiction des guerres particulières des seigneurs entre eux, on créa une espèce de tribunal, appelé *entrecours* ou *estaulx*.

Il était établi aux confins des seigneuries et composé d'élus de divers seigneurs ou prélats des environs. Les serfs qui avaient à se plaindre de leur seigneur, les vagabonds et les étrangers qui voulaient prendre domicile, se présentaient à l'entrecours ; ils y obtenaient protection et leur demande était jugée. Les entrecours de Rosières et de Gorze eurent une certaine célébrité. Tous les entrecours n'avaient pas la même puissance dans leur jugement... Il semble que les entrecours, les contremands sont des spécialités à la Lorraine et aux pays voisins, comme aussi les serfs connus sous le nom des Arrentés, Forrestaux, Reniaux, Rependises, Leheleutres, Hommes-de-Fer. Les ordonnances relatives à l'entrecours de Rosières se trouvent aux archives de la Meurthe, et sont spécialement réunies dans le manuscrit intitulé : *Liber omnium*. (NOEL.)

(2) Les habitants de Gondrecourt, lit-on dans une information de 1501, n'ont nulles chartes, par quoi l'on puisse connaitre comment ils se doivent conduire. Le roi de Sicile, nostre seigneur, duc de Bar, est

viennent les *us* et *coutumes* des lieux qui furent, plus tard, sanctionnés comme étant acquis par possession immémoriale.

En général, les chartes, concédées dans le cours du xv⁰ siècle, ne diffèrent pas énormément des stipulations concernant Gondrecourt, que nous reproduisons ci-dessous. Les hommes et les femmes étaient affranchis de la mainmorte, des tailles à volonté, formariages, corvées arbitraires, débits et autres servitudes variant à l'infini. Le seigneur se

seigneur hault, moyen et bas justicier, seul et pour le tout de la ville, ban et finage dudit Grondrecourt, et, à cette clause luy compètent et appartiennent toutes *attrayères, confiscations* et *épares* ; et sont les habitants dudit lieu du bailliage de Bassigny, en première instance, et s'ils étoient appelés dudit bailliage par aucun desdits habitants ils pourront relever devant le baillif de Chaumont... ou en Parlement à Paris, et non ailleurs.

Les habitants sont de franche condition, car ils ne sont de formariage, de poursuite, de mainmorte, ni taillables à volonté. Bien est vrai que, quand il plaist audit seigneur mettre suraides générales en son duché de Bar, iceux habitants y contribuent selon leurs facultés et puissance. Ils n'ont entrecours en quelques villes et villages que ce soit, et aussi tous ceux et celles qui audit lieu se viennent assoir, de quelque lieu ou contrée que ce soit, ils sont acquis audit seigneur Roy.

Item, ils se marient où ils peuvent ; ils se déportent du lieu quand ils veuillent et s'en vont demourer où bon leur semble et emportent leurs biens ; d'aucuns en ont, et, en quelque part qu'ils aillent en demourance, ils sont acquis au seigneur sous qui ils s'assient. (*Notice sur Gondrecourt*, par DEPOULAINE et LEPAGE, p. 218.)

René II, se trouvant à Gondrecourt en 1501, y établit deux foires nouvelles chaque année... « L'humble supplication de nos chiers et bien amez bourgeois, manans, habitans et communaulté de Gondrecourt avons receue, dit-il, contenant qu'ils estoient et sont situez en pauvre et stéril territoire, tant pour le labeur que pour le nourrissement des bestes, enclavez et contiguz de provinces diverses, qui journellement les molestent de gabelles et autres subsides, quant le cas advient qu'ils passent par leur détroiz ; au moyen de quoy ils estoient fort restrainctz de biens ; et n'étoit ce peu de marchié qu'ils avoient chacune sepmaine audit lieu où l'on desduysoit quelque quantité de vivres, passer temps et norir eulx et leurs petitz enfans et que se (si) à la longue ne *leurs* élargissons notre main, ne pourroient faire résidence audit lieu, ne entretenir nostre dite ville... » Suit un arrêté accordant deux foires générales. (*Ibid.*, A. ..., an 1870, p. 251.)

réservait la banalité des fours et des moulins, les pargières, épaves, attrahières et confiscations (voir *Droits féodaux*); mais il accordait aux habitants l'autorisation d'emporter leurs meubles, de laisser leur héritage à leurs enfants, et de vendre ou aliéner leurs biens comme bon leur semblait, sous la condition d'acquitter les droits et redevances attribués au seigneur (1).

On sait qu'alors et même bien plus tard encore, les châteaux, aussi bien que les villages où ils étaient situés, n'appartenaient pas toujours à un seul propriétaire. Un seigneur avait quelquefois le donjon ; un second la tour qui défendait l'entrée ; un troisième et un quatrième des portions plus ou moins considérables des bâtiments. Ainsi, en 1509, Thiery de Lenoncourt, qui précédemment avait obtenu la permission d'ériger un signe patibulaire à Haroué, possédait « la moitié du chastel clos et forte-maison dudit lieu, les foussez, devant ledit chastel, une maison avec ses appartenances. (LEPAGE, *le Château de Haroué*, p. 46, *A. L.*, t. XI.) Le reste appartenait à un autre seigneur. Nombre de villages étaient partagés entre trois, quatre, cinq, six et plus de maîtres. (Voir *Comm.* de LEPAGE, Xermaménil, Moriviller, etc., etc.)

(1) Nous trouvons un résumé des droits réservés par les privilégiés dans un acte de 1499, par lequel René II cède et donne à Olry, son cousin, évêque de Toul, l'usufruit de la prévôté d'Azerailles... « pour icelles, toute sa vie durant avoir, tenir, posséder en toute haulteur et seigneurie, en hommes, en femmes, en bois, ripvières, fours, mollins, prez, terres arables et non arables, passaiges, conduits et aultres choses quelconques, et d'icelles lever et appliquer à lui tous et quelconques deniers, prouffis, rentes et yssues d'or, d'argent, de bled, de vin, d'avoines, chappons, gelines, amendes, espaves, confiscations, aydes, tailles, crouées (corvées) charrois et aultres choses, sans rien réserver ; aussi les régir, gouverner en tous droits et supérioritez ; mettre et instituer officiers à son plaisir, et autrement en ordonner et disposer comme il feroit ou pourroit faire de son propre franc-alleu... sauf toutefois que notre dit cousin traitera les habitants de ladite prévôté en bonne justice, les laissant au surplus en leur usaige, franchises et libertez, ainsi qu'ils ont esté du passé. » (GUÉRARD, pp. 44-45.)

Quand un étranger venait s'établir dans ces villages, il était libre de choisir celui des tenanciers qu'il préférait ; mais le sujet d'un seigneur qui épousait une femme serve d'un autre seigneur et allait demeurer avec elle, continuait à être soumis à sa juridiction primitive, tandis que les enfants suivaient la condition de leur mère. Aucun sujet, quelque avantage que lui offrît le changement, ne pouvait se placer, sans l'assentiment de son seigneur, sous la garde ou protection d'un étranger. Les traités, conclus au mépris de cette règle, étaient frappés d'une nullité radicale.

C'est de cette époque que datent, chez le peuple, les noms de famille. (L. GERMAIN.) Jusqu'alors on s'était borné à faire suivre le nom de baptême d'une dénomination empruntée au métier exercé (Boulanger, Chapelier, Cordonnier, Meunier, etc.), ou bien au lieu de naissance ; souvent même cette dénomination n'était qu'un sobriquet (le Roux, le Brun), plaisant ou injurieux, suivant les motifs ou les circonstances qui l'avaient fait naître.

COMMERCE. — Celui-ci ne florissait guère qu'à Metz, où les étrangers affluaient et où presque toutes les monnaies étrangères avaient cours. Il s'y faisait un change extrèmement actif. Les professions industrielles recevaient des encouragements d'autant plus multiples que l'exiguité du territoire de la République messine ne présentait pas assez de ressources agricoles pour subvenir aux prodigieuses dépenses de l'Etat.

En Lorraine, on rencontrait quelques comptoirs à Nancy (1), Toul, Verdun, Neufchâteau, Bar, Longwy, Sierck, Saint-Nicolas ; mais presque tous se trouvaient entre les mains des Lombards, et principalement des Juifs. Ces derniers étaient sans cesse en butte aux plus atroces et plus iniques persécutions pour leur religion et surtout pour leurs richesses.

(1) René fit paver entièrement Nancy et créa le palais Ducal. (DIGOT.)

En 1476, l'israélite Moïse Bel, sa femme et leurs enfants, furent autorisés à s'établir à Deneuvre pour y exercer le commerce, moyennant une redevance de deux florins d'or par année. (MANGIN, *Mém. pour l'hist. de Deneuvre et Baccarat*, p. 60.) Il y avait alors dans cette commune une papeterie, plusieurs fabriques de drap, des taillandiers et surtout un grand nombre de tanneries. (*Ibid.*, p. 61.)

CORPORATIONS ET MÉTIERS. — HAN. — L'institution établie par le duc Raoul avait progressé. Dans le XVe siècle, on voit se former la corporation des couteliers, taillandiers, des maréchaux-ferrants de Nancy (1442), des bouchers d'Épinal (1478), Lunéville (1417), Charmes (1419), et de Vézelise (1501), des magniers ou chaudronniers de Lorraine (1488), des cordonniers et tanneurs de Saint-Mihiel (1428), des drapiers de cette ville (1487), de Dun (1494) et de Saint-Nicolas (1495), des marchands de Pont-à-Mousson (1498), etc., etc.

Chaque corps de métier ne formait pas toujours une association particulière. On en voit souvent plusieurs réunis dans une même agrégation : c'est ce qui avait généralement lieu pour les cordonniers (1), les tanneurs et les corroyeurs; les selliers et bahutiers; les pâtissiers et boulangers (2); les chaussetiers et couturiers; les taillandiers et couteliers. Les ouvriers maniant la hache et le marteau, c'est-à-dire les ardoisiers, charpentiers, maçons, menuisiers, maréchaux, serruriers, etc., ne formaient ordinairement, surtout dans les villes de peu d'importance, qu'une seule et même corpora-

---

(1) *Crocixier, corrixier, corrisier*, signifient cordonnier. Les atours des métiers de Metz parlent (1382) de crovixiers en cordouan qui ne doivent mettre semelles en cordouan que ne soient bien coureez en graixe. (*A. L.*, an 1879, p. 294.)

(2) A Toul, bien avant 1503, un enquerreur joyeux écrivit le quatrain suivant :

    Chacun boullangier marquera
    Son pain d'une enseigne qu'il a
    Affin qu'il soit à tous certain
    Quel boullangier a fait le pain. (*A. L.*, an. 1874, p. 254.)

tion (1). Quelquefois aussi les artisans du même état, répandus dans toute l'étendue d'une seigneurie, d'une prévôté ou d'un bailliage, étaient réunis dans une agrégation unique. Ces associations s'étendaient quelquefois à la province tout entière. Tels étaient les chaudronniers ou magniens, les châtreux (2), les pelletiers, les orfèvres et les drapiers de Lorraine. Les ménétriers même (3), dès la fin du xve siècle, formaient une corporation. Dans nombre de villages étaient

(1) Ainsi à Blâmont où il n'y avait à une époque qu'on n'indique pas, que 934 ménages, il existait des corporations de bouchers, de drapiers, de serruriers, de pelletiers, de merciers, de cordonniers ; chacune d'elles ne devait réunir que bien peu de maîtres, et leur puissance ne pouvait s'étendre bien loin. (L'ab. GUILLAUME, pp. 75-76.)

(2) René II céda ce privilège à son barbier et valet de chambre. Il y avait aussi un maître des courtiers du duché. En 1490 la courterie des chevaux du Duché fut amodié pour trois années moyennant 64 livres tournois par an. Il y avait aussi un roi des ribauds, etc. (LEPAGE, *Offices des Duchés de Lorr. et de Bar*, p. 325.)

(3) En 1490, René II, « sur les plaintes qui lui avaient esté faictes des abus glissés dans ses Etats et pays par l'ignorance du temps, dans l'art et métier de joueur de violon et aultres instruments, desquels arrivoient tous les jours de grands inconvénients, avoit ung maitre dudict métier, avec pouvoir de créer des lieutenants particuliers partout où besoin seroit pour réprimer les abus et les mulcter de 40 sols. » Le même édit défendait aux joueurs de violon et autres de jouer sans avoir été *hantés* (admis dans le han ou la corporation). (JACQUOT, *La musique en Lorr.*, pp. 22-23.)

La musique à cette époque paraît faire partie de toutes les réjouissances publiques ou particulières. La *Chronique de Lorraine*, en parlant du mariage du comte de Saarwerden, après avoir décrit de luxe et la munificence des fiancés et des invités, ajoute :

« Le duc avoit ses chantres, les petits et les grands, lequel les avoit menez; chascun jour devant lui chantoient tant en l'église, comme ez disner et repas, de les ouyr chacun y prenoit grand plaisir. » (D. CALMET, t. III. Preuves, col., XXV et XXVI.)

— La charge de maître de chapelle existait en Lorraine dès le milieu du xve siècle... Les appointements de trois musiciens du comte de Vaudémont... s'élevaient pour six mois seulement, à la somme relativement très importante de quinze cents francs. (JACQUOT, pp. 84-85.)

Constatons, en passant, qu'en 1489, un allemand apporta des orgues. On avait alors comme instruments, des tambours, des fifres et trompettes..., la flûte à emboitement-à-bec. On avait aussi le rebec (espèce de violon) la Vièle (*id.*). René II anoblit, en 1493, son tabourin et trompette.

établis des maîtres ouvriers prenant des apprentis (1) qu'on assujettissait aux règlements usités dans les villes. En

(1) Voici le texte (partiel) de quatre contrats de gages qui contiennent les principales stipulations usitées alors et qui donnent une idée des us et coutumes de la fin du XVe siècle. Nous les empruntons au registre du tabellion Grisard. (*Arch. de la Meurthe*, E., p. 295.)

— Sachent tous que Jehan Harmand de Vihuviller a loué Didier son fils à Mengin l'ollier (l'huilier), le viel et à Mengin son fils de Lunéville, pour le terme de deux ans commençant à Noël 1504; parmi ce que ledit Didier doit servir ses susdits maîtres bonnement et loyalement et faire tous leurs bon vouloir et plaisir, tant de jour comme de nuit ; et lesdits maîtres seront tenus de gouverner (ledit Didier) des pieds et des dents, montrer et apprendre le métier de ollier, comme à leurs propres enfants, lesdites années durant. Et s'il arrivoit que ledit Didier n'accomplit sesdites années, ce dont n'étoit pas le défaut desdits maîtres, ledit Jehan Harmand s'est obligé de payer la somme de dix francs...

— Le tonnelier Sebille de Lunéville, donne à son apprenti Jehan Masson de Haudonvillers, dans le cours de l'apprentissage, des chemises, une robe du prix de quatre à cinq gros, un jupon (tablier), une paire de chausses ; de plus, à sa sortie, une hache, un coutel à deux mains avec la somme de trente gros.

— Sachent tous que Biétrix, veuve de feu Collin Xaubellet de Haudonviller, a connu qu'elle a donné Jehanne, sa fille, âgée d'environ neuf ans, à Colleson Willaume de ladite Haudonviller et à Alison, sa femme, par manière que s'ensuit. C'est assavoir que ledit Colleson et sa dite femme, seront tenus de nourrir, gouverner et entretenir ladite Jehanne, comme leurs propres enfants et la vêtir selon sa faculté, sans nul malengin. Et si ladite Jehanne vient en âge de mari, ledit Colleson et sa dite femme seront tenus de lui donner les pièces qui suivent : un lit, une cotte, quatre linceuils, une robe de couleur, une paire de..., un pot de cuivre, un chaudron, une poêle, une pinte, une quarte et quatre écuelles, sans nuls débats quelconques. Et ne peut ladite Béatrix ôter des mains dudit Colleson, jusqu'à ce qu'elle soit mariée.

— Sachent tous que Didier, le maçon, demeurant à Hudiviller a reconnu de son plein gré qu'il a donné par ces présentes Gérard, son fils, âgé d'environ quatre ans, à Jehan Deville, le pelletier, demeurant à Créviç et à Isabel, sa femme, pour ainsi que ledit Jehan et sa dite femme, se sont tenus de nourrir et gouverner, vêtir et entretenir ledit Gérard, et lui apprendre le métier de pelletier, comme à son propre enfant sans nulle faintise. Et (s'il arrive) que ledit Gérard vient en âge de mariage, ledit Jehan et sa dite femme doivent faire comme ils feraient de leurs propres enfants, assavoir : le vêtir, meubler et faire ses noces ; si ont les dits Didier et Jehan Deville (promis) de tenir toutes les choses dessus dites et chacune d'icelles. (P. 22-23.)

même temps qu'elles augmentaient en nombre, ces corporations gagnaient l'aisance, la richesse même. Elles formèrent le noyau de ces bourgeois éclairés que, dans le siècle suivant, on vit pencher vers la Réformation (1).

Aux corporations (2) déjà indiquées, il importe de joindre les verriers dont nous avons déjà parlé. Cette industrie prit un développement considérable pendant le XV° siècle.

VERRERIES. — VERRIERS. — L'immensité des forêts qui couvraient une partie de la Lorraine et le bas prix des bois, les privilèges que les ducs accordaient aux maîtres et aux ouvriers, augmentèrent rapidement le nombre des usines.

(1) Quoique non encore constitués en corporation, les taverniers avaient déjà une certaine importance. René crut devoir réglementer tout ce qui touche à la nourriture et à la boisson. On divisa les personnes qui se livraient à cette branche de commerce en quatre classes : 1° Les hôteliers appelés aussi « hostes, hostelains » et plus tard aubergistes recevant les voyageurs, et logeant chevaux et voitures, étaient tenus d'avoir enseigne pendante ; 2° les vendant-vin, débitant du vin en détail sans tenir taverne ; on ne pouvait boire chez eux le vin acheté ; celui-ci était passé par une ouverture pratiquée à la fenêtre de l'ouvroir ou boutique ; on recevait le pot vide et on le rendait plein ; c'est ce que au XVIII° siècle encore on appelait vendre à huis coupé et pot renversé ; 3° les cabaretiers donnant à boire chez eux avec nappe et assiette, c'est-à-dire, fournissant à manger ; 4° enfin les taverniers vendant du vin à consommer sur place, mais sans pouvoir fournir, ni pain ni viande (chair). Les ordonnances concernant toutes personnes faisant *estat de mettre nappe* sont fort nombreuses. Rogéville en signale vingt-et-une, depuis Christine de Danemarck, en 1560, jusqu'à l'arrêt de la Cour souveraine du 4 janvier 1769 ; encore le savant conseiller a-t-il omis plusieurs édits des plus curieux. La plus ancienne (12 juin 1497) remonte à René II et prescrit aux hôteliers de délivrer la note sur demande. Elle fixe à 12 deniers « la disnée » et à 5 blans « la soupée et nuictée d'un cheval, soit deux gros pour journée entière. » L'ordonnance de mars 1517 fixe aussi « le prix de l'écot des voyageurs ; grosse chair, pour cuisson d'icelle, trois deniers la livre ; chapon rôti ou bouilli bien accoutré, six deniers ; poule rôtie ou bouillie, trois sous ; poulets rôtis ou bouillis, seize deniers ; pigeons, dix deniers. (Jules RENAUD, *Cout. et usages lorr.*)

(2) A Nancy, Bar, Saint-Nicolas, la corporation la plus importante, celle des merciers ou marchands, portait dans les foires les produits du pays. Entre 1501 et 1563 on constate un certain nombre de verriers à Raon, Saint-Quirin, etc. (DIGOT, p. 111.)

En 1475 s'éleva la verrerie de la fontaine Saint-Vaubert ; en 1488, celle de Lichecourt ; en 1491, celle du Fay de Houseraille, près de Tendon ; en 1494, un nouvel établissement près de Darney ; en 1496, celle de Passavant et de Martinville ; en 1501 et 1563 on constate l'existence d'un certain nombre de nouvelles verreries (Raon, Saint-Quirin, etc.).

Les verriers s'installaient en pleine forêt, bien différents des mineurs dont les forges ou fonderies étaient établies dans le fond des vallées. La construction d'une verrerie nécessitait toujours un défrichement considérable. Tout autour de l'habitation du maître se groupaient les maisons des ouvriers avec champs et jardins ; l'ensemble formait une enclave souvent assez vaste. (Guyot, pp. 53-54.)

Imprimeries. — Papeteries. — 1501, 1503 et 1507, Longeville, Saint-Nicolas, Saint-Dié : tels sont les dates et lieux qu'il faut assigner à l'importation en Lorraine de l'imprimerie qui date du xve siècle. (St-Mauris, t. I, p. 343.) Elle n'eut guère d'abord pour s'exercer et s'alimenter qu'un petit nombre de livres consacrés à la liturgie diocésaine, à la louange du prince et à l'illustration de ses aïeux. Elle dut mettre en lumière les principaux actes du gouvernement, les édits bursaux ou monétaires, et des règlements de police auxquels la (seule) lecture aux différents sièges de justice, et la publication à son de trompe dans les rues et carrefours, auraient pu ne pas donner une notoriété suffisante.

Donc, en 1501, l'imprimerie fonctionnait chez nous. Reste à savoir à quelle date elle fut introduite au pays. La première impression connue de Pierre Jacobi (prêtre), à Saint-Nicolas-de-Port, est un livre d'Heures. — *Horæ Virginis Mariæ ad usum Tullensis ecclesiæ*, daté de 1503 (1).

---

(1) Ragon (p. 125) signale Adam Rot, messin, comme un des plus célèbres typographes de son temps. « Jean Colini et Gérard de Villeneuve, dit-il, firent à Metz les premiers essais d'imprimerie, en 1482, où ils publièrent un livre d'Heures, en français. Les juifs avec leur activité et leur intelligence ordinaires profitèrent de cet art nouveau

En 1506, on trouve Martin Mourot, prêtre, à Longeville-devant-Bar-le-Duc.

En 1507 et 1509 on rencontre un imprimeur à Saint-Dié, Gauthier ou Walter V, Lud, chanoine. (GRAVIER.)

L'imprimerie ne fut pas étrangère au soulèvement des Rustauds. Elle propagea, dans la Lorraine allemande, les écrits de Luther et les justes revendications des paysans d'Outre-Rhin (les fameux douze articles).

Comme auxiliaire indispensable de l'imprimerie, il faut citer les papeteries assez nombreuses dans notre pays. Il y en avait à Ville-sur-Saulx (en Barrois), à Frouard (vers 1450), à Mangonville, près de Bayon, à Baccarat et à Uxegney (Vosges).

LETTRES. — SCIENCES. — ARTS. — Les sciences et les arts avaient fait peu de progrès pendant ce siècle. Parmi les historiens, on peut citer Philippe de Vigneulles, Philippe Praillon, Jean Aubrion, Wassebourg dont les chroniques et les ouvrages se lisent encore avec fruit. Comme poète, mentionnons Pierre de Blaru, auteur de la *Nancéide*, poème à la louange de René II. Ajoutons les trois évêques de Verdun, Henri de Ville, Louis et Guillaume d'Haraucourt, le cardinal Huin, célèbre jurisconsulte, Guillaume Filiâtre, évêque de Toul, négociateur habile, etc. Signalons aussi la fondation du collège de Lamarche, à Paris, par Guillaume de Lamarche et Beuve de Woinville, en faveur des pauvres écoliers du duché de Bar.

Les grands travaux d'architecture, la sculpture et la peinture reçurent des encouragements. Les constructions savantes d'Henri Renconnaulx, de Jacquemin Rogier et de Jean de Commercy parlent hautement en faveur des érections monumentales du temps (1). Saint-Nicolas-de-Port,

---

pour multiplier leurs livres sacrés. En 1475 ils fournirent les premiers échantillons de leur typographie. (DEPPING, p. 498.)

(1) Nombre d'édifices élevés alors (DIGOT, t. III, p. 217) appartiennent au style ogival tertiaire ou flamboyant; mais il n'a pas en Lorraine le

chef-d'œuvre d'architecture, fut commencé par Simon Moyset, curé de la paroisse, en 1481, selon les uns, en 1494, selon d'autres, et achevé en 1544, ou de 1549 à 1551. Les ducs René Ier et René II, les évêques Conrad Bayer de Boppart et Louis d'Haraucourt, se signalèrent par les grands travaux qu'ils firent exécuter (1).

Instruction. — L'instruction était peu répandue. C'est à peine si, de loin en loin, on rencontre la mention d'un « maistre de l'escolle » comme, par exemple, à Gondrecourt où on trouve, en 1427, le nom de Thierry de Billey. Cependant la communauté de Rosières, appelée des enfants prêtres ou seigneurs prêtres existait, dès la première moitié du xive siècle ; celle d'Epinal ne vint que dans le siècle suivant, et Nancy ne la vit qu'en 1658. (*A. L.*, t. XIII, p. 425.) On cite aussi l'école ecclésiastique de Baccarat, dépendant de l'évêque de Metz, école qui eut quelque renommée. Les novices de Senones et d'Etival y venaient chercher une instruction qu'on ne trouvait plus dans le monastère même (2).

Les trois villes républicaines, Metz, Toul, Verdun, grâce à la liberté relative qui y régnait, comptèrent un certain nombre d'esprits éclairés. Parmi eux figure Louis d'Harau-

---

même caractère qu'en plusieurs autres contrées : il est d'une sobriété extrême.

(1) Il ne fut pas toujours facile, à n'importe quelle époque, de relever les ruines que la guerre avait accumulées. Les prémontrés de Rengéval, pour réédifier leur monastère, furent obligés de faire des quêtes dans les évêchés de Metz, Toul et Verdun. Ils obtinrent, à cet effet, l'autorisation de porter avec eux le chef de saint Mathieu, et les curés eurent ordre d'aller recevoir processionnellement cette relique et de favoriser la quête des religieux. (Digot, t. I, p. 217.)

En 1504, Henri de Lorraine offrit par mandement la rémission de tous péchés, même de rapines, usure, etc., à ceux qui contribueraient à l'édification du chœur de la cathédrale de Metz. (Viville, p. 388, note.)

(2) Sous René II, Antoine et peut-être Charles III, les médecins et chirurgiens étaient obligés d'avoir l'approbation de l'official de l'évêque avant de pouvoir exercer leurs fonctions. (Lepage, *Arch.*, t. II, p. 158.)

court, évêque de Verdun, qui écrivit une Chronique, malheureusement perdue (1), dans laquelle il racontait avec beaucoup de naïveté et de finesse, sous le titre de : *Mémorial des grands gestes et faicts en la province de Lorraine*, l'histoire des ducs qui avaient gouverné notre pays, depuis Gérard d'Alsace.

Mentionnons ici, comme un fait curieux et significatif, une ordonnance du 26 janvier 1481 (nouveau style 1482), mandant « aux présidents et gens des comptes du duché de Lorraine que doresnavant ils ne recevent plus les comptes du « bailliage d'Alemaigne en langaige alleman, fors en franc« zoys ou en latin. » (2). C'est ainsi que nos ducs rendaient hommage à la soi-disant vieille patrie allemande.

MYSTÈRES. — Pendant longtemps, le peuple n'avait eu d'autres réjouissances et d'autres spectacles que les joûtes et les tournois de la noblesse, ou les joyeuses entrées de ses princes à Nancy. Jean II et surtout René devinrent célèbres par la pompe qu'ils y déployèrent. (RAGON, p. 125.) Dans le cours du XVe siècle, à Metz surtout, commença à se répandre l'usage des *mystères*, espèces de drames sur des sujets sacrés qui duraient souvent plusieurs jours, et dont les bourgeois, les avocats, les prêtres même remplissaient les rôles. Ils étaient représentés sur des théâtres dressés sur les places publiques. On donnait diverses pièces : la vie de sainte Catherine, la Passion, la Vengeance de N.-S. Jésus-Christ et destruction de Jérusalem ; la vie et passion de madame saincte Barbe, etc. En 1485 (RAMBAUD), un jeune fils Barbier, nommé Léjonard, était un très beau fils et ressemblait à une très belle jeune fille ; il fit le personnage de sainte Barbe si

---

(1) Mory d'Elvanges possédait cinquante feuillets du manuscrit autographe; on a lieu de croire que certains passages des *Coupures de Bournon* sont empruntés au *Mémorial*, à en juger par le style qui reflète la manière et l'esprit satirique de Louis de Haraucourt.

(2) Les archives de Metz possèdent une lettre de l'évêque de Bamberg, chancelier de l'empire, du 25 novembre 1384, écrite en français aux magistrats de la Cité. (*Hist. de Metz*, t. IV, Preuves, p. 361.)

prudemment et dévotement que plusieurs personnes pleuraient de compassion (I, p. 343). Les seigneurs venaient de loin pour assister à ces récréations édifiantes. Ainsi, en juillet 1437, pendant la représentation de la Passion, le curé de Saint-Victor, qui remplissait le rôle de Jésus-Christ, fut (*Chron. de Metz*) « en grand dangier de sa vie et cuydoit mourir, lui estant en l'arbre de la croix, car le cueur lui faillit tellement qu'il fust esté mort, s'il ne fust esté secouru; ... ung aultre prestre fut mis en son lieu pour parfaire le personnage de Dieu. Pour honorer les visiteurs, il fut ordonné de mettre, par toutte la cité (de Metz) de nuict, des lanternes aux fenestres et de la clarté aux huis, tout ledict jeu durant. »

Vers 1490, on représenta pour la première fois des mystères à Nancy. Durant les festes de la Pentecôte, en 1496, on joua « le jeu et feste de Monsieur saint Nicolas, et, en 1498, la vie de sainte Barbe. » (LEPAGE.)

Quant à Metz, cette ville eut des représentations sur des sujets sacrés divers, en 1412, 20, 25, 38, 63, 80 et 1485. On se passionnait pour ces représentations à tel point que les gens allaient prendre leurs places dès « quatre heures du matin. »

CLERGÉ ET MŒURS PUBLIQUES. — Défenseur des droits du pouvoir civil contre les envahissements du clergé, le duc René rendit une ordonnance mémorable (au sujet du concile de Constance) destinée à prévenir l'effet des Loix qu'il renferme. Elle défend, entre autres choses, sous peine de confiscation de corps et de biens, à toutes personnes, de quelque état qu'elles fussent, d'exécuter ou faire exécuter, fulminer, promulguer et intimer par affiches aux portes, places, églises, ni autres lieux occultes ou publics, de nuit ni de jour, et en aucune manière, Lettres, Mandements, Monitoires, Brefs, Bulles, Grâces, Provisions, ni autres Expéditions apostoliques, sans en avoir son PLACET *et consentement et qu'il n'en apparut;* et ordonna, en cas de transgression, que les infracteurs fussent pris et appréhendés au corps pour lui être amenés, ou en cas de distance des lieux, conduits en prison pour lui en être rendu compte et en faire la punition selon l'exigence des cas, en sorte qu'elle fût un exemple capable de contenir tout autre. (THIBAULT, pp. 45-46.)

Digot dit avec raison, en appréciant les motifs qui inspiraient nos ducs, dans leurs efforts à paralyser les envahissements de Rome : (t. III, p. 197.)

« Quand on étudie avec soin et dans les documents originaux l'époque à laquelle est parvenu notre récit, on est frappé de la décadence qui se manifeste dans la plupart des institutions religieuses, et effrayé à la vue de la discorde qui éclate entre les puissances spirituelle et temporelle. »

Malgré le juste discrédit qui atteignait le clergé, et les lumières relatives répandues un peu partout, l'autel voulait, comme dans les siècles précédents, peser sur le sceptre qui se raidissait. Quant à la discipline ecclésiastique, elle était déplorable.

« Il y avait (BÉGIN, t. I, p. 37) si peu de régularité dans la vie monastique qu'il fallait à chaque instant que les évêques rappelassent les anciens statuts ou en fissent de nouveaux. En 1433, Conrad de Boppart défendit aux religieux bénédictins de Saint-Arnould d'avoir des maisons particulières, de coucher ailleurs que dans un dortoir commun, de recevoir des femmes dans leur cellule, de nourrir des chiens de chasse, des oiseaux de proie, de porter d'autres vêtements que l'habit de l'ordre, etc. (1)

En 1458, on rappela les chanoines de Toul à l'ancienne

(1) Les statuts des chanoines de Saint-Dié défendaient aux *suppôts* de l'église « de s'asseoir dans la rue aux tables publiques de jeux, et notamment d'y jouer aux mérelles avec le premier venu ; de donner scandale au public et surtout de nuit ; de fréquenter les bals et festins de noces ; d'entretenir des concubines dans leurs maisons ; d'aller désormais à cheval portant filles ou femmes en croupe, ou de leur donner le bras ou la main dans les promenades publiques, de jour ou de nuit. (GRAVIER, p. 182.)

simplicité sacerdotale ; il en fut de même des chanoines messins et de presque toutes les confréries religieuses. A cette époque dépravée, le cardinal Huin, alors archidiacre de Verdun, et Louis d'Haraucourt, son évêque, courtisaient tous deux la même femme et entraînaient les chanoines et la bourgeoisie dans la querelle provoquée par leur jalousie réciproque ; ailleurs, un prêtre était assassiné chez une fille ; une fille était trouvée morte dans la cellule d'un moine ; un chanoine enlevait une jeune veuve et un soldayeur débauchait une fille entretenue par un prêtre (1).

Les mœurs des laïcs n'étaient pas moins dissolues. Les dissensions s'introduisaient dans les ménages et multipliaient les divorces. Certaines intrigues du duc de Suffolk avec les dames de Metz ont eu assez d'éclat pour être enregistrées par l'histoire ; une riche bourgeoise prit successivement quatre maris ; une autre, après sept ans de mariage, accusa son époux d'impuissance ; le procès ne dura pas moins de quatre ans ; enfin la cour de Rome vendit pour deux mille ducats à cette femme la permission de former de nouveaux liens conjugaux. De cent ménages, disent les chroniques, il n'y en avait pas un qui se portât bien... « Et ne voyait-on en justice temporelle et spirituelle que cas pour être divorcés... Aultres tenoient ménage sept ou huit jours, puis l'abandonnaient, et y en eut aulcun qui tinrent leur propre femme... » Certains magistrats vendaient les emplois, détournaient les deniers publics, trahissaient en secret l'État qu'ils étaient

(1) Cet état de choses explique comment, avant le XVI° siècle, un terme de mépris très usité, consistait à imputer aux femmes des relations avec le curé de leur paroisse ou d'une autre. En ces cas, les noms étaient cités en toutes lettres : Va te faire chevaucher par un tel, sanglante ribaude de prêtre... Cette dernière expression était très usitée dans le Barrois ; en Lorraine on disait p... d'abbé. En 1411, le seigneur Oulriet de Saint-Maurice ayant dit à Godefroy, seigneur de Gussainville, que sa mère avait été p... pendant trente années, fut condamné en trente francs d'amende : c'était le prix d'un jour de terre. (DUMONT, t. I, p. 276.)

chargés de gouverner. Le clergé excitait par son opulence la haine du peuple, tandis que la noblesse, pour guerroyer, enlevait des bras à l'agriculture et accablait d'impôts ceux que leur âge ou leurs infirmités empêchaient de porter les armes.

A cette époque encore, les bals publics se célébraient dans les églises (1) et les processions n'étaient que des spectacles où la joie éclatait plus que la dévotion. Souvent on y remarquait un assemblage bizarre de rits judaïques et des cérémonies païennes. De telles pratiques corrompaient les mœurs et discréditaient la religion au point qu'à Metz, le 2 janvier 1444, une bande de jeunes gens, affublés d'aumusses et de surplis, ayant des croix et des bannières, se promenaient en chantant au milieu des rues. L'un d'eux, barbouillé de noir et couvert de boue, la mitre en tête, la crosse à la main, représentait l'évêque et distribuait gravement des bénédictions à la foule qui l'entourait. C'était une espèce de réminiscence de la fête des fous, abolie par Charles VII.

Ailleurs, il y avait d'autres habitudes. Ainsi, à Toul, existait de temps immémorial, pour le chapitre, la coutume de collationner autour du chœur de la cathédrale pendant le carême. Les chanoines mangeaient un morceau de pain et buvaient une petite mesure de vin pendant la lecture qui précédait les complies. (BENOIT, p. 642.) En 1553, ils abolirent cette coutume, parce qu'ils s'y trouvaient inquiétés par des soldats de la garnison, lesquels étaient fort assidus à se rendre à l'église à l'heure de cette collation pour y profiter de quelques verres de vin.

A Remiremont, le lundi de la Pentecôte, les chanoinesses exécutaient, devant les bourgeois en armes et les étrangers, des danses avec leurs principaux officiers... « Les sieurs, grand prévôt, grand et petit chanceliers et le chancelier de

---

(1) Ces danses avaient lieu surtout aux fêtes patronales et, l'on n'en excluait qu'une certaine classe de femmes qui, à Metz, avaient aussi leur grand-maître, leur roi des Ribauds. (PUYMAIGRE.)

l'Etat, qui sont tous ecclésiastiques, et qui... le bonnet carré avec le bouquet sur la tête, ou leurs lieutenants et commis, les (chanoinesses) mènent danser, dans l'après-souper, audit cloître et dure ladite danse beaucoup, à cause du grand nombre d'icelles. (RICHARD, *Traditions*, pp. 157-158.)

Ce même jour, les habitants de huit villages avoisinant Remiremont se rendaient en procession dans l'église de Saint-Romaric, où les jeunes filles de chaque localité exécutaient des *Kyriolés* (criaulés, criolés), espèces de cantiques anciens, en langue vulgaire. Afin de se reconnaître, les gens de chaque village portaient de branches de diverses façons d'arbres et d'arbrisseaux : Dommartin, du genièvre ; Saint-Amé, du muguet ; Saint-Nabord, du rosier sauvage ; Saint-Étienne, du cerisier ; Vagney, du sureau ; Saulxures, du saule ; Rupt, du chêne ; et Ramonchamp du sapin. Trois autres communautés ne venaient que chaque trois ans et portaient : Raon, du genêt ; Plombières et Bellefontaine, de l'aubépine. Une dernière paroisse, Saint-Maurice, n'envoyait pas de procession, mais deux hottées de neige, ou à défaut de neige, deux bœufs entièrement blancs.

JUSTICE. — La justice, s'il est possible de donner ce nom à l'arbitraire des prélats et des seigneurs, variait à l'infini. Le clergé, la noblesse et le peuple avaient leurs tribunaux particuliers, indépendants les uns des autres. Ici, les évêques exerçaient leur haute juridiction ; là, des inquisiteurs arrogants scrutaient les consciences ; ailleurs se tenaient les assises, les plaids seigneuriaux. A Metz, les douze échevins(1) du palais, les treize jurés, les prud'hommes formaient la haute et basse justice de la République. Il en était de même à Toul et à Verdun. Dans cette dernière ville, les échevins se rassemblaient tous les samedis à l'église Sainte-Croix, où se rendaient plusieurs *justices* des environs. C'était une

(1) Le terme d'échevin équivaut à peu près à celui de décurion sous les Romains.

sorte de cour souveraine appelée la justice de Sainte-Croix. Enfin, les princes, dans leurs voyages, examinaient quelquefois les différends de leurs sujets (1) et l'on vit même, en 1427, dans le diocèse de Metz, des Bénédictines tenir les plaids annaux et juger leurs vassaux.

Le code pénal et des lois graduant les peines d'après les fautes, n'existaient pas plus en Lorraine qu'en France, avant la Révolution. La répression, les punitions infligées aux coupables étaient bien différentes. Toutes respiraient le caractère brutal de l'époque (2). Citons, d'après Dumont (*Just. crim.*), quelques exemples pris au hasard.

En 1350 Maujan de Vouthon est arsé (brûlé) pour vol, après être resté en prison pendant deux ans et dix semaines. — En 1411, Jacquot Chivalz fut pendu pour plusieurs vols.

Dans les villages où il n'y avait pas de prison, les coupables étaient garrottés au moyen de *ceps*. C'étaient deux pièces de bois posées à côté l'une de l'autre, liées par des charnières et entre lesquelles les jambes, placées au moyen d'entailles, étaient emboîtées comme dans un étau. (DUMONT, t. II, p. 39.)

— En 1351, Jean Vallès, se disant de Sermaize, ayant été torturé à Gondrecourt sans qu'on ait pu tirer de lui aucun aveu, le conseil des jurés et des *bonnes gens* du lieu ne se décida à le relâcher qu'après l'avoir condamné à perdre une oreille

— En 1468, à Metz, où la justice était plus sévère qu'ailleurs, surtout envers les hommes du peuple, une femme eut les oreilles coupées pour avoir simplement conseillé à une servante de voler son maître.

— En 1479, la femme Leloup fut noyée à Laxou pour ses démérites.

— En 1466 un brigand convaincu d'avoir crevé les yeux à un prêtre, fut condamné au supplice et couché sur un banc. Le bourreau le saisit

---

(1) C'est ainsi que René II accorda rémission à des habitants de Lamarche, au sujet de sévices sur des femmes accusées de sorcellerie. (*Doc. sur l'Hist. des Vosges*, t. VII.)

(2) A la suite de chaque guerre, les soldats sans emploi tombaient sur les provinces par bandes, se livrant à tous les excès ; les brigands, pour quelques sous, donnaient une volée à un rival, à un concurrent ; pour quelques francs de plus, ils le tuaient. On sévit contre eux. En 1497, des hommes de Raucourt ayant violé une femme qui se trouvait à la suite de ces bandes, en furent quittes pour 50 sous d'amende, tandis qu'à l'égard de toute autre femme ils eussent payé ce crime de la vie.

d'un fer préparé, et « lui furent les deux yeux raiés et tirés hors de la tête devant tout le monde qui fut une chose bien piteuse et bien cruelle. » (*Ibid.*, II, p. 314.)

— En 1505, Catherine, femme de Barthèl, partie de Sierck, pour avoir tué ses enfants, fut condamnée à être *enterrée vive;* la sentence fut exécutée audit Sierck. (*Id.*, p. 338.)

— Le 23 décembre 1480 (*Ann. M. S.*, p. 361) « une femme ot les oreilles coupées pour tant qu'elle avoit fait beaucoup de larcins et mené sa fille au bordel. » (Viville, p. 435, note.)

— En 1499, un voleur ayant pris un calice, en fut quitte pour avoir les oreilles coupées. Un autre qui en avait pris vingt-deux et commis d'autres méfaits, fut pendu. (Dumont, t. II, p. 19.)

— En 1490 un homme ivre qui avait perdu au jeu, s'étant mis, pour passer sa colère, à frapper avec son couteau une image de la Vierge collée à la porte du cabaret, fut décapité quelques jours après. En 1525, pareille peine à d'autres ivrognes. A Metz, en 1493, un voleur, déguisé en prêtre et célébrant l'office pour mieux atteindre son but, eut les deux mains coupées et fut brûlé ensuite. (*Id.*, t. II, p. 19.)

— En 1448, Aubrion, dit la Gloire, de Sorcy, accusé, en causant avec son voisin, d'avoir mal parlé du duc et de la duchesse, fut condamné d'abord à une amende arbitraire. Après avoir passé quinze jours en prison dans un fond de fossé du château de Robert de Baudricourt audit lieu, il fut taxé, vu sa pauvreté, à deux écus, destinés à acheter un tapis pour le bureau du secrétaire de son Altesse, à Nancy.

En 1468, Jean Maigrot de Fains fut condamné à deux florins du Rhin pour avoir dit que le roi de France, celui de Sicile, le duc de Lorraine, etc., n'étaient pas dignes de vivre, puisqu'ils soutenaient les bâtards, larrons et meurtriers (Dumont, t. I, pp. 115-116.)

— A Metz, en 1480, Michel Adam, curé de Saint-Victor, Demange Pingot, curé de Lubley, et Jean dit le Viez, chanoine de Saint-Sauveur, pour avoir emmené de force avec eux une jeune femme, ne furent condamnés qu'à quarante livres d'amende et punis pour cinq ans. (Huc.)

— En 1482, à Metz, le notaire Martin Quairel, pour viol consommé, ne fut condamné par coutumace, qu'au bannissement.

— En 1451, à Saint-Mihiel, Baudet, barbier (auquel on avait défendu de pratiquer la chirurgie), pour avoir castré un nommé Auburtin qui en mourut, fut condamné à 20 fr.

— De 1471 jusqu'à la fondation de l'université de Pont-à-Mousson, les docteurs en médecine étaient en très petit nombre... La chirurgie était exercée par des barbiers, hommes illettrés, qui ne trouvaient dans le duché aucune école où ils pussent puiser les connaissances nécessaires... Dès 1492, les ducs entretenaient des vétérinaires, et les apothicaires étaient nombreux, puisqu'en 1589 il en existait huit à Nancy. (*A. L.*, t. VIII, p. 67). En 1515, Hugues des Hasards, évêque de Toul, dans ses status synodaux, déclare que les charlatans seront excommuniés et punis par des amendes arbitraires. (Digot, t. IV, p. 123.)

— En 1486, Laurent Maire, de Bar, pour s'être couché sur le lit de la femme Aubriot, contre son gré, elle y étant, 4 francs.

— En 1476, à Longwy, Troëne de Rodenges, pour avoir battu un jeune homme qui prenait ses poires, dix sous.

— En 1455, à Longwy, un soldat, nommé Robert Gorlin, pour avoir crié : Bourgogne pour la vie ! Lorrain pour argent ! et avoir foulé aux pieds l'écharpe jaune, fut livré au prévôt des maréchaux qui le fit mettre à mort.

— En 1499, un nommé Simon Gaudel d'Eton, s'étant avisé de dire un peu haut, que les chanoines de Verdun n'étaient pas seigneurs de son village, mais que c'était le roi de France, fut contraint d'en faire réparation en public, tête nue et à genoux (p. 265).

— En 1457, on allait pendre un jeune homme pour vol, lorsque tout à coup se présente une jeune fille qui offre de l'épouser. La justice accepte, sous la condition du bannissement après le mariage qui eut lieu incontinent.

— En 1475, un orfèvre fut sauvé de la même manière ; mais trois ans après, on pendait pour un nouveau méfait, le même malfaiteur, au même lieu.

— En 1500 on allait noyer deux servantes qui avaient fait mourir de coups un domestique. L'eau était gelée. Pendant qu'on brisait la glace, deux jeunes gens les sauvèrent en se laissant fiancer sur le même lieu (pp. 353-54).

— En 1479, furent écartelés à Nancy, Didier d'Averocourt de Blâmont et Jeannot Chagnard, de Pierreviller (p. 526).

— A cette époque, comme plus tard encore, on admettait la *pénitence publique*, prescrite par le rituel de Toul et infligé aux incestueux, à ceux qui dansaient le dimanche ou un jour de fête, qui se battaient dans les églises et cimetières, aux époux mariés clandestinement, aux femmes scandaleuses, etc... Elle consistait, tantôt à demeurer trois dimanches à genoux, au milieu de l'église, en tenant un cierge allumé, tantôt à rester à la porte de l'église et à y subir un sermon *ad hoc*. La Cour souveraine la rejeta du rituel de M. de Bissy.

On rangeait dans la même catégorie les rapports sexuels avec les infidèles, tels que les Turcs et les Juifs, par la raison que « *notre sainte religion les tient pour des bêtes, non par la nature, mais par leur très dure malice, la foi défendant de converser avec eux, à plus forte raison de dormir près d'eux et converser charnellement.* (DUMONT, t. II, p. 184.)

Pendant plusieurs siècles on exécutait solennellement les animaux qui avaient commis sur les hommes des actes que nous qualifions crimes.

En voici quelques exemples, toujours d'après Dumont :

— 1319. Truie traînée et pendue à Châtillon, pour avoir dévoré un enfant.

1354. Truie traînée et pendue à Broussey-en-Blois, pour avoir dévoré un enfant.

Vers 1370 l'exécuteur des hautes œuvres fut appelé à procéder à l'exécution d'un pourcel qui avoit estranglé un anffant.

— 1408. Exécution à Saint-Mihiel d'un pourcel qui avoit dévoré un enfant.

— 1467 (30 mars). Exécution par pendaison, à Bar-le-Duc, par M⁰ Didier, sergent, et exécuteur de la haute justice, d'un chat qui avait étranglé un enfant de quatorze mois, dans la maison de Clément-le-Bachelier de Longeville.

— 1504. A Briey, un porc ayant tué un enfant de deux ans, est pendu par le bourreau.

1512. L'exécuteur de Metz, pend un taureau homicide sur le chemin de Sainte-Barbe, lieu de la perpétration du crime.

Dans les droits de l'évêché de Metz au XII⁰ siècle, il est dit : — « Au ban de Tury doit être pris le bourreau, tenu de pendre, crever les yeux, couper les poings, les pieds, les têtes et faire toute justice ». Il avait le droit de demander un larron et de le mettre à sa place. On pouvait racheter sa vie contre l'obligation d'exécuter pendant le reste de son existence. (DUMONT, t. II, p. 215.)

1519. — Un porc pendu à Moyeuvre-la-Petite, pour avoir dévoré un enfant.

1548. — Une truie qui avait dévoré un enfant à Boucq, est exécutée au gibet de Foug, siège de la prévôté.

1550. — Exécution à Briey, d'un verrat qui avait étranglé un enfant à Gondreville.

1554. — Un porc exécuté pour avoir mangé la figure de l'enfant de Marcel Georges, du village de Bremoncourt. Le prévôt du seigneur de Méhoncourt, s'étant emparé de ce porc pour le pendre, l'abbé de Belchamps se hâta de prévenir le duc qui contraignit l'usurpateur à ramener l'animal où il l'avait pris, afin qu'il fût fait justice par ses officiers.

1558. — Un enfant ayant été mangé à Boucq, par un troupeau de cochons, tous les coupables sont pendus.

1569. — Laie exécutée à Briey pour avoir mangé un enfant à Lanté-fontaine.

— Porc exécuté à Amance, remis au prévôt par le prieur de Salonne.

1572. Exécution à Moyenmoutier par *la justice du révérendissime abbé*, d'un porc qui avait dévoré un enfant de Claudon François dudit lieu.

1584. — Porc pendu à Heillecourt.

1586. — Porc pendu à Sancy, pour avoir dévoré un enfant.

1600. — Porc pendu à Nancy, hors la ville.

1612. — Truie pendue à Epinal, pour avoir mangé l'enfant du meunier du moulin de Gaulcheux.

1662. — Laie pendue à Mirecourt, pour avoir mangé un enfant. (DUMONT, t. II, pp. 199-200.)

Pour les délits ruraux, les plus nombreux de tous, il n'y avait, en général, pas de condamnation particulière pour chacun. Tous les ans (une fois au moins), le prévôt, et, plus tard, un conseiller du bailliage tenait une audience, dit le *Plaid annal*, où chacun était tenu de comparaître. (Les plaids annaux devinrent généraux et obligatoires sous Charles III, surtout.) Là, il était donné lecture des procès-verbaux des bangards ou des sergents, et au troisième jour de cette assemblée, les délinquants étaient admis à présenter leur justification (1). Le procureur fiscal ou le fermier des amendes (au XVI° siècle) approuvaient ou contredisaient; après quoi le président du Plaid prononçait ou fixait le chiffre, s'il jugeait que l'amende était encourue. Il dressait un rôle qui servait au recouvrement et devenait exécutoire. (DUMONT, p. 252.)

Toutes les amendes appartenaient de droit au seigneur justicier qui, ayant à sa charge les frais de justice, devait y trouver une indemnité de ceux-ci... Devant les États, cette organisation fut l'objet de représentations spéciales. Le prince les repoussa en répondant que le taux des amendes, étant fixé par les ordonnances, il ne pouvait y avoir abus. (*Ibid.*, p. 254.) (2)

Les simples délits ruraux étaient réprimés avec plus de rigueur que les délits forestiers, c'est-à-dire le pâturage et la coupe des bois (3). L'amende des pâturages variait suivant que les bestiaux introduits appartenaient à un particu-

(1) Au premier jour du Plaid annal d'Épinal, les maires des villages du ressort couchaient sur la paille en signe d'obéissance et de réparation envers le duc, à cause de leur ancienne rébellion contre lui. (*Arch. de Lorr.*, Ep. III, 20, p. 252, note.)

(2) Les seigneurs sur leurs terres avaient droit de livrer des lettres de grâce.
En 1420, Erard du Châtelet et Burnequin de Vendières, seigneurs de Vendières, demandèrent au duc la permission de gracier Remi, leur sujet, coupable d'avoir commis un vol de blé, dans un moment où la misère accablait sa famille. (P. 340.)

(3) En effet le renversement des bornes dans les champs, le vol de chevaux faisaient encourir des peines capitales. (*Id.*, 340, note.)

lier ou que c'est le troupeau communal qui a été pris (1)... mais ni l'âge du bois ni l'espèce de bétail n'influent sur l'importance de l'amende. (GUYOT, t. I, p. 40.)

Les plus anciennes chartes imposent au forestier (comme au bangard) l'obligation de *gager*, c'est-à-dire de prendre un objet quelconque appartenant au délinquant,... soit une serpe, une hache, la voiture ou l'attelage, un vêtement (37).

Les délits de *pêche* étaient moins fréquents qu'aujourd'hui. D'ordinaire, les cours d'eau se trouvaient partagés, d'après les convenances du seigneur, en lots de nature différente. Les uns, les *pêcheries* proprement dites, dont, sans doute, faisaient partie les endroits les plus poissonneux, étaient retenus dans le domaine seigneurial ou concédés, sous forme de tenures, à des *piscatores*, pour lesquels cette attribution constituait une manse d'une nature particulière ; les autres, comprenant le reste des cours d'eau, étaient abandonnés à la jouissance commune des tenanciers du domaine au même titre que les forêts (2). (GUYOT.)

---

(1) Au moyen âge le paysan estimait peut-être davantage les produits non ligneux que les arbres eux-mêmes. Le miel, d'abord si nécessaire autrefois, avant l'introduction du sucre, se récoltait presque uniquement dans les bois.

... On attribuait le plus souvent, moitié au seigneur et moitié à l'inventeur.

Parfois on n'hésitait pas à abattre le chêne ou le hêtre afin de capturer les mouchettes, la cire et le miel. (GUYOT, p. 48.)

(2) Pour les forêts comme pour la pêche .. les peines consistaient toujours en des amendes qui sont restées sans augmentation jusqu'au XVIIe siècle et auxquelles se joint la confiscation du poisson pris en délit, ainsi que des engins défendus. Nous ne trouvons qu'une seule mention de peine corporelle ; à Metz, au XVIe siècle, on coupe l'oreille aux récidivistes ; mais nulle part ailleurs cette exception ne s'est étendue.

...On signale souvent la truite, non seulement dans les ruisseaux des Vosges, mais encore en Barrois où elle est devenue plus rare. On pêche pendant tout le moyen âge du saumon dans la Moselle jusqu'à Bainville-aux-Miroirs .. On créa force étangs dans les parties basses des vallées, depuis l'étang de Lindre, jusqu'aux petites froissières ou viviers de dimensions fort exiguës. C'était habituellement le seigneur

SORCIERS. – Les rigueurs de la justice atteignirent surtout les sorciers qui alors commencèrent à surgir de toutes parts, sans qu'on puisse assigner une cause acceptable au genre de folie, une autre espèce de danse de Saint-Gui, qui frappa ces malheureux hallucinés. Les exécutions des démoniaques commencèrent vers 1358, devinrent nombreuses vers 1581 et se calmèrent vers 1636. Nous avons déjà reproduit le récit de Thierriat concernant le chevalier Romaric Bertrand.

On prêtait à ces prétendus sorciers des crimes atroces, honteux. « Il y avait, dit Jean Dupasquier dans ses *Mémoires*, (p. 187), tant d'abominations et de choses horribles et épouvantables à dire dans les jugements de la sorcellerie, que l'on estimait plus expédient d'en faire lecture à *huis clos* que non pas de les divulguer en présence de tout le monde. » On pourra juger de la gravité des divers cas, dans les causes que nous allons citer ici, mais qui seront exposés plus loin d'une manière plus complète.

En 1372, rapportent les *Chroniques messines* « une bourgeoise de Metz, nommée Biétris..., son mari et deux aultres femmes furent arses (brûlés), entre les deux ponts, pourtant qu'elles usoient de certains vœulx et charmes et autres cais deffendus par l'Église. — Et pour le pareil cais fut prins Willaume de Chambre..., lequel s'estrangla en la prison et fut trayné en l'isle et lié à ung pal; et là fut ars comme les aultres, tout mort qu'il estoit. — En 1437, un bombardier de Metz, appelé Commufile, prévenu de magie, à cause de son adresse, fut condamné d'aller à Rome demander absolution de son péché. En 1445, furent arrêtées, dit le doyen de Saint-Thiébaut, trois sorcières, servantes de tous les ennemis de l'enfer, qui, par leurs sortilèges, firent tonner, grêler, et

qui prenait l'initiative de ces travaux et conservait les étangs dans son propre domaine...; beaucoup de communautés rurales doivent des corvées pour leur entretien... Certains étangs ne restent pas toujours en eau; on le met à sec une année sur trois... et alors le terrain est utilisé soit pour la culture, soit pour le pâturage. (GUYOT.)

causèrent des tempêtes si furieuses que les bleds, les vignes et les maisons de plusieurs villages furent saccagés. La première, appelée Jeannette, était boiteuse ; elle avait déjà été prise à Saint-Germain-les-Metz, pour un fait à peu près pareil, et marquée au visage avec un fer chaud, avec menace de la brûler si jamais elle récidivait. Elle fut reprise du côté de Verdun, pour avoir recommencé ses maléfices. Après lui avoir refait son procès, elle fut marquée de nouveau au visage, et condamnée au feu. Le nom qu'elle portait dans les assemblées de sorciers était Lachatte ; celui du diable, son maître, Cloubaut ; l'hommage qu'elle lui rendait, consistait à lui baiser le derrière. La seconde, nommée Jeanne, s'appelait dans les assemblées Chamet. Elle avait pour maîtresse *Morquelse* et pour maître Carbolette, à qui elle baisait le dos. La troisième enfin, appelée Didet, femme du maître-échevin de Verdun, se nommait dans les assemblées Hapillat, et avait pour maîtresse Jacobée et pour maître Grispanier qu'elle baisait sur la bouche et à qui elle offrait les rognures de ses cheveux et de ses ongles, au lieu que les deux autres (ses complices) offraient une poule. Celles-ci furent brûlées, et la femme du maître-échevin, en considération apparemment de son état, fut sauvée. Voilà jusqu'où *l'ignorance et le fanatisme* étaient poussés. (*Hist. de Metz*, t. II, p. 651.)

A cette époque, contrairement à ce qui se fit plus tard, on hésitait encore à envoyer au bûcher tous les individus soupçonnés de magie. En 1418, une femme de Gorze en fut quitte pour avoir le visage marqué à trois places avec un fer chaud, et un homme qu'on regardait comme aussi coupable, reçut l'ordre de s'éloigner à dix lieues. En 1456, les vignes furent gelées au mois d'avril et on imputa ce malheur aux sorciers. Un jeune homme de Pont-à-Mousson, rapporta qu'il en avait vu plusieurs se concerter dans ce but, et donna leur signalement. Sur ses indications on arrêta quatre habitants de Pont-à-Mousson, un homme et trois femmes de Nomeny, trois femmes de Toul et un bourgeois de Vic, que l'on appelait le *vieux saint*, sans doute par ironie. Celui-ci déclara que, pour déterminer la gelée, il avait préparé avec ses complices et jeté dans une fontaine, près de Delme, une mixtion dont les effets étaient souverains. Les accusés furent tous condamnés à mort et périrent au milieu des flammes.

L'année suivante les magistrats messins firent subir le même supplice à trois femmes et à un homme qui avaient « renié Jésus-Christ, la Vierge, Chresme et baptesme, et prins le diable pour seigneur ».

En 1482, on traduisit devant la justice de Senones, Idatte, femme de Collin Patenostre du Ménil, qui était suspectée de triage et génocherie. Le tribunal présidé par Jean Dupuy, prévôt des comtes de Salm, avoués de l'abbaye, se composait de tous les sujets du monastère et de ceux des comtes. Il examina l'affaire avec la plus grande attention, et condamna l'accusée au dernier supplice.

L'année 1488 fut extrêmement pluvieuse et on ne manqua pas d'imputer aux sorciers le mauvais état des récoltes. Les magistrats messins se signalèrent par l'activité qu'ils mirent à rechercher les prétendus coupables. Trois hommes et vingt-cinq femmes furent arrêtés à Metz et dans les lieux circonvoisins. Tous n'eurent pas un meilleur sort que les malheureux dont nous venons de parler.

---

(1) De la forfaicture de feue Jehannette dicte La Beguine d'Arche, en son vivant femme de Jehan Camus, bourgeois et habitant de la ville d'Epinal, laquelle avoit esté arrêtée et emprisonnée à la resqueste du procureur du Roy audict lieu, pour ce que l'on disoit qu'elle estoit sorcière et *vaudoise*. Esquelles prisons du dict lieu elle a esté par long espace de temps, et illec interrogée et examinée par l'inquisiteur de la foy et autres clercs et gens notables, et son procès fait bien au long. Pendant lequel procès elle alla de vie à trépas esdictes prisons du Roy. Et depuis son trespassement fut ordonné, qu'elle seroit trainée jusques à la justice et illec arse (brûlée) et exécutée comme sorcière et vaudoise et ses biens meubles acquis et confisquez au Roy. (*Doc. Hist. des Vosg.*, t. II, p. 231.)

Vers la Saint-Jean (1) les individus qu'on considérait comme adonnés à la magie devenaient l'objet d'une surveillance plus rigoureuse. On croyait, en effet, que c'était ce jour-là qu'ils parcouraient les bois pour y découvrir les herbes propres à leurs mixtions diaboliques, principalement la selage et la verveine. Ils les cueillaient de la main droite et les jetaient dans leurs paniers sans les regarder. Pour

(1) La fête de saint Jean-Baptiste était presque partout l'occasion de cérémonies, réminiscences païennes. La veille de la fête, chaque villageois apportait un fagot pour la *bure* ou le bûcher qu'on élevait sur la place publique. On attachait ordinairement un ou deux chats au-dessus du bûcher, et tandis que les flammes s'élevaient dans les airs, on dansait en cercle, en chantant la ronde de Saint-Jean. Ce qui fait dire aux auteurs de l'*Hist. de Metz*, (t. III, p. 187) : « Est-il possible que des cérémonies bizarres soient parvenues jusqu'à nos jours, que la police les tolère et que des hommes en place y assistent en corps ? (en 1775), et cela avec un air de gravité. Faire un grand feu pendant la plus grande chaleur de l'été, n'est-ce pas une action que rien ne peut justifier ? Ne vaudrait-il pas mieux laisser les chats tranquilles, et donner à quelque pauvre famille le bois qui se consume en pure perte ?

On peut appliquer ces justes réflexions à nombre de coutumes et de préjugés existant alors et plus tard, tels que la croyance aux fées, aux esprits, etc. Les paysans croyaient que des génies, les sottrés, fréquentaient les maisons et aimaient à rendre service aux domestiques, notamment à tresser la crinière des chevaux. Quand ceux-ci se trouvaient attaqués de la maladie qu'on appelle la plique et qui a pour résultat de faire adhérer les crins les uns aux autres, on ne manquait pas de l'attribuer aux sottrés contrariés ou mécontents. On leur prêtait d'autres malices et on ne négligeait rien pour s'en débarrasser.

— Donnons ici, à simple titre de renseignement, d'après J.-J. Lionnois, les indications suivantes sur les monnaies et la valeur de diverses denrées, le salaire des ouvriers, etc., après la victoire de René II sur Charles-le-Téméraire. L'auteur prend pour point de départ la valeur réciproque des deux objets, fin du XVe siècle et 1811, date de la publication de son travail

« Le marc d'argent qui, en 1811, valait 49 fr. 15 sous 4 deniers n'était compté en 1456 que pour 3 livres, 13 sous, 9 deniers.

A une époque antérieure, la livre ou deux marcs d'argent ne valait que vingt sols qui valaient chacun 4 livres 2 sols de l'argent de France actuel. (P. 57.)

En 1490, le franc composé de 12 gros de six sols chacun, valait 3 livres 12 sols de 1811. — La livre composée de 15 gros de 6 sols chacun, valait 4 livres 10 sols de 1811. — Le sol de 12 deniers, les trois quarts de 16 deniers qui composaient le gros, valait donc 4 sols 6 deniers. — Huit deniers, moitié du gros, valaient 3 de nos sols ; 4 valaient un sol six deniers ; deux, neuf deniers ; un denier en valait quatre des nôtres et maille. (Pp. 57-58.)

— En août 1489 la mesure de vin d'Aulsay (d'Alsace) valait 1 fr. ou 3 livres 12 sols de 1788.

Un veau de 14 gros, valait 4 livres 4 sols.
Un mouton, vendu 1 fr., valait 3 livres 12 sols.
Un cochon de lait, estimé 2 gros 8 deniers, coûtait 15 sols.
Une poule à 1 gros, valait de notre argent 6 sols.
La livre de ris d'un gros, revenait à 6 sols de France.
La livre de lard de 12 deniers, coûtait 4 sols six deniers.
Le quarteron d'œufs, aussi de 12 deniers, coûtait 4 sols six deniers.
Le pot de lait ne se vendait que six liards.
La livre de canelle de 2 fr., revenait à 7 livres 4 sols.
La pinte de moutarde d'un gros, coûtait 6 sols.

qu'elles eussent toute leur vertu, elles devaient être arrachées pendant que la cloche sonnait midi ; aussi, dans quelques villages des environs de Lunéville, avait-on coutume de ne sonner que deux ou trois coups, afin de laisser aux sorciers le moins de temps possible pour ramasser les plantes qu'ils avaient rencontrées. (Digot, t. III, pp. 191-192.)

Le resal de blé ne se vendait, en plusieurs années antérieures et postérieures à cette époque (1480), qu'un franc 4 gros, ce qui ne faisait que 1 livres 16 sols de France.

La journée d'une blanchisseuse et d'une couturière se payait 1 gros ou 6 sols.

Celle d'un manœuvre 2 gros ou 12 sols. (Pp. 58-59.)

La plupart de ces prix pour les denrées se maintinrent jusqu'en 1560, distinction faite des années d'abondance ou de pénurie pour le pain et le vin.

1571. Acheté le resal de blé à 7 gros, soit 42 sols de 1811.

Id. Acheté le resal d'avoine 3 gros, soit 18 sols de France et 23 sols 3 deniers de Lorraine.

Id. — 4 mesures, 4 pots de vin, à 8 fr. 6 livres 8 sols.

Deux resaux de froment, mesure de Fénétrange (très grande), estimés et évalués à un florin, et quatre resaux d'avoine pour un florin ; un chapon pour un gros de Lorraine et une poule pour un demi-gros de Lorraine.

En 1768, après neuf années d'abondance, la mesure (44 litres) de vin, se vendait à Nancy 9 sous 3 deniers. Après cinq ou six années de gelée elle se vendait, en 1769, dix à douze livres ; en 1770, 18 fr., et, en 1771, jusque 36 fr. de France. — En 1781, année de grande abondance, la mesure ne se vendait à Nancy que 20 sous — Les Frères de Maréville achetèrent à Laxou, pour cinquante louis, trois mille tandelins de raisin, soit dix sous le tandelin.

Un bail de 1583, fixe le resal de blé à 5 fr., et le resal d'avoine à 30 gros.

Déjà en 1586, on mettait sur la table de Charles III la *Quiche*. (P. 67.)

www.ingramcontent.com/pod-product-compliance
Lightning Source LLC
Chambersburg PA
CBHW050250170426
43202CB00011B/1630